À BEIRA DO ABISMO

Adalberto Cardoso

À beira do abismo

Uma sociologia política do bolsonarismo

Rio de Janeiro – Amazon
2020

Catalogação na Publicação (CIP)
Ficha Catalográfica elaborada pelo autor

C2683   Cardoso, Adalberto Moreira, 1961-
        À beira do abismo. Uma sociologia política do
bolsonarismo / Adalberto Cardoso. – 1 ed. –
        Rio de Janeiro, Amazon, 2020.

        303 p.
        ISBN: 979-860-23038-10

        1.Sociologia Política. 2.Democracia.
3.Bolsonarismo. 4.Classes médias. I. Título
                              CDD: 320
                              CDU: 316.4

À memória de Vinícius Caldeira Brant

e Wanderley Guilherme dos Santos,

avessos a autocratas e autoritários

ÍNDICE

ÍNDICE DE TABELAS, GRÁFICOS E FIGURAS

AGRADECIMENTOS

Este trabalho não teria sido possível sem o concurso de várias pessoas e instituições. O desejo de escrever sobre o fenômeno Bolsonaro foi despertado quando eu estava em Paris como Pesquisador Visitante Sênior do CNPq e depois da CAPES entre agosto de 2018 e julho de 2019. Com Edmond Préteceille, Marco Oberti, Hugues La Grange e Ettore Recchi, do Observatoire Sociologique du Changement, da Sciences Po, que me acolheu institucionalmente por um ano, tive inúmeras conversas sobre o processo político brasileiro e sobre as eleições presidenciais em particular. Também com Afrânio Garcia, em seu Groupe de Réflexion Sur le Brésil Contemporain (GRBC), tive muitas e proveitosas trocas de impressões e análises sobre o país e sobre Bolsonaro. Rodrigo Carelli, então em estágio no Conservatoire National des Arts et Metiers (CNAM), convidou-me para um seminário sobre o país que ele organizava, o que me deu oportunidade de produzir um texto que serviu de base ao "Prólogo" que abre este livro. Agradeço os comentários do próprio Rodrigo, além de Christian Azaïs e Donna Kesselman. Versão modificada do mesmo texto foi apresentada em seminário coordenado por Isabel Georges no UMR Développement et Sociétés, da Sorbonne, e agradeço os comentários e sugestões de Isabel e demais colegas e doutorandos/as presentes.

O Capítulo I é versão revista e muito ampliada de artigo que publiquei na revista *Inteligência* ainda em 2013. Agradeço a Christian Lynch, editor da revista, a permissão por trazer alguns dos argumentos a esta análise. Christian fez comentários ao texto global, que me abriram os olhos para vieses de interpretação que procurei corrigir. O Capítulo III é versão revista e ampliada do Capítulo V de Cardoso e Préteceille (2020), e agradeço ao meu amigo Edmond por permitir incluir algumas das ideias desenvolvidas ali. Versão inicial foi discutida no Núcleo de Pesquisas e Estudos do Trabalho (NUPET), que coordeno no IESP-UERJ juntamente com Julián Gindin. Os comentários dos membros do grupo ajudaram a aprimorar o trabalho. José Ricardo Ramalho fez comentários a versão preliminar do livro, e sua generosidade e pertinácia são sempre um alento.

Agradeço muito especialmente a Leda Gitahy, com quem venho trocando impressões sobre a conjuntura brasileira, bibliografia e links para sítios das direitas no Brasil e no mundo. O Capítulo II e partes do IV e do V devem muito a essa interlocução. Leda ainda teve a paciência de ler todo o original e fazer comentários e sugestões sempre muito agudas, que contribuíram para melhorar o texto. Nem sempre os acatei, de modo que os equívocos remanescentes devem-se exclusivamente a mim.

Sou grato também ao CNPq e à CAPES pelas bolsas que me permitiram permanecer em Paris por um ano, com tranquilidade para terminar dois livros e alguns artigos, e dar início a este. E à FAPERJ que, com a bolsa Cientista do Nosso Estado, vem garantindo a sobrevivência de meu núcleo de pesquisa no IESP-UERJ e financiando minhas pesquisas, juntamente com a Bolsa de Produtividade do CNPq.

Por fim, meu sincero agradecimento aos que, no IESP-UERJ, têm garantido a eficiência de nossa atividade acadêmica. Alessandra, Jair, Louise, Rosalina, Rosângela, Natália, Gisele, Leonardo, Alberto, Débora, Marina, Felippe e também Bia, Marta, Aline, Silvinho, Paula, Luís e José Márcio: nossa excelência não existiria sem sua dedicação, lealdade e amizade.

Em alguns segmentos das forças derrotadas nas eleições presidenciais brasileiras de 2018 ainda é grande a perplexidade com o que consideram a eclosão inesperada da onda de conservadorismo e autoritarismo que elegeu Jair Bolsonaro e continua respaldando seus rompantes, mistos de paranoia persecutória, sentimentalismo familiar e gregarismo primário de tipo mafioso, irracionalidade e instabilidade emocional, que visam a manter seus seguidores em permanente estado de prontidão enquanto políticas públicas francamente antipopulares são aprovadas sem grandes atropelos pelo Congresso Nacional. Com que então os brasileiros são "autoritários", "conservadores"!, bradam análises apressadas sobre o fenômeno ainda carente de correta interpretação. Mais ainda, como é possível que políticas radicalmente neoliberais (mais profundas do que as que levaram o país à bancarrota em 2002, quando a dívida pública chegou a patamares inimagináveis e todos prognosticavam para o Brasil o destino da Argentina de 2001), como é possível que políticas radicais de destruição do que restou do estado de bem-estar brasileiro tenham ganhado apoio popular e continuem a alimentar as esperanças de parcelas das massas trabalhadoras e, principalmente, de expressivos segmentos das classes médias, que também estão perdendo direitos, renda e privilégios historicamente construídos?

Possíveis respostas a essa indagação, para mim assustadora, exigem que separemos joio de trigo. Suspeito que a eleição de Bolsonaro obedeceu a lógica própria, que tem alguma relação com o apoio que sobrevive em seu governo (para muitos desastroso, mas para muitos exitoso), mas os dois processos (eleição e apoio ao governo) não podem ser confundidos. Neste livro, procuro decifrar os processos societários e políticos mais profundos que permitiram a emergência, a consolidação e a eleição de Jair Messias Bolsonaro à Presidência da República.

Proponho que qualquer investigação sobre o fenômeno em tela deve partir do escrutínio da atuação política das classes médias no Brasil nos últimos anos. Uma das razões para isso reside na grande proporção de pessoas com ensino superior completo e renda familiar de média para alta que votaram em Bolsonaro nas eleições de 2018. Pesquisa do Datafolha realizada dois dias antes do segundo turno da eleição encontrou o quadro ilustrado pelo Gráfico 1. Por ele vê-se que a intenção de voto só foi maior em Fernando Haddad entre os eleitores com renda familiar de até dois salários mínimos. Nesse grupo ele vencia Jair Bolsonaro por 58% a 42%, excluindo-se do denominador os que pretendiam votar em branco, anular ou não sabiam em quem votariam (12% do total).

Gráfico 1
Intenção de voto no segundo turno da eleição presidencial de 2018 segundo renda familiar e escolaridade (apenas votos válidos)

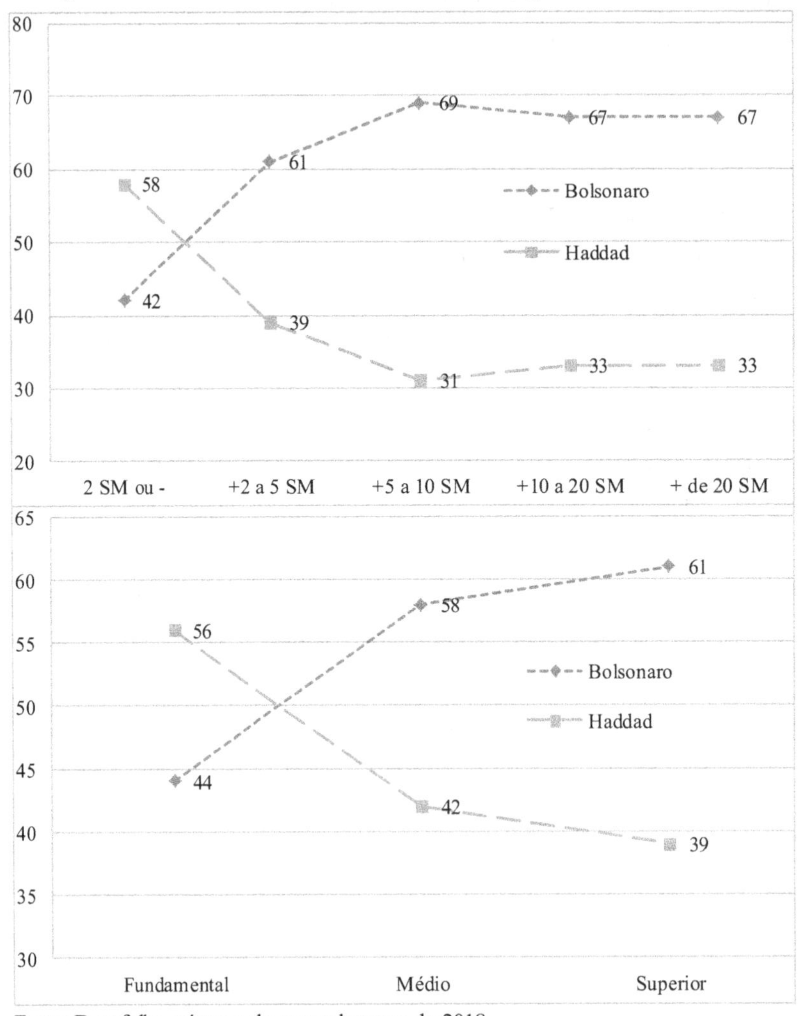

Fonte: Datafolha, véspera do segundo turno de 2018

Na faixa de renda imediatamente acima, de 2 a 5 salários mínimos, Bolsonaro vencia por 61% a 39%, chegando a quase 70% entre os de renda na faixa de 5 a 10 salários, mantendo-se em 67% nas duas faixas seguintes. Do mesmo modo, Haddad vencia Bolsonaro apenas entre eleitores cuja escolaridade completa era equivalente ao ensino fundamental (isto é, pessoas com até ensino médio incompleto). Nas duas faixas seguintes, compreendendo ensino médio completo (que inclui superior incompleto) e superior completo a intenção de voto no capitão reformado do Exército superava os 60%.

Fazer interagir essas duas dimensões permite refinar um pouco mais a análise. A Tabela 1 mostra a intenção de voto no segundo turno segundo o sexo, a renda familiar e a escolaridade. Algumas nuances se apresentam. Parece evidente o efeito conjunto da renda e da escolaridade na intenção de voto, sobretudo no caso dos homens. Assim, eleitores com ensino fundamental pretendiam votar em maior proporção em Fernando Haddad, como vimos, mas essa probabilidade era muito maior quanto menor a renda familiar. Entre os homens a média de intenção de votos no petista era de 51%, mas entre aqueles com renda familiar de até dois salários mínimos (que representavam 65% desses eleitores), 60% disseram pretender votar em Haddad. Entre as mulheres a proporção chegou a 64%, para uma média de 58,5%. Note-se que a intenção de voto no petista decresce nesse nível de escolaridade, quanto mais aumenta a renda familiar, sugerindo um efeito da classe social (tal como denotada pela renda) independente da escolaridade. E de fato, em todos os três níveis de escolaridade no caso dos homens, a intenção de voto em Bolsonaro cresce com a renda, enquanto em Haddad decresce. Esse efeito é visível também no caso das mulheres, embora com menor intensidade, principalmente no caso daquelas com ensino fundamental[1].

Ou seja, a intenção de voto em Bolsonaro aumenta com a escolaridade *e* com a renda, para homens e mulheres, sendo que o aumento é mais pronunciado entre eles. Há, portanto, correlação entre as duas dimensões. Mas a intenção de voto no capitão reformado também cresce com a renda em qualquer nível de escolaridade, sugerindo um efeito independente da classe social, com os mais ricos estando mais propensos a votar nele. Suspeito que é grande a proporção de pessoas das classes médias e altas nesse grupo de eleitores.

---

[1] É preciso marcar que havia apenas 2 casos na célula "Ensino Fundamental" x renda de "+ de 20 SM", tanto para homens quanto para mulheres, de modo que a proporção não tem significância estatística.

Tabela 1
**Intenção de voto na véspera do segundo turno da eleição de 2018,
segundo o sexo, as faixas de renda familiar e de escolaridade.**

Intenção de voto na véspera do segundo turno de 2018	Homens			Mulheres		
	Escolaridade			Escolaridade		
Pretendiam votar em Bolsonaro	Fundamental	Médio	Superior	Fundamental	Médio	Superior
Até 2 SM	39,6	56,6	60,9	35,9	43,5	47,7
+ de 2 a 5 SM	57,9	69,4	66,1	54,1	59,1	59,1
+ de 5 a 10 SM	69,4	76,7	75,0	58,3	67,3	56,4
+ de 10 a 20	68,3	78,1	71,0	52,6	65,2	55,5
SM + de 20 SM	78,7	74,0	70,7	37,6	73,0	58,8
Total	48,8	67,6	70,5	41,5	54,0	56,6
Pretendiam votar em Haddad	Fundamental	Médio	Superior	Fundamental	Médio	Superior
Até 2 SM	60,4	43,4	39,1	64,1	56,5	52,3
+ de 2 a 5 SM	42,1	30,6	33,9	45,9	40,9	40,9
+ de 5 a 10 SM	30,6	23,3	25,0	41,7	32,7	43,6
+ de 10 a 20 SM	31,7	21,9	29,0	47,4	34,8	44,5
+ de 20 SM	21,3	26,0	29,3	62,4	27,0	41,2
Total	51,2	32,4	29,5	58,5	46,0	43,4

Fonte: Elaborado a partir dos microdados da pesquisa do Datafolha. A pesquisa tem número 04578 no arquivo do CESOP/UNICAMP[2]

Como aproximação a essa hipótese, proponho o seguinte experimento. Se utilizarmos a estrutura de classes construída em Cardoso e Préteceille (2017), com base na Pesquisa Nacional por Amostra de Domicílios (PNAD), e cruzarmos, nessa base de dados, escolaridade por renda familiar e por sexo como na Tabela 1, identificando em cada célula a proporção de pessoas das classes médias e superiores urbanas[3], podemos estimar a probabilidade de os eleitores e eleitoras dos dois candidatos serem membros dessas classes, utilizando para isso sua intenção de voto, tal como expresso na Tabela 1.

---

[2] Fonte: CESOP-DATAFOLHA/BR18.OUT-04578. Título da Pesquisa: INTENÇAO DE VOTO PRESIDENTE 2º TURNO – VÉSPERA. Data questionário: 10/2018. Tamanho da amostra: 18.371. Universo: População brasileira acima de 16 anos.

[3] Para a definição de classes médias aqui utilizada, remeto a Cardoso e Préteceille (2017). Ali identificamos quatro estratos melhor posicionados na estrutura de classes: classes médias baixas, médias intermediárias, médias altas e classes superiores urbanas. As demais classes abaixo dessas eram a pequena burguesia urbana, o operariado fabril, as classes populares urbanas, e proprietários e trabalhadores rurais. As classes foram construídas a partir da Classificação Brasileira de Ocupações (CBO), sendo, portanto, definidas com base na posição das pessoas na divisão social do trabalho, ou na estrutura ocupacional. Profissões típicas de classe média baixa são os funcionários de escritório; de classe média, os professores secundários e os técnicos de nível médio; de classe média alta os profissionais liberais assalariados das empresas e militares de alta patente; e das classes superiores os altos gerentes e proprietários de empresas, e os altos cargos da função pública. São apenas exemplos da classificação das mais de 500 ocupações da CBO.

O procedimento é simples: basta multiplicar a proporção de pessoas das classes médias e altas na célula correspondente da Tabela 3, mais abaixo, pela probabilidade de intenção de voto de cada célula da Tabela 1, fazendo disso uma porcentagem.

Aqui, porém, é preciso ajustar o banco de dados do Datafolha, já que as classes sociais construídas em Cardoso e Préteceille (2017) referem-se apenas às pessoas ocupadas. Com isso é preciso retirar do banco do Datafolha os eleitores fora da PEA. Eles eram 5.961 casos, numa amostra de 18.371 eleitores. O ajuste tem impacto marginal nas proporções de intenção de voto dos homens, afetando mais as mulheres, inativas em maior proporção, mas é necessário para tornar compatíveis as duas fontes de dados. O resultado encontra-se na Tabela 2, que será utilizada na estimação da participação das classes médias e altas na eleição de 2018[4].

Tabela 2
Intenção de voto na véspera do segundo turno da eleição de 2018, segundo o sexo, as faixas de renda familiar e de escolaridade (apenas população ocupada).

Intenção de voto na véspera do segundo turno de 2018	Homens			Mulheres		
	Escolaridade			Escolaridade		
Pretendiam votar em Bolsonaro	Fundamental	Médio	Superior	Fundamental	Médio	Superior
Até 2 SM	37,7	58,1	60,0	35,4	45,2	49,4
+ de 2 a 5 SM	60,9	69,4	66,7	56,2	61,2	57,9
+ de 5 a 10 SM	71,1	78,5	73,6	54,5	69,5	57,3
+ de 10 a 20	71,6	75,8	70,9	40,0	61,5	51,8
SM + de 20 SM	87,4	72,2	69,3		59,4	62,3
Total	49,7	68,4	70,0	42,1	56,5	56,5
Pretendiam votar em Haddad	Fundamental	Médio	Superior	Fundamental	Médio	Superior
Até 2 SM	62,3	41,9	40,0	64,6	54,8	50,6
+ de 2 a 5 SM	39,1	30,6	33,3	43,8	38,8	42,1
+ de 5 a 10 SM	28,9	21,5	26,4	45,5	30,5	42,7
+ de 10 a 20 SM	28,4	24,2	29,1	60,0	38,5	48,2
+ de 20 SM	12,6	27,8	30,7		40,6	37,7
Total	50,3	31,6	30,0	57,9	43,5	43,5

Fonte: Elaborado a partir dos microdados da pesquisa do Datafolha[5].

---

[4] Peço cuidada atenção do leitor à metodologia de atribuição de classe utilizada aqui, pois ela será utilizada outras vezes ao longo do livro.

[5] Fonte: CESOP-DATAFOLHA/BR18.OUT-04578. Título da Pesquisa: INTENÇAO DE VOTO PRESIDENTE 2º TURNO – VÉSPERA. Data questionário: 10/2018. Tamanho da amostra ajustada: 12.410. Universo: População acima de 16 anos.

Assim, entre os homens com ensino fundamental e renda de até 2 salários mínimos, havia 4% de pessoas das classes médias e altas (ver Tabela 3). Multiplicando-se essa probabilidade pela intenção de voto dos homens com essas características (37,7% na Tabela 2), tem-se que era de 1,5% a probabilidade de o eleitor com tais características ser de classe média ou alta (Tabela 4). Do mesmo modo, entre os homens com ensino superior completo e renda entre 10 e 20 salários mínimos, 71% pretendiam votar em Bolsonaro (Tabela 2), e a proporção de pessoas das classes médias e altas nesse estrato era de 88,2% (Tabela 3). Logo, era de 62,5% a chance de que um eleitor com essas características fosse daquelas classes (ver Tabela 4). No caso das mulheres a chance era bem menor, de 47,3%, mas ainda assim bastante alta.

Note-se que o efeito independente da renda manifesta-se mais claramente neste exercício, já que a probabilidade de o eleitor de Bolsonaro ser de classe média ou alta cresce com a renda familiar em todos os estratos de escolaridade, no caso dos homens de forma linear até a faixa de 10 a 20 salários mínimos, caindo na faixa de mais de 20 salários, embora o pequeno número de casos nessas células na pesquisa do Datafolha torne os dados não significativos estatisticamente[6].

O mesmo efeito independente da renda é perceptível no caso das intenções de voto em Haddad, com aumento da probabilidade de o eleitor ser de classe média ou alta quanto mais aumenta a renda, em todos os níveis de escolaridade. Mas as classes médias estavam muito menos presentes entre os eleitores de Haddad do que entre os de seu competidor, sobretudo no caso dos homens. A chance de que o eleitor de Haddad com ensino superior fosse de classe média ou alta era de apenas 24%, contra quase 57% entre os eleitores de Bolsonaro. Entre as eleitoras a diferença era menor (38% e 49% respectivamente), mas ainda assim expressiva. Em raríssimos casos era maior a chance de os eleitores de Haddad serem de classe média e alta do que os de Bolsonaro (uma célula em 15 no caso dos homens e 4 em 15 no caso das mulheres), mas ainda assim isso ocorria em células com diminuta participação de eleitores de classe média ou alta.

---

[6] Apenas no caso dos homens com educação superior na faixa mais alta de renda há 41 casos na célula, e 26 no das mulheres, nos demais há 16 ou muito menos.

Tabela 3
Proporção de pessoas das classes médias e superiores, segundo a renda, a escolaridade e o sexo. Brasil, 2015[7]

Renda familiar da pop. de classe média e alta	Homens			Mulheres		
	Fundamental	Médio	Superior	Fundamental	Médio	Superior
Até 2 SM	4,0	20,7	44,6	4,1	29,3	60,2
+ de 2 a 5 SM	8,2	30,8	68,2	7,5	41,8	82,5
+ de 5 a 10 SM	15,2	42,1	81,2	12,7	57,1	90,3
+ de 10 a 20 SM	25,4	58,1	88,2	21,8	66,5	91,3
+ de 20 SM	12,1	46,8	90,0	14,6	54,7	92,4
Total	7,7	34,5	80,8	7,1	44,4	87,4

Fonte: Elaborado a partir dos microdados da PNAD 2015

Tabela 4
Probabilidade estimada de eleitores de classe média, segundo a renda, a escolaridade e o sexo. Brasil, 2015

Bolsonaro	Homens			Mulheres		
	Fundamental	Médio	Superior	Fundamental	Médio	Superior
Até 2 SM	1,5	12,1	26,7	1,4	13,2	29,7
+ de 2 a 5 SM	5,0	21,3	45,5	4,2	25,6	47,8
+ de 5 a 10 SM	10,8	33,0	59,7	6,9	39,7	51,7
+ de 10 a 20 SM	18,1	44,0	62,5	8,7	40,9	47,3
+ de 20 SM	10,6	33,8	62,4	0,0	32,5	57,6
Total	3,8	23,6	56,6	3,0	25,1	49,4
Haddad						
Até 2 SM	2,5	8,7	17,8	2,6	16,1	30,5
+ de 2 a 5 SM	3,2	9,4	22,7	3,3	16,2	34,7
+ de 5 a 10 SM	4,4	9,0	21,5	5,8	17,4	38,6
+ de 10 a 20 SM	7,2	14,1	25,7	13,1	25,6	44,0
+ de 20 SM	1,5	13,0	27,7	0,0	22,2	34,8
Total	3,9	10,9	24,2	4,1	19,3	38,1

Fonte: Elaborado a partir dos microdados da PNAD 2015 e da pesquisa No. 04578 do arquivo do CESOP/UNICAMP.

Em suma, a intenção de voto em Bolsonaro cresceu com a escolaridade e a renda, e quanto maior a escolaridade e a renda, maior a participação de eleitores das classes médias e altas. A participação dessas classes cresceu também

---

[7] Utilizo o ano de 2015 para esta simulação porque o algoritmo de construção das classes sociais empregado em Cardoso e Préteceille (2017) tomou por base a PNAD, cuja última pesquisa foi a campo naquele ano. A partir de então o IBGE divulga dados da PNAD Contínua, que tem metodologia muito distinta da PNAD, o que impede a comparação. Isso interrompeu a série histórica iniciada em 1973. Os três anos que separam a última PNAD e a eleição de 2018 foram de recessão (2015 e 2016) e lenta retomada do crescimento (2017 e 2018). O aumento do desemprego no período deve ter afetado a participação das classes médias na estrutura social, em especial seus segmentos mais vulneráveis, mas não a ponto de invalidar o exercício proposto.

entre os eleitores de Haddad em associação com escolaridade e renda, mas em proporção muito inferior. Entre as mulheres as diferenças foram substancialmente menores, mas mesmo entre elas era significativamente maior a probabilidade de as eleitoras de Bolsonaro com ensino médio completo ou superior completo serem daquelas classes.

Seja como for, Jair Bolsonaro não teria sido eleito presidente se dependesse apenas do voto das classes médias e altas. Em 2015 essas classes, tal como definidas em Cardoso e Préteceille (2017), representavam apenas 31% das pessoas ocupadas de 18 anos ou mais. O presidente foi eleito com 55,13% dos votos válidos[8]. Mas a simulação apresentada permite estimar em 62% a proporção de eleitores das classes médias que votaram no vencedor da eleição de 2018[9]. Logo, as classes médias e altas parecem ter dado ao presidente perto de 20% dos votos totais por ele obtidos (isto é, 62% de 31%). Isso não teria sido suficiente para elegê-lo, mas sem esses votos ele teria perdido a eleição. Ou dizendo de outra maneira, bastava que 6% desses votos se dirigissem a Haddad para que este se saísse vencedor.

As classes médias estiveram com Bolsonaro, em proporção expressiva, já no primeiro turno eleitoral. Aplicando-se a mesma metodologia empregada acima é possível estimar que 45% dos eleitores ocupados dessas classes pretendiam votar nele, enquanto 16% pretendiam votar em Haddad, mesma proporção esperada para Ciro Gomes, o terceiro melhor colocado no primeiro turno daquela eleição. O voto efetivo em Bolsonaro por parte das classes médias pode ter sido maior do que aqueles 45%, já que o Datafolha encontrou a cifra de 40% de intenção de voto no capitão reformado do Exército, mas sua votação final ficou em 46,03%, em razão da migração no último momento de eleitores potenciais de Geraldo Alkmin, Marina Silva e outros para o candidato da extrema-direita[10].

---

[8] Fonte: http://agenciabrasil.ebc.com.br/politica/noticia/2018-10/com-100-das-urnas-apuradas-bolsonaro-teve-577-milhoes-de-votos (acessado em novembro de 2019).

[9] Chegou-se a esse valor aplicando-se o "Total" da porção "Bolsonaro" da Tabela 4 ao total da população adulta pertencente às classes médias e altas. Fazendo-se o mesmo para a porção "Haddad" chega-se a exatos 38% de intenções de voto podendo ser atribuídos àquelas classes.

[10] Haddad também se beneficiou desse tipo de migração, já que na véspera da eleição suas intenções de voto estavam em 24,7%, segundo o Datafolha, mas sua votação final ficou perto de 29,28%. Ver https://oglobo.globo.com/brasil/tse-conclui-apuracao-de-100-dos-votos-do-primeiro-turno-para-presidente-23142049 para os resultados eleitorais (acessado em novembro de 2019).

O que teria levado as classes médias, ou parcelas expressivas delas, a sancionar um candidato de extrema-direita que não trouxe ao debate público seu programa de governo[11] e participou de apenas dois debates entre os candidatos, ainda no primeiro turno? Não são esses eleitores o fiel da balança das democracias, por seu voto presumivelmente racional, bem informado e avesso aos radicalismos[12]? O que os teria levado a dar um cheque em branco a um candidato de posições francamente autoritárias e que passou sua vida pública defendendo a ditadura de 1964 e achincalhando as instituições democráticas?

Bolsonaro teve também o voto de parcelas expressivas das classes populares que, com a prisão de Lula e o indeferimento do registro de sua candidatura pelo TSE, não transferiram senão parcialmente as intenções de voto ao candidato do PT, Fernando Haddad. Esse fenômeno também carece de explicação.

Pretendo apresentar aqui um conjunto de argumentos que, espero, comporão um quadro com pistas para a construção de respostas a essas inquietações. Meu foco principal serão as classes médias e parte das classes populares, e seu padrão de intervenção na cena política brasileira a partir de 2013, ano divisor de águas na trajetória da Nova República, que terminou por levar à derrocada da ordem constitucional e do equilíbrio de poder que a sustentou a partir da transição do regime autoritário hoje louvado pelo presidente Jair Bolsonaro.

O quadro tem múltiplas facetas. Crise da democracia representativa, ascensão de uma "nova direita" (termo que criticarei oportunamente), crise do "lulismo", emergência de um radical "antipetismo", papel do judiciário no centro nervoso desses processos, crise econômica e empobrecimento de parcelas crescentes da população, disputas ideológicas polarizadas alimentadas pelas novas tecnologias de informação (redes sociais virtuais), fragmentação das identidades sociais, mal estar civilizatório associado à hegemonia do neoliberalismo em âmbito planetário... O quadro é complexo, por isso insisto na ideia de

---

[11] A campanha de Jair Bolsonaro registrou no TSE um programa de governo, que pode ser encontrado em http://www.tse.jus.br/eleicoes/eleicoes-2018/propostas-de-candidatos (acessado em janeiro de 2020). Mas a repercussão na imprensa foi diminuta. O jornal *O GLOBO*, por exemplo, ignorou-o solenemente, e só avaliou o programa no segundo turno das eleições. Ver https://oglobo.globo.com/brasil/principais-pontos-do-programa-de-governo-de-jair-bolsonaro-23149417 (acessado em janeiro de 2020).

[12] A literatura sobre classes médias como esteio da democracia é extensa. Está originalmente em Aristóteles (2008), então em Alexis de Tocqueville (2005), Lipset (1960) e mesmo em Souza e Lamounier (2010), apenas para citar alguns textos salientes. Críticas a essa abordagem estão em Wright Mills (1951), Kurlantzick (2013) e Santos (2017). Essa lista é apenas alusiva, obviamente.

"pistas" para possíveis respostas sobre a ação política das classes médias e segmentos das classes populares na conjuntura recente, restringidas pelo espaço disponível a um texto de intervenção como este.

A identidade social das classes médias

Antes de tudo, gostaria de lançar a ideia de que as heterogêneas classes médias identificadas em Cardoso e Préteceille (2017) precisam se haver com pelo menos três desafios identitários, isto é, obstáculos e oportunidades relacionados com a construção de seu lugar em sociedade e de seu etos individual e coletivo. O primeiro deles é que essas classes precisam *construir* e então *proteger* suas posições das intempéries da existência. Essa ideia está no aristocrata Alexis de Tocqueville tanto quanto no comunista Karl Marx, nos dois casos para chamar a atenção, obviamente por razões diferentes, para os limites que esse desafio impõe à compreensão que as classes médias podem nutrir sobre a natureza mesma desse desafio; e à sua ação política. Essas classes constroem e protegem suas posições de duas maneiras principais.

No caso de seus segmentos superiores, por meio do fechamento de suas posições às outras classes e camadas médias, por exemplo via reconhecimento das profissões e fechamento dos mercados de trabalho aos não profissionais. É o caso de medicina, engenharia, direito, arquitetura, psicologia e uma infinidade de profissões regulamentadas seja pelo Estado, seja por associações profissionais, ou os dois, de tal modo que pessoas não dotadas das credenciais aceitas por essas organizações ou pelos regulamentos estatais são impedidas de competir por essas posições. Outra maneira muito eficaz foi e continua sendo a construção e reprodução de privilégios no serviço público, e a blindagem desse ambiente em relação à disputa política, por exemplo por meio da inscrição de seus privilégios na legislação e mesmo nas constituições dos países[13].

A segunda maneira de construir e proteger suas posições é garantir a seus filhos a reprodução dessas posições, por meio da transferência da herança de classe, usando para isso seu patrimônio (no caso de filhos que prefiram seguir carreiras empresariais) ou seus meios materiais para assegurar aos filhos educação de qualidade, da pré-escola à universidade. Refiro-me, pois, ao investimento, pelas classes médias, no futuro de seus filhos. É o que Marialice Forac-

---

[13] Sobre isso, ver o clássico de Miceli (1979). Também Bonelli (2002).

chi nomeou, ainda nos anos 1960, de reprodução de classe por meio dos *projetos de carreira* (Foracchi, 1965; tb. Bourdieu e Passeron, 1994 e 2010). No caso das classes médias baixas, o investimento nos filhos é ainda mais estratégico como projeto de ascensão intergeracional, com os pais transferindo aos filhos, e particularmente às filhas, o próprio sonho de mobilidade[14].

O segundo desafio identitário pode ser lido como dimensão do primeiro, mas não é idêntico a ele: proteger-se contra o risco da proletarização. Nem todos os segmentos das classes médias têm condições de fechar seus mercados de trabalho, como os profissionais liberais, ou de garantir seus privilégios, como parte dos servidores públicos. Alexis de Tocqueville (2005) e depois dele C. Wright Mills (1976[1951]) mostraram que as classes médias vivem, sempre, a angústia do risco de perder o que amealharam com seu esforço e risco, e isso é constitutivo de seu etos de classe[15]. O desafio é central também para as classes médias baixas, cujas posições são mais frágeis e muito sujeitas à vulnerabilidade de mercados de trabalho instáveis como o brasileiro[16]. Isso as leva constantemente a afirmar as distâncias econômicas, por menores que sejam, em relação às classes populares e operárias, de onde muitas vezes procederam.

O terceiro desafio, relacionado com o anterior, mas também analiticamente distinguível, é o de proteger-se contra a desclassificação. O sentimento de perda de status e de prestígio social relativamente às outras classes pode decorrer tanto da decadência econômica quanto da sensação de que as classes inferiores estão ascendendo e se aproximando socialmente. A promoção econômica dos mais pobres solapa esse importante elemento identitário de parte das classes médias, que é o prestígio decorrente de seus padrões diferenciados de consumo e estilos de vida (Wright Mills, 1976[1951]; Bourdieu, 1979; Bosc, 2008). Espaços semipúblicos como shopping centers e aeroportos, assim como praças e jardins em bairros nobres, praias exclusivas em resorts etc., sempre foram tratados como áreas privativas, de circulação restrita e controlada. Com isso, a desclassificação pode ser real, por meio da perda de renda, ou pode ser um sentimento de relativa privação de seus privilégios, tendo por referência não as classes mais altas (como na formulação clássica de Runciman, 1966), mas as classes de que as classes médias melhor posicionadas se esforçam por

---

[14] Como mostrado no capítulo IV de Cardoso e Préteceille (2020)

[15] Ver ainda o clássico Ehrenreich (1994), além de Chauvel (2006).

[16] Uma vez mais como mostrado em Cardoso e Préteceille (2020, caps. II e III).

se distanciar, incluindo as classes médias baixas em processo de ascensão social.

Esses três desafios identitários são prenhes de consequências políticas, porque definem *interesses* que não são apenas individuais, e sim compartilhados por comunidades inteiras de indivíduos que ocupam a mesma posição de classe, e têm os mesmos anseios e projetos, ainda que não estejam necessariamente em contato entre si e não deem origem, ativamente, a processos típicos de formação de classe, tal como os que estivemos acostumados a ver no caso da classe operária[17]. Suspeito que esses desafios e os interesses em torno deles articulados estão por trás da organização da "nova direita" (explico as aspas mais adiante neste livro) no Brasil e no mundo e explicam boa parte da dinâmica política brasileira dos últimos anos, na qual as classes médias estiveram centralmente implicadas. Isso porque os três desafios identitários fazem com que extensas frações das classes médias (variáveis segundo os países ou mesmo as regiões de um país tão desigual quanto o Brasil) construam relação bastante pragmática com o regime político. Como eleitores, alguns tenderão a favorecer candidatos, partidos ou projetos políticos que, de forma crível, garantam suas posições, por exemplo combatendo a inflação que corrói seus salários, promovendo o desenvolvimento econômico que gere empregos de classe média e, muito particularmente, mantenham as classes populares em seu devido lugar. Como massas mobilizadas, têm se mostrado dispostas a passar por cima da democracia em várias partes do mundo, se esta não entrega o que promete, isto é, progresso e bem-estar para si e para os seus. Outras frações dessas classes, em especial aquelas mais ligadas ao serviço público e ao mundo intelectual e cultural, tenderão a favorecer partidos e candidatos associados à promoção desse serviço ou mesmo à expansão do papel do Estado na economia, aproximando-se de partidos e projetos mais claramente associados à esquerda e, eventualmente, valorizando a competição democrática que, ao menos em tese, pode abrir a possibilidade de acesso ao poder por parte desses partidos. Outras frações estarão abertas a projetos mais à esquerda, eventualmente revolucionários, para os quais a democracia não é necessariamente um tema relevante.

Sugiro aqui que as distintas frações das classes médias que se mobilizaram no Brasil nos últimos anos personificaram de diferentes maneiras esses modelos muito gerais, embora não de forma unívoca, menos ainda como resul-

---

[17] A referência aqui é Thompson (1987) e a extensa tradição que ele inaugurou, muito influente também no Brasil.

tado direto de sua posição de classe. Alinhamentos políticos e identitários foram definidos no desdobrar das conjunturas, a partir de recursos materiais, simbólicos, culturais e discursivos disponíveis em cada momento do conflito de classes que resultou na eleição de Jair Bolsonaro. Sustento que os três desafios identitários mencionados estiveram claramente presentes na ação das classes médias a partir de 2013, quando a irrupção dos movimentos de rua revelou os conteúdos de sua identidade social, longamente reprimidos e para muitos inesperados.

Sustento, também, que as classes médias foram protagonistas na configuração *do político* como ambiente de conflitos irreconciliáveis e irredutíveis, que gerou uma dinâmica de polarização política que extravasou os limites das classes médias, mobilizando outras classes e segmentos de classe, o que terminaria por favorecer Bolsonaro. Mas esse resultado *não estava dado* no processo de polarização. Pretendo mostrar que a escalada da radicalização das posições políticas construiu, ano a ano e com cume em 2018, um ambiente *insuportável*, que alimentou sentimentos de rejeição ao sistema político como um todo em parcelas expressivas da população. O desafio é desvendar por que essa rejeição levou à opção eleitoral pela extrema-direita, para o que este livro é uma pequena contribuição.

∗∗∗

O primeiro capítulo analisa os movimentos de junho de 2013, momento inicial do processo de "abertura societária" (Bringel e Players, 2015) que ampliou a conflitividade social e abriu os horizontes da luta política, revelando os limites do projeto liderado pelo Partido dos Trabalhadores (PT), baseado na (mas não restrito à) promoção social dos mais pobres pelo consumo. Proponho que a vontade de agir dos que foram às ruas mesclou: (i) a crise dos transportes públicos nas grandes cidades brasileiras, um estopim de grandes proporções, com raízes históricas longínquas que teve como substrato a luta pelo "direito à cidade"; (ii) a frustração de expectativas de ascensão social das novas classes médias e populares, que foi fatal para o projeto que alguns nomearam de "lulismo" (Singer, 2009); (iii) os protestos contra a Copa das Confederações da FIFA e as demandas por serviços públicos "padrão FIFA"; (iv) a condenação da corrupção, que extravasou as denúncias contra os desmandos na construção dos estádios da Copa para contaminar os políticos e a política em geral; (v) e o próprio movimento nas ruas, que, insuflado pelas mídias sociais e pela grande imprensa empresarial, ganhou *momentum* até explodir na grande manifestação do dia 20 de junho, quando as pautas dos protestos se multiplicaram e se diversificaram, tornando-se mais claramente antigovernistas e antipolítica em geral.

Os movimentos de junho expuseram um mal-estar que não estivera nos radares das pesquisas de opinião, nas quais Dilma Rousseff exibia aprovação de 60% ou mais da população. E embora liderados por militância de esquerda na maior parte do tempo, trouxeram às ruas uma direita raivosa, que estivera escondida nos recantos mais obscuros da internet e que se tornaria hegemônica nos protestos dos anos seguintes. Sustento que as classes médias foram as principais protagonistas, em especial em São Paulo, Brasília e Belo Horizonte, liderando os movimentos do início ao fim e tornando hegemônicas suas pautas de classe (contra a corrupção, por mais segurança, por serviços públicos de qualidade...). Mas segmentos das classes populares se juntaram a elas quando o movimento cresceu e se espalhou pelo Brasil.

A mista configuração de classe das jornadas de junho e o variado perfil ideológico que sustentava as demandas abriram os horizontes de possibilidades da disputa política a que as jornadas deram passagem, tornando difícil prever que rumo o "magma" da revolta tomaria[18]. Não estava dado que as direitas se tornariam hegemônicas nas ruas, como ocorreu de 2014 em diante, processo que pavimentaria o caminho para Jair Bolsonaro.

O Capítulo II trata dessa "nova direita", que mostro não ter nada de nova, a não ser pelas tecnologias de informação que facilitaram a disseminação dos conteúdos clássicos das direitas brasileiras: o autoritarismo, o anti-igualitarismo, o fundamentalismo religioso, o nacionalismo, o racismo, a misoginia, a homofobia e muito mais. Mostro como as direitas vinham há anos se organizando nas redes sociais, por elas percebidas como ambientes seguros numa esfera pública percebida como estando dominada pelos temas da "esquerda", termo de sentido largo que incluía José Sarney, Fernando Henrique Cardoso, Lula, Guilherme Boulos, Marina Silva... E mostro também que a novidade das direitas virtuais foi sua desfaçatez, ou a decisão de "sair do armário", algo que as distingue das direitas dos anos 1980 e 90 por exemplo, sempre envergonhadas de assumir publicamente suas posições sobre temas como homossexualismo, imigração, racismo, aborto, democracia etc.

A exceção a esse padrão foi (e é) a direita evangélica, que já durante a Assembleia Nacional Constituinte de 1987-88 se bateu pelos valores familiares

---

[18] O termo "magma dos protestos" é de Domingues (2013).

e demais temas do conservadorismo nos costumes. Jair Bolsonaro tampouco foi um extremista de direita envergonhado, e embora se declare católico, ao longo de seus 27 anos de mandato se aproximou e se tornou aliado da "bancada evangélica" no Congresso, votando com ela suas pautas conservadoras na economia e, sobretudo, nos costumes. A emergência das direitas sem vergonha de dizer seu nome acabaria por servir de fermento às ambições do capitão reformado do Exército, e o apoio das igrejas evangélicas a sua candidatura foi certamente decisivo para sua eleição. Nelas, as classes médias e médias baixas têm presença não negligenciável.

O Capítulo III trata das eleições de 2014 e do golpe parlamentar contra Dilma Rousseff. Puxando o fio desde junho de 2013, reconstituo brevemente o processo eleitoral e a campanha presidencial de 2014, para mostrar que tanto o PSDB quanto o PT apostaram na polarização política que tomou as ruas na segunda metade de 2014, com nítido predomínio das direitas e seu antipetismo visceral, aprofundado pelas denúncias de corrupção oriundas da Operação Lava Jato, amplificadas pela imprensa empresarial, parceira incontestável da candidatura oposicionista do então senador Aécio Neves. A não aceitação da derrota por parte do senador e de seu partido; a reorientação da presidenta reeleita em direção a medidas de ajuste neoliberal, negadas durante a campanha; a eleição do deputado Eduardo Cunha (PMDB) para a presidência da Câmara e seu franco oposicionismo ao governo Dilma Rousseff; o acirramento da campanha antipetista na grande imprensa em razão da Lava Jato; e o início das manifestações pelo impeachment da presidenta já em março de 2015, que seguiram num crescendo, encontrando alguma contrapartida nas manifestações em defesa do mandato concedido nas urnas por coletivos anti-antipetistas[19]; tudo isso configurou um quadro de polarização *excludente*, no qual as posições políticas se foram conformando como *irredutíveis* umas às outras, por isso inegociáveis.

Sustento que esse resultado é incompreensível sem menção aos processos identitários das classes médias (medo da queda, medo da proletarização, anseio por mobilidade social, ideologia meritocrática), que terminaram por engolfar as demais classes em disputa. Esses processos identitários reduziram a luta política à guerra de extermínio entre "coxinhas" e "petralhas" e configura-

---

[19] Essa nomenclatura foi sugerida por Ribeiro (2018) a propósito das mobilizações em torno do impeachment de Dilma Rousseff. O autor argumenta, corretamente, que o antipetismo não se confrontou com o petismo puro, mas com um polo composto por muitas forças políticas e sociais contrárias à interrupção violenta do mandato conferido nas urnas a Dilma Rousseff.

ram *o político* como campo não de negociação dos fins da ação pública, mas de conflito irreconciliável entre opositores que não reconheciam no adversário direito à existência. Tiveram papel central, aqui, as interações radicalizadas em bolhas de filtro nas redes sociais, a Operação Lava Jato e a imprensa empresarial. As classes médias ganharam centralidade na delimitação dos conteúdos da luta política, que, nesse sentido preciso, foi um processo típico de formação de classe referenciado no exercício do poder de Estado.

O Capítulo IV apresenta análise com pretensões teóricas mais gerais, sobre alguns determinantes estruturais do fenômeno bolsonarista. Começo com análise do papel do Poder Judiciário a partir do julgamento da Ação Penal 470 (vulgo "mensalão") em 2012-13, que fundou as bases de um ativismo judicial frontalmente contrário à Constituição de 1988, que fez do Judiciário a principal força política do país, com impactos perversos para as demais instituições democráticas, em especial o sistema partidário que sustentou o pacto constitucional, abrindo caminho para "outsiders". Analiso ainda o papel dos militares na conjuntura recente. O braço armado do Estado se associou ao Judiciário para emparedar as instituições democráticas, com ameaças de intervenção militar, pressão sobre o STF durante a votação do habeas corpus do ex-presidente Lula e adesão a Bolsonaro na reta final da campanha eleitoral. Mostro que pelo menos duas linhas de tensão contribuíram para o ativismo militar: a Comissão Nacional da Verdade, que passou a limpo o regime de 1964 e responsabilizou nominalmente os agentes de cometeram crimes contra os direitos humanos; e a própria Lava Jato, que expos a corrupção na Petrobras, empresa muita cara aos militares.

Depois discuto o conflito contemporâneo entre neoliberalismo e democracia, para mostrar que o golpe parlamentar contra Dilma Rousseff colocou o Brasil em sintonia com o movimento mais geral de enfraquecimento das democracias capitalistas ocidentais pelo neoliberalismo financeiro. Discuto o conceito de pós-democracia (Crouch, 2000), mostrando seu alcance e limites (pois o eleitor, de meu ponto de vista, é capaz de discernir, ao menos, quem está "do meu lado" e quem está "do outro lado"), mas alerto que as mídias sociais e o novo marketing político por elas inaugurado podem estar configurando um quadro no qual os eleitores são efetivamente manipulados pelos grandes interesses econômicos, para votar em candidatos que "favoreçam os negócios".

Apresento em seguida o conceito reformulado de sociabilidade violenta (originalmente proposto por Luiz Antônio Machado da Silva), para dar inteligibilidade às relações sociais e políticas no Brasil, de um simples encontro com um desconhecido no cotidiano, passando pela violência no trânsito, pelas estonteantes taxas de homicídio *entre os cidadãos* do país, e pela violência simbólica nas redes sociais virtuais. Essa sociabilidade acolheu com júbilo o discurso bolsonarista de segurança pública como necropolítica: armamento da população, eliminação física "dos bandidos", destruição do meio ambiente, eliminação de etnias indígenas etc.

Assim, o triunfo do neoliberalismo mais radical, que se deu *contra* a democracia e suas típicas instituições de mediação de conflitos, encontrou entre nós um judiciário predisposto a "corrigir" as mazelas de nossa dinâmica política, isto é, os "desvios" do modo mesmo de operação das instituições democráticas consolidadas depois de 1988. O neoliberalismo triunfante encontrou no judiciário um aliado poderoso que, sem prestar contas a ninguém e se colocando acima da própria Constituição, contribuiu para debilitar e finalmente ferir de morte o pacto constitucional de 1988. Isso deu munição pesada aos que pregam, com o fervor dos dogmáticos, a necessidade de reduzir ao mínimo o Estado, visto como necessariamente corrupto quando intervém na economia. E a sociabilidade violenta forneceu o caldo de cultura para expectativas de curtíssimo prazo, arregimentáveis para discursos salvacionistas de lideranças autoritárias, para quem a democracia é um empecilho a ser removido "em nome do povo".

Em complemento a essa análise, o Capítulo V mobiliza uma série de reportagens de jornalismo investigativo de grande qualidade e profundidade, para mostrar que os algoritmos das plataformas virtuais (Google, Facebook, Twitter, YouTube, Instagram), ao gerar bolhas de filtro individuais, ensimesmam a sociabilidade virtual e estimulam a formação de identidades intolerantes com a diferença e a divergência de opiniões. Mais do que isso, os algoritmos e o modo como são administrados pelas plataformas *fomentam extremismos* de todo tipo, pois a atenção do internauta diante da tela é maximizada quando os conteúdos são "chamativos", ou extremados. O *modelo de negócios* das plataformas se baseia na oferta de conteúdo extremado. Como as direitas são muito mais ativas nas mídias sociais, é sobretudo a extrema-direita que se fortalece e se reproduz alimentada pelos algoritmos, o que terminou por favorecer Jair Bolsonaro, que se mostrou (junto com seus filhos) um mestre na mobilização desses recursos em seu favor e das causas de extrema-direita que defendeu durante a campanha eleitoral.

O capítulo traz ainda a análise dos principais determinantes conjunturais da eleição do ex-capitão do Exército à Presidência da República, em particular o violento ano de 2018. Inicio pela análise de pesquisa do Datafolha de novembro de 2017, na qual Jair Bolsonaro já aparece com 27% de intenções de voto (quando somamos os que disseram pretender votar nele nos nove cenários testados na pesquisa). As pautas da segurança pública eram o principal eixo galvanizador do apoio ao capitão reformado do Exército, e a pesquisa mostrou que seus apoiadores estavam muito mais presentes nas redes sociais e usavam muito mais a internet para se informar e disseminar informação do que os eleitores dos demais candidatos.

O ano de 2018 foi marcado por medidas e fatos extremos, como a intervenção federal no Estado do Rio de Janeiro em razão do aumento sem precedentes da violência letal (das polícias Militar e Civil e entre os cidadãos) que, contudo, não evitou o assassinato da vereadora Marielle Franco e seu motorista Anderson Gomes por conhecidos milicianos. Estes, no passado e até muito recentemente, tiveram relações próximas à família do então deputado Jair Bolsonaro, o que pode estar por trás do fato de que, ao completar dois anos enquanto escrevo (março de 2020), o crime continue sem solução.

Fatos igualmente graves, a caravana do pré-candidato Lula foi alvo de tiros, pedradas e foguetes em seu périplo pela Região Sul do país, indicando que, se Lula conseguisse se candidatar, a campanha eleitoral poderia ser bastante violenta. Houve ainda a longa greve dos caminhoneiros, apoiada por Bolsonaro, louvado pelas lideranças do movimento como "mito". O grande apoio popular à greve, apesar do alto preço pago por todos com a escassez generalizada que provocou, deixou claro que parcelas expressivas da população se identificaram com os grevistas no seu repúdio ao governo Temer e à política em geral. Bolsonaro capitalizou boa parte dessa insatisfação popular.

A prisão de Lula retirou da campanha o favorito nas pesquisas, e o atentado contra Bolsonaro, que quase lhe custou a vida, livrou-o dos debates televisivos e dos ataques dos adversários. Pregador da eliminação das esquerdas, dos "comunistas", dos que eram "contra o Brasil", defensor, enfim, da necropolítica, Bolsonaro foi objeto da compaixão de seus competidores. Mas isso não impediu que um movimento de mulheres, espontâneo, massivo e de grande potência transformadora, sob a bandeira do #EleNão, ganhasse as ruas e assustasse as hostes bolsonaristas com a perspectiva de perda do voto feminino, essencial a qualquer candidato no país.

A adesão explícita e generalizada das lideranças evangélicas ao candidato extremista, porém, fidelizou parte substancial dos votos dos seguidores, inclusive as mulheres. A campanha eleitoral propriamente dita, no caso de Bolsonaro centrada nas mídias sociais e suas bolhas de filtro, nas quais notícias falsas deram o tom da mobilização bolsonarista, foi de grande eficiência na neutralização do #EleNão, centrando-se sobretudo no antipetismo e a cadeia de equivalências que constituiu seu significado desde o "mensalão": corrupção, bolivarianismo, comunismo, depravação moral e antipatriotismo.

Esse breve sumário visa a deixar claro que não há explicações simples para o fenômeno em tela de juízo. O bolsonarismo que emergirá desta análise mostra-se multidimensional, profundamente arraigado em nossa sociabilidade violenta e no conservadorismo cristão e militar, aos quais se somaram as direitas liberais e ultraliberais, encontrando nas crises econômica e política que fecharam os governos liderados pelo PT o caldo de cultura para vicejar.

O Brasil passou por grandes transformações sociais, econômicas e políticas nas últimas décadas, sob a égide da Constituição de 1988. Em larga medida, os governos liderados pelo PT podem ser lidos como a instanciação do projeto constitucional, com sua tentativa de consolidar o estado de bem-estar implícito naquele projeto, o que um importante intérprete denominou "reformismo fraco" (Singer, 2012). A crise social e política iniciada em 2013 resultou do colapso dessa tentativa, que buscou a inclusão social dos mais pobres pelo mercado, gerando, quando falhou, enorme frustração das expectativas infladas que ajudou a criar. Isso inflamou as ruas, que, em associação com o Judiciário e sua sanha anticorrupção, e com uma esfera pública dominada por empresas de mídia francamente contrárias ao governo e críticas ferozes dos outros dois poderes (Executivo e Legislativo), minaram as bases do sistema político como um todo. A eleição de Bolsonaro foi também um alerta aos protagonistas do pacto constitucional de 1988, derrotado nas urnas de 2018, de que ele já não parece capaz de conferir coesão e (ainda que tensa e violenta) estabilidade social.

Não sabemos se o novo pacto hoje sendo consolidado no país, que estou denominando bolsonarismo, assentado no neoliberalismo radical, no fundamentalismo religioso, na intolerância com a divergência, no autoritarismo político e social, numa agenda anticivilizatória contra os direitos humanos, ambientais, sociais, civis e políticos, e num nacionalismo de má fé, pois subserviente aos Estados Unidos e aos interesses financeiros internacionais, tem condições de prosperar e deitar raízes em nossa sociabilidade violenta. Sabemos apenas que, onde medrou, essa agenda extremista pariu regimes autoritários, sendo Filipinas, Turquia e Hungria alguns casos salientes. Esse destino está no DNA do bolsonarismo. Cabe à cidadania ativa impedir que trilhemos essa rota.

O gigante acordou

Em junho de 2013, uma série de mobilizações de rua transformou profundamente a cena política brasileira[1]. O estopim foi aceso pelo Movimento Passe Livre (MPL)[2], que saiu às ruas de São Paulo (e em seguida de outras capitais brasileiras) a partir do dia 6 de junho em reação ao aumento de R$0,20 (vinte centavos) nas tarifas de ônibus, metrô e trens. O movimento em São Paulo foi a culminância de mobilizações que vinham ocorrendo desde 2012, começando pelo Rio de Janeiro e então Natal (a "revolta do busão")[3], depois Porto Alegre[4] e Goiânia[5] nos inícios de 2013, e novamente em Natal e no Rio[6], quase sempre acompanhados de forte repressão policial.

---

[1] A pesquisa de que este capítulo resulta seguiu o curso dos acontecimentos em tempo real em 2013, e de seus desdobramentos virtuais e na literatura a respeito até 2016. O estudo foi suspenso em razão de outros compromissos e interesses de pesquisa, tendo sido retomado em meados de 2019 para a elaboração deste livro. À medida que o texto era escrito, todos os links consultados na internet no período inicial foram novamente consultados e finalmente validados em 19 de dezembro de 2019.

[2] O MPL lançou seu manifesto de fundação em 2005, durante o Fórum Social Mundial em Porto Alegre, para lutar pelo transporte gratuito nas cidades brasileiras. Mas tem origens em inícios dos anos 2000. A primeira grande mobilização data de 2003, com a "Revolta do Buzu" em Salvador. Em 2006 o movimento realizou sua terceira plenária nacional, com participação de representantes de 10 cidades, consolidando-se como coletivo nacionalmente organizado. O MPL se define como horizontal, apartidário e independente. Ver http://tarifazero.org/mpl/. Ver também a entrevista de sua principal liderança em 2005, Marcelo Pomar, em https://www.brasildefato.com.br/node/13683/ (ambos acessados em dezembro de 2019).

[3] Ver https://noticias.uol.com.br/cotidiano/ultimas-noticias/2012/09/03/revolta-do-busao-protesta-contra-aumento-da-tarifa-em-natal-e-entra-em-confronto-com-a-policia.htm (acessado em dezembro de 2019).

[4] Ver https://www.brasildefato.com.br/node/12571/ (acessado em dezembro de 2019).

[5] Ver http://passapalavra.info/2013/05/77238/ (acessado em dezembro de 2019). Sobre o movimento de Goiânia, reivindicando uma revisão da leitura dominante sobre as jornadas, centradas principalmente no Sudeste, ver Tavares, Roriz e Oliveira (2016).

[6] Ver https://gauchazh.clicrbs.com.br/geral/noticia/2013/06/inspirados-em-porto-alegre-protestos-em-serie-contra-reajustes-na-tarifa-de-onibus-se-espalham-pelo-pais-4171189.html (acessado em dezembro de 2019).

A repressão que se abateu sobre os manifestantes paulistanos, que resultou na prisão de centenas de ativistas no dia 13 de junho, além de provocar ferimentos em outros tantos, trouxe às ruas levas de pessoas de início solidárias aos jovens do MPL, mas que em seguida ampliaram sobremaneira os temas em disputa. O ápice dessas mobilizações ocorreu em 20 de junho, quando mais de um milhão de brasileiros/as tomou as ruas em mais de cem cidades, portando cartazes e faixas com os mais diferentes dizeres, alguns coletados por André Singer:

> "Copa do Mundo eu abro mão, quero dinheiro pra saúde e educação", "Queremos hospitais padrão Fifa", "O gigante acordou", "Ia ixcrever augu legal, maix fautô edukssão", "Não é mole, não. Tem dinheiro pra estádio e cadê a educação", "Era um país muito engraçado, não tinha escola, só tinha estádio", "Todos contra a corrupção", "Fora Dilma! Fora Cabral! PT = Pilantragem e Traição", "Fora Alckmin", "Zé Dirceu, pode esperar, tua hora vai chegar" (Singer, 2013, p. 25).

Os movimentos de junho politizaram a vida cotidiana de maneira imprevista em sua dimensão e pluralidade[7]. Pesquisas feitas no calor da hora em várias cidades do país durante as manifestações dos dias 20 e 22 construíram o perfil dos participantes. O mesmo Singer (2013) sintetizou algumas delas. Em São Paulo (dia 20) e Belo Horizonte (dia 22) mais de 50% tinham 25 anos de idade ou menos, contra 41% no Rio de Janeiro (dia 20). Pesquisa do IBOPE no dia 20 feita em oito capitais encontrou a cifra de 43%[8]. Logo, em 20 de junho (e 22 em BH) os manifestantes eram majoritariamente jovens. Além disso, na pesquisa IBOPE, 43% tinham diploma universitário, e era residual a presença de pessoas com ensino fundamental. Em São Paulo a proporção de pessoas com educação superior se aproximou de 80%, e 66% em Belo Horizonte. E mais, apenas 15% dos que foram às ruas nas oito capitais cobertas pelo IBOPE tinham renda familiar de dois salários mínimos ou menos. Isso levou Singer a concluir pela "virtual ausência da base da pirâmide social brasileira nas manifestações" (idem, p. 28). Mas o mesmo autor matiza esse achado, já que, em termos de renda, metade dos manifestantes das oito capitais cobertas pelo IBOPE ganhavam até 5 salários mínimos, sugerindo que a configuração de classes era mais variada. As ruas pareciam tomadas por jovens de famílias de

---

[7] Dentre as muitas tentativas de atribuir significado aos protestos destaco Singer (2013), Domingues (2013), Maricato et al. (2013), Moraes et al. (2014), Bringel e Pleyers (2015), Alonso e Mische (2016), Gondim (2016) e Pinto (2017).

[8] A pesquisa pode ser encontrada em http://especial.g1.globo.com/fantastico/pesquisa-de-opiniao-publica-sobre-os-manifestantes/ (ver o quinto slide para os dados de perfil da amostra).

classe média e alta, particularmente em São Paulo e Belo Horizonte, mas o movimento foi mais múltiplo no Rio de Janeiro e outras capitais.

Muitos nomearam os protestos daquele ano de "jornadas de junho"[9], algo que Singer (2013) considerou exagerado, porque a expressão foi utilizada por Marx no seu *O Dezoito de Brumário de Luis Bonaparte* para qualificar a sangrenta repressão à revolta operária de junho de 1848, que Marx considerou "o acontecimento de maior envergadura na história das guerras civis da Europa" (Marx, s.d.p., p. 209-10). Contudo, como os movimentos de junho de 2013 afetaram profundamente a cena política brasileira dali por diante, parece-me adequado recorrer à formulação clássica de Marx, já que as consequências no médio prazo foram equivalentes: trazer ao poder de Estado elites políticas francamente adversárias aos interesses dos trabalhadores.

Continua intenso o debate sobre o que esteve em jogo naqueles movimentos[10]. As vozes das ruas foram tão polifônicas quanto as tentativas de atribuir-lhes significado. "Esgotamento do lulismo", "esgotamento do padrão de incorporação dos mais pobres pelo mercado", "crise de representatividade do sistema político", expressão de um "mal estar generalizado" contra "tudo o que está aí", repúdio ao "governo do PT", reação contra os "gastos excessivos para a Copa do Mundo de 2014" (Singer, 2013; Domingues, 2013; Tatagiba, 2017; Tatagiba e Galvão, 2019). Houve e ainda há interpretações para todos os gostos. Mas uma coisa é certa: inaugurou-se inegável ciclo de protestos (Tarrow, 1998) como há muito não se via no Brasil, e suas consequências demorariam a ser devidamente mensuradas.

Neste capítulo, proponho uma interpretação sobre os movimentos de junho de 2013, distinguindo neles duas fases bem marcadas, que apresentaram dinâmicas e causas próprias e irredutíveis umas às outras. Entre 6 e 13 de junho as mobilizações foram lideradas pelo MPL e movimentos e coletivos de esquerda, com prevalência das classes médias estudantis. Os motivos dos protestos eram claros: o aumento das tarifas de transporte público nas capitais brasi-

---

[9] É assim que a Wikipedia, por exemplo, nomeia os acontecimentos, num extenso e bem informado artigo que foi editado milhares de vezes por inúmeros colaboradores. Ver https://pt.wikipedia.org/wiki/Jornadas_de_Junho (acessado em dezembro de 2019). O texto, não obstante o louvável trabalho colaborativo, ainda apresenta imprecisões, não podendo ser tomado como fonte confiável.

[10] Ver, por exemplo, artigo de Marcos Nobre na Revista Piauí No. 159, de dezembro de 2019, no qual ele encontra as origens do bolsonarismo nos movimentos de junho de 2013. Disponível em https://piaui.folha.uol.com.br/materia/contagem-regressiva/ (acessado em dezembro de 2019)..

leiras. Mas as mobilizações de 17 a 22 de junho tiveram cunho bem distinto. Convocadas também por coletivos, indivíduos e organizações de direita e extrema-direita, levaram às ruas pessoas de perfil diverso, tanto em termos de classe quanto de motivação. O 20 de junho em particular marca uma reviravolta decisiva nos protestos, que ganham caráter multiclassista, porém com nítida presença de pautas que seriam propostas e\ou apropriadas pelas classes médias conservadoras e pela extrema-direita.

Argumentarei que cinco eixos centrais galvanizaram a vontade de agir de quem foi às ruas. O primeiro, obviamente, foi o aumento das tarifas dos transportes coletivos em São Paulo e outras capitais do país, que levou os jovens do MPL às ruas, o que motivou violenta repressão policial. Ação do MPL e reação policial são parte do mesmo e inicial eixo motivacional para a ação. O segundo, decisivo para as classes médias em processo de ascensão social no país, foi a frustração de expectativas em relação às promessas do que denomino "mercantilização da vida coletiva", fruto do "reformismo fraco" (Singer, 2012) dos governos liderados pelo PT[11]. O terceiro foi o rechaço à Copa das Confederações da FIFA. O quarto eixo foi o repúdio das classes médias e altas aos governos petistas, que encontrou na corrupção a síntese de uma longa cadeia de equivalências que incluiu o antipetismo, o repúdio à figura da presidenta Dilma Rousseff e às políticas sociais implantadas pelos governos petistas. E o quinto foi o próprio movimento que, alimentado pelas redes sociais e pela imprensa empresarial, atraiu cada vez mais pessoas às ruas, num processo catártico de afirmação de identidades e afinidades sociais e políticas que criou nas pessoas a sensação, típica dos movimentos sociais, de que se estava "fazendo história".

Esses eixos não foram os únicos, obviamente, nem devem ser tomados como estanques ou desconectados, mas sim como uma síndrome de motores para a ação operando em níveis distintos de abstração, de eficácia também distinta para os muitos grupos e coletivos que se foram constituindo ao longo das jornadas. Seus significados iniciais também se foram transformando à medida que as jornadas se expandiam, incorporando novos temas e modalidades de ação coletiva. Muito particularmente, os quatro primeiros eixos se constituíram

---

[11] Para Singer os governos liderados pelo PT implantaram políticas sociais de redução da pobreza, da desigualdade, de inclusão dos mais pobres através do consumo etc., mas não tocaram no cânon neoliberal no âmbito da macroeconomia (austeridade fiscal, câmbio flutuante, metas de inflação, abertura dos mercados) nem nos privilégios das classes superiores (como uma reforma tributária que taxasse grandes fortunas ou os lucros e dividendos, ou as grandes propriedades rurais). Uma crítica importante ao argumento é Miguel (2013).

em intenso diálogo com o quinto, num processo projetivo de construção de identidades de grande eficácia simbólica. A politização da sociabilidade daí resultante *abriu os horizontes de expectativas* dos/as brasileiros/as, colocando novamente em disputa, em âmbito societário, geral e de maneira intensamente conflitiva, os fins da ação pública, ou os destinos da nação.

O estopim

A literatura sobre os movimentos de junho anotou que o aumento das tarifas dos transportes públicos na capital paulista foi apenas o estopim, e que os movimentos ulteriores ultrapassaram em muito as reivindicações do MPL[12]. Impossível não concordar com esse diagnóstico. Mas vale a pena explorar o tema, porque, a meu juízo, o estopim não foi de somenos.

A ira popular contra os transportes públicos é antiga no Brasil, suas origens podendo ser traçadas ao menos até a "revolta do vintém", ainda no século XIX. Afonso Celso, ministro da fazenda do Gabinete Cotegipe, introduziu na lei orçamentária de 1879 um imposto de 20 réis (um vintém) sobre as passagens de bondes e trens do Rio de Janeiro, imposto que, alegava o ministro, aliviaria a situação financeira do país. O imposto resultou em 3 dias de violentos tumultos no Rio de Janeiro, com trens e bondes incendiados e o Imperador Dom Pedro II tendo que ouvir ofensas de populares, para espanto seu. O governo não demorou a voltar atrás na medida[13].

Assim também, Moisés e Martinez (1977) realizaram importante estudo sobre a reiterada depredação de trens suburbanos em São Paulo e no Rio de Janeiro entre 1974 e 1976. O texto foi revisto para publicação no exterior (Moisés e Stolke, 1980), e é esta versão que utilizo aqui. O primeiro protesto ocorreu em julho de 1974 em São Paulo, quando um trem foi depredado e incendiado em razão de atrasos. As causas dos incêndios e quebra-quebras que se sucederam por dois anos, segundo os autores, não se relacionaram com aumentos de tarifas, mas sim com os constantes atrasos, quebras de composições e acidentes

---

[12] Mas ver o já citado trabalho de Tavares, Roriz e Oliveira (2016), reivindicando a precedência histórica da mobilização de Goiânia (e também de Natal, Salvador etc.). Houve mesmo mobilizações nessas capitais antes de São Paulo, mas apenas aqui provocaram ira policial sem precedentes, e a consequente reação das forças sociais contra os excessos da PM paulista.

[13] Vide Graham (1980) e Mello (2007: pp. 24 e 25), dentre outros.

fatais ocasionais, que expunham a má qualidade do serviço então nas mãos da Rede Ferroviária Federal. Quase um milhão de paulistas e 700 mil fluminenses se espremiam e se penduravam nas composições diariamente, já que os trens disponíveis não eram suficientes para a demanda, e os trabalhadores não tinham alternativa de transporte[14]. Os protestos teriam sido "espontâneos, desorganizados, continuados e violentos" (idem, p. 176). "A questão central era o fato de que o estado crescentemente não confiável do transporte público ameaçava a população trabalhadora com perda de salários, desemprego e mesmo a morte" (idem, p. 177). E para chamar a atenção para a antiguidade do problema, os autores reproduzem a letra da música "Patrão, o trem atrasou", hit do carnaval de 1941, na qual um trabalhador tenta convencer o patrão a não o demitir em razão do atraso do trem. "O atraso é muito justo/Quando tem explicação/Sou pai de família/Preciso do pão/Não me diga não" (idem, p. 175). Os autores não mencionam a "revolta do vintém".

O acento no caráter "espontâneo" das depredações frequentaria o noticiário ao longo dos anos. Em 22 de julho de 2001 o jornal *Folha de S. Paulo*, em editorial denominado "Rebeldia primitiva", informava que a prefeitura paulistana havia registrado 636 depredações de ônibus em 2000, quer dizer, quase dois coletivos destruídos por dia na capital, o que levou o editorialista a lamentar que "os ataques contra ônibus vão ganhando status de rotina paulistana". E ele acrescentaria:

> "Essa rebeldia primitiva não se consubstancia em movimentos coesos para pressionar o Estado pela ampliação de direitos civis ou sociais, por exemplo. (...) A grande massa desorganizada da população, com poucas exceções, é incapaz de acessar as instituições públicas para pressionar por seus interesses. Ela, no máximo, representa ameaça difusa, embora crescente, de insegurança para a minoria globalizada e influente"[15].

Numa associação direta e obviamente simplista, o que está escrito é que o povo depreda ônibus porque está excluído "das instituições públicas", e, incapaz de "movimentos coesos", comete atos de "rebeldia primitiva".

Um último caso dentre as milhares (repito, milhares) de ocorrências até junho 2013: no dia 13 de fevereiro desse mesmo ano, na região do Parque da Cocaia, extremo sul da capital paulista, dois ônibus foram incendiados e outros quatro depredados num protesto dos moradores contra as enchentes na região.

---

[14] Lembre-se, ainda, do "Trem das Onze", de Adoniran Barbosa, que se perdesse o último trem, "só amanhã de manhã".

[15] http://www1.folha.uol.com.br/fsp/opiniao/fz2207200101.htm (acessado em dezembro de 2019).

A aparente desconexão entre os dois eventos (protesto contra enchente que lança mão de depredação de ônibus) desaparece quando descobrimos que, na noite anterior, o córrego que corta o bairro do Grajaú havia transbordado e inundado as casas. Como os ônibus não estavam parando nos pontos inundados, os moradores tiveram que voltar a pé para casa, em caminhadas de algumas horas[16]. A chuva inundou casas e ruas, e os ônibus evitaram o local. Depredá-los foi uma forma de protestar contra as enchentes, o transporte público, as condições de vida na cidade.

Por que "bandidos" protestam queimando ônibus? Por que a pretensa "rebeldia primitiva" da população tem neles alvo privilegiado? A infinidade de eventos de depredação, ocorrendo em várias cidades do país e pelos motivos mais variados, não deve deixar dúvidas quanto à importância do transporte público na vida das pessoas. E nem quanto à simbologia da depredação daquilo que encarna, de forma material, cotidiana, reiterada e ostensiva, o poder público. Queimar ônibus entrou "na rotina", como disse o editorialista citado acima. Na linguagem dos estudiosos dos movimentos sociais, tornou-se uma *modalidade de protesto*, parte do repertório disponível de ação coletiva, compartilhado, é bom lembrar, por ativistas do mundo todo[17]. Uma modalidade de eficácia variável segundo as conjunturas e os países, mas que revela, de novo, a centralidade da mobilidade urbana na vida das pessoas e sua materialização no objeto alvo de constantes depredações: o ônibus, e décadas antes, os trens de subúrbio.

O problema central, aqui, é mobilidade urbana, elemento de uma síndrome de recursos inscritos no território das grandes metrópoles brasileiras que dá materialidade ao que as jornadas de junho popularizaram como "direito à cidade"[18]. O termo é título de um livro clássico do filósofo francês Henri Lefebvre, publicado em 1968, livro que tinha um viés libertário que ecoava a insatisfação que explodira em maio daquele ano na França. Direito de construir com os outros os sentidos da vida em comum, de ir e vir, de fruir o que a cidade oferece, seja na forma de meios não alienados de se ganhar a vida, seja na forma de meios de lazer, nessa combinação de mundo privado entremeado de equipamentos públicos cujo usufruto só é possível se se tem acesso a eles. Di-

---

[16] http://oglobo.globo.com/pais/linhas-voltam-circular-apos-onibus-serem-queimados-em-sp-7575216 (acessado em dezembro de 2019).

[17] Ver, por exemplo, Shultziner e Goldberg (2019), Smith (2016), Tilly (1986), Alonso (2017).

[18] Ver, por exemplo, https://mplfloripa.wordpress.com/2016/05/09/ii-ciclo-de-formacao-do-mpl-genero-e-direito-a-cidade/ (acessado em dezembro de 2019).

reito, portanto, de trabalhar e de contar com os meios de acesso ao lugar de trabalho. Direito de não ter descontado o dia de trabalho por ineficiência dos que se enriquecem oferecendo maus serviços, quer dizer, por culpa da ganância dos outros. Direito de chegar em casa em tempo de ver o jornal ou a novela ou ler um livro ou se arrumar para a festa ou brincar com o filho ou amar o/a parceiro/a ou namorado/a. Direito de fruir o que a cidade promete e que, sem mobilidade, é vivido como privação. No limite, como opressão.

Sem mobilidade os espaços da cidade tornam-se privilégios de uns (quando plenos de recursos) e condenação de outros (quando privados deles), e a impossibilidade ou a dificuldade reiterada de trânsito entre uns e outros pode consolidar mundos segregados, mesmo que em termos jamais absolutos, já que a "miséria" ou o "privilégio" são parte da compreensão do mundo disponível aos citadinos, e a "opressão" de uns é vivida como *injusta* porque comparada com o "privilégio" de outros. Os moradores do Grajaú paulistano depredaram seis ônibus em protesto contra as enchentes *porque* não conseguiram chegar em casa, direito inalienável do citadino. E não conseguiram chegar pela combinação perversa de condições precárias de habitação com serviço precário de transporte. A fúria não foi "primitiva" no sentido do editorialista da Folha. Não se tratou de causar danos ao patrimônio público sem mais, nem de um dia de fúria coletiva que vandaliza tudo indistintamente. Tratou-se de um protesto *regrado*, no sentido de que utilizou como meio uma forma consolidada de se chamar a atenção dos poderes públicos para as mazelas das condições da vida coletiva: a depredação de alguns ônibus.

É claro que houve a intenção de causar prejuízos aos concessionários do serviço público de transporte, esses seres vistos como agentes poderosos dotados de grande capacidade de persuasão dos decisores públicos quanto a seus interesses. Todo morador de grande cidade no Brasil conhece a expressão "máfia dos transportes". O termo não denota o mesmo grupo de empresários no país inteiro, cada cidade "tem a sua". Mas em toda parte ele denota a mesma coisa: um poder econômico nebuloso, corrompido, capaz de fazer e desfazer carreiras políticas locais, exploradores insensíveis dos citadinos que dependem desse serviço para ter direito à cidade. Como máfia, leva a vida nas sombras, corrompendo os poderes públicos nas sombras, mas explorando os citadinos às claras.

Há alguma ingenuidade nessa percepção popular, mas ela erra apenas o centro do alvo, não o próprio[19]. A cidade brasileira, grande ou pequena, é resultado da combinação de interesses privados múltiplos com políticas públicas que apenas eventualmente têm no horizonte, justamente, o direito à cidade. Esse termo denota bens públicos, políticas de acessibilidade, mobilidade, lazer, emprego etc., voltadas para *todos*, portanto universais. Os capitais privados não operam com essa perspectiva. Seu objetivo é o lucro, e só agirão tendo como horizonte o bem comum se isso lhes for vantajoso. E apenas os poderes públicos podem gerar incentivos seletivos (na forma de recompensas ou punições) tais que forcem os capitais privados a investir com vistas no bem comum. As cidades brasileiras não são assim. Elas não são planejadas para conferir aos citadinos o direito a ela. Elas, por assim dizer, se "deixam construir" para favorecer os negócios. O território urbano, no Brasil, é o resultado, então, da combinação de interesses dos capitais imobiliários (das construtoras e do sistema financeiro), comerciais, industriais e de transportes, aos quais se sobrepõem os capitais acessórios de comunicações e energia, todos encontrando nos poderes públicos os elementos facilitadores de sua acumulação. A população está, obviamente, no horizonte, já que é ela quem consome e, principalmente, é ela quem vota. Mas seu direito *é mais propriamente um resíduo* do direito à acumulação capitalista no espaço urbano[20].

É como *resíduo* do interesse dos concessionários dos transportes que a população tem "direito ao transporte". A criação de uma linha de ônibus é um evento complexo, que envolve diversos níveis decisórios, e pode ser o caso de que um grupo de trabalho se constitua na prefeitura de uma cidade qualquer para discutir um plano de reforma do transporte público, e pode ser que nele a população esteja representada, mas os "proprietários" das linhas também estarão. Uma linha só é implantada se dá retorno adequado, o número de ônibus em circulação obedecerá à mesma lógica etc., e se a prefeitura insistir na instalação de uma linha deficitária, precisará compensar a concessionária de algum modo,

---

[19] No dia 31 de dezembro de 2019 a *Folha de S. Paulo* publicou extensa matéria sobre a delação premiada de Lélis Teixeira, ex-presidente da Federação de Empresas de Ônibus do Rio de Janeiro (Fetranspor), negociada com o Ministério Público Estadual em fevereiro daquele ano. Nela o delator apontou ter pago propinas a governadores, prefeitos, vereadores, membros dos tribunais de justiça e de contas do Estado, para defender interesses do setor. Ver https://www1.folha.uol.com.br/poder/2019/12/delacao-de-executivo-de-onibus-atinge-todas-as-esferas-de-poder-no-rio.shtml?utm_source=mail (acessado em dezembro de 2019).

[20] Ver, por exemplo, Kovarick (1979), Blay (1985) e Deák (2015), para o caso de São Paulo. Para o Rio, Abreu (2013), Vainer (2016) e Alves (2019), dentre muitos outros.

seja concedendo outras linhas mais vantajosas ou subsidiando a que foi criada. O *interesse* de remuneração do capital *antecede* o *direito* da população ao transporte. E se há uma enchente em um bairro periférico os ônibus simplesmente não circularão por lá. Ônibus incendiados vez por outra chamam a atenção dos poderes locais para as carências de determinada região, e então pode ser que novas linhas sejam criadas ou outras desviadas ou mais ônibus sejam postos nas ruas etc., mas de novo obedecendo à lógica da precedência do interesse do proprietário das concessões lucrar com o negócio. Logo, o direito à mobilidade não é um direito, mas uma mercadoria, disponível à discrição dos que a produzem, isto é, o amálgama dos interesses de agentes públicos e privados na exploração do negócio, uns para manter suas posições na administração pública, outros para enriquecer.

Do mesmo modo, é como resíduo do interesse dos conglomerados imobiliários que os citadinos têm "direito à moradia", o que quer dizer que esse direito está restrito aos que podem pagar. Do ponto de vista do capital imobiliário o espaço urbano é um ambiente de negócios no qual o direito a um espaço é traduzido na linguagem do direito de propriedade. O solo urbano, então, é objeto da apropriação privada de quem pode, e a cidade que vemos hoje é um resultado agregado mais ou menos caótico, mais ou menos ordenado, de decisões privadas tomadas ao longo do tempo, decisões mais ou menos reguladas pelos poderes públicos, cujas leis de zoneamento, onde as há, são formas de ordenamento não do direito à moradia, mas do interesse de exploração privada do solo urbano. O resíduo desse direito regulado pelo poder público é a oferta de moradia pelo capital imobiliário, portanto a mercantilização do direito à moradia. Os que não podem pagar estão condenados às periferias das grandes cidades, ou seus morros, ou aos conjuntos habitacionais também periféricos, mal servidos por transportes públicos e outras benfeitorias, como escolas, postos de saúde ou áreas de lazer, equipamentos aos quais os moradores periféricos têm acesso em outro lugar, portanto e novamente, por meio do transporte público.

O caráter sensível do transporte público em nosso país é um aspecto, se bem que central, dessa lógica de apropriação do espaço e de construção da cidade como mercado frouxamente regulado, que segrega populações inteiras do acesso às benesses da civilização urbana disponíveis a parte dos concidadãos, aqui incluindo o direito ao trabalho e à habitação decente.

Não estou querendo dizer, com isso, que as jornadas de junho de 2013 se tenham limitado a protestos contra o aumento das passagens desse transporte público ineficiente e, mais que isso, injusto. Quero dizer apenas que esse foi um estopim de grandes proporções, que desatou as amarras de um mal-estar muito mais profundo, manifesto de forma difusa nos movimentos e que, sustento aqui, está relacionado também (embora não exclusivamente) com a mercantilização da vida coletiva e as enormes expectativas que gerou. E a repressão policial que se abateu sobre os manifestantes seria o combustível que incendiaria as ruas, como veremos.

Mercantilização da vida e frustração de expectativas

Para a maioria da população excluída dos serviços públicos mercantilizados, "melhorar de vida" quer dizer adquirir no mercado os bens que, se públicos, são julgados como de má qualidade. Saúde pública, educação pública, transporte público (mesmo que pago), não são vistos como passaportes para o bem-estar individual ou familiar. Esses serviços são vividos como dimensões do múltiplo caráter opressivo da vida nos circuitos da pobreza e das classes populares e médias baixas, plenos de restrições e necessidades insatisfeitas. Logo, adquirir a capacidade de obter no mercado um bem público como, por exemplo, a saúde, é percebido, justamente, como melhoria de vida, ou ascensão social. A aspiração, contudo, parece em contradição com a demanda por serviços públicos "padrão FIFA", que se repetiu nas faixas e cartazes brandidos pelos ativistas das jornadas de junho de 2013. Mas a contradição é meramente aparente.

As classes médias mais abastadas recorrem a hospitais e escolas particulares por acreditar que a qualidade é diretamente proporcional ao custo dos serviços. Quanto mais caros, melhores. E creem também que, quanto mais caros, mais salvarão vidas e garantirão melhores oportunidades para seus filhos, qualificando-os de forma diferencial e privilegiada para a competição pelos escassos meios de vida que nosso país oferece. E não são apenas as classes médias que acreditam nisso.

Numa pesquisa sobre percepções da desigualdade realizada no Brasil em 2001, mais de 80% dos entrevistados consideraram justo que os mais ricos dessem condições melhores de educação e saúde para seus filhos[21]. E importante: a proporção *era mais alta entre os 40% mais pobres*. É o que cada qual faria se tivesse condições para isso. Se a desigualdade de oportunidades é considera-

---

[21] Analisei esse survey em Cardoso (2019).

da *justa* pelos mais pobres, é porque os serviços mercantilizados, vistos como melhores, são uma *aspiração* da maioria dos brasileiros, incluindo os mais pobres. Isto é, num ambiente em que a qualidade é sinônimo de mercado, aquela aspiração ganhava a forma de desejo de inclusão *no mercado*.

A associação por todos operada aqui é evidente: público = ruim; privado = bom. Revela-se, então, o sentido profundo da aparente contradição: os que mais necessitam de serviços públicos de qualidade, sonhavam com a inclusão pelo mercado; os que têm acesso aos serviços mercantilizados (parte das classes médias que foram às ruas em junho), demandaram serviços públicos "padrão FIFA".

Pode ser o caso que, depois de décadas de confronto diuturno com a má qualidade dos serviços públicos básicos, os mais pobres e as classes médias baixas em ascensão tenham simplesmente consolidado o julgamento de que os serviços não melhorariam. Quer dizer, não se melhoram os hospitais da noite para o dia. Não se formam médicos da noite para o dia. Não se constroem escolas da noite para o dia. Não se melhora o salário dos professores por vontade do incumbente da ocasião. E os governantes não projetam o longo prazo, já que, lá, estaremos todos mortos. Logo, a aspiração da maioria é perfeitamente racional. Aspirar a serviços de qualidade *agora* é sonhar com escola e saúde privadas. É sonhar com o carro próprio para fugir do ônibus infernal. É viver o sonho da vida coletiva mercantilizada. Se vierem serviços públicos melhores no futuro, bem, que venham. Cada qual terá sobrevivido à sua maneira para usufruí-los como puder ou necessitar. A contradição se dissolve, então, num problema de horizontes temporais. O mundo privado oferece, aqui e agora e a quem pode comprar, soluções variadas para seus infortúnios. O mundo público talvez o faça um dia. Pela dúvida, cada qual quererá seu plano de saúde privado agora.

Sem querer entrar no mérito do projeto político liderado por Lula, por alguns nomeado de "lulismo" (Singer, 2009; Ricci, 2013), é inegável que sua virtude maior foi reconhecer essa aspiração e dar passagem a ela, ao mesmo tempo em que prometeu investimentos públicos que foram mesmo efetivados, mas que não mostraram resultados palpáveis na vida cotidiana das pessoas, ou não foram suficientes para satisfazer suas aspirações ou afetar positivamente seu julgamento ou suas percepções sobre a qualidade dos serviços[22]. O princi-

---

[22] Em 2010 e 2011 o Brasil gastou o equivalente a 20% do PIB per capita na educação fundamental, gasto semelhante ao de Inglaterra ou Alemanha. Nos anos 1990 o gasto médio fora de 10% (OECD, 2014). Também a saúde teve seu orçamento aumentado, em-

pal demérito do projeto petista foi negar aos mais pobres que ascenderam a posições de classe média a oportunidade de sonhar um sonho menos mesquinho, emancipado da "nova razão do mundo" (Dardot e Laval, 2016), que forja subjetividades neoliberais legitimadoras do capitalismo cada vez mais desigual. Não há como remir o caráter conservador desse arranjo. A luta por acesso ao "direito ao consumo" nada mais é do que a restrição das aspirações e dos projetos de vida aos limites estreitos das escolhas e opções disponíveis no mercado. Pode-se sempre querer mais consumo, e isso pode significar querer sempre maior bem-estar e conforto material, mas os impulsos emancipatórios estarão confinados nos limites da sociedade de mercado.

Isso posto, é uma simplificação imaginar que o acesso a serviços de qualidade (educação, saúde, transporte e mesmo habitação) divide os citadinos entre os que podem e os que não podem pagar. A relação, aqui, não é bipolar. Sempre houve, claro, mais gente no polo extremo dos que não podem pagar nada e que por isso sempre dependem da oferta pública de serviços. Mas esse contingente diminuiu entre 2002 e 2013, em razão de um conjunto complexo de fatores, entre os quais: as políticas de transferência de renda, que ampliaram a capacidade de consumo das famílias; a ampliação do mercado formal de trabalho, que, além de renda, dava acesso aos ambulatórios sindicais ou a planos de saúde das empresas; as políticas de inclusão no ensino superior privado via formas variadas de crédito educativo; a ampliação de vagas no ensino superior público; a valorização do salário mínimo etc.[23]

Ainda que tenha diminuído, a dependência dos brasileiros em relação aos serviços públicos de saúde e educação era muito maior do que supunha o senso comum, a mídia empresarial e mesmo alguns analistas renomados de então[24].

---

bora não tanto quanto a educação. Em 2013 o gasto público em saúde como proporção do gasto total no sector foi de 45,1%, contra 40,3% em 2000, um crescimento de 12% (Figueiredo et al. 2018). Mas as carências da população continuavam muito altas, bem como as mazelas dos investimentos, quer dizer, a capacidade de fazer orçamento se transformar em serviço de fato. E é mesmo difícil avaliar positivamente serviços que a imprensa empresarial desqualifica dia após dia, mesmo diante de evidências de melhorias progressivas na saúde pública nos anos áureos dos governos Lula e Dilma. Ver Menicucci (2011).

[23] A literatura sobre esses mecanismos de inclusão social pelo mercado é ampla e variada. Uma pequena introdução deve incluir, pelo menos, Singer (2009), Kerstenetzky (2009), Neri (2010), Feres Júnior et al. (2012), Pochmann (2012), Singer (2012), Ricci (2013), Domingues (2016) e Cardoso e Préteceille (2017).

[24] Arnaldo Jabor, por exemplo, disse que os membros do MPL eram de classe média, que não precisavam dos "vinténs" (os R$0,20) contra os quais protestavam. O proprietário do Vox Populi, Marcos Coimbra, tratou as jornadas de junho de 2013 como um movimento de classe média, que não usava os serviços "padrão FIFA" que demandavam. Para o caso de Jabor, ver https://www.youtube.com/watch?v=luLzhtSYWC4. Para o de Coimbra,

Tome-se o caso do ensino público. Os dados da PNAD de 2013 ofereciam um quadro para muitos surpreendente. Nas famílias brasileiras que tinham ao menos um dos filhos ou filhas de 6 a 22 anos estudando, nada menos do que 80% deles/as frequentavam escolas públicas. Contudo, a realidade era muito distinta nas diversas regiões do país e segundo as classes sociais (tal como definidas em Cardoso e Préteceille, 2017). Na região metropolitana do Rio de janeiro, por exemplo, os estudantes de escolas públicas eram 64% do total, contra 75,5% na de São Paulo e 72,4% nas demais metrópoles do país. No Brasil não metropolitano chegava-se a 84% do alunado frequentando escolas públicas (ver última linha da Tabela 5).

Tabela 5

Proporção (%) de pessoas de 6 a 22 anos que estavam estudando e frequentavam escola pública, segundo as classes sociais e regiões metropolitanas selecionadas, no ano de 2013.

Classe social do pai ou responsável	Região Metropolitana				
	Rio de Janeiro	São Paulo	Outras metrópoles	Resto do Brasil	Total
Classes superiores urbanas	28,2	38,2	39,7	50,2	45,3
Classe média alta	30,4	35,3	38,9	52,2	45,3
Classe média	45,4	59,0	57,4	68,2	63,8
Classe média baixa	58,8	70,1	66,7	70,5	68,8
Pequena burguesia urbana	59,2	75,6	72,4	81,4	78,2
Classes populares urbanas	76,1	89,0	80,0	86,4	85,0
Classe operária	84,7	91,8	86,9	92,3	91,2
Proprietários rurais	50,0	75,0	79,8	92,9	92,6
Trabalhadores rurais	100,0	100,0	92,9	98,0	97,9
Média	63,8	75,5	72,4	84,0	80,5

Fonte: PNAD 2013

Mas quando abrimos por classes sociais, o quadro revela a enorme desigualdade existente. No Grande Rio, 72% dos filhos e filhas das classes superiores urbanas frequentavam escolas privadas. A proporção era de 70% nas classes médias altas. Quanto mais se desce na hierarquia das classes, maior a proporção frequentando escolas públicas. E chama a atenção a enorme proporção de filhos e filhas das classes média e média baixa nessa condição. Em São Paulo 60% dos estudantes de classe média e 70% dos de classe média baixa estavam em escolas públicas. No Brasil não metropolitano, nessas duas classes a proporção era igual ou próxima de 70% Logo, a dependência das classes médias em relação à oferta de ensino público era muito maior do que faria imagi-

https://jornalggn.com.br/politica/o-sentido-das-manifestacoes-por-marcos-coimbra/ (acessados em dezembro de 2019).

nar o discurso corrente na época, de que as classes médias que estavam nas ruas não dependiam desses serviços. E as classes mais baixas dependiam ainda mais.

O mesmo se dá no caso da saúde pública. A Tabela 6 revela que era expressiva a dependência do SUS por parte da população como um todo. Apenas 29% dos brasileiros tinham algum tipo de plano de saúde em 2008[25]. Apenas nas classes superiores urbanas a proporção de pessoas com planos de saúde ultrapassava os 70%, ainda assim com importantes diferenças regionais, o acesso a planos sendo bem menor no interior do Brasil do que nas regiões metropolitanas.

No caso das classes médias altas, a posse de planos de saúde se aproximava ou ultrapassava os 75% no Rio de Janeiro e em São Paulo (perto de 73% nas outras metrópoles), mas ainda assim 46% delas, vivendo no Brasil não metropolitano, dependiam do SUS. E as classes média e média baixa eram ainda mais dependentes da saúde pública. Logo, proporção considerável dos manifestantes que demandavam saúde e educação "padrão FIFA" o fazia a partir do julgamento de sua própria condição de vida. Eles também viviam o sonho da vida coletiva mercantilizada.

Tabela 6

Proporção (%) de pessoas que tinham algum plano de saúde em 2008, segundo as classes sociais e regiões metropolitanas selecionadas.

Classes sociais	Região Metropolitana				
	Rio de Janeiro	São Paulo	Outras metrópoles	Resto do Brasil	Total
Classes superiores urbanas	78,9	82,6	82,0	66,5	72,8
Classe média alta	74,1	75,4	72,6	56,1	64,3
Classe média	61,9	67,7	61,0	48,1	54,3
Classe média baixa	54,3	58,4	57,0	42,9	49,2
Pequena burguesia urbana	26,4	40,1	27,4	21,9	25,0
Classes populares urbanas	20,5	30,3	21,9	17,4	19,9
Classe operária	23,0	34,0	25,5	20,6	23,0
Proprietários rurais	27,3	23,1	8,5	8,3	8,4
Trabalhadores rurais	23,1	11,3	11,1	4,8	5,1
Média	39,1	47,0	37,9	23,2	28,7

Fonte: PNAD 2008

---

[25] Em 2013 o IBGE realizou a Pesquisa Nacional de Saúde (PNS), mas o questionário não tem várias das variáveis necessárias à construção das classes (tamanho dos estabelecimentos dos empregadores, contribuição para a previdência social, ter ou não carteira assinada e outras). Além disso, o dados não podem ser abertos por região metropolitana.

Mas a oferta de bens e serviços públicos mercantilizados não é una. Pagar uma escola privada não quer dizer, necessariamente, melhorar as chances de vida dos filhos vis-à-vis os concidadãos que não têm esse recurso. Menos ainda por referência às escolas exclusivas das classes mais abastadas.

Ora, os brasileiros que ascenderam socialmente a partir de 2002 e que deram sentido prático a essa ascensão procurando comprar serviços públicos mercantilizados, viveram processo típico de *frustração de expectativas*, que foi, a meu juízo, poderoso alimentador dos protestos de junho de 2013 e seus desdobramentos. Os planos de saúde de qualidade não são acessíveis às classes de baixa renda. As escolas de qualidade tampouco. O sonho de inclusão pelo mercado exige sempre mais renda, porque o melhor serviço está sempre mais adiante, escapa sempre às aspirações de quem ascende economicamente. As camadas sociais em ascensão se rodeiam de bens de consumo equivalentes aos das classes mais abastadas, como smartphones, tevês de led ou de plasma, automóveis. Mas aquilo que realmente pode mudar suas vidas e as de seus filhos, como saúde e educação de qualidade, continua uma promessa. O atraso na prestação do automóvel pode levar o nome da pessoa aos serviços privados de proteção ao crédito, o que pode dar muita dor de cabeça e frustrar momentaneamente sonhos de consumo. Mas o atraso no pagamento da mensalidade do plano de saúde significará, simplesmente, o retorno ao SUS, percebido como de má qualidade, mesmo estando entre os melhores serviços públicos de saúde do mundo[26]. A inadimplência reiterada pode ter o mesmo efeito no caso da escola paga.

Esse ponto é central aqui. O projeto político liderado pelo PT alimentou o sonho da vida coletiva mercantilizada, e esse sonho fustiga a ansiedade típica das classes em ascensão, populares e médias. Assegurar as posições recém-galgadas exige consolidar o padrão de vida adquirido, e isso se traduz no anseio de continuar melhorando, de ampliar as bases da segurança ontológica ainda precária do presente. Como isso está atrelado ao consumo dos bens públicos mercantilizados, traduz-se no anseio por melhores empregos e por mais renda, meios inescapáveis para a melhoria de vida.

Ocorre que os novos empregos formais gerados no Brasil depois de 2003, cerca de 20 milhões até 2013 e que abriram oportunidades reais de ascensão social para milhões de pessoas, foram em sua maioria empregos de bai-

---

[26] O diagnóstico é do médico e sanitarista Dráuzio Varella, em entrevista ao programa Roda Viva em fevereiro de 2020. Disponível em https://youtu.be/lupK2fBHDlg (acessado em fevereiro de 2020).

xa qualidade. Oitenta por cento deles pagavam até dois salários mínimos, e a taxa de rotatividade era altíssima (Pochmann, 2012). As pessoas eram contratadas, ficavam na ocupação por menos de um ano e eram substituídas por outras, alimentando as taxas de rotatividade. Isso explica o aumento da inadimplência no crédito ao consumidor. Empregos instáveis e mal remunerados sustentavam muito precariamente o sonho de inclusão na vida coletiva mercantilizada. Eis a triste sina da "nova classe média" alegremente saudada por Neri (2010) e outros.

Por outras palavras, o mercado de trabalho em transformação *não tinha como oferecer as condições necessárias ao atendimento das enormes expectativas alimentadas pelo projeto petista de inclusão dos mais pobres pelo mercado, que nutriu o sonho de acesso aos bens da vida coletiva mercantilizada.* A frustração dessas expectativas, sustento aqui, deve figurar como elemento de qualquer tentativa de explicar da irrupção de 2013. Expectativas frustradas, quando fenômeno de massa, liberam energias com grande potencial disruptivo do curso "normal" da dinâmica política e da sociabilidade[27]. Como venho sustentando, esse certamente não foi o motor único dos movimentos, mas a meu juízo alimentou a vontade de agir de parte substancial das classes populares e médias que aderiram aos protestos, e que ofereceram um espelho às classes mais baixas que também viveram o mesmo sonho, e também aderiram à multidão em movimento ou se sentiram representadas por ela.

De fato, as classes populares e médias ascendentes estiveram nas ruas por todo o Brasil, particularmente no dia 20[28]. Segundo a pesquisa do IBOPE já mencionada, a distribuição dos manifestantes segundo a renda familiar era a que reproduzo na Tabela 7.

Por ela vê-se que 45% dos que foram às ruas em oito capitais naquele dia tinham renda familiar de até 5 salários mínimos, enquanto para 49% a renda era de 5 salários ou mais (a soma não dá 100% porque houve 6% de não respostas). O que representa isso em termos de classes sociais?

---

[27] O argumento clássico sobre o tema é Tocqueville (2009).

[28] Na manifestação do dia 13 em São Paulo, pesquisa do Datafolha encontrou quase 80% de pessoas com escolaridade igual ou maior do que ensino superior incompleto, denotando população bem mais homogênea de classe média e alta do que nos dias seguintes. Dados em http://datafolha.folha.uol.com.br/opiniaopublica/2013/06/1295431-paulistanos-aprovam-protestos-mas-rejeitam-vandalismo-e-tarifa-zero.shtml (acessado em dezembro de 2019).

Tabela 7
Renda familiar dos manifestantes de 8 capitais
em 20 de junho de 2013

Renda familiar	%
Até 2 SM	15
2 a 5 SM	30
5 a 10 SM	26
+ de 10 SM	23

Fonte: IBOPE

Tomando-se o censo demográfico de 2010 e separando-se uma amostra com apenas as oito capitais cobertas pela pesquisa do IBOPE, é possível estimar a probabilidade de pertencimento de classe dos manifestantes do dia 20 de junho[29]. A Tabela 8 mostra a distribuição das faixas de renda segundo as classes sociais, tal como definidas por Cardoso e Préteceille (2017). Vê-se que uma pessoa com renda familiar de até 2 salários mínimos tinha probabilidade de 71,5% de ser membro das classes populares urbanas e operárias, e de 20% de estar numa posição de classe média ou superior. Logo, como havia 15% de pessoas nessa faixa de renda nas ruas, e como a probabilidade de que fossem das classes mais baixas era de 71,5%, é provável que cerca de 11% fossem dessas classes nessa faixa de renda (71,5% de 15%), enquanto era de 3% a probabilidade de que fossem das classes médias ou superiores (20% de 15%).

Na faixa seguinte, de 2 a 5 salários mínimos, compondo 30% dos manifestantes, a probabilidade de que figurassem entre as classes populares e operária era de 66%. Logo, provavelmente 20% dos manifestantes nessa faixa de renda pertenciam às classes mais baixas, sendo de 8% a chance de que estivessem nas classes médias e superiores (26,5% de 30%). Na faixa de 5 a 10 salários, 45,6% estavam nas classes médias e superiores, e eles eram 26% dos manifestantes. Logo, provavelmente 12% eram dessas classes, mesma proporção pertencente às classes mais baixas. Por fim, 23% dos manifestantes tinham renda familiar de 10 salários mínimos ou mais, e pessoas nessa faixa de renda tinham probabilidade de 79% de estar nas classes médias e superiores. Isso

---

[29] Trata-se apenas de uma aproximação, já que entre 2010 e 2013 o país gerou perto de 5 milhões de empregos formais, segundo a Relação Anual de Informações Sociais (RAIS), e a renda média do trabalho continuou aumentando, assim como o valor real do salário mínimo. Em junho de 2010, data de referência do Censo Demográfico, o salário mínimo valia R$871 em termos reais (valor de fevereiro de 2020, deflacionado pelo IPCA), enquanto o de junho de 2013 valia R$966. Logo, a renda em salários mínimos em 2013 era 11% mais alta em termos reais do que a de 2010. Com isso, a composição de classe dos intervalos de renda devia ser ligeiramente distinta nas duas pontas. As classes foram definidas segundo a metodologia empregada em Cardoso e Préteceille (2017).

perfaz 18% dos manifestantes dessa faixa de renda, e apenas 13,7% eram das classes mais baixas, perfazendo 3% dos manifestantes.

Tudo somado, a probabilidade de que os manifestantes das 8 capitais, no dia 20 de junho, pertencessem às classes médias e superiores, era de 41%, com maior presença das classes médias baixas e intermediárias. E a probabilidade de que pertencessem às classes populares e operária era de 46%. Os demais 13% eram pessoas da pequena burguesia urbana, fronteiriça entre as classes médias e populares (ver Cardoso e Préteceille, 2017). Logo, as ruas foram de fato múltiplas em termos de composição de classe, com predominância das classes populares e classes médias ascendentes, ainda que em São Paulo fosse bem maior a presença das classes médias altas, como mostrou o Datafolha.

Tabela 8
Renda familiar em número de Salários Mínimos e escolaridade
Oito capitais brasileiras, 2010

Renda familiar	CLASSES							Total(*)
	Classes superiores urbanas	Classe média alta	Classe média "média"	Classe média baixa	Pequena burguesia urbana	Classes populares urbanas	Classe operária	
Até 2 SM	,5%	2,1%	7,2%	10,4%	6,9%	39,2%	32,3%	98,6%
2 a 5 SM	,7%	3,1%	9,7%	13,0%	6,7%	35,8%	30,4%	99,4%
5 a 10 SM	2,7%	8,9%	18,2%	15,8%	8,5%	25,1%	20,4%	99,6%
+ de 10	16,3%	30,1%	23,3%	9,2%	7,1%	9,2%	4,5%	99,7%
Total	5,3%	12,0%	16,3%	12,9%	7,6%	25,3%	20,1%	99,4%

Fonte: Censo Demográfico de 2010;
(*) Não soma 100% porque excluí trabalhadores e proprietários rurais, residuais nas capitais brasileiras.
Capitais: Belo Horizonte, Distrito Federal, Fortaleza, Porto Alegre, Recife, Rio de Janeiro, Salvador e São Paulo.

Como quarenta e três por cento dos manifestantes tinham até 24 anos, é muito provável que parte deles fosse composta dos filhos dos novos trabalhadores formais em ascensão. E mesmo que não fosse, é muito provável que parte se tenha sentido representada nos movimentos, já que a popularidade da presidenta Dilma caiu em todos os estratos de renda, segundo o Datafolha, a queda sendo maior entre pessoas com renda familiar entre 2 e 10 salários mínimos (quer dizer, a propalada "nova classe média" a quem Lula deu passagem), e maior ainda entre os mais jovens[30].

---

[30] http://media.folha.uol.com.br/datafolha/2013/07/01/avaliacao-dilma.pdf (acessado em dezembro de 2019). A amostra é levemente enviesada para os mais escolarizados, já que a proporção de pessoas com nível superior completo na população não chegava a 10%, mas na amostra do Datafolha atingia 17%. Mas o controle pela renda que apresento aqui reduz um pouco o impacto desse viés.

Como num passe de mágica, os movimentos desnudaram o rei, quer dizer, mostraram aos mais pobres e às novas classes médias ascendentes que as mazelas da vida coletiva mercantilizada eram compartilhadas por outros estratos da população. Mostraram que o mal-estar não era só seu[31].

Esse é o ponto central do argumento. Até ali cada qual talvez estivesse vivendo sua frustração de expectativas como fracasso pessoal, já que o país estava crescendo, havia pleno emprego, a renda estava aumentando, todos estavam ganhando dinheiro e melhorando de vida. E a presidenta Dilma Rousseff tinha a aprovação de 60% ou mais dos brasileiros. Os protestos ofereceram a todos um espelho diferente, permitindo um processo de identificação que atuou diretamente sobre o significado do mal-estar individual. De fracasso pessoal, passou a ser lido na chave da opressão. Estava aberta a porta para a politização do mal-estar e para a busca de eventuais responsáveis pela condição coletiva das camadas que haviam ascendido e também das classes mais pobres, cujo sonho de mobilidade esteve sempre frustrado.

Veremos que parte substancial desse mal-estar acabou sendo traduzido no repúdio à corrupção, que terminaria por galvanizar imensa cadeia de equivalências apontando diretamente para as figuras da presidenta Dilma Rousseff, do ex-presidente Lula, e do Partido dos Trabalhadores e seus aliados. Ou seja, para as forças políticas que haviam liderado o país por 11 anos. Mas o sistema político como um todo foi afetado, e governantes de estados e prefeituras de todos os partidos também viram sua a avaliação se liquefazer.

A frustração de expectativas, pois, é resultado do fracasso de um projeto político que tinha na inclusão pelo consumo sua pedra de toque[32]. Por si mesma talvez não levasse as pessoas às ruas, pois, como afirmei, era vivida por muitos como fracasso pessoal. Ela alimentou a vontade de agir quando as ruas *já estavam em movimento* a partir do estopim aceso pelo MPL.

---

[31] Em sua interessante tese de doutorado sobre movimentos de massa no Oriente Médio ao longo do século XX, Smith (2016) encontra forte associação entre mobilizações de massa e percepções de bem estar individual. Mas contrariamente ao que seria de se esperar, essas percepções não são produto de crises econômicas e institucionais. A associação que encontrou foi entre movimentos de massa e percepções individuais *negativas* de bem estar, com origens múltiplas e nem sempre associadas a crises. Aqui, sustento a hipótese da frustração de expectativas de melhoria de vida como origem do mal-estar.

[32] Leitura assemelhada, mas com outro enfoque analítico, é Tatagiba e Galvão (2019).

A Copa das Confederações da FIFA

Um dos principais elementos da conjuntura a dar saliência ao tema da corrupção foram os preparativos da Copa do Mundo da FIFA de 2014, que ganhou materialidade já em 2013 na Copa das Confederações, evento que normalmente funciona como teste do país sede da Copa. Protestos contra esse evento vinham ocorrendo desde o início de 2013, e no dia 14 de junho, um dia antes do início do torneio, Guilherme Boulos, líder do Movimento dos Trabalhadores Sem Teto (MTST), organizou um protesto na Avenida Paulista no qual algumas centenas de pessoas improvisaram um jogo de futebol tendo de um lado os "capitalistas" (Odebrecht, governo federal, FIFA, CBF, Nike e outros) e do outro pessoas personificando liberdade, democracia, direito à moradia, comunidades removidas e outros. Boulos resumiu os motivos do protesto, que seriam repetidos ao longo de todo o mês de junho: "A Copa não atende a sociedade, atende interesses de meia dúzia de patrocinadores da Fifa. Tem dinheiro para estádio, para hotel, mas não tem para saúde, educação e segurança da população"[33].

No dia 15, durante o jogo inaugural da Copa no estádio Mané Garrincha em Brasília (onde o Brasil venceu o Japão por 3 a 0), a presidenta Dilma Rousseff foi vaiada e xingada, assim como o então presidente da FIFA Joseph Blatter. Segundo o noticiário da época, as vaias e xingamentos foram puxados pelo setor VIP da torcida, onde os ingressos custavam mais de 400 dólares em valores de então. Logo, as vaias, transmitidas para o mundo inteiro, foram comandadas por segmentos da elite brasileira, que deu ali, pela primeira vez de forma pública e contundente, com repercussão mundial, mostras de seu descontentamento com o governo, algo que as pesquisas de opinião estavam apenas começando a captar e que só explodiria depois da grande manifestação de 20 de junho. Naquele dia 14 nasceu o movimento #VaiaDilma no Facebook, que se espalhou também pelo Twitter[34], e junto com panelaços, acompanharia a presidenta até sua deposição em 2016.

---

[33] Ver https://copadomundo.uol.com.br/noticias/redacao/2013/06/14/manifestantes-protestam-contra-a-copa-das-confederacoes-na-paulista.htm?cmpid=copiaecola (acessado em dezembro de 2019).

[34] No dia 8 de março de 2015, um domingo no qual a então presidenta Dilma faria um pronunciamento em rede nacional de TV, uma semana antes da primeira grande manifestação pelo impeachment, um "vaiaço" foi convocado nas redes sociais, atingindo o primeiro lugar nos *trending topics* do Twitter naquele dia. O #VaiaDilma pode ser rastreado nessa rede social até abril de 2016.

As vaias foram secundadas por protestos fora do estádio, convocados por grupos como "Todos contra a Copa", "Não Vai ter Copa", "Movimento Popular da Copa" e outros. Uma das faixas portadas pelos manifestantes trazia os dizeres "Revolução. O Mané vale 1 bilhão, e a saúde nem 1 tostão"[35]. Nos dias seguintes protestos ocorreriam em todas as sedes dos jogos da Copa das Confederações, sempre com grande violência policial, prisões de manifestantes e forte cobertura da imprensa, e não apenas das mídias alternativas. O maior deles ocorreu em Belo Horizonte, no dia 22 de junho, quando pelo menos 65 mil pessoas saíram às ruas, parte delas em protesto contra a Copa, outra parte querendo participar "desse momento histórico do Brasil", fala de uma mãe que levou sua filha de 6 anos para a manifestação. O evento recebeu ampla cobertura do Jornal Nacional, da TV Globo, que chamou a atenção para o caráter inicialmente pacífico do protesto (uma "festa cívica", no texto do JN), depois tomado por "baderneiros" que enfrentaram a polícia e depredaram patrimônio público e privado[36]. A reportagem deu amplo destaque a manifestantes vestidos de verde e amarelo e portando a bandeira nacional, naquele momento minoria nas ruas.

Os protestos contra a Copa foram parte essencial das jornadas de junho, decisivos para a "contaminação" das pautas do MPL por temas mais gerais endereçados ao mundo da política em geral, e ao governo Dilma e governadores dos estados sedes da Copa, cujas linhas mestras foram o combate à corrupção e a demanda por "educação e saúde padrão FIFA". Foram, pois, uma das muitas traduções da frustração de expectativas dos que estavam perdendo ou não tinham conseguido realizar o sonho da vida coletiva mercantilizada. Mas atraiu também a militância de amplos setores da esquerda. O MPL, o PSOL, movimentos sociais como o MTST e outros estiveram entre os que convocaram os protestos contra a Copa, assim como coletivos Black Bloc. Na verdade, a esquerda que se bateu contra a Copa terminou por alimentar a pauta preferida das direitas nos protestos, ao dar saliência à corrupção num conjunto de de-

---

(https://twitter.com/Ihamma_1/status/574737485785341952) (acessado em dezembro de 2019).

[35] Ver http://g1.globo.com/distrito-federal/noticia/2013/06/grupo-faz-protesto-em-brasilia-contra-copa-das-confederacoes.html (acessado em dezembro de 2019).

[36] Ver http://g1.globo.com/jornal-nacional/noticia/2013/06/manifestacao-reune-mais-de-65-mil-em-belo-horizonte.html (acessado em dezembro de 2019).

mandas que tinha como substrato principal a má qualidade dos serviços públicos.

Corrupção

De fato, o quarto eixo orientador da vontade de agir de parcelas dos que foram às ruas foi a corrupção, estreitamente ligado, mas não limitado aos protestos contra a Copa. O tema sempre figurou como elemento central da agenda conservadora no Brasil em conjunturas políticas cruciais, como a crise que levou ao golpe de Estado sustado pelo suicídio de Vargas em 1954 (Jaguaribe, 1954), e a que desembocou no golpe militar de 1964. Nos dois casos houve a percepção de que governos corruptos e "comunistas" (ou "populistas" servis ao comunismo) estariam destruindo a economia e o padrão de vida das classes médias, além de se locupletarem no poder (Ferreira e Gomes, 2014; Cardoso, 2020). O tema voltou à cena política brasileira em junho de 2013, e não apenas em chave conservadora.

A ninguém ocorre defender corruptos e corruptores, muito menos a corrupção. Daí seu apelo como palavra de ordem em mobilizações políticas, que é histórico e mundial. Mas no Brasil ele é central ao pensamento conservador e antiestatista, pois coloca em alça de mira a "inevitável" captura da coisa pública por interesses privados quando o Estado é "inchado" ou "grande demais", além de interventor na economia por meio de empresas estatais e, na visão liberal-conservadora, fonte de excesso de regulação. Segundo essa leitura, a corrupção em âmbito estatal, porque beneficia alguns poucos em detrimento da maioria, é moralmente inaceitável e economicamente ineficiente. O problema da ineficiência da alocação de recursos públicos é usado como mote para a defesa do Estado mínimo.

O repúdio à corrupção é caro a esses setores não apenas por sua dimensão moral ou de eficiência econômica. Há outro componente racional que não pode ser negligenciado. Para parcelas significativas das classes médias que foram às ruas a partir sobretudo do dia 17 de junho, a boa sociedade é aquela na qual o investimento das pessoas em si mesmas e em suas famílias, assim como o esforço pessoal, devem ser devidamente reconhecidos. E na qual o acesso às melhores posições sociais e às recompensas a elas associadas não pode obedecer a outro critério que não o mérito. Trata-se de critério de justiça distributiva que está no âmago da justificação do capitalismo como ordem desigual. A condenação da corrupção na chave do mérito baseia-se na ideia de que ninguém deveria aquinhoar da riqueza socialmente produzida algo além daquilo para o que investiu em si mesmo e em sua família. Nessa chave, a condenação aos corruptos não tem e não precisa ter substrato republicano, como a condenação (quase sempre de fundo moral) da apropriação da coisa pública para fins privados, por exemplo. Na verdade, as classes médias, ou parcelas expressivas delas, fazem isso sempre que podem, e a aversão ao ilícito carrega inarredável componente de cinismo ou má fé, já que, no cotidiano de um país como o Brasil, no qual não raro as instituições e seus representantes operam de forma idiossincrática, discriminatória e seletiva, por vezes é preciso convencer o guarda de trânsito de que não se está estacionado em vaga proibida, ou municiar um despachante de meios para que ele desembarace um entrave burocrático usando um "jeitinho" etc. A má fé e o cinismo estão em todos aqueles que, de um modo ou de outro, se enredam na sociabilidade pouco republicana de nosso dia a dia vendo nela obstáculo a seus interesses e desejos. Cada qual faz o que é preciso fazer para proteger a si e aos seus, porque "todos agem assim". A corrupção, nesse recorte, é sempre do outro. Na leitura típica de parte das classes médias brasileiras, essa atitude pode ser cínica, mas não seria imoral. Como tal, é profundamente conservadora.

Parece-me que esse pensamento animou parte dos que estavam nas ruas com faixas como "Fora PT", "Fora corruPTos", "Zé Dirceu, sua hora vai chegar" etc., numa associação direta entre o PT e a corrupção, como se a prática se tivesse iniciado com esse partido.

A condenação da corrupção não é exclusiva do pensamento conservador, obviamente. Para setores mais à esquerda, ela é um dos mecanismos (dentre outros) que expõem as mazelas do capitalismo brasileiro, como as desigualdades sociais, a superexploração do trabalho, a violência, a má qualidade dos serviços públicos etc. Em junho de 2013 condenava-se nas administrações petistas, por exemplo, o não enfrentamento das causas mais profundas das desigualdades, a corrupção estando entre elas enquanto constitutiva do padrão das relações entre o Estado e os capitais privados[37], que impediu, historicamente, que se construíssem instituições e salvaguardas capazes de frear as esperadas

---

[37] "A corrupção da esquerda governamental não é uma decorrência 'natural' da corrupção geral, nem uma manifestação de uma desonestidade peculiar da esquerda do país, mas uma evidência da integração dessa esquerda ao Estado burguês, cuja estrutura é inseparável da corrupção, assim como o crime é inseparável do capitalismo, sendo uma fonte de lucros para o capital (através da indústria do seguro, da segurança, etc.)" (Coggiola, 2016, p. 68).

investidas dos agentes privados sobre o fundo público e sobre os responsáveis pela formulação e implantação de políticas públicas. Nessa leitura, a corrupção é um desvirtuamento das funções do Estado, que deveria voltar-se para a produção de bens públicos, ou de bem-estar para a população em geral, em lugar de enriquecer ilicitamente gestores e favorecer interesses privados por meios ilícitos. Em lugar de Estado mínimo para garantir eficiência econômica, Estado voltado para a redução de desigualdades e oferta de serviços sociais de qualidade. Esse era o *leitmotiv* das esquerdas que demandavam "saúde e educação padrão FIFA".

A aversão à corrupção de parcelas substanciais dos que foram às ruas tem substrato material. A partir de 2005, quando teve início a crise do "mensalão", o tema frequentou diuturnamente o noticiário, que, em momentos decisivos, como o julgamento da Ação Penal 470 pelo Supremo Tribunal Federal, foi praticamente monotemático. O escândalo do "mensalão", que afastou parcelas das classes médias do PT, decorreu de denúncia de um deputado federal, segundo a qual o governo Lula, em seu primeiro mandato, estaria comprando apoio parlamentar para garantir maioria de votos no Congresso, usando para isso recursos públicos. Em junho de 2007 o Supremo Tribunal Federal (STF) acatou a denúncia formulada pelo Procurador Geral da República (PGR) contra 40 acusados, entre eles políticos com foro privilegiado (por isso o julgamento pelo STF) e empresários, dando início à Ação Penal 470. Em 2011, já no primeiro mandato de Dilma Rousseff, o PGR pediu a condenação de 37 dos 40 acusados. O julgamento começou em agosto de 2012 e estendeu-se até dezembro, com as sessões sendo por vezes transmitidas ao vivo, integralmente, pelos canais de TV, além de ocupar as primeiras páginas dos grandes jornais impressos quase todos os dias. A cobertura continuou ininterrupta após as sentenças que condenaram 25 dos 37 réus, pois todos entraram com recursos, cuja apreciação tomou todo o segundo semestre de 2013 até a prisão de 12 condenados em dezembro[38].

Portanto, quando os protestos ganharam *momentum* em junho de 2013, parte da cúpula do Partido dos Trabalhadores havia sido condenada, incluindo o presidente José Genoíno e o tesoureiro Delúbio Soares, além do ex-ministro

---

[38] A detalhada cronologia da AP 470 e sua cobertura por veículos das Organizações Globo estão em http://memoriaglobo.globo.com/programas/jornalismo/coberturas/mensalao/acao-penal-470.htm (acessado em dezembro de 2019). A meu juízo a melhor e mais profunda análise sobre a AP 470 é Santos (2017). Voltarei a ela outras vezes neste estudo.

José Dirceu. A cobertura midiática foi tal que tornou indissociáveis a imagem do partido e o conteúdo repudiado por todos, a corrupção. E tanto a esquerda, nos protestos contra a Copa, quanto a direita, na expressão difusa de descontentamento contra "a política em geral", alimentaram essa pauta num crescendo durante os protestos.

A frustração de expectativas de inclusão na vida mercantilizada, o repúdio à corrupção e a demanda por serviços públicos "padrão FIFA" se configuraram, então, como síndrome de determinantes de um mal-estar difuso, mas opressivo, que tinha no governo federal e no mundo da política institucional os inimigos a combater. Por si mesmo esse mal-estar denota *disposições para a ação* cuja instanciação, contudo, não é necessária, nem automática. Tais disposições precisam ser *ativadas* por algo proveniente de *fora* delas, como o estopim aceso pelo MPL, secundado pela repressão policial e a indignação que provocou. Dependem, pois, da eclosão do próprio movimento, que passam a alimentar daí por diante.

No espelho da multidão

Uma vez nas ruas, a multidão multiplicou as demandas, e a política penetrou a vida cotidiana. Nesses momentos, *todos* se projetam na insatisfação dos que estão nas ruas, mesmo quem não acha que sua vida está tão ruim assim. Haverá sempre um motivo de queixa, a vida é dura, e pode ser muito dura. Sobretudo, as classes médias, e insisto neste ponto, vivem no fio da navalha, ajustando anseios, desejos, medos, projetos de vida e planos de ação ao ambiente muitas vezes inóspito da cidade. Ou então tentando criar as condições para dar vazão a tudo isso, se o ambiente é hostil a seus projetos. Mas elas não estão sozinhas nesse processo. A sociabilidade "normal" é o momento no qual todos buscamos modelos externos onde projetar nossa própria experiência, outros com quem dialogar, com quem construir significados para nosso infortúnio ou nossa felicidade. Para isso se vai ao cinema, se leem livros, se cultivam amizades, se participa de redes reais ou virtuais de sociabilidade, se constrói ou se adere a atores coletivos nas igrejas, nos campos de futebol, nas festas *rave*, nos infinitos clubes de afinidade, nos sindicatos, nos movimentos sociais e coletivos militantes, nos partidos políticos... É esse o significado profundo do *zoon politikón* de Aristóteles, e a sociabilidade é sempre política, nesse exato sentido.

Mas a politização da sociabilidade ganha novos significados quando é posta em xeque por movimentos da envergadura dos de junho de 2013. Ou seja, a política, quando na forma das mobilizações de massa, põe em suspenso (e nesse sentido abre) os horizontes de expectativas ao colocar em questão os fins da ação pública e a direção que as coisas estão tomando. E nesse momento, a politização nunca é simétrica. Isto é, nem todos os grupos que vocalizam interesses, mal-estar, indignação, revolta ou desejo de mudança e que alimentam os processos de formação de identidade nesse nível projetivo que estou tentando alinhavar, estão no mesmo patamar de organização, nem de clareza quanto a seus objetivos. Essa assimetria é decisiva, pois amplia o espaço de ação dos que procuram atribuir significado aos movimentos, que se torna (o significado) objeto de disputa pelos muitos agentes em marcha, incluindo as mídias empresariais e as redes sociais, para não falar nos analistas e observadores acadêmicos e, obviamente, os militantes dos grupos mais organizados.

Para tentar deslindar esse problema, é preciso distinguir pelo menos dois momentos nas jornadas de junho, que apresentaram distintos níveis de politização e "abertura societária" (Bringel e Players, 2015). O primeiro vai do dia 6 ao dia 13, quando os protestos ocorreram primeiramente em São Paulo, ampliando-se para algumas poucas capitais a cada nova convocatória, feita invariavelmente pelo MPL e movimentos e partidos de esquerda, incluindo coletivos estudantis e feministas (como a Marcha das Vadias), além de coletivos Black Bloc. A escalada da violência policial em São Paulo e outras capitais encontrou resistência dos manifestantes[39], que responderam com quebra-quebras e revides. Nesse período, o aumento da violência em várias cidades alarmou a imprensa empresarial[40], que passou a exortar os poderes públicos a restaurar a ordem e reprimir com mais eficiência os "baderneiros" e "vândalos" que insistiam em "perturbar" o cotidiano das grandes cidades. Um exemplo é este editorial da *Folha de S. Paulo*, do dia 13 de junho, intitulado "Retomar a Paulista":

> São jovens predispostos à violência por uma ideologia pseudorrevolucionária, que buscam tirar proveito da compreensível irritação geral com o preço pago para viajar em ônibus e trens superlotados. Pior que isso, só o declarado objetivo central do grupelho: transporte público de graça. O irrealismo da

---

[39] Ver, por exemplo, o clipping do portal G1 sobre sua própria cobertura dos eventos, dia a dia, em https://g1.globo.com/politica/noticia/junho-de-2013-as-manifestacoes-nas-manchetes-do-g1.ghtml (acessado em dezembro de 2019).

[40] Emprego esse qualificativo para distinguir a imprensa empresarial da mídia alternativa e múltipla disponível na internet.

> bandeira já trai a intenção oculta de vandalizar equipamentos públicos e o que se toma por símbolos do poder capitalista. (...)
>
> Cientes de sua condição marginal e sectária, os militantes lançam mão de expediente consagrado pelo oportunismo corporativista: marcar protestos em horário de pico de trânsito na avenida Paulista, artéria vital da cidade. Sua estratégia para atrair a atenção pública é prejudicar o número máximo de pessoas.
>
> É hora de pôr um ponto final nisso. Prefeitura e Polícia Militar precisam fazer valer as restrições já existentes para protestos na avenida Paulista, em cujas imediações estão sete grandes hospitais[41].

O MPL, apresentado como "grupelho", havia convocado nova manifestação para esse mesmo dia, e a *Folha* exortava a PM a "fazer valer as restrições legais" para protestos na Paulista. Editorial de *O Estado de S. Paulo* foi ainda mais incisivo, acusando o governador Geraldo Alckmin de excessiva moderação e hesitação e exigindo repressão aos "baderneiros"[42].

Foi o que fez a PM. A maior mobilização até ali foi reprimida de forma sangrenta, resultando no ferimento grave de um repórter fotográfico independente, que perdeu a visão de um olho em razão de um tiro de bala de borracha, e de uma repórter da mesma *Folha de S. Paulo*, cujo olho também foi atingido por bala de borracha (outros seis repórteres da *Folha* se feriram). A imagem ensanguentada da jornalista foi manchete em todos os veículos de comunicação.

Foram detidos 241 manifestantes e mais de 100 pessoas ficaram feridas[43]. Os manifestantes filmaram os abusos da repressão, ficando famosas as imagens de um policial depredando a própria viatura, e outro lançando uma bomba de gás lacrimogênio contra o sétimo andar de um edifício de apartamentos, onde pessoas filmavam a ação repressiva.

Os movimentos dessa primeira fase foram convocados, majoritariamente, por coletivos claramente à esquerda do espectro político (Calil, 2013), coletivos que, como já se disse, apresentaram graus variados de politização e orga-

---

[41] Disponível em https://www1.folha.uol.com.br/opiniao/2013/06/1294185-editorial-retomar-a-paulista.shtml, reproduzido *verbatim* (acessado em dezembro de 2019). Ver ainda a análise detalhada de Gondim (2016).

[42] Os termos do editorial do "Estadão" foram reproduzidos na matéria da ombudsman da *Folha de S. Paulo* no dia 16 de junho, para marcar a diferença de abordagem dos dois veículos, sendo o Estadão muito mais violento. O acervo da *Folha* está disponível na internet, o do Estadão exige assinatura.

[43] Ver https://noticias.uol.com.br/cotidiano/ultimas-noticias/2013/06/13/em-dia-de-maior-repressao-da-pm-ato-em-sp-termina-com-jornalistas-feridos-e-mais-de-60-detidos.htm (acessado em dezembro de 2019).

nização. Iniciador dos protestos, o MPL certamente sabia por que estava nas ruas. Sua mobilização visava a impedir o aumento das tarifas do transporte público na cidade de São Paulo, objetivo atingido no dia 19 de junho de 2013, quando o prefeito Fernando Haddad e o governador Geraldo Alckmin anunciaram um acordo para cancelar o aumento nas tarifas de ônibus, metrô e trem, estopim dos protestos[44]. À medida que as mobilizações recrudesceram e as pautas e demandas começaram a migrar para temas mais conservadores, o MPL, movimento apartidário, mas próximo aos temas e pautas dos partidos e movimentos sociais de esquerda, saiu das ruas (Pinto, 2017, p. 132)[45].

Os coletivos Black Bloc que ocuparam as ruas entre os primeiros protestos do MPL e as grandes manifestações nacionais de 20 de junho, ganhando proeminência nas mobilizações posteriores e que se estenderam pelo ano de 2014 nos protestos contra a Copa do Mundo[46], também sabiam por que estavam nas ruas. O movimento é performativo e contestatário, com tática mundialmente conhecida de atacar ícones do capitalismo (agências bancárias e de automóveis, estátuas de heróis "burgueses" etc.) e também do poder público visto por eles como igualmente opressivo[47]. Usando tática oportunista de autoproteção, nunca sai às ruas por iniciativa própria, pegando sempre carona na mobilização coletiva de outros, utilizando a repressão policial que invariavelmente se abate sobre eles para chamar a atenção para a opressão estatal em defesa dos capitalistas. É sintomática a entrevista de um militante Black Bloc à revista Carta Capital, no dia 2 de agosto de 2014:

> Veja, a estratégia Black Bloc é uma estratégia performática antes de tudo. E com alto valor simbólico. Não se trata de depredar pelo simples prazer ou alegria de quebrar ou pichar coisas. Trata-se de atacar o símbolo que existe representado naquele local ou objeto físico. (...) As ações de vandalismo e depredação não podem ser consideradas violentas simplesmente porque não

---

[44] Ver https://noticias.uol.com.br/cotidiano/ultimas-noticias/2013/06/19/sao-paulo-reduz-tarifa-apos-pressao-popular.htm (acessado em dezembro de 2019).

[45] O MPL publicou nota em sua página do Facebook na madrugada do dia 21 repudiando a violência contra militantes do PSTU e pessoas vestindo roupas vermelhas, ocorrida em São Paulo no dia anterior, e anunciou sua saída das ruas paulistanas. Ver http://g1.globo.com/sao-paulo/noticia/2013/06/mpl-critica-violencia-contra-grupos-que-nao-pertencem-ao-movimento.html (acessado em dezembro de 2019).

[46] Ver https://brasil.elpais.com/brasil/2014/06/12/politica/1402588208_408345.html (acessado em dezembro de 2019).

[47] Não por acaso algumas das ações de protesto atingiram estações de metrô de São Paulo, símbolo igualmente detestado do descaso do poder público em relação às carências da população. Ver https://noticias.uol.com.br/cotidiano/ultimas-noticias/2013/06/07/confronto-na-paulista-foi-revolta-popular-apos-ataque-da-pm-diz-lider-estudantil.htm (acessado em dezembro de 2019).

são ataques contra pessoas, mas sim contra coisas. A palavra "violência" carrega uma ideologia de discurso preconceituosa e irracional e é usada para desqualificar as ações diretas a priori[48].

Esse personagem, com identidade protegida na entrevista por um pseudônimo, era leitor de teoria anarquista e teoria política. Demonstrava clara percepção da tática Black Bloc e sabia exatamente o que fazia nas ruas. Dizia sentir-se representado por "diversos coletivos ligados a movimentos sociais" como o MPL, o Centro de Mídia Independente (CMI), a Marcha das Vadias e outros, e apoiava "fortemente" movimentos sociais tradicionais, como o MTST (Movimento dos Trabalhadores Sem Teto), embora não se sentisse representado por este último, porque "não é o meu perfil que eles querem (e devem) representar". O militante estabelecia uma clivagem importante, procurando associar-se aos novos coletivos que se expressavam nas ruas de forma horizontal e sem lideranças claras, por fora, portanto, dos movimentos sociais mais hierarquizados e também dos partidos políticos.

Dentre os coletivos mais organizados que também foram às ruas e também disputavam os significados das mobilizações nessa primeira fase estavam alguns partidos de esquerda, como o PSOL, o PSTU e o PCB, além de algumas centrais sindicais (mas não a CUT), e à medida que as manifestações cresciam e incluíam participantes de direita, eles passaram a ser amplamente hostilizados, principalmente em São Paulo e no Rio de Janeiro.

O que importa marcar, nesta seção, é que os sentidos dos movimentos foram sendo construídos enquanto os protestos se desenvolviam, e a população que aderiu num crescendo o fez em diálogo tanto com os conteúdos veiculados quanto com o próprio crescimento dos protestos, em si mesmos criadores de vontade de agir. Mas essa adesão é incompreensível sem mencionar que, a partir do dia 14, quando se inicia a segunda fase das jornadas de junho, os sentidos das mobilizações passaram a ser disputados também pela grande imprensa, que passou a competir com as redes sociais e os coletivos mais organizados pela atribuição de seus significados.

Redes sociais

É fato inconteste que as jornadas de junho de 2013, assim como a Primavera Árabe (Smith, 2016) e os movimentos de rebeldia na Europa e nos

---

[48] A íntegra da entrevista pode ser encontrada em http://www.ihu.unisinos.br/noticias/522441-nao-ha-violencia-no-black-bloc-ha-performance (acessado em dezembro de 2019).

Estados Unidos do início da década de 2010 (Roitman R., 2012), são incompreensíveis sem referência às redes sociais virtuais. A pesquisa IBOPE sobre o dia 20 de junho de 2013, realizada em oito capitais, encontrou que 63% das pessoas se informaram sobre as mobilizações pelo Facebook, sendo que 29% souberam por outros canais na internet e 28% por amigos e colegas. Apenas 14% souberam pela TV[49]. Mais ainda, 77% disseram ter se mobilizado pelo Facebook, 1% pelo Twitter e 8% pelas duas redes. Ou seja, 86% se mobilizaram por essas duas redes sociais, com grande centralidade do Facebook[50]. Este último foi ao mesmo tempo a principal fonte de informação e a base para a mobilização. E 75% disseram ter *convocado* outras pessoas por essas redes.

Para os propósitos desta análise, que vê nos processos de construção de novas identidades coletivas o aspecto propriamente expressivo dos movimentos, de permanência mais duradoura[51], as redes sociais devem ser pensadas, dentre outras coisas, como lugares de construção e afirmação de identidades, afinidades, cumplicidades e engajamentos, assentados, primariamente, nas redes pessoais de amizade e familiares. Isto é, os primeiros movimentos de qualquer pessoa que entra no Facebook (mas não no Twitter, menos popular no país naquela conjuntura) são em direção a pessoas conhecidas, para em seguida incluir "amigos" de amigos, páginas institucionais, "fanpages" de celebridades, clubes esportivos e tudo o mais que convoque o engajamento do usuário. As interações muitas vezes envolvem o intercâmbio guiado pela empatia, a amizade, a curiosidade, o interesse pessoal, o desejo, afetos que implicam menos ou mais intensamente a individualidade. E eles o fazem de forma tão explícita que o Facebook utiliza essas interações para construir o perfil de seus usuários e direcionar e individualizar a publicidade que cada um vê em sua linha do tempo[52], algo utilizado também por empresas de marketing mercadológico e político[53]. Ou seja, essas interações são uma forma de expressão de identidade e

---

[49] A soma ultrapassa 100% por se tratar de respostas múltiplas.

[50] Em setembro de 2013 o Brasil era o terceiro mercado da empresa, com 76 milhões de usuários ativos, atrás dos Estados Unidos e da Índia. Mas os brasileiros estavam à frente dos indianos em número de acessos diários. Ver http://g1.globo.com/tecnologia/noticia/2013/09/brasil-e-o-2-pais-com-mais-usuarios-que-entram-diariamente-no-facebook.html (acessado em dezembro de 2019).

[51] A relação entre movimentos sociais e construção de identidades é explorada, entre outros, por Snow (2013). Ver também Mendonça (2017), para quem as jornadas de junho de 2013 não configuraram um movimento social.

[52] Ver https://www.psafe.com/blog/saiba-como-impedir-facebook-utilizar-seu-historico-vender-publicidade-direcionada/ (acessado em dezembro de 2019).

[53] Tratarei disso mais longamente no Capítulo V.

exposição da individualidade. Mas as interações, muitas vezes, se dão em oposição a adversários reais ou inventados, que é outra maneira muito eficiente de demarcação de um "nós" identitário, sobretudo numa rede social como o Facebook, cujo algoritmo, como é sabido, restringe a sociabilidade virtual às pessoas que compartilham visão de mundo semelhante[54].

As relações entre as pessoas, nas redes, emulam os encontros face a face, e o fazem de maneira apenas aparentemente superficial e estereotipada. É fato que aquelas relações não comprometem de forma cabal a personalidade. O corpo (o olhar, a héxis corporal, o toque, o abraço ou a cusparada) não está envolvido nos encontros, na tentativa de persuadir ou convencer o outro ou de ganhar sua simpatia ou antipatia. Mas as redes sociais dão acesso, sem mediações (e isso é muito importante), ao "outro generalizado" sem o qual nenhuma moralidade é possível[55]. Isso torna muito complexas as relações nesse espaço social virtual. Cada qual sabe que escreve para seus "amigos" (mais ou menos próximos), muitas vezes para "inimigos" que talvez estejam em sua rede (mas que em geral são apenas fictícios), mas não se escreve para ninguém em particular, embora se escreva para todos ao mesmo tempo. A unidade do outro, aqui, é dada pelo que cada um pensa ser o conjunto de coisas que o une ao seu coletivo (ou coletivos) de referência, os diversos elementos de afinidade (alguns afetivos, outros de sangue, outros intelectuais, outros eróticos, outros estéticos) ou diferença, que se entrelaçam nessa imagem abstrata daqueles a quem (ou contra quem) cada um se dirige. E cada qual se reconhece nesses elementos e se encontra consigo mesmo ao imaginar seu leitor abstrato.

Esse é sem dúvida um mecanismo identitário, dialógico, recíproco e organizado por algo que eu chamaria de "confiança vigilante", ou inversamente, "desconfiança complacente", e mostrou-se poderoso mediador da construção de identidades coletivas, quando mobilizado para convocar o engajamento dos "amigos" virtuais em 2013. Mas os desdobramentos das jornadas de junho mostraram que esse mecanismo conviveu tensamente com outro, o antagonis-

---

[54] A literatura sobre o funcionamento e os efeitos do algoritmo dessa rede social, que muda com certa frequência, é imensa. Um clássico é Pariser (2011). Em 2016, por exemplo, nova mudança favoreceu a interação com familiares e amigos, em lugar das páginas seguidas pelos usuários, intensificando o efeito "bolha". Ver Kondlatsch (2016). Novas mudanças ocorreram em 2017 e 2018, sempre no sentido de limitar o alcance dos posts às redes cada vez mais próximas no intuito de forçar os usuários a pagar pela divulgação mais ampla. A alteridade política fica, assim, travada nessa rede social. Voltarei ao tema outras vezes neste livro.

[55] A referência aqui é Mead (1934).

mo aberto e muitas vezes violento entre defensores de posições políticas e visões ideológicas distintas ou francamente antagônicas, tendo no centro da disputa os governos liderados pelo PT.

As mobilizações de junho foram convocadas pelas redes sociais, mas as pessoas não foram a campo isoladamente. Segundo a mesma pesquisa do IBOPE que venho analisando, apenas 22% dos manifestantes foram às ruas sozinhos. A maioria, 65%, foi com um ou mais amigos ou colegas, e 24% com um ou mais familiares. Isso reforça o que se disse acima sobre a operação de redes sociais reais como substrato das redes virtuais. Convoca-se o movimento pela internet, mas o ato de ir para a rua mobiliza as redes de proximidade e confiança, sobretudo diante da violenta repressão policial que havia marcado as mobilizações da primeira fase.

Imprensa tradicional

Se os protestos foram convocados através das redes sociais, e se a interação constante e em tempo real entre os manifestantes durante as marchas e posteriores discussões nas páginas de cada qual no Facebook, incluindo veículos como a *Mídia Ninja*[56], ajudaram a ampliar o alcance das mobilizações lideradas pelo MPL e uma infinidade de outros coletivos de esquerda, foi enorme a influência da grande imprensa empresarial na conjuntura. Até o dia 13 o acento principal de todos os veículos de mídia foi a condenação dos "vândalos" que depredavam patrimônio público e privado nas capitais brasileiras e impediam a livre circulação das pessoas. Mas no dia 14 parte desses veículos começou a mudar de posição, passando a criticar os excessos da ação policial.

Isso inaugurou o segundo momento das manifestações, no qual os meios de comunicação de massa passaram a disputar os conteúdos dos protestos, construindo narrativas tendo como centro, além do problema do transporte público, a corrupção política e a má qualidade dos serviços públicos.

Nada foi mais emblemático desse movimento de ressignificação das jornadas de junho do que o pedido de desculpas de Arnaldo Jabor, comentarista de grande prestígio das organizações Globo e que, no comentário raivosamente crítico aos protestos no Jornal da Globo no violento dia 13, afirmou que

> a grande maioria dos manifestantes são filhos de classe média. Ali não havia pobres que precisassem daqueles vinténs, não [os R$0,20 de aumento das

---

[56] Sobre esse portal de notícias, importantíssimo para a dinâmica das jornadas de junho, ver https://midianinja.org/ (acessado em dezembro de 2019).

passagens]. Os mais pobres ali, eram os policiais apedrejados, ameaçados com coquetéis molotov que ganham muito mal[57].

O comentarista chegou a associar os manifestantes ao Primeiro Comando da Capital (PCC), que meses antes havia incendiado ônibus na capital paulista.

O comentário foi repetido na manhã seguinte na rádio CBN, também das organizações Globo, atingindo milhões de ouvintes no Brasil todo. Contudo, na segunda feira 17, dia em que o MPL havia convocado novas manifestações contra o aumento de tarifas, o jornalista retratou-se na mesma CBN, agora associando o MPL aos "Caras Pintadas" que "derrubaram um presidente", e apresentando-o como novidade na cena política brasileira, já que propunha de forma "não radicalizada" no mundo "pós-comunismo", mudanças perfeitamente justas. Jabor listou ainda uma série de temas que as manifestações deveriam encampar, a maioria delas tendo de um modo ou de outro a ver com denúncias de corrupção contra os governos petistas (obras de transposição do rio São Francisco, ferrovia Norte-Sul, compra da refinaria de Pasadena, votação da Proposta de Emenda Constitucional No. 37 —a PEC 37—, que reduzia os poderes investigativos do Ministério Público etc.)[58]. O comentário foi repetido na coluna do jornalista no Jornal Nacional, da mesma Globo (Melo e Vaz, 2018, p. 34), portanto depois dos protestos daquele dia que, ao menos em São Paulo, foram pacíficos.

A guinada da Globo não foi isolada. No domingo, 16 de junho, a *Folha de S. Paulo* publicou em sua revista semanal "Ilustríssima", um ensaio fotográfico sobre as manifestações dos dias 11 e 13. Numa das imagens um manifestante exibe cartaz com os dizeres: "Isso é mais do que um protesto contra o aumento. Isso é um grito popular de que não aguentamos mais tanta corrupção!!!"[59]. O ensaio fotográfico tem o título simpático aos movimentos ("Diálogos de protesto"), e reproduz, além de fotos, diálogos ouvidos nas ruas, entabulados internamente a cada grupo contendor (policiais e manifestantes). Colunas da ombudsman Suzana Singer e do jornalista Jânio de Freitas são francamente favoráveis aos protestos, e um artigo assinado por Alan Gripp e Fábio Zanini

---

[57] Comentário disponível em https://www.youtube.com/watch?v=luLzhtSYWC4 (acessado em dezembro de 2019).

[58] O comentário, igualmente contundente, com título "Amigos, eu errei. É muito mais do que 20 centavos", está em https://www.youtube.com/watch?v=o9hZ3Ng_184 (acessado em dezembro de 2019).

[59] O acervo do Jornal está disponível na internet. A foto está na p. 21 da *Ilustríssima*.

na página C2 tem o título "Polícia insuflou protestos em SP e Istambul", transferindo à polícia a responsabilidade pela escalada dos movimentos.

Do mesmo modo, a revista *Veja* publicaria, na capa da edição do dia 19, a manchete "A revolta dos jovens", com o subtítulo: "Depois do preço das passagens, a vez da corrupção e da criminalidade?" A reportagem não era simpática aos protestos. Sarcástica, procurava entender por que jovens que deveriam estar no cinema ou no shopping estavam nas ruas "engrossando as fileiras das minorias de vândalos profissionais" (*Veja*, 19/06/2013, p. 88). E procurava ancorar os movimentos em sua campanha contra o governo Dilma Rousseff e pela redução da maioridade penal.

O tema da corrupção de fato frequentou os protestos, embora, até ali, de forma difusa e em geral ligado às obras para as copas das Confederações e do Mundo. Mas ganharia maior visibilidade nos protestos do dia 17, e centralidade nos do dia 20, em parte em razão da tentativa (eficaz) da imprensa empresarial de canalizar as energias dos movimentos contra alvos mais amplos, relacionados com o governo federal.

Assim, no dia 18 o *Profissão Repórter*, programa de jornalismo investigativo da TV Globo comandado pelo jornalista Caco Barcelos, construiu narrativa bastante seletiva sobre os protestos do dia anterior, o da "Revolta do Vinagre". Barcelos e sua equipe foram hostilizados no Largo da Batata, um dos pontos de encontro dos manifestantes (os outros foram a Praça da Sé e a Avenida Paulista), aos gritos de "a Globo é mentirosa", e seu trabalho só foi viabilizado por outros manifestantes que se prontificaram a garantir sua segurança. O episódio mostrou que havia divergências entre os manifestantes sobre o papel da cobertura para muitos enviesada e oportunista da Globo, e a explicitação disso pelo *Profissão Repórter* cumpriu sobretudo o papel de mostrar que os "radicais" eram minoria naquela manifestação. De mostrar que havia gente (a maioria) disposta a garantir liberdade à cobertura jornalística de uma emissora que, até ali, fora francamente contrária às mobilizações.

Cobrindo os protestos em São Paulo, Brasília e Rio de Janeiro, o acento do programa, de quase 24 minutos, foi em seu caráter pacífico, expresso também na decisão da PM paulista de não os reprimir. Os policiais acompanharam as passeatas sem interferir ou impedir o avanço de milhares de pessoas pelas ruas da capital. O mesmo se deu no Rio de Janeiro, onde houve a maior concentração daquele dia (mais de 100 mil pessoas), e quando explodiu a violência, o programa de Barcelos a atribuiu aos policiais (que teriam atirado primeiro, inclusive com balas de verdade, o que colocou em pânico a equipe jornalística do *Profissão*), recebendo o revide de "um pequeno grupo" mais radical. A violência é lamentada por outros manifestantes como "desvirtuamento" do movimento. O mesmo teria ocorrido em Brasília, com a tentativa de invasão do Congresso Nacional. Em todos os casos Barcelos e sua equipe procuram deixar claro que o movimento era apartidário[60], e que as pessoas estavam nas ruas "por muito mais do que os R$0,20" das tarifas de transporte. O tema da corrupção foi salientado diversas vezes nas entrevistas com os participantes[61].

Ou seja, não é possível compreender a dimensão assumida pelos protestos no dia 20 de junho sem referência a essa guinada midiática. A Globo, através da Globonews e do G1, cobriu as manifestações em tempo real, durante todo o dia 17, praticamente convocando os brasileiros às ruas no dia 20. O mesmo aconteceu com o UOL, portal do grupo *Folha de S. Paulo*, e outros portais da imprensa empresarial on line, todos festejando a "festa cívica" e condenando a violência dos "vândalos", com isso selecionando nos protestos aquilo que interessava a esses veículos, isto é, o levante contra o sistema político em geral, naquela conjuntura tendo como força diretiva o Partido dos Trabalhadores em âmbito federal, o PSDB em São Paulo e Minas Gerais, o PMDB no Rio de Janeiro e em vários outros estados do Brasil.

Guinada à direita

No dia 19, véspera da grande manifestação daquele mês, o grupo de direita *Anonymous Brasil* publicou um vídeo no Youtube no qual enumerava as "cinco causas" que teriam levado às ruas milhares de brasileiros, que teriam sido, segundo essa narrativa, liderados pelo grupo. A luta contra o aumento nas tarifas não teria sido motivo suficiente, não atendendo "aos anseios da população". As verdadeiras causas seriam o arquivamento da PEC-37; a saída de Renan Calheiros da presidência do Congresso Nacional; investigação e punição de irregularidades nas obras da Copa; votação pelo Congresso de uma lei tratando a corrupção como crime hediondo; fim do foro privilegiado. Todas as "causas",

---

[60] Bandeiras de partidos de esquerda foram hostilizadas nas três cidades cobertas. O programa não mostrou, mas no Rio de Janeiro militantes do PSTU foram violentamente agredidos por extremistas de direita, sendo dois hospitalizados. Ver https://noticias.r7.com/internacional/ataques-contra-militantes-aumenta-debate-sobre-rumos-dos-protestos-no-pais-22062013 (acessado em dezembro de 2019).

[61] A íntegra do programa está em https://www.youtube.com/watch?v=9COUiLTteeA (acessado em dezembro de 2019).

pois, tinham a ver com a corrupção política[62], e são um reflexo da influência da grande mídia empresarial na segunda fase das jornadas.

Ecoando as "Cinco causas" do *Anonymous Brasil*, metade dos manifestantes da Av. Paulista no dia 20 de junho dizia estar ali para protestar contra "a corrupção nos governos do PT" (Tatagiba, 2017), e os partidos de esquerda e centrais sindicais eram identificados por seus hostilizadores, equivocadamente é claro, como parte do mesmo espectro político governista (Telles, 2015). E de fato, na pesquisa do IBOPE em 8 capitais, mencionada antes, 65% dos entrevistados apontaram, entre as razões para estar nas ruas, temas relacionados com o "Ambiente Político", na classificação do IBOPE, e nessa rubrica destacavam-se a "corrupção e os desvios de dinheiro público", a "necessidade de mudança", a "insatisfação com governantes em geral" e com "políticos em geral".

Nesse ambiente, chamou a atenção da mídia, não por acaso, a atuação truculenta de Marcello Reis, fundador do *Revoltados On Line* (ROL) e debutante em mobilizações de rua, que partiu para cima de militantes partidários e sindicais aos gritos de "Sem par-ti-do, sem par-ti-do", ação que ganhou as manchetes dos jornais impressos e televisivos[63]. Ela expressava o sentimento de parcelas consideráveis das classes médias conservadoras que estavam nas ruas naquele 20 de junho de 2013. Era um sentimento multifacetado, cujo núcleo foi o repúdio à política, aos políticos, à corrupção, ao "sistema", aos partidos em geral e ao PT em particular[64]. Boa parte dessas pessoas participava pela primeira vez de manifestações (metade, segundo a pesquisa do IBOPE).

Havia vários outros grupos menos ou mais organizados a fomentar esses sentimentos, dentre eles o *Movimento Contra a Corrupção* (MCC), fundado em janeiro de 2013 depois das condenações da AP 470, sendo francamente antipe-

---

[62] Vídeo completo em https://youtu.be/v5iSn76I2xs (acessado em dezembro de 2019). Imediatamente depois de lançado o vídeo teve cerca de um milhão de curtidas e mais de mil replicações. Ver https://web.archive.org/web/20160319184508/http://noticias.r7.com/tecnologia-e-ciencia/noticias/ativo-no-facebook-anonymous-assume-lideranca-das-manifestacoes-pelo-brasil-20130620.html (acessado em dezembro de 2019).

[63] Ver extensa reportagem sobre ele em Pavarin (2017). O *Revoltados On Line* esteve na linha de frente dos movimentos contra a administração Dilma Rousseff, e chegou a ter 2 milhões de seguidores em sua página no Facebook, encerrada no dia seguinte ao impeachment da presidente.

[64] Em pesquisa qualitativa junto a 50 manifestantes de Belo Horizonte e São Paulo, Mendonça (2018) encontrou clara valorização da "horizontalidade" e da participação pelos entrevistados, e aversão à institucionalidade democrática.

tista, e que encontrou em junho a oportunidade de ampliar sua visibilidade[65]. Até 20 de junho o grupo não atingira 100.000 "likes" em sua página no Facebook, mas ganhou mais de um milhão de adeptos depois disso (Silveira, 2015, p. 223). O mesmo autor informa que

> [n]as movimentações de rede em torno do dia 20 de junho, as páginas mais compartilhadas no Facebook foram a do AnonymousBrasil, Movimento Contra Corrupção, Isso é Brasil e A Verdade Nua & Crua. Todas essas páginas possuíam um discurso de defesa da justiça em geral, da melhoria da vida e do combate à corrupção. Uma análise das práticas discursivas das postagens indica sua adesão ao pensamento da direita (idem, p. 221).

Outros grupos manifestaram nostalgia pela ditadura militar. Igrejas evangélicas também convocaram seus fiéis às marchas, algo que vinham fazendo há tempos nas Marchas para Cristo (Tatagiba e Galvão, 2019).

Tudo indica, pois, que a insatisfação com a condução da coisa pública pelos governos liderados pelo PT alimentou a vontade de agir de parcelas significativas dos manifestantes nessa segunda fase dos protestos, algo que não estava no horizonte da primeira fase. É difícil aquilatar quantos estavam nas ruas em resposta ao chamado desses grupos que, na verdade, ganharam maior visibilidade *em razão* dessas manifestações, como apontou Sergio Silveira no texto citado. Pode ser que tenham conseguido atingir milhares de pessoas, pois os protestos foram convocados através das redes sociais, nas quais as interações entre internautas são complexas, como vimos. E parece não haver dúvidas de que a mudança de posicionamento da grande imprensa (jornais, revistas, televisões e rádios) a partir do dia 14; e o cultivo, pelo noticiário, da ideia de que os protestos tinham por alvo sobretudo a corrupção, incentivaram a adesão de pessoas desse espectro político.

Horizontes abertos

Uma vez nas ruas, o movimento se torna momento de afirmação de identidades qualitativamente distinto das interações virtuais, porque instaura no ambiente a possibilidade de identificações *coletivas*, agora materializadas em corpos reais, energia real, slogans reais, isto é, não meramente abstratos ou fruto das idiossincrasias ou anseios pessoais de cada qual. A identidade cons-

---

[65] Sobre o MCC, ver http://www.contracorrupcao.org/2013/05/por-que-lutar-contra-corrupcao.html (acessado em dezembro de 2019).

truída tendo por referência o outro virtual e mesmo o outro generalizado, se desdobra em uma, na verdade em múltiplas identidades coletivas como projeções do que cada um é, assim como possibilita a identificação com o que cada um interpreta como sendo a "vontade das ruas", na qual se reconhece ou da qual se afasta[66]. Nesse processo os significados do próprio movimento são sempre redefinidos, assim como os sentidos do engajamento ou alheamento de cada qual. Ativistas e audiência estão em permanente diálogo uns com os outros e com os sentidos que os muitos intérpretes dos eventos lançam ao campo, o que constitui momento de grande criatividade social em relação ao qual *todos* são obrigados a se alinhar e realinhar à medida que os fatos avançam.

Por isso o movimento nas ruas é e será, sempre, político. Por identificação ou repulsa, ele provocará, sempre, os horizontes de expectativas de todos. Impossível ficar indiferente a ele. Impossível fingir que não existiu. Impossível, também, tentar decifrá-lo com análises unidimensionais.

O movimento, ao estalar, é ao mesmo tempo um teste e uma confirmação de suas potencialidades. Nos movimentos sociais tradicionais, que contam com núcleo organizador identificável, lideranças com nome e sobrenome, objetivos em geral bem delimitados, organização menos ou mais hierárquica etc., o momento da mobilização é consequência esperada dos processos de organização e arregimentação de forças e recursos (Tarrow, 1998). Movimentos como os de junho de 2013, em especial em sua segunda fase, isto é, dos dias 17 a 22, carregam a marca da incerteza. Não havia coordenação centralizada nem testes pretéritos que garantissem aos que os convocavam (e isso inclui os grupos mais organizados), a partir de múltiplos nós na imensa rede que é a internet, que os convocados atenderiam ao chamado.

É assim que o MPL paulista certamente se surpreendeu com a confirmação de que 287 mil pessoas pretendiam ir à manifestação do dia 17 no Largo da Batata, em São Paulo. A PM estimou em 65 mil o número de manifestantes daquele dia, ainda assim muito acima dos 20 mil do dia 13[67]. Em Brasília a adesão também foi muito menor do que os que confirmaram presença, mas certamente maior do que imaginava o MPL. Os manifestantes fecharam a Es-

---

[66] A relação entre as temporalidades das redes sociais e das ruas é explorada por Alves e Ziviani (2018).

[67] Ver http://g1.globo.com/sao-paulo/noticia/2013/06/protesto-leva-65-mil-ruas-para-av-paulista-e-tem-tumulto-no-palacio.html (acessado em dezembro de 2019). Ver também Lee e Hsieh (2013) e Barberá et al. (2015) sobre o que eles chamam de "slacktivists", ou ativistas preguiçosos, ou de sofá.

planada dos Ministérios[68], e centenas ocuparam a marquise do Congresso Nacional. O telúrico jogo de luzes e sombras das pessoas contra as conchas do Senado e da Câmara deu origem a fotos e vídeos impressionantes, que correram mundo[69]. De qualquer modo, foi a maior manifestação liderada pelo MPL até ali, espalhando-se por capitais de norte a sul do país, e a grande cobertura midiática, feita em tempo real pelas redes de televisão e pelos muitos canais informativos da internet, com destaque para a *Mídia Ninja* no caso dos veículos alternativos, mas incluindo os sites dos grandes jornais e portais de notícias como o UOL e o G1, mostrou que o movimento estava crescendo, o que sem dúvida contribuiu para alentar a mobilização do dia 20.

O grande teste do poder de mobilização das redes sociais ocorreria, justamente, no dia 20, e ele foi uma confirmação: a convocação pelos perfis de direita e de esquerda encontrou resposta sem precedentes, e a identificação de grandes parcelas da população com o ideário aparentemente caótico dos cartazes transcritos no início deste capítulo, retirados de Singer (2013), confirma-se pelo crescimento vertiginoso das adesões às páginas do *Revoltados On Line*, do MCC, da bolsonarista *Organização Contra a Corrupção* (OCC), que recebeu 400 mil novos seguidores (Silveira, 2015, p. 222), do *Anonymous Brasil* (mais de 500 mil seguidores) etc. Apenas o MPL e a *Mídia Ninja*, no campo progressista, tiveram crescimento semelhante durante os protestos (idem, ibidem).

O 20 de junho amalgamou, nas ruas, múltiplos coletivos virtuais, à esquerda e à direita, que estavam, há muito, em busca de seu público, sendo, portanto, *coletivos latentes*, cuja existência como movimento, ou capacidade de mobilização que se instancia como massa mobilizada, precisava ser provada. As massas nas ruas possibilitaram o típico processo de identificação e estranhamento dos movimentos sociais, *que tem por efeito mudar a percepção de coletivos inteiros sobre seu lugar na ordem social*, por exemplo pela "descoberta" de que aqueles com quem cada qual compartilhava virtualmente ideias, interesses, visões de mundo etc., eram de carne e osso e tinham a mesma disposição para agir para interferir no rumo dos acontecimentos políticos. Eram, pois, mais do que apenas capacidade ou disposição subjetiva para a ação.

Ademais, as pessoas se descobriram como *geracionalmente próximas, além de serem em sua maioria membros dos estratos médios da população*, já

---

68 Ver http://g1.globo.com/distrito-federal/noticia/2013/06/marcha-do-vinagre-em-brasilia-fecha-esplanada-dos-ministerios.html (acessado em dezembro de 2019).

69 Ver http://g1.globo.com/distrito-federal/noticia/2013/06/manifestantes-invadem-cobertura-do-congresso-nacional.html (acessado em dezembro de 2019).

que a pesquisa do IBOPE revelou que 63% dos manifestantes tinham 29 anos de idade ou menos (20% tinham 40 anos ou mais), e 92% tinham ensino médio completo ou mais, sendo 43% os com ensino superior completo. Ainda assim, as mobilizações da juventude contaram com a presença da "base da pirâmide", ao contrário do que apontou Singer (2013), ainda que sua presença tenha sido minoritária em Belo Horizonte, São Paulo e DF.

O 20 de junho, então, foi um momento de revelação, no qual os múltiplos e dispersos coletivos e individualidades virtuais se reconheceram nas ruas e se descobriram compartilhando (ainda que por razões obviamente não convergentes) algum tipo de mal-estar, misto de indignação, "revolta", desejo de mudança, tendo como objeto de sua ira as mazelas do cotidiano das cidades e o mundo da política institucional, muito particularmente (mas não apenas) o governo federal. Esses sentimentos não evanesceram, e continuaram a produzir efeitos politicamente relevantes. Ao provocar queda avassaladora na avaliação positiva da presidenta Dilma Rousseff (e também do governador Alckmin, do prefeito Fernando Haddad e de governantes por todo o país), tornaram incertas as eleições de 2014, abrindo espaço, eventualmente, para candidaturas que expressassem, de um modo ou de outro, a insatisfação que ganhou as ruas em 2013.

Partidos e movimentos sociais mais à esquerda, críticos do que Singer (2012) chamou de "reformismo fraco" dos governos petistas, viram nas manifestações uma janela de oportunidade seja para empurrar o governo mais para a esquerda, seja para enfraquecê-lo e com isso ampliar as chances eleitorais de candidatos da esquerda não alinhada ao PT, algo que também animou os partidos, organizações e movimentos de centro e de direita.

Nesse quadro, é impossível não concordar com a avaliação de Domingues (2013), feita no calor da hora, de que não havia como prever para que lado o "magma" das massas nas ruas correria. As direitas se avolumaram a partir de 17 de junho, levando aquele analista a recomendar cautela nas previsões, mas as esquerdas também estavam presentes, assim como anarquistas e pessoas sem alinhamento político claro, o que para Domingues abria a possibilidade de renovação dos horizontes da luta política no país, na direção do aprofundamento de pautas de interesse das maiorias subalternas. Isto é, tratava-se de um espaço e de significados a serem disputados, no que ele denominou "novíssimo" período aberto na história brasileira. Essa análise está em linha com a de Singer (2013), para quem os manifestantes eram mais *oposicionistas* do que qualquer outra coisa. Sua ira se dirigiu aos governantes de um modo geral, de todos os partidos. O sistema político estava aberto, portanto, à emergência de novas lideranças.

Dois anos depois, Bringel e Players (2015) também chamaram a atenção para o caráter aberto das manifestações de junho, mas tal como Calil (2013), não distinguiram a do dia 20 das demais, já que seu objetivo era defender a tese de que as mobilizações produziram uma "abertura societária" no Brasil, isto é, teriam emergido "novos espaços e atores que levaram a um aumento da conflitualidade no espaço público e a um questionamento dos códigos, sujeitos e ações tradicionais" (idem, p. 6). A sequência dos acontecimentos, porém, terminaria por consolidar a hegemonia das direitas nas ruas. Hegemonia que, é preciso marcar sempre, *não existiu nas jornadas de junho de 2013*, embora tivesse demonstrado sua força do dia 17 em diante. Ela se consolidaria apenas em 2014.

Dizendo mais enfaticamente: as direitas brasileiras deram novamente as caras em junho de 2013, o que para muitos, desavisados, pareceu um raio em céu azul. Mas elas não foram as protagonistas dos protestos. Pegaram carona na mobilização do MPL, que a pouco e pouco atraiu a insatisfação resultante da frustração de expectativas relacionada com a crise do projeto de inclusão pelo mercado, e procuraram (e conseguiram), com o apoio da mídia empresarial, incluir na agenda dos que estavam nas ruas temas que se tornariam hegemônicos apenas em 2014, todos de um modo ou de outro relacionados com os governos do PT. Portanto, relacionados com a luta política mais geral pelo controle do poder de Estado. Isso ficaria mais claro em 2014.

Junho de 2013, foi, por fim, expressão de um padrão que se viu na "Primavera Árabe" e que se repetiria no movimento dos *Gilets Jaunes* na França. Os protestos começaram restritos a um pequeno grupo conectado em redes sociais, inicialmente repudiados pela imprensa empresarial, mas considerados *justos* pela população, cujo mal-estar em relação às suas condições de vida era vivido como mazela individual ou, no máximo, familiar. A violenta repressão policial, vista como excessiva e injusta inclusive pela imprensa, tornou-se combustível de alta octanagem para a vontade de agir de mais e mais pessoas, que se reconheceram no espelho das ruas e aderiram aos protestos iniciais, agora ampliando suas pautas quanto mais coletivos latentes vinham às ruas, estimulados pelo próprio movimento. A principal diferença é que os *Gilets Jaunes* começaram como um movimento de direita, sendo apropriado pelas bandeiras e pautas do bem-estar social e contra as reformas neoliberais de Emanuel Macron, desaguando na greve geral de dezembro de 2019 contra a reforma da previdência francesa, que parou o país por quase dois meses[70]. No Brasil, as pautas de esquerda do MPL e demais iniciadores das jornas de junho foram sendo gradativamente sufocadas pelos temas caros às direitas. Mas a forma dos movimentos teve muitos pontos de semelhança, sendo recorrente nos protestos contemporâneos viralizados através das mídias sociais.

---

[70] Os transportes ficaram parados em toda a França por 51 dias a partir de 5 de dezembro, as atividades sendo retomadas lentamente a partir do dia 24 de janeiro. A greve foi se estendendo à medida os dias passavam, incluindo mais e mais categorias de trabalhadores. Ver, dentre outros, https://www.esquerdadiario.com.br/Greve-Geral-na-Franca e https://expresso.pt/internacional/2020-01-24-Franca-e-esta-sexta-feira-novamente-palco-de-greve-geral-contra-reforma-das-pensoes (acessados em janeiro de 2020).

"Nova direita"

As jornadas de junho de 2013 e as que se lhe seguiram trouxeram novos personagens, grupos e coletivos à cena política brasileira. Mas até que ponto eram mesmo novos personagens? Havia efetivamente uma "nova direita" nas ruas? Sim, pois, embora em 20 de junho grupos de esquerda tenham marchado contra o governo, contra a política tradicional, contra os males da vida urbana etc., já não há controvérsia sobre a presença massiva de grupos de direita. Como mostrou o já citado Silveira (2015, p. 222), o MPL não figurou entre os dez perfis mais compartilhados na convocatória para o dia 20 de junho, e apenas um desses perfis era de esquerda ("A Educação é a Arma Para Mudar o Mundo", cuja inspiração é Nelson Mandela). Na verdade, o MPL não figurou sequer entre as 20 páginas mais compartilhadas (Amadeu e Pimentel 2013). Pode ser que as direitas não fossem hegemônicas, e não há como saber sequer se eram majoritárias, embora a prevalência do tema da corrupção denote aderentes desse espectro ideológico, já que foi o principal componente das convocatórias dos militantes das direitas, particularmente o *Anonymous Brasil*, que passou de um milhão de seguidores depois de lançar o vídeo com as "Cinco causas". O fato, porém, é que elas estavam em peso nas ruas. Não há como compreender o rumo que as mobilizações de rua tomaram de 2014 em diante sem lançar luz sobre a volta das direitas à cena política brasileira, e em seu papel nos processos de radicalização política que marcaram as eleições presidenciais de 2014 e 2018.

O termo "nova direita" foi empregado pela primeira vez por A. Flávio Pierucci (1987) para designar os eleitores de Jânio Quadros e/ou Paulo Maluf, na São Paulo de meados da década de 1980. Com base em 150 entrevistas em profundidade, Pierucci construiu um perfil complexo dessa população, afirmando estar-se "às voltas com indivíduos arregimentáveis para causas anti-igualitárias radicais e soluções autoritárias de direita". Mas além do "medo e a agressividade em relação aos *outgroups*" que caracterizaria a extrema-direita em qualquer lugar, os membros da nova direita paulista demandavam gastos públicos com a mesma veemência que exigiam "as penas mais severas para o crime" e que condenavam os direitos humanos, para eles sinônimos de "mordomia para bandidos". Não eram contra as greves, eram a favor da reforma agrária, mas queriam "mais efetivos policiais, mais equipamentos e mais modernos, para o combate ao crime, maiores salários para os policiais; querem sobretudo a ROTA, emblema das decisões de polícia tornadas decisões de justiça". Porém, o "fascínio que o neoliberalismo exerce sobre certos chefes partidários da direita, por enquanto, não reverbera nos ativistas de base" (todas as citações são da p. 27). Ao contrário, eram favoráveis a serviços públicos gratuitos de saúde, educação, transporte coletivo, além de seguro desemprego e aposentadoria "condigna". Ou seja, queriam estado de bem-estar social, embora não vocalizassem seu querer nesses termos precisos. E o comunismo já não era um "fantasma assustador" (ibid.). Quando havia, o anticomunismo era nutrido pelos chefes partidários da direita, não pelas bases eleitorais. Mas esses eleitores eram racistas, sobretudo (mas não apenas) em relação aos nordestinos, e profundamente moralistas, defendendo valores tradicionais, como a família patriarcal, a lei e a ordem, contra o aborto e a pornografia etc. (idem pp. 35 e 44), embora não fossem nacionalistas, professando mais bem um "chauvinismo regionalista" (idem, p. 36).

O interessante dessa conjuntura (segunda metade da década de 1980, o Brasil em meio a uma Assembleia Nacional Constituinte que deveria, em tese, refundar a República) para os propósitos desta discussão, é que a nova direita era *envergonhada*.

> O regime militar foi quem deixou para as direitas esta herança envenenada, esta identidade diabolizada, infamante, envergonhada de si. Se o nome "esquerda" remete imediatamente para os mundos da mudança e da justiça social, da generosidade e do desinteresse, da solidariedade e do igualitarismo, a palavra "direita" alude às paisagens da permanência e do arcaísmo, da conservação do passado e da recusa da mudança, do egoísmo e da injustiça, da manutenção das hierarquias e do compromisso com a desigualdade, ou pura e simplesmente lembra a repressão, a tortura, a guerra suja, a morte (Pierucci, 1987, p. 37).

Com isso, eram raras as lideranças políticas que "diziam seu nome". Paulo Maluf, na campanha para governador de 1986, se apresentou como um homem "de centro, um centro equilibrado e moderno" (idem, ibidem). E citando a pesquisa de Martins Rodrigues (1987) sobre o perfil dos constituintes, Pierucci afirma que "a direita que se esconde mesmo é (...) a direita radical" (idem, p. 38)[1]. E não apenas as lideranças. As primeiras eleições da "Nova República" teriam revelado o eleitor direitista envergonhado, aquele que se recusava a se afirmar eleitor de Jânio Quadros ou de Paulo Maluf, com isso (acrescento eu) levando as pesquisas eleitorais a subestimar o voto nesses candidatos.

Foi exatamente o caso de Jânio Quadros, que tinha 29% das intenções de voto na eleição de 1985 para prefeito da capital paulista, mas venceu Fernando Henrique Cardoso, que tinha 36% das intenções, segundo o recém-criado Datafolha, por pouco mais de 141 mil votos de diferença, ou 3,37 pontos percentuais. FHC chegou a se deixar fotografar, sorridente e triunfante, sentado na cadeira de prefeito na véspera da eleição, certo de que teria os votos que as pesquisas apontavam. Vencedor, Jânio Quadros, mestre na criação de factoides, desinfetou a cadeira antes de sentar nela[2].

Como o anticomunismo não era relevante para esses eleitores, sua identidade se ancorava, sobretudo, em seu moralismo (de forte cunho religioso), e a crise que identificavam no país era uma crise moral. O país estava em decadência em razão dos

> **profissionais da nova classe média assalariada** – respeitáveis rebeldes, incentivadores ativos dos "novos" movimentos sociais e, portanto, das demandas de liberalização dos costumes, de descriminalização do aborto e da maconha, de plena realização sensual, de emancipação da mulher e do jovem, de ampliação das áreas de expressão legítima da subjetividade (idem, p. 45).

Eram esses os inimigos contra os quais se batia a nova direita de então. E parece-me que Pierucci qualifica assim esses eleitores porque, como tinham origem nas classes médias baixas e populares, eles se distinguiam da direita tradicional brasileira, historicamente associada às classes superiores do campo e da cidade, e também às classes médias altas, que estiveram aliadas para, em mais de uma ocasião, apear do poder governos minimamente comprometidos com causas populares (Cardoso, 2020). Essas classes médias não eram envergonhadas, e tinham no anticomunismo, no nacionalismo, no liberalismo e na

---

[1]   Sobre a direita envergonhada, ver também Mainwaring et al. (2000).

[2]   Ver https://acervo.oglobo.globo.com/em-destaque/candidato-em-1985-fh-sentou-na-cadeira-do-prefeito-de-sp-perdeu-eleicao-19069894 (acessado em dezembro de 2019).

religião católica os grandes eixos identitários[3]. Eram, portanto, distintas das direitas descortinadas por Pierucci na década de 1980. Mas parece evidente que o autoritarismo, o anti-igualitarismo e o moralismo católico aproximavam essas duas direitas, separadas no tempo pela ditadura militar.

Do mesmo modo, Alves (2000) analisou surveys realizados junto à população da cidade de São Paulo em 1993 e 1995 para mostrar que a "nova direita" era, na verdade, múltipla, algo que Pierucci também apontara ao usar o termo "constelações" para sugerir diversidade interna ao grupo por ele analisado. Alves identificou pelo menos dois grupos, separados pelo viés de classe. As classes médias e altas eram mais claramente neoliberais, enquanto as classes populares eram mais conservadoras nos costumes, mais autoritárias politicamente e mais anti-igualitaristas (como encontrou Pierucci)[4].

Diante desse quadro, por que nomear "nova direita" os direitistas da segunda década do século XXI? Não se trataria, simplesmente, das direitas brasileiras de sempre (ainda que de gerações diferentes), disponíveis para o anti-igualitarismo e o autoritarismo, sendo ademais conservadoras nos costumes como o foram desde sempre, só que agora não mais auspiciadas pelo catolicismo, e sim por inúmeras denominações evangélicas? Na profusão de estudos que empregam "nova direita" para dar inteligibilidade ao que ocorre hoje no Brasil, são raros os que procuram fazer alguma genealogia das práticas e pensamentos das direitas no país, no intuito de demarcar as diferenças que justificariam o emprego de "nova"[5]. Usar esse qualificativo cumpre sem dúvida a função pragmática de despertar a atenção dos leitores para o fenômeno que se quer explicar. O pesquisador, talvez inadvertidamente, se põe na posição do sábio que conhece a história do país a ponto de falar de uma posição talvez inatingível pelos que não dominam a matéria, para afirmar a novidade do fenômeno sendo escrutinado. Mas muitas vezes o novo é simplesmente uma construção do analista menos ou mais bem informado sobre nossas tradições.

---

[3] Ver Motta (2002) para o liberalismo, o nacionalismo e o catolicismo como as principais matrizes do pensamento anticomunista no Brasil, profundamente ancorado nas classes médias urbanas.

[4] O anti-igualitarismo das classes mais pobres também foi demonstrado por mim em Cardoso (2019: cap. VIII).

[5] Exceção importante é Kaysel (2015), que mobiliza a fina flor da literatura sobre pensamento político e social brasileiro para traçar um panorama histórico, conquanto resumido, das direitas no país, chamando a atenção para mudanças e permanências ao longo do tempo. Merece destaque também o estudo de Hoeveler (2016) e o breve mas bem apontado artigo de Ricúpero (2020).

São as direitas, como sempre

Há mesmo alguma novidade nas práticas das direitas que deram as caras e ganharam volume depois de 2013. Mas a novidade não está no que elas são, quer dizer, em seus eixos identitários. A novidade está nas formas e meios que empregaram para se organizar e ganhar a esfera pública, e esses meios foram os mesmos empregados pelos grupos de esquerda que Alonso e Miche (2017) identificaram como "autonomistas" e "socialistas" no junho de 2013. O fato de as direitas brasileiras terem conseguido usar de forma eficaz e eficiente as novas tecnologias informacionais não quer dizer que esses meios tenham mudado a essência dos conteúdos neles veiculados. São as mesmas direitas, múltiplas em sua constituição como o são as esquerdas, mas cuja presença larvar na vida social e política brasileira hibernara ao longo do breve período de domínio dos sonhos progressistas (ainda que de "reformismo fraco") dos governos liderados pelo Partido dos Trabalhadores.

De fato, não pode pairar dúvidas quanto ao apelo aos símbolos nacionais nas manifestações que marcariam a conjuntura posterior a 2013. Nos protestos antigovernistas iniciados em 2014 as pessoas passaram a ir para as ruas vestidas de verde e amarelo, portando a bandeira nacional e cantando o hino, e tendo como principal bordão a frase "queremos nosso Brasil de volta". O anticomunismo estava expresso no "nossa bandeira nunca será vermelha", o autoritarismo na nostalgia do regime militar e em faixas e palavras de ordem pela redução da maioridade penal e contra as políticas voltadas para os direitos humanos, em exortações contra o aborto e pela família (heterossexual) e por leis mais rígidas contra o crime. Não se tratava da emergência de uma nova direita nas ruas. Tratava-se, indubitavelmente, do retorno das direitas, muito particularmente a extrema-direita, às ruas e ao ciclo político brasileiro[6].

E havia mesmo muito de espontâneo na presença das direitas nas ruas. Boa parte das pessoas atendeu às convocatórias de indivíduos e coletivos virtuais de direita sem ser elas mesmas parte ativa desses coletivos. Como já se disse, a fanpage do *Revoltados On Line* no Facebook tinha não mais que 100 mil seguidores até 20 de junho de 2013. Ainda assim, o número impressiona, denotando um *coletivo latente* que de fato se instanciou nas jornadas de junho, a ponto de catapultar a página a mais de um milhão de seguidores. Como é pos-

---

[6]   Aproprio-me, aqui, do título do livro de Velasco e Cruz et al. (2015).

sível que a página de um grupo obscuro de extrema-direita tivesse 100 mil aderentes?

O grupo, obviamente, não era obscuro para seus seguidores. E era apenas uma das inúmeras formas de organização virtual das direitas brasileiras, existentes em profusão na internet como grupos, como indivíduos "influenciadores", como *think tanks* financiados por grandes empresas, fanpages etc.

Num excelente trabalho de reportagem de 23 de junho de 2015, assinado por Marina Amaral, a revista independente *Agência Pública* expôs as entranhas de alguns desses grupos, boa parte deles surgidos bem antes de 2013[7]. A jornalista evita empregar o termo "nova direita", e o artigo se chama "A nova roupa da direita", com o subtítulo "Rede de think tanks conservadores dos EUA financia jovens latino-americanos para combater governos de esquerda da Venezuela ao Brasil e defender velhas bandeiras com uma nova linguagem". Utiliza como mote a realização do 28º Fórum da Liberdade, que ocorrera em Porto Alegre nos dias 13 e 14 de abril[8], financiado pelos grupos Gerdau, Souza Cruz, Ipiranga e RBS (TV local afiliada à Rede Globo). A partir dos homenageados e palestrantes, e também das instituições a que se filiavam ou que os financiavam, a reportagem mapeou parte da velha e da nova geração das direitas brasileiras.

O texto começa apresentando a guatemalteca Glória Alvarez, estrela do segundo dia do evento. Diretora do Movimento Cívico Nacional de seu país e apresentadora de um programa de TV, "[s]ua missão é ensinar a seus pares ideológicos como 'seduzir e enamorar os públicos de esquerda' e vencer 'os barbudos de boina de Che'" (a reportagem não tem paginação). Ela discursava para uma plateia lotada, duas mil pessoas, em sua maioria alunos da PUC do Rio Grande do Sul. No dia 12 de abril ela havia participado da manifestação que reunira 100 mil pessoas na Avenida Paulista (a segunda pelo impeachment de Dilma Rousseff e que será analisada no próximo capítulo), discursando para a multidão do alto do carro de som do *Vem Pra Rua*, um dos grupos de proa a convocar as manifestações de 2015 e 2016 contra a presidenta[9].

---

[7] Ver https://apublica.org/2015/06/a-nova-roupa-da-direita/ (acessado em dezembro de 2019).

[8] Ver http://forumdaliberdade.com.br/eventos_anteriores/28o-forum-da-liberdade-caminhos-para-a-liberdade/ (acessado em dezembro de 2019).

[9] O discurso pode ser visto em https://www.youtube.com/watch?v=sfvtonYYCbE (acessado em dezembro de 2019).

Participaram ainda do 28º Fórum da Liberdade, dentre outros, o senador Ronaldo Caiado, os jornalistas Demétrio Magnoli e o homenageado William Waack (que recebeu o prêmio "Liberdade de Imprensa"), o presidente do Instituto Liberal Rodrigo Constantino, o fundador do Instituto Ordem Livre Diogo Costa, também autor do blog "Capitalismo para os pobres", Alejandro Chafuen, presidente da Atlas Network, uma rede financiada por grandes empresários norte-americanos e que é um dos maiores doadores do Students for Liberty, cujo congênere brasileiro, Estudantes pela Liberdade, é a matriz do *Movimento Brasil Livre* (MBL), que estava representado naquela edição do Fórum por Kim Kataguiri.

O Fórum da Liberdade é um dos principais eventos anuais da direita brasileira. Jorge Gerdau Johannpeter esteve entre os fundadores em 1988, ainda segundo a reportagem, e nele foi lançado em 2006 um dos principais *think tanks* da direita empresarial, o Instituto Millenium, criado no ano anterior. Entre os fundadores deste último estão os economistas Gustavo Franco e Paulo Guedes, além de Rodrigo Constantino, Héctor Leis, Eduardo Viola, Carlos Pio e outros intelectuais liberais e ultraliberais[10]. Entre os mantenedores estão o mesmo Jorge Gerdau Johannpeter (Grupo Gerdau), João Roberto Marinho (Grupo Globo), Armínio Fraga (Gávea Investimentos), Jaime Garfinkel (Grupo Porto Seguro), Emmanuel Hermann (Ex-BTG-Pactual), Ivo Wohnrath (Grupo Athié Wohnrath), Hélio Beltrão (Grupo Ultra) e outros grandes empresários. O Imil, como é conhecido, movimenta mais de um milhão de reais por ano, provenientes de doações[11], para promover o liberalismo.

A matéria da *Agência Pública* lista ainda os irmãos William e Winston Ling, do Grupo Évora. O primeiro fundou em 1984 o Instituto de Estudos Empresariais (IEE), outro *think tank* liberal e organizador do Fórum da Liberdade; o segundo criou o Instituto Liberdade do Rio Grande do Sul em 1986, que em 2004 tornou-se simplesmente Instituto Liberdade, cuja missão é "Promover a cultura da liberdade no sul do país"[12]. O filho de Winston Ling, Anthony, era ligado ao Estudantes pela Liberdade, fundador do MBL, do qual Anthony era um dos coordenadores, juntamente com o também gaúcho Fábio Ostermann, o

---

[10] Ver https://www.institutomillenium.org.br/camara-de-fundadores-curadores/ (acessado em dezembro de 2019).

[11] Todas as informações estão no site do Instituto, cujo acesso está indicado na nota anterior.

[12] Ver http://institutoliberdade.com.br/o-instituto/sobre/ (acessado em dezembro de 2019).

mineiro Juliano Torres, o paulista Renan Haas e o já mencionado Kim Kataguiri, também paulista.

O centro das atenções da reportagem, porém, foi mesmo a Atlas Economic Research Foundation, ou simplesmente Atlas Network (nome fantasia), que a matéria qualifica como uma espécie de "metathink tank" que fomenta a criação de outras organizações *libertarians* no mundo. O Estudantes pela Liberdade (EPL), criado em 2012, recebe recursos financeiros da Atlas. Kim Kataguiri recebeu treinamento no EPL, segundo depoimento de Juliano Torres, seu diretor executivo, e Fábio Ostermann participou, na Atlas Foundation em Nova York, do curso de verão patrocinado por uma das fundações da família Koch (uma das mais ricas do mundo e que gastou U\$800 milhões em vinte anos financiando instituições "promotoras da liberdade" ao redor do mundo). Esse tipo de treinamento é padrão entre os membros do EPL. Em 2015 o orçamento do grupo chegou a R\$300 mil, sendo a Atlas e o Students for Liberty os principais doadores. A Fundação Friederich Naumann, alemã, também financiava eventos do EPL[13].

Como explicou Juliano Torres no mesmo depoimento, a legislação norte-americana não permite que doações dedutíveis do imposto de renda de fundações ligadas a empresas sejam destinadas a entidades partidárias. Como a Atlas recebe recursos de diversas fundações cujos fundos são compostos por isenções fiscais, e a Atlas patrocina o EPL, os membros do grupo viram-se impossibilitados de participar como grupo organizado nas mobilizações de junho de 2013. Foi por isso que criaram a marca MBL que, a princípio, não foi pensada como uma organização formalizada, mas apenas como um nome fantasia para permitir a atuação política dos estudantes do EPL.

Kim Kataguiri foi o último orador do Fórum. A matéria de Marina Amaral reproduz um trecho de sua fala:

> Chegou a hora da gente tirar o monopólio da esquerda da juventude. A gente tem que acabar com essa imagem de que quem defende o livre mercado é aquele tiozão de coturno que defende o regime militar. A oposição é a gente. A gente quer privatizar a Petrobras. A gente quer o Estado mínimo. Brasília não vai pautar o povo. É o povo que vai pautar Brasília[14].

É sintomático que o hoje (março de 2020) deputado federal tenha mencionado o desejo de privatizar a Petrobras, historicamente um dos principais sím-

---

[13] Todas as informações estão em https://apublica.org/2015/06/a-nova-roupa-da-direita/ (acessado em dezembro de 2019).

[14] Idem nota anterior.

bolos da nacionalidade e, naquele momento (junho de 2015), objeto de escrutínio pela Operação Lava Jato e um dos principais responsáveis pela associação, nas ruas, entre o PT e a corrupção, tema ao qual dedicarei algum tempo nos próximos capítulos. Kataguiri não era um "tiozão de coturno", não defendia a ditadura militar. Apenas defendia "o livre mercado", e a Petrobras era, para a direita ultraliberal, a demonstração cabal de que a gestão de empresas pelo Estado era foco inequívoco de corrupção.

É sintomático, também, que Kataguiri tenha delimitado como seu público alvo a juventude, vista por ele como estando sob "monopólio da esquerda". Na mesma fala ele exortou "os institutos liberais a sair da nossa bolha liberal, da nossa bolha libertária, da nossa bolha conservadora e tomar o país".

Esses temas (monopólio da esquerda e bolha liberal) não são casuais. Tocam em pontos nevrálgicos da percepção de parte das direitas brasileiras nos últimos anos sobre seu lugar no mundo e no país. Em 2015 o PT estava há 13 anos no poder no Executivo Federal, e parte substancial dos ideólogos das direitas vivia essa situação como *ditatorial*, ou mesmo *tirânica*, uma vez que impedia, na visão dessas pessoas, a manifestação das ideias liberais e conservadoras na esfera pública[15]. Mesmo veículos de imprensa conservadores ou francamente antigovernistas naquela conjuntura[16], como a *Folha de S. Paulo*, *O Estado de S. Paulo* e *O GLOBO*, bem como os jornais televisivos das emissoras do grupo Globo (a TV Globo, o portal G1 e o canal pago Globonews), eram vistos como esquerdistas, quando não "comunistas". Olavo de Carvalho, um dos principais ideólogos de muitos desses grupos de direita, afirmou ter criado em 2002 seu blog *Mídia sem Máscara* (aba de sua página http://olavodecarvalho.org/) porque, segundo ele, seus artigos eram censurados pela grande imprensa, e isso diante do fato de que ele frequentava as colunas de opinião desses jornais com certa regularidade, com textos que ele depois disponibilizaria em sua página na internet e que Felipe Moura Brasil reuniria em Carvalho (2013). Em suas palavras:

> A facção que domina o governo controla também o sistema de ensino, as universidades e instituições de cultura, o meio editorial e artístico e a quase totalidade dos órgãos de mídia. A mais mínima falha nesse controle, o mais leve sinal de descontentamento, mesmo parcial e apolítico, desperta ou alarma as hostes governistas, que então se apressam a mobilizar seus militantes

---

[15] É assim que Denis Rosenfield justifica sua "guinada à direita", atribuindo ao PT um governo autocrático, que teria partidarizado o Estado. Ver o texto do autor em Coutinho, Pondé e Rosenfield (2012).

[16] Explico o "antigovernismo" da mídia mais adiante.

para o combate a "ameaças golpistas" perfeitamente inexistentes. (...) Nessas condições, está perfeitamente realizado o ideal de Antonio Gramsci, em que o partido revolucionário desfruta "da autoridade onipresente invisível de um imperativo categórico, de um mandamento divino". (Carvalho, 2013, pp. 99-100).

É o que o ideólogo denomina "marxismo cultural", ou "gramscianismo", que dominaria as mentes sem que as pessoas se dessem conta, tal como os peixes que, "jamais tendo estado fora da água, ignoram a existência de algo que não seja água e, portanto, não distinguem entre a água e o universo em geral". (ibidem).

O "heroísmo" dos que se batem pelas ideias liberais está também na interpretação de Rodrigo Constantino, que teve atuação destacada no período áureo do antipetismo da revista *Veja* e que, ao ser demitido pelo Grupo Abril em 2015 escreveu em sua página no Facebook: "não é hora de desespero, de jogar a toalha, de abandonar o barco (...) [Sou] um soldado incansável na luta pela liberdade, [e pago] um preço pessoal alto por isso. [Mas vou] continuar nessa inglória, porém fundamental batalha por mais liberdade"[17].

Essas manifestações da intelectualidade de direita e extrema-direita, conquanto em grande parte retóricas e destinadas a alinhavar afinidades e lealdades e com isso fidelizar seguidores nas redes sociais virtuais, são de molde a alimentar nesses últimos sentimentos de solidariedade, identificação e proximidade que não podem ser negligenciados. Tanto Constantino quanto Carvalho se sentiam (e se sentem) imbuídos de uma missão, elegendo como adversário um *alter* difuso, impalpável, insidioso, assustador (os adversários da liberdade, o "marxismo cultural", o "comunismo") que, na luta política conjuntural, como não poderia deixar de ser, consubstanciou-se no governo federal, na presidenta Dilma Rousseff, em Lula, no PT e nas esquerdas em geral, agentes do "comunismo" e do "bolivarianismo" totalitário[18].

Camila Rocha, num trabalho exemplar, trouxe à tentativa de dar inteligibilidade aos processos em análise a ideia de que as direitas elegeram a internet como espaço prioritário de atuação, justamente por nutrirem a percepção de que os veículos tradicionais que constituíam a esfera pública estavam dominados pelas esquerdas (Rocha, 2019). A autora não menciona a conhecida máxima sociológica que ensina que, se as pessoas "definem situações como reais,

---

17   Ver http://portalimprensa.com.br/noticias/ultimas_noticias/74655/oficinas/home.asp (acessado em dezembro de 2019).

18   Sobre os seguidores de Olavo de Carvalho no Facebook, ver o interessante estudo de Lerner (2019a).

elas são reais em suas consequências" (Thomas e Thomas, 1928, p. 572)[19]. Mas é disso que se trata.

De fato, análises menos ou mais abalizadas sobre a cobertura dos jornais brasileiros na conjuntura, invariavelmente apontaram o viés antigovernista (incluindo Lula, Dilma e o PT) das matérias dos veículos tidos pela direita e a extrema-direita como "comunistas". O qualificativo é mesmo estranho quando endereçado a veículos de comunicação que são, também, grandes grupos econômicos, com interesses empresariais nada compatíveis com as leituras que apontavam seu viés esquerdista, menos ainda "bolivariano".

Um exemplo é o trabalho da equipe do Laboratório de Estudos de Mídia e Esfera Pública (LEMEP), coordenada por João Feres Júnior no IESP-UERJ, que elabora, dentre outros estudos de conjuntura, o *Manchetômetro*, monitoramento mensal da cobertura da mídia impressa e televisiva sobre eventos, pessoas, partidos e outros temas[20]. A cobertura sobre o ex-presidente Lula e o Partido dos Trabalhadores pelos veículos *Folha de S. Paulo, O Estado de S. Paulo, Valor Econômico, O GLOBO* e o televisivo Jornal Nacional (da TV Globo) a partir de janeiro de 2015 teve valências (isto é, matérias com viés neutro, contrário, favorável ou ambivalente ao objeto das reportagens) tal como ilustradas pelo Gráfico 2.

Os dados podem ser sumariados assim: no período coberto (janeiro de 2015 a novembro de 2019), para cada notícia favorável a Lula, houve, em média, 44,4 notícias desfavoráveis. No caso do PT, cada notícia favorável teve como contraponto 18,4 desfavoráveis. Lula recebeu, em média, 120 notícias desfavoráveis por mês (média de 4 por dia), e apenas 2,72 favoráveis (ou 0,09 por dia). O PT recebeu 96 notícias desfavoráveis por mês (3,2 por dia em média), e apenas 5,2 favoráveis (0,17 por dia).

Para que se tenha um parâmetro de comparação, o DEM, partido do deputado Rodrigo Maia, presidente da Câmara dos Deputados naquela legislatura, recebeu, de janeiro de 2017 a novembro de 2018 (único período disponível no *Manchetômetro* sobre o deputado), apenas 6,8 matérias desfavoráveis por mês, e 1,1 favorável. A principal valência das matérias sobre o partido de orientação liberal foi "neutra" (19,8 matérias por mês, ou duas a cada três dias).

---

[19] Luigi Pirandello propôs fórmula mais sintética: assim é, se lhe parece.

[20] Ver http://www.manchetometro.com.br/ (acessado em dezembro de 2019). O grupo utiliza a metodologia de valências das notícias desenvolvida por Marcus Figueiredo e equipe no DOXA (http://doxa.iesp.uerj.br/bem-vindo-ao-doxa/) e extensamente empregado na análise da cobertura de campanhas eleitorais há mais de duas décadas.

Gráfico 2
Avaliação das matérias na grande mídia sobre Lula e o PT entre 2015 e 2019

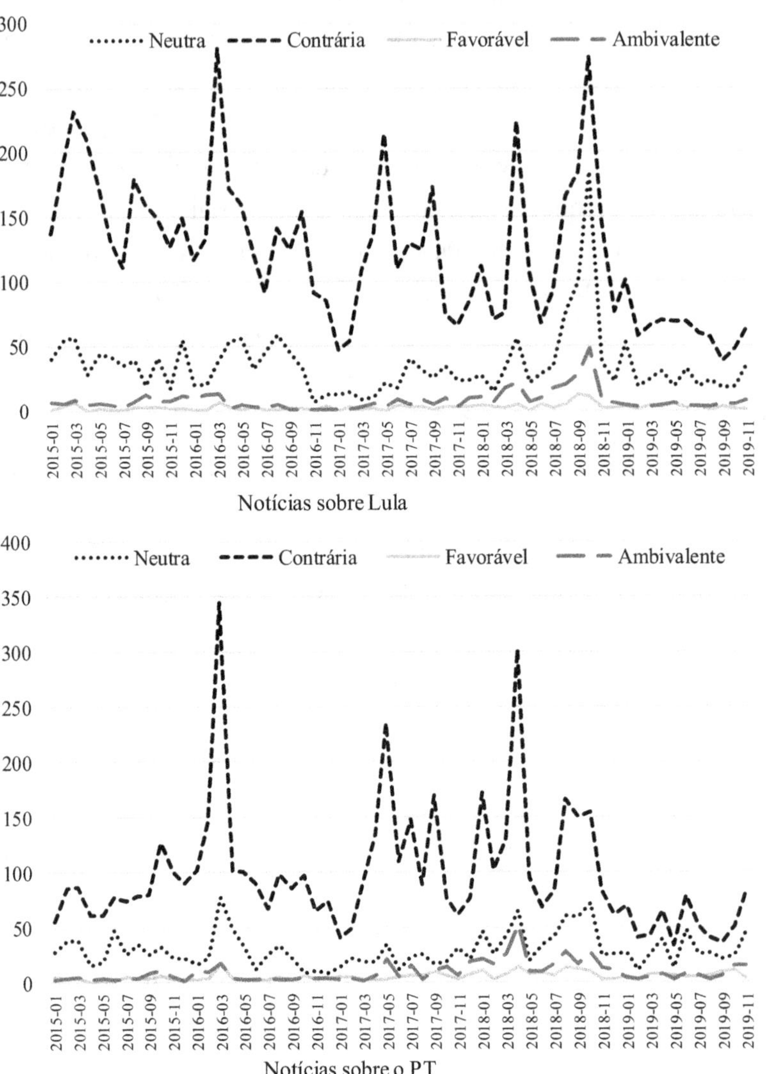

Fonte: *Manchetômetro* (www.manchetometro.com.br).

Além disso, as curvas das notícias desfavoráveis a Lula e ao PT são fortemente simétricas, especialmente a partir de janeiro de 2016. A linha de tendência do gráfico de dispersão das matérias desfavoráveis aos dois alvos da cobertura jornalística entre janeiro de 2016 e novembro de 2019 tem um r^2 de

0.70[21] (Gráfico 3). Isto é, 70% da variância das menções desfavoráveis a Lula estão associados a menções desfavoráveis ao PT nas matérias dos 5 veículos midiáticos cobertos pelo *Manchetômetro*. Isso demonstra que os veículos de imprensa tinham viés sistemático contra Lula e o PT, e foram centrais na delimitação dos conteúdos do antipetismo que se tornaria o elemento definidor das disputas políticas no Brasil, como pretendo argumentar aqui. Veremos que as redes sociais se alimentaram intensamente dos veículos da imprensa empresarial, replicando conteúdos tomados como "de autoridade", porque provenientes de fontes "isentas".

Gráfico 3
Relação entre cobertura midiática desfavorável a Lula e ao PT.
Brasil, jan-2016 a nov-2019

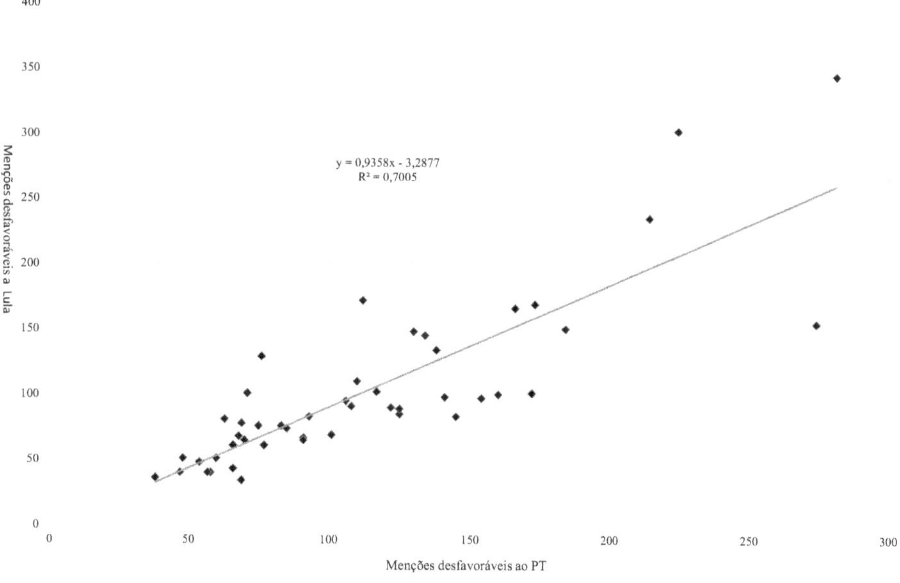

Fonte: Elaborado a partir dos dados do *Manchetômetro* (www.manchetometro.com.br).

Apesar disso, quer dizer, apesar do viés antigovernista e antipetista da grande imprensa, as direitas brasileiras não a estariam julgando assim, e não teriam encontrado espaço para se manifestar na esfera pública midiática, na qual os temas seriam pautados pelas esquerdas (direitos humanos, direitos sociais, democracia participativa, promoção de minorias, redistribuição de renda, feminismo e "ideologia de gênero" etc.). Por isso, argumenta Camila Rocha (2019), se teriam refugiado na internet, construindo nas redes virtuais de socia-

---

[21] É possível baixar os metadados das pesquisas do Manchetômetro, e as estatísticas que apresento foram elaboradas para este estudo.

bilidade o que ela denomina, ancorada em literatura apropriada, de "contrapúblicos". Estes teriam "uma consciência a respeito de seu *status* subordinado frente a um horizonte cultural dominante" (Rocha, 2019, p. 6), mesmo não sendo necessariamente subalternos socialmente. Na reconstrução da autora,

> [a] formação de um contrapúblico ultraliberal no Brasil está relacionada à presença precoce de jovens universitários e profissionais liberais, sobretudo das classes média e alta, em fóruns e redes sociais digitais em que se discutia o liberalismo econômico (idem, p. 8).

Esses jovens encontraram no Orkut — rede social fundada em 2004 e que chegou a ter 75% de brasileiros entre seus usuários — a ferramenta para a construção de identidades, troca de experiências, debates e aprendizado e, principalmente, identificação de "comunidades" como a "Olavo de Carvalho", a "Liberalismo", a "Liberalismo (verdadeiro)", esta última criada por Hélio Beltrão e que seria a matriz da fundação do Instituto Mises Brasil (IMB), que Rocha qualifica como "primeiro *think tank* ultraliberal do país" (idem, p. 12). Isso porque, ainda que o Instituto Liberal e o Instituto de Estudos Empresariais tenham sido criados em meados dos anos 1980, como vimos mais acima, eles eram, quando muito, neoliberais, enquanto os ultraliberais eram *libertarianos*[22], ou contra a presença do Estado mesmo em questões como controle da moeda, existência de bancos centrais, órgãos antitruste etc. (ibid.). Mais ainda, eram libertarianos também nos costumes, sendo defensores dos direitos humanos e favoráveis à liberação de aborto, porte de armas, casamento homoafetivo, além da legalização da maconha (idem, p. 13).

O estudo de Camila Rocha mostra como esses grupos dispersos encontraram na rede de *think tanks* liberais descrita antes (e outros mencionados por ela) o apoio e os recursos financeiros para prosperar e atingir públicos mais extensos, principalmente depois do surgimento do Facebook e do Twitter. Mais importante, do ponto de vista do argumento, os cursos, seminários, debates e militância proporcionados pelos *think tanks* contribuíram para reforçar os sentimentos de pertença e acolhimento que os jovens não encontravam nas universidades, vistas como ambientes hostis dominados pelas esquerdas[23]. E as mobilizações de junho de 2013 abriram a janela de oportunidade para que a militância mais radicalizada não apenas ganhasse as ruas, como lograsse convocar

---

[22] No Brasil, argumenta Rocha (2019), a tradução literal de *libertarians* (libertários) remete ao anarquismo e por isso "não pegou" entre os ultraliberais.

[23] Essa percepção era compartilhada pela intelectualidade de direita. Ver Coutinho, Pondé e Rosenfield (2012).

milhares de adeptos. O processo de ampliação de seus públicos continuaria e se aprofundaria em 2014, durante a campanha eleitoral.

A ideia de "contrapúblicos" contorna (e evita) a clássica discussão sobre hegemonia, mas a denota. Dizer que a esfera pública (e o "horizonte cultural") estava dominada por forças de esquerda é dizer que estas haviam construído uma hegemonia em sentido gramsciano, isto é, direção ideológica e cultural como lastro de sua dominação política (Gramsci, 2007). E Rocha parece ciente disso ao escrever que "[à] época [2013], o lulismo parecia ser um projeto político triunfante" (Rocha, 2019, p. 20). O termo "parecia" é central aqui, obviamente, pois 2013 mostrou que já não era o caso. E junho de 2013 pode indubitavelmente ser lido na chave da crise de hegemonia, isto é, a combinação de "crise de autoridade" da classe dirigente com a súbita passagem de "amplas massas" da passividade política a "certa atividade", apresentando "reivindicações que, em seu conjunto desorganizado, constituem uma revolução" (Gramsci, 2017, p. 60).

A pesquisa de Rocha limita-se à emergência dos ultraliberais, e seu "libertarianismo" no âmbito dos costumes dificulta sua classificação ao lado das direitas que alimentaram o bolsonarismo (embora eles tenham tido papel importante nas mobilizações de junho de 2013 e, mais ainda, nas que puseram o impeachment da presidenta Dilma Rousseff na pauta das massas nas ruas). O grupo que se autodenomina "LIVRES", por exemplo, constituído em 2016 como parte do PSL (Partido Social Liberal) e tendo em sua genealogia os militantes ultraliberais analisados por Rocha (2019), deixou o partido em 2018 quando Bolsonaro se filiou para se candidatar à presidência, tornando-se um grupo apartidário que apoiou e lançou candidatos por vários partidos nas eleições daquele ano[24]. Em entrevista ao jornal *O Estado de Minas*, o líder do grupo Paulo Gontijo afirmou que a agenda dos direitos humanos, combatida por Bolsonaro, "é historicamente liberal", e que não acreditava no verniz liberal do capitão, sob o qual ele via "o bom e velho intervencionismo estatista dos anos 70"[25].

---

[24] Ver https://www.eusoulivres.org/ideias/uma-carta-aos-nossos-associados/ (acessado em dezembro de 2019). Os candidatos do grupo tiveram 2.5 milhões de votos na eleição de 2018, elegendo um senador, dois deputados federais e quatro estaduais, a maioria pelo Partido Novo.

[25] Ver https://www.em.com.br/app/noticia/politica/2018/01/22/interna_politica,932683/lider-do-livres-critica-bolsonaro-e-diz-que-direitos-humanos-e-uma-age.shtml (acessado em dezembro de 2019).

Essa direita ultraliberal, embora radical em suas posições anti-igualitaristas e antiestatistas, não era autoritária, ou melhor, não fazia apologia de governos autoritários. Contudo, seu compromisso com a democracia não era claro. O LIVRES exigia que seus líderes e associados estivessem de acordo com 17 compromissos doutrinários, e nenhum deles mencionava a democracia. Ainda hoje o grupo exalta a liberdade de opinião e de escolha de estilos de vida, louva a propriedade privada, o Estado mínimo, a austeridade fiscal, a "cooperação de mercado" como "forma de organizar uma economia próspera" etc. Mas a única menção a procedimentos democráticos aparece no 15º "compromisso": "O voto e o serviço militar devem ser voluntários e não coercitivos"[26]. Causa estranheza que o direito de voto apareça na mesma frase do serviço militar, como se ambos, se obrigatórios, violassem *da mesma maneira* as liberdades individuais de escolha.

Do mesmo modo, na página do Instituto Liberal (IL), em seus dez princípios estão o individualismo, o ceticismo em relação à intervenção estatal, a primazia da liberdade, a "cooperação social" (em substituição ao Estado de bem-estar social) e outros, e também "o império da lei". Mas em lugar do constitucionalismo moderno denotado pela ideia de *rule of law* (Hardin, 1999), o IL se refere unicamente à "igualdade perante a lei", significando que os liberais "devem se opor a leis que tratem indivíduos de forma diferente"[27]. O "império da lei", na verdade, denota oposição a políticas sociais de promoção e proteção de minorias e ações afirmativas de qualquer tipo, como cotas raciais ou de gênero, por exemplo, e não o *rule of law*.

A marginalidade ou mesmo ausência da democracia (e por vezes a presença de declarado autoritarismo) no ideário de parte substancial das direitas que voltaram a dar as caras no país foi sugerida pelo estudo de Débora Messemberg (2017). O estudo protende analisar tanto a "cosmovisão" dos formadores de opinião dos manifestantes antigovernistas de 2015 e 2016 quanto o modo como aquela cosmovisão penetrou o ideário das massas nas ruas, mas o texto se limita a construir o ideário, expresso nas redes sociais, das principais lideranças dos protestos pelo impeachment de Dilma Rousseff. A prometida análise de grupos focais de manifestantes não está no texto.

---

[26] Ver https://www.eusoulivres.org/compromissos (acessado em dezembro de 2019).

[27] Ver https://www.institutoliberal.org.br/recente/10-principios-liberalismo-classico-primeira-parte/ (acessado em dezembro de 2019).

De qualquer modo, Messemberg levantou quase 19 mil publicações entre 2015 e 2016 nas páginas do Facebook e sites dos movimentos sociais *Movimento Brasil Livre*, *Vem pra Rua* e *Revoltados On Line*; de lideranças desses movimentos (Kim Kataguiri e Fernando Holiday do MBL, Rogério Chequer do Vem pra Rua, e Marcello Reis e Beatriz Kicis do ROL); dos jornalistas Olavo de Carvalho, Reinaldo Azevedo, Raquel Sheherazade, Felipe Moura Brasil e Rodrigo Constantino; e dos deputados Jair Bolsonaro e Marco Feliciano. Com o alerta importante (remetendo ao estudo de Pierucci analisado mais acima) de que o "universo mental" da direita que foi às ruas naqueles dois anos não era de modo algum homogêneo e não tinha "contornos claros, nem fronteiras e limites bem definidos" (Messemberg, 2017, p. 633), a pesquisa identificou, na militância de direita nas redes sociais, três "campos semânticos" nos quais se articularam algumas "ideias-força". Os campos são o "antipetismo", o "conservadorismo moral" e os "princípios neoliberais".

O antipetismo pode ser resumido numa frase: "O Partido dos trabalhadores (PT) é, na visão desses atores sociais, o grande responsável por todas as mazelas que atingem o país" (idem, p. 634). As ideias-força desse campo eram o impeachment (Fora Dilma, Fora PT, Fora Lula), a corrupção, a crise econômica e o "bolivarianismo". No campo do conservadorismo moral as ideias-força incluíam valores familiares tradicionais (oposição à "ideologia de gênero", à educação sexual, ao feminismo, ao homossexualismo etc.), o resgate da fé cristã, o combate à criminalidade e a crítica ao aumento da violência, a oposição às cotas raciais, além do patriotismo e do anticomunismo (que, acrescento eu, era conceitualmente equivalente ao antipetismo, como mostrou Kaysel, 2018). E no campo semântico do neoliberalismo estavam ideias como estado mínimo, privatizações, livre iniciativa (empreendedorismo), meritocracia e oposição às políticas sociais de promoção dos mais pobres.

O trabalho tem o mérito de identificar e documentar a diversidade interna à "cosmovisão" da direita brasileira e em detalhar seus conteúdos. Mas apesar do alerta sobre fronteiras fluidas e sobreposição de temas, e sobre o caráter heterogêneo do ideário trazido às redes sociais, Messemberg não identifica clivagens *entre os movimentos, grupos e pessoas* que procuraram influenciar as massas nas ruas. Por exemplo, em 2015-2016 o então deputado federal Jair Bolsonaro era certamente antipetista e moralmente conservador, mas não era neoliberal. Seu nacionalismo estatista e seu apreço pela ditadura militar afastaram dele os ultraliberais analisados por Camila Rocha. Do mesmo modo, os ultraliberais Kim Kataguiri e Rodrigo Constantino não compartilhavam do autoritarismo bolsonarista e dos radicais valores familiares e cristãos contrários às liberdades de pensamento e comportamento da extrema-direita evangélica. Logo, o diagnóstico da "fluidez" das fronteiras entre as ideias-força é sobretudo reflexo do insuficiente dispêndio de energias na busca de clivagens efetivamente presentes no campo das direitas, expresso, dentre outras coisas, no emprego, pela autora, de "direita" no singular[28].

As metodologias de análise das interações nas redes sociais agregam informação preciosa ao esforço não apenas de identificar e classificar o ideário das direitas, mas também de mapear suas clivagens internas. Aproprio-me, aqui, atribuindo-lhe sentidos diversos dos originais, do trabalho do Laboratório de Estudos de Imagem e Cibercultura (Labic), coordenado por Fábio Malini na Universidade Federal do Espírito Santo. Em 2015, em resposta a demanda da já mencionada revista virtual *Agenda Pública*, que produziu outra extensa matéria sobre as direitas brasileiras no mesmo mês de junho de 2015[29], Malini elaborou um grafo das interações de 411 páginas de organizações e pessoas das direitas na primeira semana daquele mês, páginas que ele estudava há um ano. O grafo é dinâmico e permite a identificação de três tipos de interação: mútua (mensagens enviadas por ego e comentadas ou respondidas por outros; ou enviadas por estes e comentadas ou respondidas por ego), de saída (*outgoing*) ou mensagens e comentários originadas em ego e não respondidos, e entrantes (*incoming*), interações vindas de outros internautas e não respondidas por ego. O leitor interessado pode interagir com o grafo em http://apps.apublica.org/network/# (acessado em março de 2019). Reproduzo aqui o grafo geral e algumas imagens estáticas de subgrafos selecionados, para ilustrar as fronteiras nem tão fluidas assim entre alguns grupos e pessoas das direitas brasileiras.

A primeira imagem é do grafo completo. Fábio Malini identificou com cores alguns clusters temáticos ou de afinidades políticas (que ele denomina "perspectivas relacionais"[30]), que saliento por meio de círculos e ovais numerados para facilitar a leitura em preto e branco. No canto superior esquerdo (cír-

---

[28] O título do artigo é "A direita que saiu do armário". É curioso que a promessa de análise de grupos focais de militantes direitistas, que poderia trazer elementos para uma construção mais matizada, não tenha sido cumprida no artigo, e que isso tenha passado despercebido pelos pareceristas da revista que acolheu o texto.

[29] Ver https://apublica.org/2015/06/a-direita-abraca-a-rede/ (acessado em dezembro de 2019).

[30] Ver Malini (2016) para a abordagem "perspectivista".

culo No. 1) está o MBL nacional e seus muitos satélites estaduais e mesmo municipais, além de perfis de pessoas como o líder do MBL Fernando Holiday e o deputado federal ultraliberal do Partido Novo Marcel van Hatten. Na forma oval No. 2 encontram-se as páginas mais populares, muitas delas ligadas a pessoas expoentes da mídia tradicional (como Raquel Sheherazade, muito ativa naquela conjuntura) e páginas de mídias alternativas de direita (*Folha Política, TV Revolta, Gazeta Social*), além de *Revoltados On Line* (ROL), *Movimento Contra a Corrupção* (MCC), *Anonymous Brasil* e outros.

De acordo com Malini, "o tema principal dessa perspectiva relacional é uma cruzada antipetista, mas é um agrupamento irradiador e acompanhador de notícias"[31]. Na forma oval No. 3 está o então deputado Jair Bolsonaro, além de Marco Feliciano e do então senador Magno Malta (ambos pastores evangélicos), algumas páginas de humor pró-Bolsonaro (como a *Bolsonaro Zuero 3.0*), a página da família Bolsonaro, dentre outras, configurando um campo propriamente bolsonarista, já bem delineado em junho de 2015.

A forma oval No. 4 engloba perspectiva relacional bastante homogênea. As páginas em geral se intitulam de direita ou conservadoras (*Direitas Já, A Direita Vive, Brasil Conservador, Rua Direita, Direita Agora, O Reacionário*...), e têm forte interação entre si e intensa militância na rede, já que predominam mensagens *outgoing*[32]. Nacionalismo e anticomunismo são temas predominantes. Já o círculo No. 5 apresenta um pequeno grupo de extrema-direita golpista, composto por apologistas da ditadura de 1964 e defensores do golpe militar contra Dilma.

---

[31] Todas as citações de Fábio Malini serão extraídas de sua entrevista à revista *Agência Pública*, disponível em https://apublica.org/2015/06/a-direita-abraca-a-rede/ (acessado em dezembro de 2019). Como é uma revista on line, não há paginação.

[32] É provável que algumas dessas páginas sejam *bots*, ou perfis falsos robóticos destinados a disseminar conteúdos na rede, já que 100% de sua interação é *outgoing*.

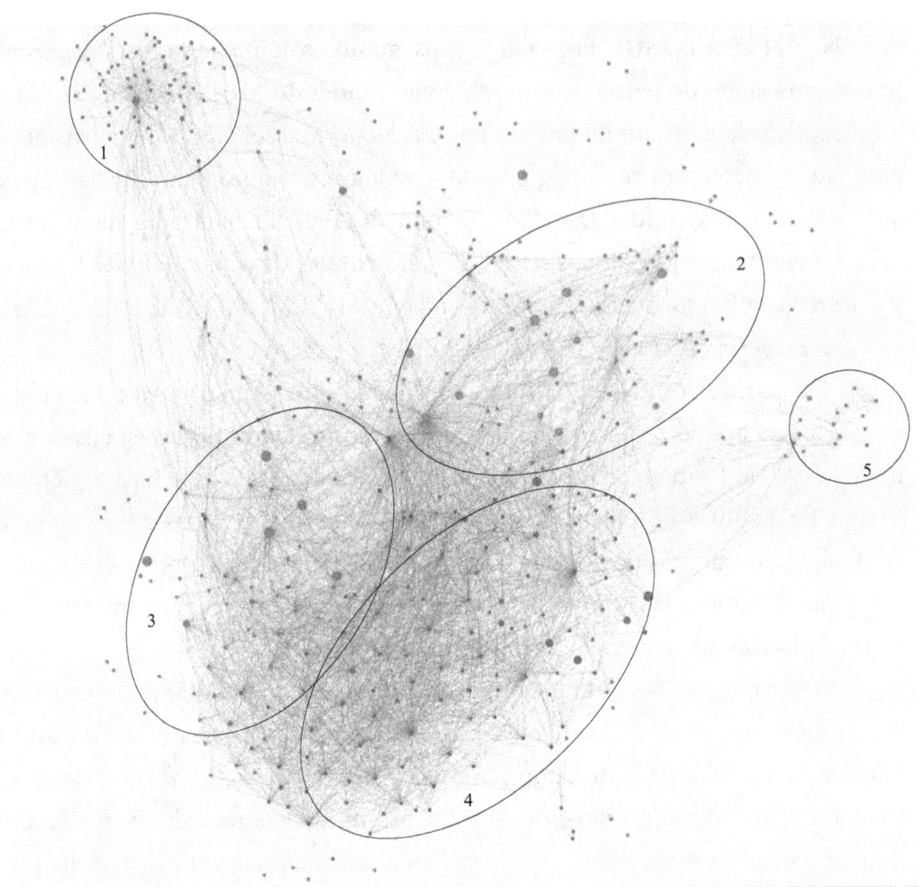

Fonte: Labic/UFES (em http://apps.apublica.org/network/# acessado em dezembro de 2019)

Mas o mais interessante é mapear as interações de páginas chave das direitas que vimos discutindo até aqui, para mostrar que é possível demarcar algumas fronteiras. Iniciemos pela página do MBL nacional. A pesquisa contou 91 interações do grupo no Facebook na primeira semana de junho de 2015, das quais 23 eram mútuas (intercâmbio de mensagens) e 68 eram de mão única (33 de entrada, ou *incoming*, e 35 de saída, ou *outgoing*). Chama a atenção o fato de que apenas duas das interações mútuas não foram entre páginas do próprio MBL, em vários estados do país. Entre as *outgoing*, apenas 3 não tiveram por alvo o próprio MBL. O grupo, pois, apresentou perfil bastante fechado naquele início de junho. Principal liderança das mobilizações pelo impeachment da presidenta Dilma de março e abril daquele ano, é provável que estivesse em processo de organização para os próximos passos (em agosto haveria outra grande manifestação nacional, como veremos no capítulo seguinte). E as principais interações de entrada ocorreram com grupos e pessoas de extrema-direita (*Direita Política, Direita Realista, Cariocas Direitos, FORA DILMA, Mineiros*

Direitos, *Mulheres contra o feminismo*, Raquel Sheherazade, *Comando de Caça aos Corruptos* e outros).

Fonte: Labic/UFES (em http://apps.apublica.org/network/# acessado em dezembro de 2019)

Algo semelhante ocorreu com o *Movimento Contra a Corrupção*, grupo bolsonarista. Menos ativo do que o MBL (foram 41 interações na semana), a imensa maioria das trocas mútuas e unidirecionais de saída ocorreram entre sucursais do próprio MCC no país. E o movimento mais recebe do que envia inputs, sendo que a maioria das interações ocorreu com páginas do grupo 4 da direita nacionalista, tal como no caso do MBL, *mas não os mesmos grupos*. Mais ainda, os dois grupos *não interagiram nenhuma vez no período*. E o fato de que a página do MCC recebeu mais do que enviou *inputs* indica que ela era sobretudo uma fonte de informação, algo expresso também pela presença importante de ligações com veículos da imprensa alternativa de direita.

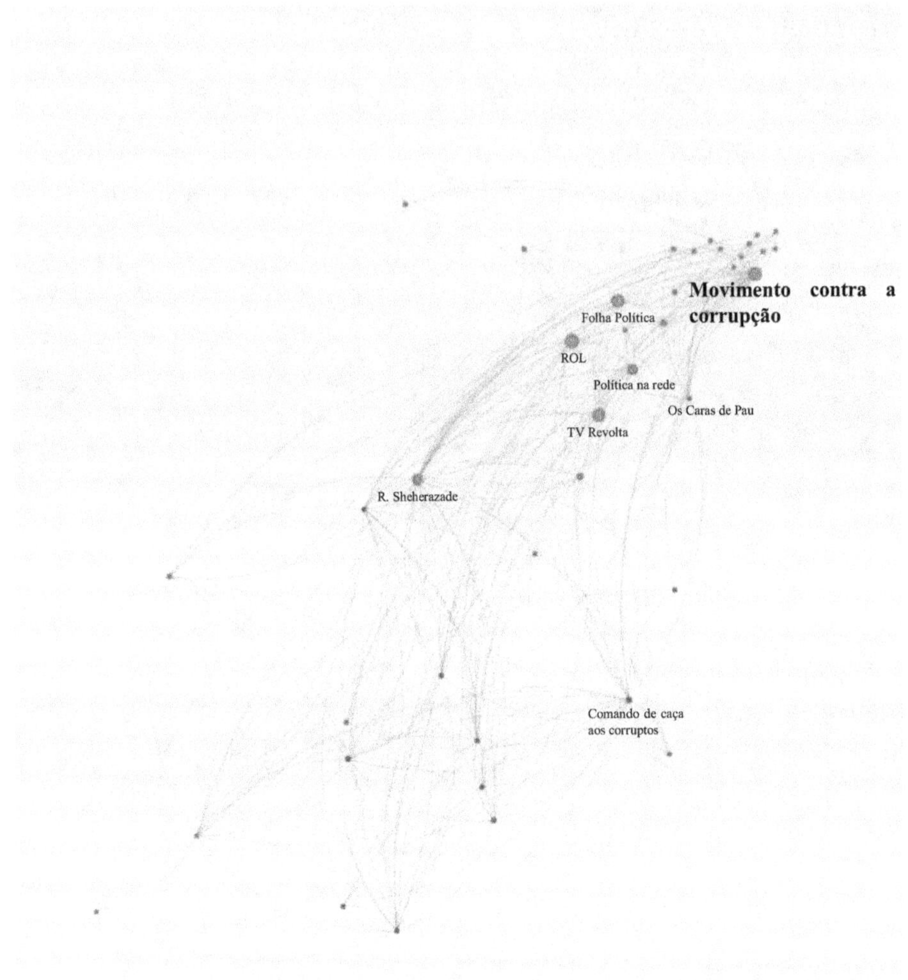

Fonte: Labic/UFES (em http://apps.apublica.org/network/# acessado em dezembro de 2019)

Já o perfil interacional de Raquel Sheherazade é muito distinto. Primeiro, porque ela "conversava" com quase toda a rede. Seu perfil interagiu com 233 das 411 páginas das direitas naquela semana, e contrariamente aos casos do MCC e do *Movimento Brasil Livre*, foi um perfil *militante*, com 80% de sua interação do tipo *outgoing*. Sheherazade comentava matérias e eventos do dia, emitia opiniões, postava filmes, fotos, alimentando a rede com conteúdos que eram repassados adiante por seus seguidores e correspondentes etc. Isso a tornou a mais popular de todas as páginas monitoradas pelo Labic em junho de 2015.

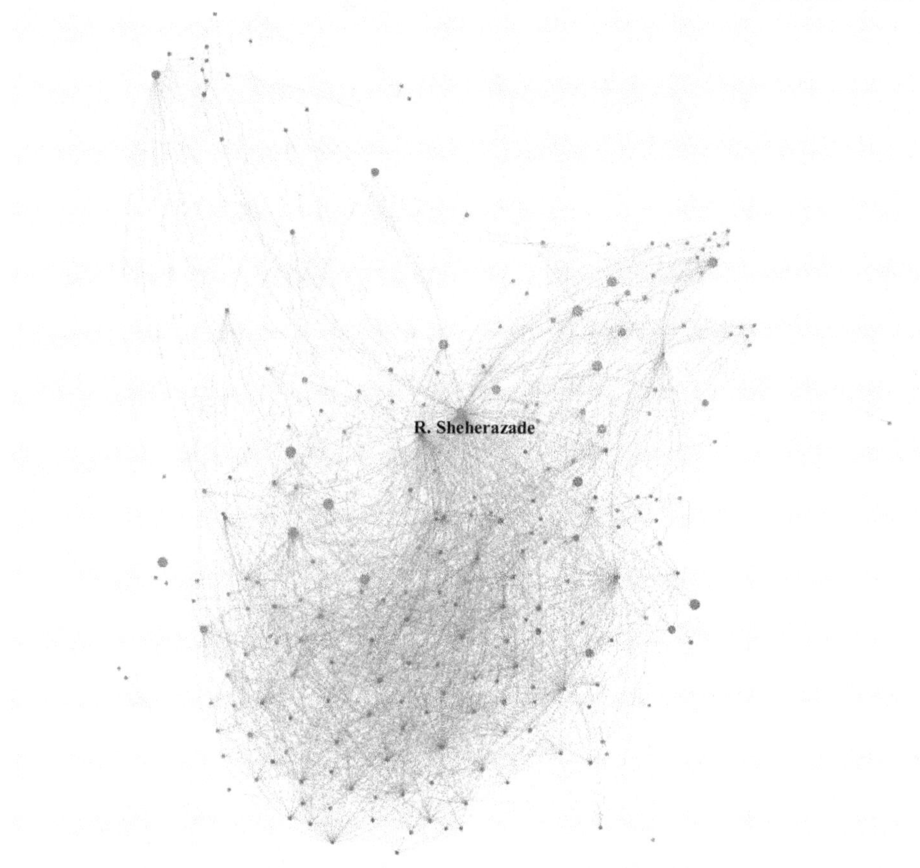

Fonte: Labic/UFES (em http://apps.apublica.org/network/# acessado em dezembro de 2019)

Por fim, a página de Olavo de Carvalho apresentava desenho interacional ainda mais distinto, porque muito mais restrito e quase exclusivamente composto de interações *incoming* (55 em 58 interações), que é típico de veículos de imprensa e perfis de consulta e referência na internet, o que faz dele *um influenciador*. Seu trânsito no Facebook restringiu-se ao intenso intercâmbio com a extrema-direita nacionalista e militar (incluindo proponentes de intervenção), o bolsonarismo (incluindo o *Revoltados On Line* e os filhos de Bolsonaro), os deputados federais Paulo Eduardo Martins e Marcel van Hatten e, obviamente, Raquel Sheherazade.

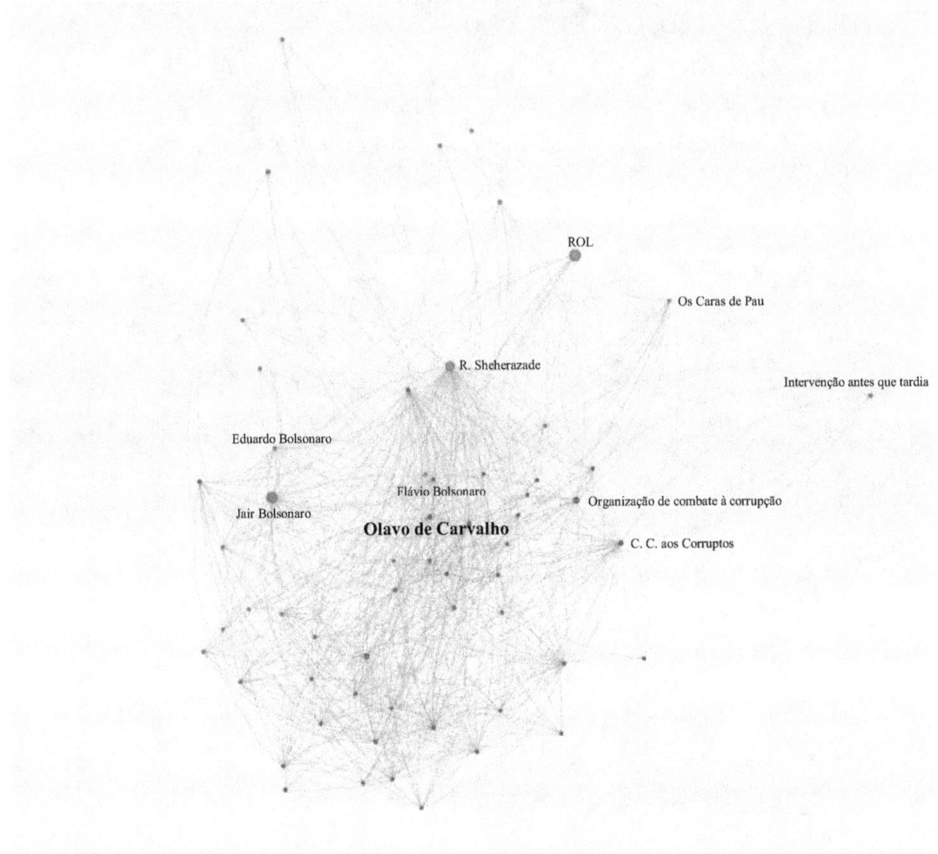

Fonte: Labic/UFES (em http://apps.apublica.org/network/#, acessado em dezembro de 2019)

Isso demonstra que de fato as direitas estavam relacionadas entre si, interagiam, trocavam informações, interpretações e visões de mundo no Facebook. Mas os "nós" das redes de interação não tinham o mesmo peso, nem a mesma influência. Alguns segmentos das direitas não se comunicavam com outros, havendo, pois, clivagens até ali vividas como insuperáveis. Nesses termos, não é suficiente levantar os conteúdos do ideário das direitas. É preciso vê-los em ação nas redes sociais e também nas ruas[33].

A lacuna é em parte preenchida pelo trabalho que Esther Solano e Pablo Ortellado realizaram na grande manifestação de 12 de abril de 2015, a segunda pelo impeachment de Dilma Rousseff liderada por MBL, *Vem Pra Rua* e *Revoltados On Line*. O estudo é restrito à cidade de São Paulo, portanto não pode

---

[33] Ver ainda o estudo de Penteado e Lerner (2018), sobre as interações entre as direitas na internet durante o impeachment de Dilma Rousseff. Cobrindo universo bem maior de perfis do Facebook, os autores chegam a padrões interacionais muito semelhantes aos encontrados pelo Labic em junho de 2015.

ser generalizado para o país. Mas oferece indicação inconteste da permeabilidade das classes médias conservadoras e de parcelas das classes populares aos conteúdos da "cosmovisão" da extrema-direita mapeada por Débora Messemberg.

A pesquisa ouviu 571 manifestantes na Avenida Paulista naquele dia. Em consonância com a pesquisa do Datafolha sobre a mesma manifestação, 80% dos presentes tinham escolaridade igual ou maior do que o superior incompleto (70% tinham superior completo). Eram, não há dúvida, como mostrei no Prólogo, majoritariamente das classes médias e altas, ainda que 20% estivessem nas classes mais baixas. E atualizaram, de maneira surpreendente tendo em vista seu elevado grau de escolaridade, a máxima de Thomas e Thomas (1928) sobre as consequências sociais da percepção (no caso, muito distorcida) da realidade. Solano e Ortellado (repita-se, em amostra com perfil social equivalente ao do Datafolha no mesmo dia, uma conferindo validade à outra) encontraram o estranho cenário descrito no Gráfico 4.

Nada menos do que 43% dos entrevistados acreditavam que o PT tinha trazido 50 mil haitianos para votar em Dilma na eleição de 2014. O boato circulou nas redes sociais junto com outros sobre fraudes nas urnas eletrônicas[34], mas não tinha, obviamente, relação com os fatos, já que estrangeiros não podem votar no Brasil[35]. O boato de que o Primeiro Comando da Capital (PCC), organização criminosa paulista, era o braço armado do PT tinha concordância de 53% dos manifestantes. A fonte do boato foi, provavelmente, o perfil "Mídia Inversa" do Facebook, de uma cidade do interior do Rio Grande do Sul, vindo a lume em 11 de outubro de 2013[36]. Indo adiante, boato que circulava há alguns anos, mas que ganhou velocidade durante as manifestações, foi o de que Fabio Luís Lula da Silva, o Lulinha, filho de Lula, era dono ou acionista da Friboi. A empresa lançou uma campanha em 2015 para tentar desfazer o rumor, que era responsável por 70% das manifestações negativas sobre a marca na

---

[34] Ver http://www.e-farsas.com/20-boatos-que-circularam-durante-eleicoes-de-2014.html (acessado em dezembro de 2019). Os dois boatos citados são o 16º e o 20º da lista do "e-farsas". O candidato derrotado Aécio Neves entrou com recurso no TSE pedindo a recontagem dos votos, acreditando na adulteração das urnas.

[35] Diz a Constituição Federal, Artigo 14, §2º: "Não podem alistar-se como eleitores os estrangeiros".

[36] Ver https://pt-br.facebook.com/midiainversa/posts/571794172880134/ (acessado em dezembro de 2019).

internet[37]. Pois 71% dos manifestantes da Paulista acreditavam nisso. E 64% acreditavam que o PT queria implantar o regime comunista no Brasil, enquanto 55% achavam que o Foro de São Paulo queria instaurar uma ditadura bolivariana no país. Isso equivale a 72% dos que tinham opinião, já que 22% não sabiam dizer (provavelmente por não conhecerem o Foro de São Paulo)[38].

Ademais, os manifestantes se mostraram contrários a duas das mais importantes políticas sociais do governo: as cotas raciais, que para 71% gerariam racismo; e o bolsa família, que para 60% "só financiava preguiço". E 85% concordavam com a afirmação de que "Os desvios da Petrobras são o maior escândalo de corrupção da história do Brasil".

Aqui, interessa-me marcar que manifestantes cuja idade média era de 44 anos (55% deles tinham 40 anos ou mais), a imensa maioria com ensino superior completo, 77% brancos, 50% com renda de mais de 10 salários mínimos, sendo, portanto, um grupo com maioria pertencente às classes médias e altas com educação superior, apresentava disposição para acreditar em boatos que, para dizer o mínimo, não tinham pé nem cabeça.

Essa disposição cognitiva para aceitar, acreditar e propagar notícias falsas sobre o oponente foi elemento crucial do processo de radicalização e polarização que marcou a política brasileira depois de 2013, algo que mostrou a cara nas jornadas de junho daquele ano e se intensificou na conjuntura posterior. Os boatos eram elemento constitutivo do processo de *demonização*, pelas direitas, do polo que combatiam: o petismo corrupto e depravado com suas ideologias de gênero e antifamilistas; o bolivarianismo; o comunismo totalitário. A disposição para crer em boatos é característica basilar do pensamento das direitas, infenso à escolaridade das pessoas (Pierucci, 1987). O boato que tem por objeto o outro que se quer destruir simplifica a disputa ao reduzir os significados e conteúdos associados ao *inimigo* a um conjunto estereotipado de crenças que não precisam ter relação com os fatos, bastando estar de acordo com a percepção de que o outro, o inimigo, é a personificação do mal. E as

---

[37] Ver https://www.beefpoint.com.br/jbs-contrata-empresa-para-acabar-com-boatos-que-a-vinculam-a-filho-de-lula/ (acessado em dezembro de 2019).

[38] O Foro de São Paulo foi criado em 1990, por iniciativa do Partido dos Trabalhadores, que convidou partidos, sindicatos, movimentos sociais e outros coletivos de esquerda e centro-esquerda da América Latina para propor alternativas ao neoliberalismo emergente no continente. O primeiro encontro, em São Paulo, contou com 48 partidos e organizações de 14 países latino-americanos, e o mais recente (enquanto escrevo) ocorreu na Venezuela em julho de 2019. Foi a XXV edição do Foro.

redes sociais virtuais alimentam e reproduzem essa disposição, pelo modo de operação de seus algoritmos de interação, tema ao qual voltarei.

Gráfico 4
Opinião sobre boatos e notícias que circularam durante a manifestação de 12 de abril de 2015 na Avenida Paulista

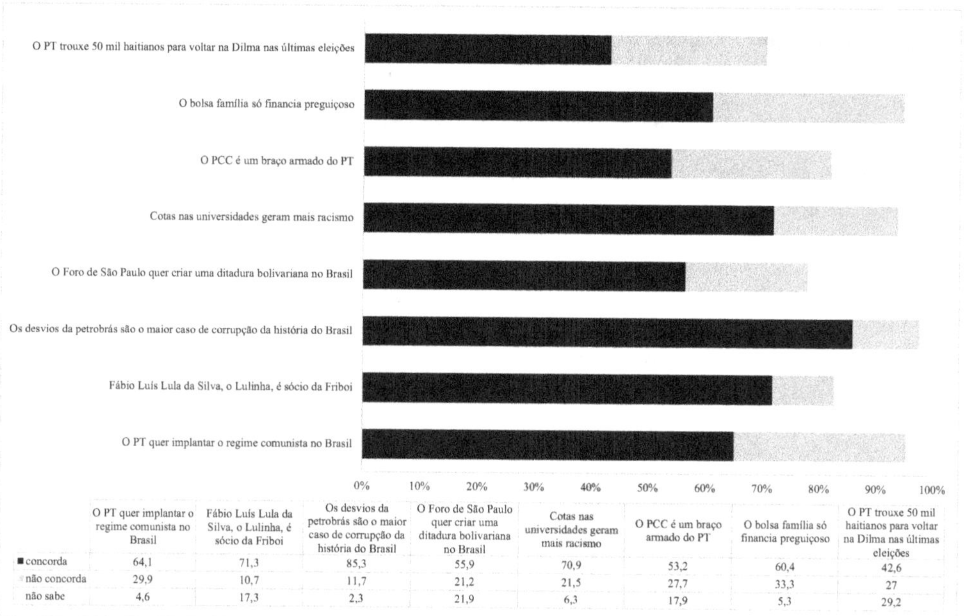

	O PT quer implantar o regime comunista no Brasil	Fábio Luís Lula da Silva, o Lulinha, é sócio da Friboi	Os desvios da petrobrás são o maior caso de corrupção da história do Brasil	O Foro de São Paulo quer criar uma ditadura bolivariana no Brasil	Cotas nas universidades geram mais racismo	O PCC é um braço armado do PT	O bolsa família só financia preguiçoso	O PT trouxe 50 mil haitianos para voltar na Dilma nas últimas eleições
concorda	64,1	71,3	85,3	55,9	70,9	53,2	60,4	42,6
não concorda	29,9	10,7	11,7	21,2	21,5	27,7	33,3	27
não sabe	4,6	17,3	2,3	21,9	6,3	17,9	5,3	29,2

Fonte: Pesquisa realizada por Esther Solano e Pablo Ortellado, disponível em https://rawgit.com/pesquisaR/resultados/master/pesquisa1.html

Outro trabalho que também ajuda a preencher a lacuna do importante estudo de Débora Messemberg é Ribeiro (2018). O texto analisa as interações entre cerca de quatrocentas páginas do Facebook que tratavam de política em março de 2016 (portanto, em meio às grandes mobilizações de rua que desaguariam no golpe parlamentar contra Dilma Rousseff, sem necessariamente serem petistas ou mesmo simpatizantes do PT), e encontra dois polos bem marcados, que ele define, adequadamente, como antipetista e anti-antipetista (porque incluía pessoas de outros partidos além do PT, e de movimentos sociais, centrais sindicais etc., naquele momento defendendo o mandato em risco da petista Dilma Rousseff). Ao analisar internamente o polo antipetista ele identifica quatro clusters de interação. Um policial, com páginas como *Amigos da Rota, Coronel Telhada, Eu nasci pra ser polícia* e outros. Um grupo que ele chama de "patriota" (*Mobilização patriota, Em defesa do Brasil, Pátria amada Brasil* etc.). No grupo denominado "liberal-conservador" estão as páginas de

Mises Brasil, NOVO 30 (do Partido Novo), *Jovens de direita, Instituto Liberal* e outros. O cluster central do grafo da página 88 é ocupado pelo MBL, por Eduardo Bolsonaro e o pai Jair. Márcio Ribeiro informa que essas páginas são as mais populares, servindo de porta de entrada para novos membros. Ou seja, como nas outras interações analisadas aqui, Jair Bolsonaro estava consolidado já em 2015 como referência inconteste no universo das direitas.

Analisando o conteúdo das postagens nesses clusters, o autor constrói a "visão de mundo" de um tipo que ele denomina "conservador saliente". A citação é longa, mas necessária, pois descreve de forma precisa o pensamento de uma parte expressiva das direitas brasileiras, base de apoio de Jair Bolsonaro e sua família, *que estavam no centro* das interações das direitas na rede naquele momento.

> Para o conservador saliente, qualquer indivíduo tachado de *vagabundo*, incluindo o menor de idade, perde todos os seus direitos no momento em que opta pela vida do crime. Ele deve ser encarcerado ou mesmo morto. Aqueles que protegem o "cidadão de bem", portanto, são vistos como os heróis dessa sociedade. Citando uma frase muito compartilhada de Jair Bolsonaro, um dos ícones desse campo, é preferível "um presídio lotado de vagabundos do que um cemitério cheio de inocentes" (...). [A]queles que defendem os direitos humanos dos bandidos são os mesmos que propagam uma educação frouxa e promíscua que retira a inocência das crianças e as tornam vulneráveis aos pedófilos. Esses, chamados *esquerdopatas*, são os inimigos; fazem isso para manter a população ignorante e refém de programas sociais que perpetuam políticos corruptos no poder; Lula é o chefe dessa quadrilha, que tem o controle do Judiciário, pois nomeou os membros do STF, e dos movimentos sociais e sindicatos, que servem como braço armado de um governo mais preocupado em mandar dinheiro para países da América Latina e para sustentar vagabundos do que com os trabalhadores (...) [Os sindicatos e movimentos sociais] têm como plano oculto a implantação do comunismo no Brasil; o comunismo é um risco ainda maior do que a corrupção, pois ameaça a liberdade do "cidadão de bem"; foi para combater essa ameaça que o Exército foi forçado a intervir em 1964. (...) Essa visão de mundo é autoevidente para todos, mas a mídia, mentirosa e manipuladora, impede que a população a enxergue; por isso é importante procurar e propagar a verdade nas redes sociais. (Ribeiro, 2018, pp. 89-90).

Uma "visão de mundo", pois, predisposta a acreditar em, e a disseminar boatos, aqui sinônimo de "a verdade" a ser propagada nas redes. Mais do que isso, é uma construção que denota pessoas que se sentem *acuadas*, expostas ao domínio de uma *conspiração* de esquerda, e por isso seu refúgio mais seguro são as redes sociais[39]. Ou as igrejas evangélicas.

A direita evangélica

Um dos "campos semânticos" da cosmovisão das direitas identificado por Débora Messemberg (2017) é o "conservadorismo moral". Ele já aparecera em Pierucci (1987) associado ao catolicismo tradicionalista, mas a principal vertente definidora desse campo hoje é o evangelismo de direita. Os discursos desse campo semântico "envolvem de forma extremada conteúdos de natureza homofóbica, sexista, racista e xenófoba" (Messemberg, 2017, p. 638). Outras ideias-força seriam o "superdimensionamento da criminalidade e da violência no país e a oposição às cotas raciais" (idem, ibidem), e o consequente apoio a medidas extremas, como a eliminação de bandidos pela polícia, a redução da maioridade penal e o armamento da população.

Suspeito que a autora teria matizado esse campo semântico se tivesse incluído em sua amostra mais páginas de lideranças evangélicas. Apenas a do pastor e deputado federal Marco Feliciano foi alvo de análise sistemática, e talvez por isso o conservadorismo moral voltado para a preservação da família se tenha mesclado com o rechaço à violência na chave "bandido bom é bandido morto" de Jair Bolsonaro, expoente desse campo semântico. Essas duas vertentes terminaram por convergir na eleição de 2018, quando 69% dos evangélicos parecem ter votado no candidato do Partido Social Liberal (PSL) no segundo turno (Almeida, 2018). Mas do ponto de vista da fé cristã, a eliminação de bandidos e o encarceramento de adolescentes fere o preceito básico de que as pessoas podem ser salvas em Cristo, desde que se arrependam e se deixem "curar" pela igreja[40]. Logo, talvez seja necessário separar essas ideias força em campos

---

[39] O mesmo grafo de Ribeiro (2018) é analisado um pouco mais detidamente por Solano (2019). Ver também Lerner (2019b), que analisa mais de 900 mil comentários nas principais páginas de figuras proeminentes das direitas no Facebook entre 2012 e 2018.

[40] Prandi e Santos (2017, p. 193) mostram que pouco mais de 35% da bancada evangélica no Congresso Nacional concordavam com a pena de morte, contra 46% dos congressistas católicos. Do mesmo modo, enquanto 74% ou mais da população evangélica eram a favor da redução da maioridade penal, entre os congressistas dessas religiões, boa parte composta de pastores, a proporção era de 38,5% em 2014 (idem, p. 201). Para os autores, isso indicaria que, uma vez no Congresso, os religiosos passam a pensar, em relação a esses dois temas, como políticos, não como religiosos. Suspeito que a religião e suas noções de piedade e cura do mal, e não o etos político, desempenham papel mais importante aqui.

semânticos distintos, deixando mais claras as inclinações associadas ao conservadorismo de cunho religioso.

No Censo Demográfico de 1991, 9% da população brasileira se declararam evangélicos. Apesar de sua diminuta presença demográfica, sua participação política já chamava a atenção das ciências sociais, por seu manifesto conservadorismo. Pierucci (1989), por exemplo, analisou a atuação da bancada evangélica na Assembleia Nacional Constituinte de 1987-1988, e confirmou alguns dos achados de seu estudo de 1987, já citado, inclusive a recusa de se reconhecer como sendo de direita. Mas ela se reconhecia e se expressava, com desenvoltura, como *conservadora*, sobretudo nos costumes. Minoria no parlamento e na população, era característico dos evangélicos de então, como hoje, dizer-se representantes da maioria dos brasileiros, cristãos e conservadores como eles. A Constituição deveria expressar a vontade "da maioria do nosso povo", crente em Deus (idem, p. 111). Para Pierucci, a retórica desses representantes

> é religiosa, moralista, bíblica: a Bíblia diz, preceito bíblico, Sodoma e Gomorra... Os símbolos são bíblicos e patriarcais: a família, o sexo, a mulher em seu lugar, o corpo da mulher, o estupro, o feto. Adversários radicais são a esquerda (dita "radical") e a CNBB com sua ética social secularizada (...). A preocupação central é com o sexo, com a moral sexual (Pierucci, 1989, p. 115).

Diante disso, para o autor, não seria exagero sustentar que o "outro" dessa direita cristã seria o feminismo "com sua corte de aliados na pornocracia bem pensante das camadas intelectualizadas" (idem, p. 116). Essa direita seria, sobretudo, antifeminista. Mas Pierucci matiza seu próprio argumento ao mostrar que a militância de direita foi intensa nas subcomissões da Constituinte que discutiram temas como aborto, planejamento familiar, casais não casados etc. (idem, p. 122), além das que trataram do homossexualismo (p. 123), portanto temas relacionados com, mas que iam além do feminismo para incluir a moral familiar e sexual como um todo. E embora o autor não trate do tema, a análise mostra quão impreciso é o termo "bancada evangélica", já que, ainda que a maioria tenha votado de forma convergente em temas como direito de propriedade, reforma agrária, direitos humanos, moral familiar etc., houve dissidências de esquerda e centro esquerda entre eles, mesmo que minoritárias, que impedem que se compreenda os grupos evangélicos como uma bancada homogênea[41].

O voto evangélico atraiu, pioneiramente, a atenção de Mariano e Pierucci (1992), que, depois de constatarem a "enchente evangélica" nos últimos anos (idem, p. 93), em especial seu ramo pentecostal, estudaram o comportamento eleitoral dessa população na eleição de 1989. Já então detectaram o desejo (ou um projeto) dos evangélicos de elegerem um presidente da República, e mostraram seu rechaço à candidatura de Lula baseado em dois eixos centrais: o receio de que o petista inauguraria no país um "comunismo ateu que persegue o Evangelho" (idem, p. 98), e o temor de que promovesse o crescimento da Igreja Católica, em especial sua ala progressista ligada ao PT. Temia-se que a vitória de Lula desse início a uma perseguição religiosa contra os evangélicos, e o bispo Edir Macedo, da Igreja Universal do Reino de Deus (IURD) afirmaria que, "Se Lula ganhar, a Igreja [Católica] vai mandar no país" (idem, p. 104). Os autores reproduzem termos como pânico, risco, perigo, medo, susto e temor presentes nas falas dos pastores entrevistados, ao lado de sentimentos e percepções de perseguição, sofrimento, fogueiras, morte e outros, compondo terreno fértil para a emergência de uma lógica paranoica (idem, ibidem), típica do pensamento e das atitudes das direitas.

O estudo baseou-se principalmente em entrevistas com lideranças de diferentes confissões pentecostais e protestantes tradicionais, mas ao analisar um survey realizado pelo Datafolha durante a campanha para a eleição de 1994, no qual constaram perguntas sobre confissão religiosa dos eleitores, Pierucci e Prandi (1995) mostraram que o temor de um eventual governo petista elevava consistentemente a rejeição a Lula entre os evangélicos de todas as denominações. Além disso, reduziam consistentemente a intenção de voto no candidato do PT, revelando que a visão das lideranças evangélicas era compartilhada por parcelas expressivas dos fiéis.

Mas o conservadorismo evangélico não se expressa imediatamente em votos em candidatos conservadores. Na verdade, a eleição presidencial de 2002 mostrou que, contrariamente ao que argumentam Prandi e Santos (2017), proporção considerável dos eleitores dessas igrejas *segue suas lideranças*, constituindo propriamente um voto *de identidade* (Bohn, 2007). O candidato Anthony Garotinho, que se apresentou como o escolhido dessas religiões, teve prova-

---

[41] Prandi e Santos (2017) também ressaltam essas divisões internas. Estudo mais minucioso sobre as clivagens é Dip (2019).

velmente 51% dos votos evangélicos (ele recebeu 17,87% dos votos totais[42]), enquanto 31% dos votos dessas confissões parecem ter ido para Lula[43]. E seis em cada dez membros da Assembleia de Deus podem ter votado em Garotinho (Bohn, 2004, p. 324). Contudo, com este último fora do segundo turno daquela eleição, e com a declaração de seu apoio a Lula na competição contra José Serra, do PSDB, é provável que 60% dos evangélicos que disseram ter votado no candidato que os representava tenham migrado para Lula. Entre as confissões evangélicas identificadas na pesquisa que estou analisando, a maior proporção de votos em Lula veio da IURD: 76%. Em 2006 chegou-se a impressionantes 90% de votos dos iurdianos em Lula[44]. Isso relativiza, e muito, a afirmação de Prandi e Santos (2017, p. 207), segundo a qual

> [a] propalada "fidelidade eleitoral" dos pentecostais, muitas vezes vendida a peso de ouro por suas lideranças nas barganhas político-partidárias, apesar de ser muito mais influente do que o observado para as demais religiões, atinge apenas uma minoria dentro de seu próprio universo.

Ao contrário dessa percepção, o bispo Edir Macedo, que demonizara Lula nas eleições de 1989 e 1994, agora o acolhia de braços abertos, e mostrava que seus fiéis eram isso mesmo, fiéis a seu comando. E ele voltaria a mostrar enorme capacidade de arregimentação de seus adeptos nas eleições de 2018, agora favorecendo Jair Bolsonaro[45].

O voto majoritário em Lula em 2002 e novamente em 2006 (Bohn, 2007) revelou o pragmatismo político da direita evangélica. Diferentemente das outras facções de direita analisadas até aqui, parte substancial dos evangélicos se associou, em todos os pleitos desde 1989 até 2006, aos candidatos com maior probabilidade de êxito. A estratégia parece ter sido estritamente eleitoral: para maximizar a eleição dos egressos das hostes pentecostais e neopentecostais (e em menor medida protestantes tradicionais, mais avessas à política eleitoral), as

---

[42] Dado em http://www.tse.jus.br/eleicoes/eleicoes-anteriores/eleicoes-2002/candidaturas-votacao-e-resultados/resultado-da-eleicao-2002 (acessado em janeiro de 2020).

[43] A estimativa é do Estudo Eleitoral Brasileiro (ESEB), survey pós-eleitoral que perguntou em quem os/as entrevistados/as tinham votado na eleição de 2002 (Bohn, 2004). Sabe-se que, nesse tipo de survey retrospectivo, as respostas são contaminadas pelo resultado eleitoral, tendendo a aumentar a votação efetivamente recebida pelo candidato vencedor, no caso Lula. É provável, pois, que Garotinho tenha recebido votação ainda mais elevada dos evangélicos.

[44] Tabulei o banco original da ESEB-2006 para este estudo. A pesquisa é fruto de associação entre o CESOP e o IPSOS OPINION, e tem número 02489 no acervo do CESOP-UNICAMP.

[45] Volto ao tema no Capítulo V.

igrejas procuraram se associar a candidatos majoritários aos governos dos municípios, dos estados e ao governo federal com maior chance de se eleger, independentemente de sua ideologia. Movimento menos ou mais coordenado para garantir representação relevante nos parlamentos dos diversos níveis de governo, para levar adiante as pautas conservadoras cristãs no ordenamento jurídico do país. Dip (2018), por exemplo, mostra como parte das confissões evangélicas nutriu projeto inequívoco de poder, de fato coordenando suas ações para maximizar a representação parlamentar e preparar o terreno para eleger um presidente evangélico.

Nesse quadro, no primeiro turno da eleição presidencial de 2010 o pragmatismo evangélico (de tentar maximizar as chances eleitorais de seus pretendentes a cargos eletivos) se dividiu entre os candidatos Dilma Rousseff, José Serra e Marina Silva (candidata evangélica que fora ministra do Meio Ambiente de Lula). Segundo o Estudo Eleitoral Brasileiro (ESEB) de 2010, o voto dos evangélicos pentecostais no primeiro turno foi de 40%, 24% e 31% em Dilma, Serra e Marina, respectivamente, enquanto entre os não pentecostais foi de 37%, 35% e 23%[46]. Dilma teve 46,9% dos votos válidos naquela eleição, Serra 32,6% e Marina 19,3%. Logo, os votos evangélicos foram mais intensamente para a evangélica Marina Silva do que para os candidatos do PSDB ou do PT. E o realinhamento no segundo turno não repetiu a performance de Lula em 2002 e 2006. Ainda assim, a IURD deu 70% dos votos de seus fiéis a Dilma, a Assembleia de Deus 54%, a Igreja Batista 60%. No total, segundo a mesma ESEB, 51% dos evangélicos pentecostais votaram na petista, o mesmo que fizeram 53% dos não pentecostais. Logo, um pouco abaixo dos 56% de eleitores que votaram na petista. Ou seja, sem Lula como candidato, o voto evangélico começou a abandonar o PT já em 2010[47].

Não se pode esquecer, ainda, o grande poder arregimentador demonstrado pelas igrejas evangélicas com as "Marchas para Jesus", evento mundial com origem no Reino Unido e que chegou ao Brasil em 1993, pelas mãos do apóstolo (na denominação da igreja) Estevam Hernandes, fundador da igreja neopentecostal Apostolado Renascer em Cristo. As marchas foram se tornando cada vez mais populares, e no ano 2000 reuniram mais de um milhão de pessoas

---

[46] Tabulado a partir do banco de dados da ESEB 2010, realizada pelo CESOP-VOX POPULI, disponível no acervo do CESOP-UNICAMP, pesquisa número 02639.

[47] Ver também Peixoto e Renó (2011), para análise multivariada do impacto da melhoria de vida (ascensão social) durante os governos Lula e de outros determinantes do voto em Dilma, que isola o efeito independente (e negativo) do voto evangélico.

apenas em São Paulo[48], e podem ter congregado três vezes esse número nas mais de 100 cidades do país onde ocorreram. Desde então os números continuaram portentosos, trazendo milhões de fiéis às ruas das principais cidades do país para celebrar Jesus Cristo, ano após ano.

Em setembro de 2009 o então presidente Lula sancionou a Lei Federal 12.025, de autoria de parlamentares evangélicos, que instituiu o Dia Nacional da Marcha para Jesus, "a ser comemorado, anualmente, no primeiro sábado subsequente aos 60 (sessenta) dias após o Domingo de Páscoa"[49]. O fervor das massas atrás de trios elétricos cantando e dançando ao som de música gospel foi retratado e replicado em milhares de canais do YouTube, do Facebook, do Instagram etc., o pode ter contribuído para o crescimento vertiginoso do evangelismo entre nós: em 2010 o Censo Demográfico do IBGE encontrou que 22,2% dos brasileiros se declaravam evangélicos, um crescimento de 61,5% em relação a 2000[50]. Na eleição de 2018, pesquisa do IBOPE antes do primeiro turno encontrou 35% de evangélicos entre os eleitores, isto é, pessoas de 16 anos ou mais. Os católicos eram apenas 40% do total[51].

Claro que não se pode associar, sem mediações, evangelismo e conservadorismo. Há muitas lideranças evangélicas militantes dos direitos humanos, das mulheres, dos grupos LGBTQ+ etc., e se os há, é porque há seguidores em suas igrejas e eleitores que os apoiam. O que tento salientar aqui é o pragmatismo eleitoral de lideranças que demarcaram o parlamento como campo estratégico de disputa da agenda dos costumes. E o fato de que as confissões evangélicas possam se dividir de forma tão profunda como na eleição de 2010 não deve deixar dúvidas sobre a existência de clivagens e conflitos entre elas. Parece fora de dúvidas, também, o enorme poder de arregimentação das lideranças religiosas para seus interesses políticos.

Aspecto nem sempre levado em conta nas análises sobre o evangelismo no Brasil é seu caráter de classe. Ou melhor, quando é o caso, enfatiza-se sobretudo a penetração das igrejas junto às classes populares: as favelas do Rio de Janeiro, as periferias das grandes cidades do Nordeste ou do Sul, as comuni-

---

[48] Ver https://www1.folha.uol.com.br/folha/cotidiano/ult95u2204.shtml (acessado em janeiro de 2020).

[49] Texto da lei em https://www.diariodasleis.com.br/legislacao/federal/212165-dia-nacional-da-marcha-para-jesus-institui-o-dia-nacional-da-marcha-para-jesus.html (acessado em janeiro de 2020).

[50] Ver http://g1.globo.com/brasil/noticia/2012/06/numero-de-evangelicos-aumenta-61-em-10-anos-aponta-ibge.html (acessado em janeiro de 2020).

[51] Pesquisa CESOP-IBOPE disponível no acervo do CESOP, No. 04525.

dades mais carentes de intervenção estatal. Nesses ambientes, a "teologia da prosperidade" forneceria não apenas conforto espiritual, mas também uma ideologia da autorrealização pessoal pelo empreendedorismo, pelo autoesforço, pela entrega pessoal em nome de Deus, conteúdos de grande apelo e eficácia simbólica, por estarem perfeitamente afinados com a "nova razão do mundo" neoliberal (Dardot e Laval, 2016).

Ora, não é desprezível a participação das classes médias nas hostes evangélicas. Segundo pesquisa IBOPE realizada às vésperas do segundo turno da eleição de 2018, 28% dos eleitores que se disseram evangélicos tinham renda familiar entre 2 e 5 salários mínimos (contra 26% dos eleitores de outras religiões); e 11% tinham renda familiar de mais de 5 salários (contra 17% das demais religiões). Pela metodologia empregada no Prólogo, a probabilidade de evangélicos com essa renda familiar figurarem em alguma posição das classes médias e altas era de 17%. Isto é, a imensa maioria dos evangélicos vivendo nas cidades pertencia às classes populares e operárias, mas quase um quinto deles/as figurava nas classes médias[52]. O evangelismo de direita era também composto por parcelas não desprezíveis de pessoas das classes médias e altas.

É importante marcar, por fim, que os evangélicos de direita tinham os mesmos motivos que as demais direitas de se sentirem acantonados por uma esfera pública percebida como dominada pela esquerda, principalmente na arena por eles vista como crucial: a dos costumes, em particular os relacionados com a moral sexual e familiar. O proselitismo no interior dos templos pôde se radicalizar e ser terreno fértil para a propagação de boatos, e por estar confinado aos iguais, se configurava como câmaras de eco reais (e não virtuais) que reforçavam, sob a liderança dos pastores, visões de mundo e lealdades religiosas conservadoras, agora traduzidas em fidelidade política. A radicalização e a polarização iniciadas em 2013 mudariam as lealdades políticas do evangelismo, e a associação do PT com a corrupção exacerbaria a oposição evangélica às pautas progressistas no terreno dos costumes, afastando a maioria dos evangélicos (que nunca foram petistas, embora tenham sido lulistas em três eleições consecutivas) das bases eleitorais do PT[53], tornando seu pragmatismo disponí-

---

[52] Pesquisa CESOP-IBOPE/BR18.OUT-04456, disponível no arquivo do CESOP-UNICAMP. As pesquisas do IBOPE não são representativas do mundo rural. Pela PNAD 2015, era de 41,4% a probabilidade de que pessoas de famílias com renda de 2 salários mínimos ou mais pertencessem às classes médias e altas. Como 40% dos evangélicos estavam nessa faixa de renda familiar, era de perto de 17% a chance de que pertencessem às classes médias e altas.

[53] A distinção entre lulismo e petismo ficará mais clara no decorrer da análise.

vel para outras estratégias e lealdades políticas num ambiente de emergência das direitas tanto no âmbito societário quanto na política partidária e nas instituições da República.

As direitas dominam o parlamento

A exposição, nas ruas, das pautas de direita e de extrema direita, e o grande apelo popular das manifestações de 2013 e 2014, tiveram efeitos na política institucional. Em 2014 o Brasil elegeu o Congresso mais conservador desde a democratização.

> O Congresso eleito em 2014, renovado em 46,59% na Câmara e em 81,48% em relação às vagas em disputa no Senado, é pulverizado partidariamente, liberal economicamente, conservador socialmente, atrasado do ponto de vista dos direitos humanos e temerário em questões ambientais (DIAP, 2014, p. 13).

> Defensores de valores cristãos, da preservação do *status quo* nas zonas rurais e do incremento da repressão à criminalidade passaram a ocupar mais assentos no parlamento brasileiro (a chamada "bancada BBB" – Bíblia, Boi e Bala), ao passo que bancadas simpáticas às pautas "progressistas" sofreram sensível redução (Quadros e Madeira, 2018, p. 492).

Ora, a direita congressual no Brasil, ao menos desde a redemocratização, sempre foi "envergonhada" (Martins Rodrigues, 1987; Campello e Souza, 1992; Pierucci, 1999; Mainwaring et al. 2000). Analisando seis pesquisas com congressistas feitas entre 1990 e 2009, Cesar Zucco Jr. encontrou que "88% dos parlamentares se posicionam à esquerda da reputação de seu partido" (Zucco Jr., 2011, p. 43-44). Dizer-se de direita era associar-se a um passado de que todos, ou a maioria, procuravam se distanciar. Jair Bolsonaro foi sempre uma exceção, defendendo abertamente a ditadura que, na avaliação dele, não fez o trabalho que deveria ter feito, "matando uns 30 mil, começando pelo FHC"[54]. Mas as direitas eleitas em 2014 passaram a assumir abertamente suas pautas conservadoras, sobretudo no caso das bancadas evangélica e da bala.

Alguns dos personagens que se tornariam proeminentes a partir de 2014 já haviam mostrado o rosto no ano anterior. Em março de 2013, por exemplo, os conservadores conseguiram eleger para a Comissão de Direitos Humanos da

---

[54] Ver o vídeo em que ele diz que não se resolverá nada no Brasil através do voto, só de uma guerra civil, que permitiria matar "uns 30 mil, começando pelo FHC", em https://www.youtube.com/watch?v=M-tkPPwT9Xw. Esta parte da fala começa no minuto 1:20 (acessado em dezembro de 2019).

Câmara o pastor da Assembleia de Deus Marco Feliciano, opositor ferrenho, justamente, das pautas relacionadas aos direitos das minorias, das mulheres, da comunidade LGBTQ+ etc. Em sua percepção de mundo estavam ideias como as de que "Sobre o continente africano repousa a maldição do paganismo, ocultismo, misérias, doenças oriundas de lá: ebola, Aids, fome...Etc.", e que "a podridão dos sentimentos dos homoafetivos leva ao ódio, ao crime e à rejeição", ambas postadas em seu Twitter em 2011[55]. Ter sido alçado à presidência da comissão parlamentar voltada para direitos humanos era demonstração inequívoca da já não tão incipiente desenvoltura das direitas no Congresso, algo que se confirmaria na eleição de 2014, que consolidou a hegemonia conservadora no parlamento, embalada pelo antipetismo que ordenou a disputa política naquele ano. E essa hegemonia se repetiria e se ampliaria na eleição de 2018, que levou Bolsonaro à presidência e, com ele, dezenas de deputados de um partido até ali inexpressivo (o PSL) e de vários outros pequenos partidos de direita que se coligaram ao PSL e surfaram a onda bolsonarista.

Por fim, a análise das interações nas redes das direitas revelou importantes clivagens entre os diferentes personagens (individuais e coletivos), mas revelou, também, que Jair Bolsonaro tinha sua liderança virtual consolidada já em 2015. Nesse ano, à exceção dos liberais e ultraliberais, ele e sua família mantinham intensas conexões com a imprensa alternativa das direitas, grupos antipetistas radicais, coletivos militares e policiais e, particularmente, expoentes lideranças evangélicas.

---

[55] Ver http://g1.globo.com/politica/noticia/2013/03/marco-feliciano-e-eleito-presidente-da-comissao-de-direitos-humanos.html (acessado em dezembro de 2019).

CAPÍTULO III: POLARIZAÇÃO E GOLPE PARLAMENTAR

~ 115 ~

Esquentando os tamborins

O Brasil viveu momento de intensa polarização política durante o processo que resultou no golpe parlamentar que destituiu Dilma Rousseff do poder em agosto de 2016[1]. É possível recuar a cadeia causal dos eventos que levaram a esse desfecho pelo menos a 2005, quando o escândalo do "mensalão" afastou parcelas das classes médias das bases eleitorais do Partido dos Trabalhadores (PT). Mas foi a partir de 2013 que as mobilizações de rua mostraram que os mecanismos de inclusão social dos mais pobres pelo mercado e pelo consumo haviam esgotado seu potencial de coesão social e de apoio ao projeto político liderado pelo PT. Depois da repressão feroz ao *Movimento pelo Passe Livre* (MPL) pela Polícia Militar paulista, as ruas foram tomadas por jovens em sua maioria de classe média (ao menos em São Paulo e Belo Horizonte) indignados, dentre muitas outras coisas, com as más condições de transporte, saúde, educação, moradia e com as mazelas da vida urbana, que em seguida foram ressignificadas contra o pano de fundo das obras para a Copa do Mundo de 2014, nas quais as exigências quanto à qualidade dos estádios e condições de infraestrutura urbana por parte da FIFA a muitos pareceram desproporcionais e fora da realidade do país. Dentre as centenas de demandas, cobrava-se "educação e saúde padrão FIFA". Ao longo do mês de junho e de forma crescente a grita contra a corrupção foi ganhando o centro dos protestos (Tatagiba, 2017).

Os protestos não levaram em conta que os gastos com os estádios "padrão FIFA" previstos para os quatro anos do projeto de construção ou reestruturação das arenas esportivas (entre R$10 e R$15 bilhões) representavam uma fração diminuta do que se gastava no Brasil em saúde e educação (mais de

---

[1]   Estou de acordo com a fina análise de Wanderley Guilherme dos Santos sobre o processo de destituição de Dilma Rousseff, tratado por ele como golpe parlamentar. Ver Santos (2017). Ver também Avritzer (2017) e Domingues (2017).

R$160 bilhões anuais[2]). E ao menos no caso de algumas frações das classes médias e altas que foram às ruas em junho de 2013, elas não eram usuárias da saúde e da educação públicas.

Uma parte dessa juventude indignou-se com base em critérios de justiça distributiva, já que viu nos estádios (cujas obras sofreram desde o início denúncias de superfaturamento e corrupção) enorme desperdício de dinheiro, que deveria, ao contrário, financiar políticas públicas que beneficiassem a população (e não apenas os mais pobres, pois já mostrei que parte substancial das classes médias também era cliente do SUS e da escola pública). Mas não custa lembrar que os estádios foram construídos com empréstimos do BNDES, e sabe-se que os recursos desse banco não provinham do tesouro, mas do Fundo de Amparo ao Trabalhador (FAT), um fundo privado gerido pelo banco. Isso quer dizer que os recursos para a copa do mundo não competiam com o orçamento constitucionalmente destinado à saúde e à educação. Logo, o critério de justiça distributiva da indignação da juventude que foi às ruas tinha, também, fundo moral: um país pobre não deveria sediar um circo esportivo percebido, obviamente com razão, como perdulário, elitista e corrupto[3]. E essa indignação se voltou contra os partidos políticos, principalmente os de esquerda, os sindicatos, os movimentos sociais organizados, todos vistos como artífices da política tradicional, sem representatividade e alheia aos interesses da maioria. Os gastos para a Copa do Mundo acabaram levando à condenação da política de um modo geral, e as manifestações de 2013 em diante tiveram forte caráter de repúdio à institucionalidade democrática como um todo.

Em março de 2013, meses antes das manifestações, a popularidade da presidenta empossada em 2011 estava na casa dos 60% (soma de avaliações "ótimo" e "bom" nas pesquisas citadas em nota). Na semana seguinte às manifestações havia caído para a casa dos 30%, só retornando a 40% durante a campanha eleitoral de 2014, apenas para voltar a cair, vertiginosamente, quando novas manifestações tomaram as ruas a partir de março de 2015 pedindo seu

---

[2] Dados em https://www12.senado.leg.br/publicacoes/estudos-legislativos/tipos-de-estudos/boletins-legislativos/bol26 (acessado dezembro de 2019). A receita líquida da união naquele ano de 2014, em valores nominais, foi de R$991 bilhões, sendo de 16,4% a participação de saúde e educação nos gastos federais. No ano seguinte o valor subiria para 18,6%.

[3] As denúncias de corrupção contra agentes da FIFA e da CBF na escolha do Brasil como sede da copa de 2014, que resultaram na prisão do então presidente da entidade, Joseph Blatter e de outros altos dirigentes, dão razão à indignação da juventude em 2013 e 2014.

impeachment, até atingir 10% às vésperas do golpe parlamentar[4]. A mobilização das classes médias, que se tornariam hegemônicas nas ruas a partir de 2014, teve papel central nesse desfecho.

Breve crônica de um golpe anunciado

O primeiro semestre de 2014 foi marcado por uma série de protestos contra a Copa do Mundo da FIFA, dando sequência aos de 2013. Mas foram muitíssimo menos massivos (raramente ultrapassando mil pessoas), embora a violência policial se tenha abatido sobre eles com a mesma violência do ano anterior. O protagonista dos protestos foi o coletivo de direita *Não Vai Ter Copa*, que promoveu manifestações em todas as capitais sedes dos jogos do Mundial, começando por São Paulo no dia 12 de junho, dia do jogo de abertura entre Brasil e Croácia. E mostrando que a temperatura antigovernista entre as classes médias e altas continuava elevada, a presidenta Dilma Rousseff, presente no estádio, foi vaiada e xingada quatro vezes ao longo do jogo, novamente com protagonismo do setor VIP do Itaquerão[5].

Ainda que os protestos (com os mesmos conteúdos de antes, isto é, "queremos escolas e hospitais padrão FIFA", contra a corrupção etc.) tenham tido baixa adesão, contribuíram para consolidar nas ruas a hegemonia de coletivos de direita, secundados por coletivos Black Bloc, que enfrentavam a repressão policial. Mais importante do que isso, contribuíram para consolidar a cadeia de equivalências que associou eficazmente FIFA, corrupção, petismo, Lula e Dilma Rousseff, colocando os defensores do governo na saia justa de ter que dar suporte ao Mundial de uma Federação corrupta e corruptora, pois defender a Copa passou a significar defender o governo. O movimento *Não Vai Ter Copa*[6], nesse sentido, foi a primeira rodada do processo de construção da polariza-

---

[4] As cifras são das pesquisas CNI/IBOPE e referem-se à proporção de pessoas que considerava o governo ótimo ou bom. Ver http://www1.folha.uol.com.br/poder/2016/03/1755532-so-10-aprovam-governo-dilma-rousseff-aponta-pesquisa-cni-ibope.shtml (acessado em dezembro de 2019).

[5] Ver https://www1.folha.uol.com.br/esporte/folhanacopa/2014/06/1469313-blatter-e-dilma-sao-hostilizados-dentro-do-itaquerao.shtml?origin=folha (acessado em janeiro de 2020).

[6] Dentre os muitos estudos disponíveis sobre o movimento, destaco Prudencio e Kleina (2017) e a dissertação de mestrado de Medeiros (2016), que demonstra que o grupo tinha nítido perfil de direita.

ção entre antipetistas e anti-antipetistas, polo neste momento constituído sobretudo por petistas e outros partidários do governo, como o PCdoB. O Brasil perdeu para a Alemanha num jogo dramático, e à cadeia de equivalências contra Dilma, somou-se o retumbante fracasso da seleção brasileira, com a fragorosa derrota por 7 a 1.

A polarização política deixou as ruas para ganhar *momentum* e violência inaudita na campanha eleitoral de 2014, que esteve entre as mais disputadas desde a redemocratização[7]. Os dois candidatos Aécio Neves e Dilma Rousseff se alternaram na liderança das pesquisas de opinião e chegaram às portas do segundo turno tecnicamente empatados, como jamais acontecera[8]. E a candidata do PT venceu por pequena margem de votos, 51,6% contra 48,4% do candidato da oposição, ou 3.5 milhões de votos a mais.

Os responsáveis pelo marketing das campanhas de Dilma Rousseff e Aécio Neves apostaram na polarização que tomava conta do Brasil, alimentando-a e aprofundando-a. Na propaganda eleitoral gratuita, Aécio associou sua imagem, desde o início, às cores da bandeira nacional, que também estavam nas ruas nos protestos contra o governo. Vários programas mostraram o candidato nos braços dos manifestantes, em comícios e passeatas com predomínio das cores verde e amarelo. No Facebook e no Twitter a campanha tucana buscou associar o PT ao comunismo, ao bolivarianismo, ao castrismo, à cor vermelha e a tudo que tivesse relação com a esquerda latino-americana[9]. Insistiu, até o fim, no tema da corrupção na Petrobras. E a partir de meados da campanha, elegeu como seu adversário não a candidata Dilma, mas o PT, que teria um "projeto de poder" totalitário, corrupto e criminoso, enquanto Aécio seria o candidato não de um partido, o PSDB, mas de todos os brasileiros. Como ele afirmaria em peça de propaganda de 22 de outubro de 2014, "pessoas" (de referente indeterminado) que, na campanha do primeiro turno, haviam atacado os candidatos Marina Silva e Eduardo Campos,

---

[7] Remeto a Avritzer (2017), Feres Jr. e Sassara (2018) e, particularmente, Santos (2017). Para uma visão mais à esquerda, Coggiola (2016).

[8] Na pesquisa do Datafolha na véspera do segundo turno os candidatos Aécio e Dilma estavam empatados no limite da margem de erro, com Dilma com 52% das intenções de voto e Aécio, 48%. Ver http://datafolha.folha.uol.com.br/eleicoes/2014/10/1538369-dilma-52-e-aecio-48-chegam-empatados-ao-dia-da-eleicao.shtml (acessado em dezembro de 2019).

[9] Por exemplo, https://www.pragmatismopolitico.com.br/2014/10/aecio-usa-medo-comunismo-contra-dilma.html, no qual aparece o "Godzilla Cubano" entre os "monstros de Dilma", postagem do PSDB no Facebook (acessado em dezembro de 2019).

> agora se voltam contra mim, e se voltarão contra qualquer um que ameace a permanência do PT no poder (...). Hoje, em função de tantas mentiras, milhões de brasileiros estão com medo. Mas eu digo a vocês, nós não precisamos ter medo do PT. Eu não tenho medo do PT (...). O Brasil que vai nascer das urnas no próximo domingo não pode ser o Brasil do terrorismo, do medo, da chantagem, do ódio, da mentira. Nós não merecemos isso. Nós queremos libertar o Brasil no medo (Aécio Neves, no programa eleitoral noturno do dia 22 de outubro de 2014)[10].

A circunscrição não da candidata Dilma, mas do PT como adversário, ou seja, um partido com um projeto político rotulado de autoritário, corrupto e "comunista" tendo em Lula o grande "manipulador" por trás da presidenta, irmanou a mídia empresarial, que deu apoio ao candidato ao longo de toda a campanha. Manchete do jornal *O Globo* na internet de 26 de outubro, dia do segundo turno da eleição, não deixa dúvidas a respeito: "Aécio: fé na 'onda final' para bater PT"[11]. O jornal apostava no que entendia como "onda final" não para a vitória do PSDB sobre o PT, mas de Aécio sobre o PT, adotando em sua linha editorial, portanto, a *rationale* da campanha aecista.

Por seu lado, a campanha de Dilma Rousseff investiu na "desconstrução" do adversário, criticando duramente sua gestão no governo de Minas Gerais, com o bordão "quem conhece Aécio, não vota em Aécio"[12]; mostrando as contradições de seu provável ministro da fazenda Armínio Fraga, que colocaria à venda o patrimônio público; insinuando nas redes sociais que Aécio seria violento com as mulheres; e, muito importante, mobilizando o medo do eleitor ao lembrar o passado de miséria e fome dos governos do PSDB, problemas que teriam sido finalmente resolvidos pelos governos do PT. Foram essas peças de campanha e muitas outras que levaram o candidato à reação indignada do dia 22 de outubro, na qual ele afirmou que, segundo "um importante jornal nacional, neste segundo turno, de 22 peças de campanha da minha adversária, 19 foram para me atacar".

Aécio não nomeia o "importante jornal". A campanha de Dilma Rousseff não atacou diretamente o candidato nos comerciais de 10 minutos, veiculados pela manhã e à noite no horário eleitoral gratuito. Nestes eram apresentadas as realizações dos governos Lula e Dilma e os projetos para o futuro. Mas as in-

---

[10] O vídeo da campanha está disponível em https://www.youtube.com/watch?v=KwdHuHzg1DU (acessado em dezembro de 2019).

[11] Ver https://oglobo.globo.com/brasil/aecio-fe-na-onda-final-para-bater-pt-14361700 (acessado em dezembro de 2019).

[12] Aécio Neves governou Minas Gerais por dois mandatos consecutivos, mas perdeu para Dilma no Estado tanto no primeiro quanto no segundo turno.

serções de um minuto ao longo do dia nas rádios e TVs eram quase todas para "desconstruir" a imagem de "bom moço" que Aécio tentou manter ao longo do horário eleitoral. Dentre as muitas mensagens, dizia-se que Aécio acabaria com o Bolsa Família e com o Minha Casa Minha Vida. O jornal *O Globo*, claro aliado da oposição ao governo Dilma, reconheceu que a campanha tinha sido eficiente em aumentar a rejeição ao candidato[13].

A polarização culminou nos programas partidários do dia 24 de outubro, últimos da campanha eleitoral gratuita, quando o PSDB deu destaque, nos minutos finais, à capa da revista *Veja* levada às bancas de jornal no mesmo dia, uma sexta-feira, com as fotos de Lula e Dilma lado a lado, digitalmente manipuladas para sugerir que estivessem na penumbra ou numa zona cinzenta tramando coisas, com os dizeres "Eles sabiam de tudo", em referência à presumida (e depois negada) afirmação do doleiro Alberto Yussef de que os dois eram os mentores da corrupção na Petrobras, escândalo que estourara ao longo de 2014. Dilma, por sua vez, passou metade de seu último programa de 10 minutos contestando a matéria, dizendo que processaria a revista por calúnia e se defendendo das acusações. Por fim, no último debate entre os candidatos, na noite da mesma sexta-feira, 24 de outubro, perguntado sobre o que era precioso fazer para acabar com a corrupção no Brasil, Aécio respondeu: "Tirar o PT do poder"[14].

Trazer à discussão esses episódios serve ao propósito de chamar a atenção para a aposta dos candidatos na polarização e mostrar que a corrupção ganhou o centro do debate eleitoral, num ambiente político no qual o tema era caro principalmente às classes médias e altas, mas que passou a mobilizar também as camadas mais baixas da população, como analisarei detidamente em seguida.

Diante desse quadro mais geral de polarização, é difícil atribuir a um evento específico o ponto de não retorno da disputa política que desembocaria no golpe parlamentar de 2016, com apoio do empresariado, de segmentos expressivos das classes médias, de parcelas das classes populares e de toda a imprensa empresarial, além, obviamente, do Poder Judiciário. Mas qualquer aná-

---

[13] Ver https://oglobo.globo.com/brasil/aecio-fe-na-onda-final-para-bater-pt-14361700 (acessado em dezembro de 2019).

[14] Como afirmou Luis Felipe Miguel, "Polícia, Ministério Público, Judiciário e mídia fizeram um trabalho articulado e avassalador de demonização do petismo (e, por extensão, de toda a esquerda)", (Miguel, 2019, local do Kindle 1495), e o antipetismo começava a ganhar corações e mentes para além das classes médias.

lise acurada dos acontecimentos deve incluir, entre os eventos decisivos e para além da polarização da campanha eleitoral, a recusa do PSDB e do então senador Aécio Neves aceitarem a derrota. Como argumentaram Levitsky e Ziblatt (2018), as democracias começam a morrer quando algumas de suas regras tácitas começam a ser desrespeitadas, estando entre as mais importantes reconhecer o vencedor numa eleição limpa, e não tratar o adversário como inimigo a ser destruído. Duas regras violadas pelo PSDB.

O resultado da eleição (vitória de Dilma Rousseff por uma margem de 3.5 milhões de votos) foi homologado no dia 27 de outubro de 2014, e no dia 30 o PSDB protocolou no Tribunal Superior Eleitoral (TSE) um pedido de auditoria nos resultados, alegando que a votação através de urna eletrônica era vulnerável a fraudes (Avritzer, 2017). Não conseguindo sucesso, no dia 18 de dezembro, dia em que a chapa Dilma/Temer seria diplomada pelo TSE, o PSDB entrou com novo pedido de cassação de Dilma e posse de Aécio como presidente, agora sob acusação de abuso de poder econômico e corrupção na campanha eleitoral. O Tribunal aprovou as contas da campanha, mas num ato insólito e monocrático, o recém empossado presidente do TSE, Ministro Gilmar Mendes, reabriu o caso alegando que novas provas pareciam vincular as contas já aprovadas a denúncias de corrupção no âmbito da Operação Lava Jato[15]. O ano de 2015 se iniciou com a presidência sob a espada de Dâmocles.

Não houve a esperada "lua de mel" que costuma caracterizar os primeiros meses dos novos governos (Feres Jr. e Sassara, 2018). Mais de uma dezena de pedidos de impeachment aguardava o pronunciamento da presidência da Câmara dos Deputados, um deles protocolado pelo PSDB em março de 2014. No TSE, tramitava o pedido de cassação da chapa Dilma/Temer por corrupção. Como vimos no capítulo anterior, o parlamento eleito em 2014 foi o mais conservador desde a redemocratização (DIAP, 2014; Avritzer, 2017). Fragmentado em mais de vinte partidos, teve presença maciça de representantes de frações retrógradas da burguesia financeira, de interesses ligados ao agronegócio e à grande propriedade fundiária, de religiosos com agenda regressiva em termos de direitos humanos, da indústria bélica nacional e internacional e de interesses mais ou menos pragmáticos segundo o caso, quase sempre contrários ao que os

---

[15] O TSE só julgou a ação do PSDB em junho de 2017, dando ganho de causa à chapa Dilma/Temer por quatro votos a três. O voto de desempate foi do mesmo Gilmar Mendes, em favor da chapa vencedora das eleições. Ver https://g1.globo.com/politica/noticia/por-4-votos-a-3-tse-rejeita-cassacao-da-chapa-dilma-temer-na-eleicao-de-2014.ghtml (acessado em dezembro de 2019).

governos liderados pelo PT haviam logrado nos anos anteriores, tanto em termos de distribuição de renda quanto de promoção dos direitos de minorias e aumento dos gastos estatais em políticas sociais.

A par desse cenário politicamente conservador, fragmentado e crítico, em 2015 os efeitos da crise econômica mundial que, em seu repique a partir de 2011, levara de roldão os países europeus (Streeck, 2014), mostrou sua face cruenta também no Brasil. Desde 2012 o governo Dilma vinha tentando conter seus efeitos por meio de medidas anticíclicas que estimulassem o consumo das famílias e o investimento privado, ao tempo em que municiava o BNDES com recursos do tesouro para empréstimo subsidiado às empresas. Fez isso ao preço do crescimento do déficit público e da dívida pública interna. Cada nova medida agradava parcelas do empresariado e contrariava outras tantas, e isso terminaria por afastar a maioria delas, gradativa mas decididamente, da base de apoio da coalisão governista (Singer, 2016). As contas públicas apresentaram déficit pela primeira vez desde 2002 (de 0,63% do PIB, contra superávits elevados nos três anos anteriores, iguais ou superiores a 2% do PIB[16]). O país crescera perto de zero em 2014, e entraria em recessão em 2015, com queda de 3,8% do PIB neste ano e de 3,6% em 2016.

A crise econômica resultou de feixe complexo de razões, dentre elas a "greve de investimento" dos empresários num cenário de grande incerteza política e fragilidade do governo federal; a Operação Lava Jato, que paralisou obras de infraestrutura por todo o país, provocando efeitos a montante e a jusante nas cadeias produtivas de petróleo, gás, construção civil e obras públicas[17]; a suspensão da maioria dos investimentos públicos em razão de draconiana política de austeridade iniciada em 2015; a queda drástica nos preços das commodities e o consequente impacto nas contas públicas, dentre outros. O desemprego, que fora de 4,3% em dezembro de 2014, começou a subir, e chegou ao fim de 2015 a perto de 7%, a maior taxa em oito anos, e atingiria mais de 11% em 2016 (Nunes e Melo, 2017).

Em meio à crise econômica, em fevereiro de 2015 o deputado Eduardo Cunha elegeu-se presidente da Câmara dos Deputados. Membro do PMDB

---

[16] Ver https://www.efe.com/efe/brasil/brasil/brasil-registra-em-2014-primeiro-deficit-contas-publicas-desde-2002/50000239-2524274 (acessado em dezembro de 2019).

[17] Ver https://jornalggn.com.br/noticia/lava-jato-travou-cadeia-de-petroleo-gas-e-construcao-civil-aponta-ipea (acessado em dezembro de 2019). Ver também https://www.corecon-rj.org.br/anexos/C1D017FCEE732F4E1B9B4E13C46AD36E.pdf, em particular o artigo de Luiz Fernando de Paula e Rafael Moura (acessado em janeiro de 2020), além de Beluzzo (2018) e Campos (2019).

(hoje MDB), partido da base aliada do governo Dilma, venceu a eleição por larga margem contra o candidato do PT[18]. E apesar de dizer, em sua posse, que não faria oposição ao governo, sua atuação foi francamente oposicionista. Nesse mesmo mês de fevereiro a aprovação do governo Dilma, que chegara a 42% em dezembro de 2014, despencou para 23%, em meio a intenso noticiário contrário à virada programática do governo, que vencera as eleições negando a necessidade de um ajuste fiscal, mas que nomeara como ministro da Fazenda o liberal ortodoxo Joaquim Levy, a quem a presidenta solicitou projeto de ajuste nos moldes da ortodoxia monetarista que tentara evitar até ali (Coggiola, 2016; Singer, 2016).

Em março, quando mobilização convocada pelos oposicionistas MBL, *Vem Pra Rua* e *Revoltados on Line*, todos com origem nas classes médias conservadoras e autodeclarados de direita (Tatagiba, 2017), levou 210 mil pessoas à Avenida Paulista em protesto contra a corrupção e pelo impeachment da presidenta[19], a aprovação do governo desceu a 13%. Em abril os mesmos movimentos levaram mais 100 mil pessoas àquela Avenida, e mais 135 mil em agosto, quando a aprovação do governo estava na casa de 10% (proporção avaliando-o como ótimo ou bom), e a reprovação, de 65% (proporção avaliando-o como ruim ou péssimo)[20]. Como já se observou, esses movimentos tinham perfil majoritário de classe média, as pessoas vestindo camisetas da CBF e trazendo o "pixuleco" (boneco inflável de Lula com roupa de presidiário) e o pato inflável da FIESP às ruas e exigindo o impeachment da presidenta (alguns pediam a volta dos militares ao poder)[21].

Em resposta, partidos de esquerda e movimentos sociais convocaram manifestação de apoio a Dilma e contra o impeachment para 20 de agosto, levando 37 mil pessoas ao Largo da Batata em São Paulo[22] e outras 40 mil em 39

---

[18] Ver http://g1.globo.com/politica/noticia/2015/02/eduardo-cunha-e-eleito-presidente-da-camara-dos-deputados.html (acessado em dezembro de 2019).

[19] A Polícia Militar paulista estimou o público em um milhão de pessoas, mas o Datafolha, ao contrário da PM, explicita o método de contagem com base na densidade de pessoas por metro quadrado em diferentes momentos das manifestações.

[20] Todas as estimativas de público são do Datafolha, assim como as pesquisas de avaliação do governo. Ver também Limongi (2015).

[21] Os movimentos, sua cobertura na imprensa e a repercussão nas redes sociais chamaram a atenção de pesquisadores de todo o mundo. São inúmeros os estudos de especialistas nas novas mídias e em análise de discurso e imagens, no Brasil e no mundo. Exemplos salientes são Van Dijk (2017), Meneguelli e Ferré-Pavia (2016), Malini et al. (2017), Solano (2018).

[22] A estimativa é do Datafolha. Ver http://datafolha.folha.uol.com.br/opiniaopublica/2015/08/1671765-manifestacao-de-

cidades de 25 estados e Distrito Federal[23]. Nessas manifestações em apoio ao governo, a atuação do presidente da Câmara foi avaliada como "ruim ou péssima" por 78% dos presentes, segundo a pesquisa citada em nota, deixando claro que a massa nas ruas identificava em Cunha um opositor do governo. Essa foi a manifestação com maior presença de simpatizantes do PT entre as três pesquisadas pelo Datafolha (60%), e a com menor proporção de voto em Dilma (83%). E, como voltaria a acontecer ao longo dos meses seguintes, as manifestações pró e contra o governo abusaram da violência verbal contra o grupo adversário (Meneghelli e Ferré-Pavia, 2016).

O senador Aécio Neves apoiou os protestos de março e abril de 2015, e contrariando orientação de seu partido, o PSDB, engrossou o coro dos que pediam o impeachment de Dilma Rousseff. Em maio o jurista Miguel Reali Júnior respondeu negativamente a consulta do PSDB sobre o fundamento jurídico de um pedido de impeachment contra Dilma, com base em denúncias sobre possíveis "pedaladas fiscais"[24]. Diante do parecer negativo, o PSDB e Aécio afirmaram que não havia base material para um pedido de impeachment. Mas todos eles, incluindo o jurista mencionado, mudariam de opinião à medida que as investigações no âmbito da Lava Jato avançavam e a crise do governo se aprofundava.

Em maio o empresário Ricardo Pessoa, da construtora UTC, afirmou ter doado R$7,5 milhões à campanha de Dilma "por medo de retaliação"[25]. Foi a primeira vez que um delator da Lava Jato mencionou a campanha da presidenta como beneficiária de esquemas de corrupção (a denúncia não seguiria adiante). Em 19 de junho Marcelo Odebrecht e Otávio Marques de Azevedo, presidentes das construtoras Odebrecht e Andrade Gutierrez, foram presos, juntamente com outros altos executivos das empreiteiras. Em 2 de julho foi a vez do ex-diretor da Área Internacional da Petrobras, Jorge Zelada, que teve dez milhões de euros bloqueados por um banco em Mônaco. Já em fins de junho o senador Aécio

---

movimentos-sociais-reune-37-mil-na-capital-paulista.shtml (acessado em dezembro de 2019).

[23] Dados em http://g1.globo.com/politica/noticia/2015/08/manifestantes-protestam-favor-do-governo-dilma-em-cidades-do-brasil.html (acessado em dezembro de 2019).

[24] O termo pejorativo refere-se à denúncia de que o governo estaria maquiando o déficit público por meio de empréstimos junto a bancos públicos. Ver https://oglobo.globo.com/brasil/parecer-de-jurista-para-psdb-descarta-pedido-de-impeachment-contra-dilma-1-16216460 (acessado em dezembro de 2019).

[25] Ver http://especiais.g1.globo.com/politica/2015/lava-jato/linha-do-tempo-da-lava-jato/ (acessado em dezembro de 2019).

Neves voltara a falar em impeachment, e ao ser eleito presidente do PSDB em convenção do partido, em inícios de julho, afirmaria que "Dilma não concluirá o mandato". E emendaria que "não perdemos a eleição para um partido político, e sim para uma organização criminosa que se instalou no seio do Estado nacional"[26]. O PSDB passou a apostar na criminalização da gestão petista e na destituição do governo "corrupto", e a certeza do senador de Minas Gerais de que Dilma não concluiria o mandato denotava que articulações com outras forças no Congresso estavam em andamento.

Em agosto o Procurador Geral da República enviou ao STF denúncia de corrupção passiva e lavagem de dinheiro contra Eduardo Cunha. Visando a ganhar tempo e tentar salvar seu mandato, o presidente da Câmara deu início a intenso processo de chantagem contra o governo (Limongi, 2015), colocando em pauta de discussão e votação no Congresso, em ritmo acelerado, o que ficou conhecido como "pauta bomba", composta por projetos de reajuste do funcionalismo federal, derrubada de vetos presidenciais a leis que aumentavam gastos, engavetamento de medidas que permitiriam aumentar a arrecadação (como o fim da desoneração das folhas de pagamento[27]), dentre outros, que inviabilizariam o esforço fiscal tentado por Dilma Rousseff, já que significariam gastos adicionais de mais de R\$200 bilhões[28]. Além disso, ameaçava constantemente o governo de aceitar um dos muitos pedidos de impeachment que dormiam na "gaveta" da mesa da Câmara ou que lhe haviam chegado desde que tomara posse. A oposição passou a colocar todas as suas fichas na admissibilidade de uma denúncia em particular, protocolada em primeiro de setembro pelos juristas Hélio Bicudo, Janaína Paschoal e Miguel Reali Júnior (agora já com opinião contrária ao próprio parecer de meses antes), pedindo a destituição da presi-

---

[26] Transcrito de https://oglobo.globo.com/brasil/em-convencao-aecio-diz-que-dilma-nao-concluira-mandato-faz-apelo-por-unidade-no-psdb-16667961#ixzz5CylcmGu1 (acessado em dezembro de 2019).

[27] Dentre as medidas de estímulo ao investimento privado adotadas no primeiro mandato da presidenta esteve a redução da carga tributária das empresas, cujo ponto principal e mais polêmico foi a redução da contribuição previdenciária patronal que, até então, correspondia a 11% do salário pago ao trabalhador, e foi convertida em 1% do faturamento das empresas de alguns setores selecionados. Segundo cálculos do próprio governo, a renúncia fiscal seria de 25% a 30% da contribuição previdenciária total. As estimativas podem ser lidas em
http://www.receita.fazenda.gov.br/publico/arre/RenunciaFiscal/Desoneracaodafolha.pdf
(acessado em dezembro de 2019).

[28] Ver http://www1.folha.uol.com.br/mercado/2015/08/1664711-saiba-o-que-sao-as-pautas-bomba-nas-maos-do-congresso-contra-o-governo.shtml (acessado em dezembro de 2019).

denta por "crime de responsabilidade" por não observância da Lei de Responsabilidade Fiscal[29], as já mencionadas "pedaladas fiscais". Durante todo esse período, a Câmara não permitiu que Dilma governasse, já que nenhum projeto de interesse do governo entrou em pauta de votação.

Em razão da denúncia do PGR ao STF, no dia 13 de outubro o PSOL (Partido Socialismo e Liberdade) representou contra Cunha no Conselho de Ética da Câmara, pedindo a cassação de seu mandato por suspeita de recebimento de U$5 milhões em propina e por mentir sobre a propriedade de contas bancárias na Suíça, o que, pelo regimento da Casa, configura quebra de decoro parlamentar[30]. O deputado tentou por todos os meios impedir que a representação prosperasse, e deixou claro que só rejeitaria a denúncia dos juristas Paschoal, Bicudo e Reali contra Dilma se os três membros do PT no Conselho de Ética votassem pela não admissibilidade da abertura de inquérito contra ele.

Em 2 de dezembro a bancada do PT decidiu que o partido votaria contra Cunha na sessão do Conselho marcada para o dia 8. No mesmo dia Eduardo Cunha aceitou o pedido de impeachment contra Dilma, que também era apoiado pela oposição[31]. Em resposta, no dia 13 de dezembro novas manifestações a favor do impeachment ocorreram em 22 estados da federação, sendo a maior, uma vez mais, em São Paulo, com 40 mil pessoas na Avenida Paulista[32]. A imprensa e os organizadores reconheceram que "a adesão foi menor" do que no caso das anteriores, mas que se tratava apenas de um "esquenta" para o que viria em 2016[33].

---

[29] A denúncia foi retirada em seguida por determinação do presidente da Câmara, que deu 14 dias para que os juristas a corrigissem. Foi reapresentada no dia 17 com as correções sugeridas por Cunha. Ver http://politica.estadao.com.br/noticias/geral,miguel-reale-jr-e-helio-bicudo-protocolam-pedido-reformulado-de-impeachment,1764110 (acessado em dezembro de 2019).

[30] Ver https://noticias.uol.com.br/politica/ultimas-noticias/2015/10/13/cunha-e-denunciado-ao-conselho-de-etica-da-camara.htm (acessado em dezembro de 2019).

[31] Ver http://politica.estadao.com.br/noticias/geral,eduardo-cunha-aceita-pedido-de-impeachment-contra-dilma-rousseff,10000003662 (acessado em dezembro de 2019).

[32] A estimativa, uma vez mais, é do Datafolha. Ver http://g1.globo.com/politica/noticia/2015/02/eduardo-cunha-e-eleito-presidente-da-camara-dos-deputados.html (acessado em dezembro de 2019). A PM estimou que, em todo o país, 83 mil pessoas foram às ruas. Ver http://especiais.g1.globo.com/politica/mapa-manifestacoes-no-brasil/13-12-2015/ (acessado em dezembro de 2019).

[33] https://noticias.uol.com.br/ultimas-noticias/agencia-estado/2015/12/13/esquenta-para-2016-protestos-marcados-para-hoje-prometem-pressionar-congresso.htm (acessado em dezembro de 2019).

Uma vez mais, movimentos sociais e a militância favorável à permanência de Dilma no poder (os anti-antipetistas) responderam, e provavelmente levaram 100 mil pessoas às ruas em todo o país no dia 16 de dezembro, segundo estimativas da PM[34]. Quase 90% dos que foram à Paulista e à Praça da República em São Paulo tinham votado em Dilma em 2014, contra 84% de eleitores de Aécio na manifestação a favor do impeachment. A cena política tomava, nas ruas, o rosto de um "terceiro turno", com eleitores de Aécio querendo reverter o resultado das eleições por meio da destituição da presidenta, e os eleitores de Dilma defendendo-a no mesmo tom. Raiva, medo e ansiedade foram os sentimentos predominantes nas mensagens dos dois grupos no Twitter (Malini et al. 2017), expressões da radicalidade e da crescente irredutibilidade das posições mútuas.

Parte do radicalismo dos apoiadores da presidenta tem a ver com o fato de que Dilma perdera a batalha da opinião pública. Análises da cobertura jornalística realizadas por diferentes autores não cansaram de marcar que a imprensa escrita e televisiva foi parceira incondicional (com raríssimas exceções) do movimento por sua destituição. Oliveira (2016) por exemplo, mostrou que os grandes jornais abriram sessões específicas para os eventos pelo impeachment, com

> imagens aéreas, fotos abertas em grandes proporções, além dos destaques para os números de manifestantes, como forma de sugerir amplo apoio da maioria da população à deposição da presidenta. Em contrapartida, os protestos favoráveis ao governo Dilma tiveram cobertura enxuta, sem ênfase nas primeiras páginas e aos números, indicando pequena participação e reduzido apoio da população à presidenta. (idem, p. 83).

Vários dispositivos de mídia (revistas, jornais escritos e televisivos) contribuíram decisivamente para a construção do bloco opositor ao governo. Correia (2017) mostrou como a cobertura do jornal *O Globo* tornou-se intensamente negativa antes das manifestações de março de 2016, com foco na Lava Jato, ajudando a convocar a militância antigovernista para as ruas, no que o autor qualificou como "jornalismo de guerra". Van Dijk (2017) não tem dúvidas em utilizar o termo "manipulação" da opinião pública por parte das Organizações Globo que, dentre outras coisas, teriam "instigado as grandes manifestações da

---

[34] Trata-se da soma das estimativas divulgadas, que excluíram várias cidades. Ver http://especiais.g1.globo.com/politica/mapa-manifestacoes-no-brasil/16-12-2015/ (acessado em dezembro de 2019). Infelizmente não encontrei estimativas do Datafolha para esses eventos. É bom lembrar que esse Instituto e a PM divergem sempre em suas estimativas, não havendo parâmetro externo confiável para decidir entre umas e outras.

classe média conservadora em 2016" (idem, p. 200). Constatação semelhante englobando ainda os jornais *Folha de S. Paulo* e *O Estado de S. Paulo* está em Feres Jr. e Sassara (2018), que não deixam dúvidas sobre o viés antigovernista e o apoio ao impeachment por parte da grande imprensa (vide tb. Santos, 2017).

O maior de todos os protestos ocorreu em 13 de março de 2016, um domingo. Segundo o Datafolha, pelo menos 500 mil pessoas marcharam na Avenida Paulista pedindo o impeachment de Dilma, e a PM computou 3.6 milhões de manifestantes em todo o país[35], no que foi qualificado por parcela da imprensa como a maior mobilização da história[36]. Nesse dia, 77% dos manifestantes paulistas tinham ensino superior completo, e 37% renda familiar de mais de 10 salários mínimos, 67% mais de 5 mínimos. Ao menos no caso de São Paulo, a mobilização foi claramente dominada pelas classes médias e superiores (pelo menos 65% dos manifestantes), ainda que segmentos das classes populares também estivessem presentes, se aplicarmos a essas proporções as probabilidades de pertença às classes sociais utilizadas no Prólogo. Essas classes voltariam às ruas no dia 16 de março, batendo panelas e exigindo a saída de Dilma, em resposta à nomeação de Lula para a Casa Civil da Presidência da República e ao vazamento, pelo juiz Sergio Moro, instrutor da Lava Jato, de uma conversa entre a presidenta e Lula na qual a nomeação apareceu como estratégia para evitar a prisão do ex-presidente[37].

Por fim, a manifestação pró-Dilma de 18 de março teria levado 95 mil pessoas à avenida Paulista, segundo o mesmo Datafolha[38], e desta vez o perfil dos manifestantes era mais claramente de classe média (78% com nível superior), menos petista e majoritariamente composto de eleitores de Dilma no segundo turno. Menos de um mês depois, 16 de abril, a Câmara autorizou a ins-

---

[35] Dados em http://g1.globo.com/politica/noticia/2016/03/manifestacoes-contra-governo-dilma-ocorrem-pelo-pais.html (acessado em dezembro de 2019).

[36] O jornal *O Estado de S. Paulo* chegou a essa conclusão em razão dos quase 7 milhões de pessoas que os organizadores dos protestos diziam ter ido às ruas. A PM, como vimos, computou metade desse total. Ainda assim tratou-se de manifestação monumental, às portas da votação da admissibilidade do impeachment pela Câmara. http://politica.estadao.com.br/noticias/geral,manifestacoes-em-todos-os-estados-superam-as-de-marco-do-ano-passado,10000021047 (acessado em dezembro de 2019).

[37] Imagens e palavras de ordem dos manifestantes estão em http://g1.globo.com/politica/noticia/2016/03/manifestacoes-contra-governo-sao-registradas-pelo-pais-nesta-quarta.html (acessado em dezembro de 2019). Analisarei mais detidamente esse episódio no capítulo seguinte.

[38] Ver http://www1.folha.uol.com.br/poder/2016/03/1751748-manifestacao-pro-dilma-reune-95-mil-pessoas-em-sp-diz-datafolha.shtml (acessado em dezembro de 2019).

tauração do processo de impeachment contra Dilma, que foi afastada do cargo à espera da votação pelo Senado[39]. Este confirmaria a admissibilidade do impeachment em 12 de maio, e a votação final que destituiu a presidenta, configurando o golpe parlamentar, ocorreu no dia 31 de agosto. Todos os 81 senadores votaram, sendo 60 favoráveis à perda do mandato de Dilma Rousseff.

Wanderley Guilherme dos Santos (2017) sugere que o golpe foi um dos desenlaces possíveis do fato de que, numa democracia de massas que precisa processar uma infinidade de interesses em competição na arena política, qualquer política pública tende a contrariar mais interesses do que aqueles que ela favorece, mesmo que essa política vise à constituição de bens públicos de amplo alcance.

Interpreto essa hipótese no seguinte sentido: as políticas anticíclicas voltadas para a garantia do emprego e da renda dos trabalhadores, bem como a dar solvência à economia real em meio à crise mundial, ao produzirem a percepção, nos mercados, de que o próprio governo se tornaria insolvente num futuro qualquer visto por eles como próximo o suficiente para causar prejuízos nos credores da dívida do país, levou esses credores, ou seja, os bancos e os interesses a eles associados, incluindo o maior conglomerado midiático do país (as Organizações Globo) e parcelas das classes médias rentistas e portanto credoras do governo, a se mobilizarem para retirar do poder o agente que estava colocando seus interesses e sua riqueza em risco. Como não conseguiam fazer isso pela via eleitoral, patrocinaram o golpe de Estado. Foram muitos os pretextos e mecanismos utilizados para isso, alguns deles elencados aqui, estando no topo da hierarquia a corrupção e a diuturna criminalização da prática política em função dos desdobramentos da Operação Lava Jato e, obviamente, a profunda crise econômica que a crise política ajudou a alimentar.

O fato é que elites políticas ligadas a variados interesses, muitos deles escusos e associados a práticas históricas de corrupção, aceitaram o desafio e depuseram a presidenta Dilma Rousseff. O processo político democrático foi interrompido por interesses econômicos muito claros, que fizeram valer seu poder de veto às políticas públicas que os contrariavam por meio da subversão

---

[39] http://www2.camara.leg.br/camaranoticias/noticias/POLITICA/507325-CAMARA-AUTORIZA-INSTAURACAO-DE-PROCESSO-DE-IMPEACHMENT-DE-DILMA-COM-367-VOTOS-A-FAVOR-E-137-CONTRA.html (acessado em dezembro de 2019).

das regras do jogo. E as classes médias, incluindo sua parcela ascendente, estiveram no âmago da disputa política que levou a esse resultado[40].

Identidades excludentes

A conjuntura 2013-2016 foi período ímpar de constituição e afirmação de identidades de classe por parte de diferentes parcelas das classes médias brasileiras, que teve como principal eixo organizador as práticas e processos de construção de significado referenciados no exercício do poder de Estado. Uma fração daquelas classes elegeu como o *outro* de seu processo identitário os governos do Partido dos Trabalhadores, o próprio partido e o que ela imaginou fossem as bases de sustentação dos governos que combatiam, compostas por outros segmentos das próprias classes médias, além de setores populares organizados, como os sindicatos e os movimentos sociais, aos quais se opuseram por razões ideológicas, práticas, valorativas e morais, que confluíram para a consolidação de sólida imagem de si, que alimentou sua ação coletiva, que foi, ela mesma e recursivamente, o principal elemento de construção de sua consciência e identidade. Uma identidade de uma fração das classes médias referenciada, em grande medida, nas posições de outros segmentos das próprias classes médias, que operou com reduções estereotipadas das posições e intenções do *outro,* de tal modo que a relação de identidade/alteridade que se constituiu ao longo do processo, em momentos chave da disputa política, procurou negar ao outro (e a negação foi mútua) o direito de afirmar-se no espaço público em seu próprio direito e segundo seu interesse, seus valores, seus projetos políticos, suas crenças mais profundas.

Os coletivos assim constituídos o foram numa relação *excludente* de alteridade, cada grupo se apresentando ao público e convocando lealdades enquanto antítese daquele contra o qual se contrapunha. A relação, em boa parte das vezes, não foi de antagonismo, que supõe ao menos a possibilidade de solução negociada das diferenças, mas de negação do outro em sua integridade e identidade. Portanto, como inimigo a ser destruído. Não se compreende o grau de radicalidade da conjuntura, e suas consequências posteriores, sem se levar em

---

[40] No capítulo IV trago novos elementos à interpretação do processo de impeachment de Dilma Rousseff, analisando de forma mais aprofundada a crise econômica, o neoliberalismo e a atuação do Judiciário. Ver também a análise inovadora de Grün (2016) sobre o papel dos escândalos na dinâmica política brasileira.

conta a percepção recíproca de defensores e detratores dos governos liderados pelo PT, de que o Brasil estaria melhor sem a existência do *outro* assim constituído. Mais ainda, a existência do outro (sua permanência no, ou sua conquista do poder de Estado), representaria para o perdedor algo muito próximo do fim dos tempos. Era como se todos estivessem jogando todas as suas fichas num único lance, e estivessem dispostos a qualquer movimento, a mobilizar qualquer recurso, lícito ou não, violento ou não, para fazer valer seu cacife, de uma vez e para sempre, para destruir o inimigo. Como numa guerra na qual todos os códigos de guerra, inclusive a salvaguarda dos direitos humanos dos não contendores, estivessem em suspenso. Uma guerra de extermínio, não uma guerra de conquista de território ou de recursos de poder. Não se tratou de uma "luta democrática de classes"[41].

Essa disputa, em sua forma radicalizada, *foi em grande medida (ainda que não exclusivamente) estruturada pelo modo de operação das redes sociais e seus algoritmos*, que não favorecem o debate público, sendo mesmo a antítese de qualquer ideia de esfera pública como espaço de construção de preferências e intercâmbio comunicativo de divergências, afinidades e afetos.

A radicalização nas redes sociais teve, sugiro aqui, lastro estrutural, de cujas dimensões cabe ressaltar: estilos de vida das classes médias, vistos como ameaçados pela emergência de segmentos subalternos das mesmas classes médias e também das classes populares; lealdades políticas explícitas ou nem tanto frustradas nas eleições de 2014 (no caso dos detratores do PT); valores morais e éticas do trabalho irredutíveis uns aos outros; emergência das juventudes na cena pública reivindicando espaço de participação num ambiente visto por elas como controlado por velhas gerações de corruptos; múltiplos e pulverizados centros de constituição de identidades políticas ou, o que dá no mesmo, fragmentação dos mecanismos tradicionais de coordenação da ação coletiva; crise da institucionalidade democrática e seus mecanismos representativos; e cristalização da corrupção (tema surgido ainda em 2013) como catalizadora dos muitos temas da agenda do mal-estar civilizatório.

O impeachment de Dilma Rousseff foi momento crucial de nossa história política, que revelou a centralidade das muitas frações das classes médias e suas divisões internas no delineamento dos limites e possibilidades dos destinos da nação, bem como de nossa democracia. As classes populares também estiveram presentes nos desdobramentos dos eventos, mas a direção do processo

---

[41] A referência aqui é o clássico de Korpi (1983) sobre a socialdemocracia sueca.

histórico foi conferida pelas classes médias e altas, e por seus vocalizadores na esfera pública midiática e nas redes sociais.

Nesse sentido, os diferentes segmentos das classes médias (e populares em menor medida) construíram suas identidades, na conjuntura em apreço, pela mediação do Estado e da política institucional. Não se constituíram como movimentos sociais orientados por questões culturais, como na construção de Eder (2001) por exemplo. Muito ao contrário, seu ímpeto mobilizador foi alimentado por questões do mundo da política, e os signos produzidos, bem como seus significados, só ganham inteligibilidade no âmbito da luta política pelo controle do poder de Estado. Entre nós o radicalismo das classes médias e de segmentos das classes populares que foram às ruas aflorou na disputa pelos destinos da nação, em especial em reação ao fato de que o Estado havia tomado a frente como seu artífice ou liderança maior.

Logo, é preciso distinguir as Jornadas de Junho de 2013 — exaltadas como momento de "abertura societária" (Bringel e Players, 2015) e de transformação do ambiente e dos conteúdos do conflito social, no qual a ausência de coordenação vertical por parte de instituições típicas da sociabilidade democrática (partidos, sindicatos, movimentos sociais mais tradicionais) levou à ampliação constante de temas e pautas de reivindicação, ou simplesmente à afirmação de identidades — dos movimentos de 2015 e 2016. Muitas organizações da "velha" democracia patrocinaram estes movimentos, dentre elas a imprensa empresarial, os partidos e sindicatos de oposição ao governo Dilma Rousseff, organizações empresariais como FIESP, CNI e FEBRABAN, o Supremo Tribunal Federal e o sistema de Justiça como um todo, que respaldou a Operação Lava Jato e, ao fim, o Congresso Nacional. O protagonismo das classes médias não teria assumido a dimensão que assumiu se não tivesse galvanizado as instituições da democracia tradicional, manietadas para golpear a própria democracia e suas instituições. O golpe de 2016 alimentou-se das classes médias e altas nas ruas, que por seu lado deram o aval ao vilipêndio da ordem democrática praticado pelos poderes da República.

Essas hipóteses dialogam com a literatura sobre movimento sindical, movimentos sociais e outras do gênero, que chamaram e chamam a atenção, de maneira obviamente correta, para a importância desses movimentos para a dinâmica democrática e para a abertura do regime político em diferentes conjunturas no Brasil (como, por exemplo, o seminal ensaio de Oliveira, 2002). Mas sugerem que essa literatura apreende apenas parcialmente a dinâmica política do país, ao deixar de lado as classes médias como agentes sempre presentes, sempre decisivos nas conjunturas críticas, por vezes agindo no sentido de impedir que as pressões populares tenham impactos relevantes nos processos decisórios e na formulação de políticas públicas, por vezes sendo decisivas em momentos cruciais da ampliação dos direitos políticos e sociais, como a resistência à ditadura militar-civil de 1964 ou a defesa do legado dos governos liderados pelo PT, como mostro em Cardoso (2020).

Classes médias (mas não apenas elas) em pugna

Retomemos, então, a principal evidência da disputa entre setores das classes médias urbanas na conjuntura que interessa. A Tabela 9 sistematiza as informações fornecidas mais acima, e traz o perfil social dos manifestantes contra e a favor do governo Dilma Rousseff entre março de 2015 e março de 2016 na cidade de São Paulo, segundo o Datafolha. A amostra não é de modo algum representativa do país. Reflete a polarização que tomou conta de São Paulo, estado responsável pelas maiores manifestações no período. Mas é exemplar do processo que tento reconstituir aqui.

Foram oito grandes manifestações em um ano, cinco contra e três a favor do governo. O público das manifestações a favor foi, em cada uma isoladamente e tomando-as em seu conjunto, bem menor do que o dos protestos contrários à presidenta Dilma Rousseff. Pelas contas do Datafolha, estas teriam reunido mais de um milhão de pessoas, e aquelas, perto de duzentos mil, e isso apenas na cidade de São Paulo.

A primeira constatação é a de que, ao menos no início, os públicos tiveram perfil bastante distinto um do outro, e ambos estavam muito distantes do perfil dos moradores da cidade de São Paulo. Tomando-se as faixas de rendimento, nos quatro primeiros protestos *contra* Dilma, mais de 40% dos presentes ganhavam 10 salários mínimos ou mais. O último evento, de março de 2016, foi a única exceção. Ainda assim, 37% dos presentes estavam nessa faixa de renda. Na população paulistana a proporção nesse estrato não passava de 11%. Se incluirmos a faixa de 5 a 10 salários mínimos, chega-se a quase 70% dos que foram às ruas contra o governo, comparando com os 26% da população da capital nessa faixa de renda. A "base da pirâmide" mencionada por Singer (2013), de pessoas ganhando até 3 salários mínimos, foi de 14% nos cinco protestos, mas era 52% dos paulistanos. Tal como em junho de 2013, os mais pobres estavam nas ruas contra o governo, mas em proporção muito inferior à sua participação na população total.

Setenta por cento ou mais se declararam brancos, quando na população da cidade a proporção não chegava a 50%. Setenta e seis por cento ou mais tinham ensino superior, contra 28% na população, e aqui é sempre bom recordar o achado do capítulo II de Cardoso e Préteceille (2020), segundo o qual a probabilidade de um diplomado no ensino superior estar ao menos na classe média "média" era de 75% em 2014, e de 86% de estar ao menos na classe média baixa. Logo, era de 65% a probabilidade de que os manifestantes fossem das classes médias e superiores. E a idade média dos manifestantes era muito mais alta do que a dos habitantes da cidade.

Enquanto Aécio Neves teve 34% dos votos na cidade no segundo turno da eleição de 2014 (como mostra a mesma tabela), em 3 das 5 manifestações contra Dilma mais de 80% declararam ter votado no tucano. Por fim, a preferência pelo PSDB entre os manifestantes era pelo menos 3 vezes maior do que a encontrada entre os moradores. Ainda assim, em um único caso (março de 2015) ultrapassou um terço dos manifestantes. Ou seja, a preferência partidária idenficou apenas parte (minoritária) dos presentes nas ruas contra o governo, o que sugere que o voto em Aécio Neves teve, para a maioria, caráter plebicitário, ou contrário à candidata do PT, e que o repúdio ao governo era apenas parcialmente filtrado pela afinidade com o PSDB. Isto é, o voto em Aécio foi mais claramente multipartidário e antipetista, assim como o foi o alinhamento dos manifestantes antigovernistas.

O público que apoiou Dilma nas ruas foi bem distinto, e variou ao longo do tempo de uma maneira que não se viu entre os detratores do governo. A "base da pirâmide" (renda de até 3 salários mínimos), por exemplo, englobou 41% dos presentes na manifestação de agosto de 2015, caindo para 30% na de dezembro e para 21% na de março de 2016. No primeiro evento os mais pobres presentes estavam próximos de sua participação na população, de 51%, mas nos demais o perfil se deslocou para os setores médios e, em menor proporção, médio-altos de renda.

Pessoas com rendas de 5 a 20 salários mínimos eram 36% na primeira manifestação pró-dilma, e 46% na última. Houve, portanto, progressiva "medianização" dos que foram às ruas em apoio ao governo, e os com renda de mais de 10 salários não passaram de 23% nos três eventos. As classes médias mais altas estavam também presentes no apoio a Dilma, mas em menor proporção do que entre seus detratores.

Tabela 9
Perfil dos manifestantes contra e a favor do governo da presidenta Dilma Rousseff em 2015 e 2016, na Cidade de São Paulo (em %)

	Perfil dos/as manifestantes	População da cidade de SP em 29/10/2015	Contra Dilma					A favor		
			A	B	C	D	E	F	G	H
Renda	Até 2 S.M.	29	7	6	6	6	6	24	16	9
	Mais de 2 a 3 S.M.	23	7	8	8	8	8	17	14	12
	Mais de 3 a 5 S.M.	20	15	14	13	12	17	16	20	23
	Mais de 5 a 10 S.M.	15	27	24	25	25	26	21	25	28
	Mais de 10 a 20 S.M.	8	22	25	25	26	24	15	15	18
	Mais de 20 a 50 S.M.	2	16	13	14	14	11	5	6	5
	Mais de 50 S.M.	1	3	3	3	4	2	0	0	1
Cor	Branca	48	69	73	75	80	77	46	52	62
	Parda	33	20	18	17	12	15	32	25	20
	Preta	14	5	4	3	2	4	17	18	14
	Outra	5	5	5	5	5	3	4	4	4
Sexo	Masculino	47	63	56	61	58	57	59	60	57
	Feminino	53	38	44	39	42	43	41	40	43
Idade (a)	De 12 a 20 anos	16	6	5	5	3	4	5	5	9
	De 21 a 25 anos	9	9	6	6	4	5	7	8	12
	De 26 a 35 anos	19	28	19	19	16	19	22	21	27
	De 36 a 50 anos	16	36	30	30	30	33	34	30	26
	51 anos ou mais	29	21	41	40	47	40	32	35	26
	Idade média (anos)	35,5	39,6	45,2	45,3	48,2	45,5	42,7	43,4	38,9
Escolaridade	Fundamental	27	2	3	4	4	4	18	12	5
	Médio	45	21	20	20	16	18	30	26	18
	Superior	28	76	77	76	81	77	52	62	78
Partido preferido	Nenhum	71	51	56	52	55	68	20	23	25
	PSDB	10	37	32	33	30	21	0	0	0
	PT	11	1	1	1	0	1	60	58	48
Voto Segundo Turno 2014	Aécio Neves	34	82	83	77	84	79	5	3	2
	Dilma Rousseff	40	3	3	5	3	3	83	88	90
	Não votou	13	6	7	10	7	9	6	5	5
	Branco/nulo/nenhum	9	8	6	7	5	8	6	3	3
	Não sabe	3	1	1	1	1	1	1	1	0

Fonte: Datafolha e PNAD 2015 para idade na RM paulista
(a) Idade dos moradores da Região Metropolitana de São Paulo, calculada a partir da PNAD 2015
A: Av. Paulista 15/03/2015; B: Av. Paulista 12/04/2015; C: idem 16/08/2015; D: idem, 13/12/2015; E: idem, 13/03/2016; F: Largo Batata 20/08/2015; G: Av. Paulista e Pça. República, 16/12/2015; H: Av. Paulista, 18/03/2016

Enquanto 70% ou mais destes últimos se declararam brancos nos 5 eventos contra o governo, entre os defensores de Dilma o perfil foi se tornando mais branco, saindo de 49% de pretos e pardos na primeira manifestação (próximo do perfil da população da cidade), para 34% no último, com os brancos indo de 46% para 62% do total.

Outra notável diferença entre as dinâmicas dos dois públicos é o fato de que a maioria dos defensores do governo declarou preferência pelo PT, mas a proporção foi decaindo com o tempo (de 60% no início para 48% no final), enquanto cresceu a proporção que declarou ter votado em Dilma. De todo modo, mesmo na primeira manifestação, 40% não declararam preferência pelo PT, sugerindo expressiva adesão supra ou multipartidária.

Temos, neste caso, movimento chiástico. Da primeira à última mobilização pró-governo, as ruas foram ficando menos "petistas" e menos "populares", tornando-se mais pluralistas em termos partidários e mais de classe média em termos de renda e escolaridade: o pessoal com nível superior sai de 52% na primeira manifestação para atingir 78% na última, *tornando o perfil dos dois públicos idêntico nesse pormenor.* Como, porém, a renda média dos defensores de Dilma era bem mais baixa e a proporção de não brancos maior, pode-se alimentar a hipótese de que os diplomas universitários destes últimos davam acesso a ocupações menos valorizadas (em termos de acesso à renda) do que os do público antigovernista, sendo maior a probabilidade que pertencessem às classes médias baixas.

Dizendo de outra maneira, e mais enfaticamente: o perfil da última mobilização pró-governo era mais próximo (embora de modo algum idêntico exceto na escolaridade superior) do perfil dos detratores do governo em termos demográficos. Mas o que os aproximou e os opôs, quanto mais se aproximava o desfecho do processo de impeachment, foi a defesa ou o repúdio ao governo, de forma cada vez mais independente do perfil partidário dos manifestantes. As ruas opuseram, de forma crescente, antipetistas e anti-antipetistas, mais do que petistas e psdbistas, com isso reproduzindo a polarização do segundo turno eleitoral, quando as forças políticas se alinharam a um dos dois candidatos finalistas.

Às portas da votação do impeachment, era como se os manifestantes, a maioria pertencente a diferentes segmentos das classes médias (com importante presença de seus segmentos ascendentes), reproduzissem nas ruas suas preferências eleitorais, uns defendendo o voto vencedor, outros buscando reverter o resultado eleitoral a seu favor. Diferença importante, obviamente.

Uns defendiam um mandato concedido nas urnas, outros, ao demandar o impeachment da presidenta, tentavam subverter as regras do jogo democrático, forçando, com manifestações massivas amplamente apoiadas pela mídia escrita e televisiva, a derrubada da presidenta eleita.

Essa foi a marca da polarização na conjuntura. Do lado anti-governo, uma militância multipartidária, que votou em Aécio não por ser o candidato do PSDB, mas por ser o candidato antigovernista. Portanto, sua identidade se definia sobretudo *contra* o governo, tendo no antipetismo seu elemento fulcral, misto de condenação à corrupção, frustração de expectativas por causa da crise econômica e outros, como venho mostrando aqui. Entre os que se bateram em defesa de Dilma, os petistas ganharam crescente apoio de múltiplas correntes, cuja identidade amalgamou defesa do governo (ainda que não concordando com ele), rechaço aos conteúdos trazidos à cena dos protestos pelas oposições etc.. A polarização, portanto, transcendeu os partidos, reiterando a forma iniciada em 2013 de busca constante de construção de identidades e afinidades políticas *nas ruas*, de forma projetiva, tendo por referência, porém, o exercício do poder de Estado, o que não ocorreu em 2013. Havia, pois, um polo muito claro, dos incumbentes do poder (o PT e seus aliados), mas cuja oposição, no outro polo, *não tinha tradução clara* em preferências partidárias. Seu partido era o antipetismo e os significados que este adquiriu na conjuntura.

Antecedentes

Em 2009, num texto bastante influente, André Singer afirmou que, na eleição de 2006, teria ocorrido importante "realinhamento eleitoral" da população. O "subproletariado", que, segundo ele, *sempre* se mantivera distante de Lula, "aderiu *em bloco* à sua candidatura depois do primeiro mandato, ao mesmo tempo em que a classe média se afastou dela" (Singer, 2009, p. 83, grifo meu). O autor transcreve pesquisas do IBOPE de 2006, nas quais, segundo ele, seria nítido o viés "de classe" do voto em Lula: no primeiro turno, 55% dos eleitores com renda familiar de até 2 salários mínimos (o "subproletariado") pretendiam votar nele, contra 29% dos eleitores com renda familiar superior a 10 salários mínimos (a "classe média") (idem, p. 85). No segundo turno, 64% e 36% respectivamente.

Estranhamente, Singer não oferece os dados da eleição de 2002 para sustentar o argumento do "realinhamento eleitoral" da população. Em lugar disso, recorre a outro momento do que ele denominou "polarização por renda" das intenções de voto, a eleição de 1989, na qual Lula aparecia com 41% das preferências no segundo turno entre os com renda de até 2 salários mínimos, e 52% entre os com renda de mais de 10 salários, segundo o mesmo IBOPE, enquanto as intenções de voto em Collor de Mello eram de 51% e 40% respectivamente. Em 1989 Lula era mais preferido entre eleitores das classes médias do que entre os mais pobres, algo que se teria invertido em 2006.

Se tivesse oferecido ao leitor os dados disponíveis para 2002, André Singer se veria obrigado a matizar suas conclusões sobre o realinhamento ocorrido em 2006. Ocorre que, segundo o mesmo IBOPE, às vésperas do primeiro turno de 2002, Lula tinha menos de 43% das intenções de voto dos eleitores com renda familiar de até 2 salários mínimos, mesma proporção encontrada entre eleitores com renda de mais de 10 salários. Portanto, em 2002 a proporção de pessoas com renda mais alta disposta a votar em Lula era 10 pontos percentuais inferior à encontrada em 1989. E a proporção de intenção de voto entre os mais pobres era equivalente, pouco superior a 41%. Ou seja, o realinhamento eleitoral da "classe média" se expressou já em 2002. Ele se aprofundaria em 2006, quando apenas 30% dos eleitores com renda de mais de 10 salários pretendiam votar no candidato petista, contra 55% dos com renda de até dois mínimos. Entre 2002 e 2006, pois, doze pontos percentuais dos votos dos mais ricos abandonaram o "lulismo", enquanto doze pontos percentuais dos votos dos mais pobres migraram para Lula.

Esse deslocamento, se de fato expressa um realinhamento eleitoral, não é suficiente para sustentar o argumento de que "a classe média" (no singular) se teria afastado do "lulismo". A afirmação é uma generalização que não encontra suporte nos dados oferecidos pelo autor. Lula teve a intenção de voto de 30% das pessoas de renda mais alta, e 45% (*ou quase metade*) dos de renda mais baixa *não pretendiam votar nele*. Logo, o mais correto seria dizer que *uma parcela minoritária* das classes melhor remuneradas abandonou o "lulismo", parcela correspondente a menos de 1/3 desses eleitores: eles eram em torno de 42% em 2002, caindo para 30% em 2006. Isso quer dizer que 70% dos eleitores melhor remunerados, muitos deles pertencentes às classes médias, permaneceram com Lula apesar do escândalo do "mensalão", principal "causa" apontada por Singer para a revoada da "classe média" das hostes do "lulismo". E o "subproletariado" não aderiu "em bloco", como afirma o autor, já que 45% dos mais pobres não pretendiam votar em Lula no primeiro turno.

Dizendo de outra maneira: ao contrário do que quer Singer e muitos outros analistas que seguiram seus passos, parcela expressiva das classes médias permaneceu com Lula mesmo diante do bombardeio que se abateu sobre sua administração, em função do escândalo do "mensalão". Generalizações sobre o "afastamento da classe média" e a "adesão em bloco do subproletariado" estão simplesmente equivocadas, porque não consideram que apenas 43% dos mais bem remunerados parecem ter votado em Lula em 2002 (o que estava longe de configurar adesão generalizada das classes médias a ele então), e que 45% dos mais pobres *não* pretendiam votar nele em 2006 (o que também está longe de configurar adesão *generalizada* dos mais pobres ao "lulismo" em 2006). Entre 2002 e 2006 Lula parece ter perdido apoio de 30% do eleitorado de classe média que esteve com ele no primeiro instante, *mas reteve 70% desse mesmo eleitorado.*

Em 2010, ainda segundo o mesmo IBOPE, as intenções de voto em Dilma Rousseff na véspera do primeiro turno eram praticamente as mesmas: 30% entre os com renda superior a 10 mínimos, e 52% entre os com renda de até 2 mínimos. O cenário só mudaria em 2014, quando 25% dos eleitores melhor remunerados (acima de 10 salários mínimos) pretendiam votar na candidata do PT no primeiro turno, mantidos os mesmos 52% de intenções de voto entre os mais pobres. O "lulismo", pois, perdeu outros 5 pontos percentuais entre as classes médias mais aquinhoadas, mas ainda assim estamos falando de uma perda de 40% em relação a 2002 (25% / 42%), e não de um "afastamento geral" das classes médias das bases eleitorais do PT[42].

O processo de radicalização política da conjuntura de 2013-2016 só pode ser compreendido se levarmos em conta que as classes médias *se dividiram* ao longo do processo, com uma parcela antes aderente ao PT se lançando na oposição (à direita e à esquerda, é bom ressaltar) às administrações lideradas pelo partido, enquanto outra parcela se colocou na trincheira em defesa dessas administrações. *E uma parcela não desprezível, majoritária já em 2002, nunca sufragou Lula ou o PT.*

Nem André Singer nem os partidários da tese do "realinhamento eleitoral" de 2006 estão atentos a esse último aspecto. Ele quer dizer o seguinte: (i) uma parcela das classes médias manteve sua lealdade ao PT, apesar dos escândalos de corrupção. Essa parcela era equivalente a 60% das hostes originais dessas classes que antes (2002) tinham votado no partido. Esse contingente pode ser compreendido como mais "petista" do que "lulista"[43]; (ii) o partido

---

[42] As pesquisas do IBOPE utilizadas aqui estão todas disponíveis na internet.

[43] Para essa distinção, ver Singer (2012). Uma crítica é Maciel e Ventura (2017).

ampliou suas bases de sustentação para incluir eleitores mais pobres, atraídos em função das políticas públicas de promoção social que ganharam o rosto do "lulismo". Esse contingente foi mais "lulista" do que "petista", no sentido de que respondeu mais pragmaticamente ao bem-estar econômico vivido nos dois primeiros governos Lula. Parte substancial das novas classes médias, que viveram processo de ascensão social no período, tal como identificado em Cardoso e Préteceille (2020), deve ser enquadrada nesse contingente. Foi ela que sofreu os efeitos da crise econômica latente em 2013 e profunda a partir do segundo semestre de 2014, vivendo processo de frustração de expectativas de tipo tocquevilliano que discuti antes; (iii) *parcela majoritária das classes médias nunca votou no PT*, e foi engrossada pelos segmentos médios que abandonaram o "petismo" em 2006 e novamente em 2014.

Em suma, o afastamento de parcelas distintas das classes médias das bases eleitorais do PT é inegável, e teve início já em 2002, portanto antes do "mensalão", tendo se ampliado em razão do escândalo e se aprofundado em 2014 em meio à maré montante de novas denúncias, apurações, prisões e a generalizada criminalização das administrações petistas pelos meios de comunicação de massa e o sistema de justiça como um todo. As razões para essas tomadas de posição não podem ser apreendidas por generalizações simplificadoras. Sigamos, pois, a passo.

Distinção, ou as invasões bárbaras

Em Cardoso e Préteceille (2020) revelamos incontestável hierarquização da sociedade brasileira segundo a estrutura de classes ali proposta. E as classes médias e superiores revelaram dinâmica populacional e educacional muito distinta das classes urbanas mais baixas, para não falar das classes rurais. Migraram menos, ou seja, construíram suas redes sociais e oportunidades de vida de forma bastante menos desterritorializada do que as outras classes, sobretudo nas regiões metropolitanas. Sua hierarquia interna mostrou-se claramente estruturada segundo linhas de gênero, raça e geração, que não encontramos nas outras classes urbanas.

Isso sugere que as barreiras à entrada nas posições de classe média reproduzem, de forma mais intensa do que nas outras classes, as linhas de força que estruturam a sociabilidade desigual no país de um modo geral. É como se essas classes, contrariamente ao que seria de se esperar, não estivessem no controle dos mecanismos de sua reprodução, já que sujeitas, em sua hierarquia interna, a automatismos estruturais e culturais, como o racismo e as discriminações geracional e de gênero. Nossa análise sugeriu que a hierarquia presente nas classes médias e superiores é tão fortemente estruturada por aqueles automatismos *porque* as posições de classe média, sobretudo as de classe média "média" e alta, são *protegidas* contra o avanço de jovens, mulheres e não brancos/as em suas hostes. As mulheres estão muito presentes apenas na classe média baixa. Uma das barreiras de proteção é, justamente, a escolaridade. Mas ela não é a única, já que as mulheres têm, no Brasil de hoje, mais anos de estudos do que os homens, e estão em menor proporção nas posições que exigem diploma superior; e os não brancos chegam às posições superiores em proporção muito menor do que sua presença na população, mesmo quando mais escolarizados. Logo, parece haver outras barreiras, nem sempre explícitas, associadas a gênero e raça. No caso da idade, a hierarquia parece ordenar o ciclo de vida das pessoas, e tudo indica que a ascensão social seja condicionada, nas classes médias e superiores, também pela experiência na força de trabalho, além da escolaridade.

Ou seja, indivíduos e famílias das classes médias estão ordenados em sólida hierarquia de posições, claramente distinta das demais classes urbanas. Isso pode estar associado a alguma *estabilidade* e *exclusividade* de estilos de vida, o que, por seu lado, pode estar por trás da violenta reação desses segmentos diante da ascensão social, pela renda, das classes mais baixas ao longo dos governos da coalisão liderada pelo PT, sobretudo no período 2003-2014, incluindo as classes médias baixas identificadas em Cardoso e Préteceille (2020). A inclusão de partes dessas classes nos ambientes de consumo e sociabilidade antes exclusivos das frações mais altas das classes médias e das classes superiores foi vivido como espécime tropical das invasões bárbaras.

Algumas das políticas sociais dos governos liderados pelo PT tocaram em pontos muito sensíveis da identidade social e dos valores das frações médias e superiores das classes médias. Em Cardoso e Préteceille (2020, cap. IV) mostrou-se que o investimento na educação dos filhos é um dos principais mecanismos de transmissão de suas posições de classe, ou de realização, neles, do sonho de ascensão social que não foi possível a pais e mães das classes médias baixas, em razão da pequena oferta de ensino superior no passado. E o acesso ao ensino superior de qualidade, característico da universidade pública, continua sendo garantia de reprodução da hierarquia de posições: a posse de um diploma universitário colocava a pessoa, homem ou mulher, numa posição pelo menos de classe média "média" em 76% dos casos em 2014, como já dito[44]. Trata-se de inequívoco ativo nos mercados de trabalho, que dá aos portadores de diploma condições mais vantajosas do que aos não portadores. E as classes médias brasileiras nasceram e cresceram num ordenamento social que limitou, e muito, o acesso dos mais pobres a esse nível educacional (Beltrão e Teixeira, 2005).

Esse ordenamento isolou de muitas maneiras os estilos de vida das classes médias e superiores das demais, em especial nos grandes centros urbanos. Proporção considerável habita "comunidades fechadas" (Caldeira, 2003)[45], condomínios protegidos e por vezes dotados de infraestrutura tal que insula parte substancial da sociabilidade de seus habitantes, reduzindo as oportunidades de contatos sociais com o *outro* de classe social inferior. E quando o contato ocorre, frequentemente é na forma da prestação de serviços pessoais, como o emprego doméstico, portanto na forma de relações de subalternidade e hierarquia. Os filhos frequentarão escolas privadas desde a mais tenra idade, e também nesse momento crucial da construção da personalidade e da identidade individual e coletiva o contato com crianças de outras classes é limitado. A verdadeira alteridade é rara, todos transitam a maior parte do tempo entre iguais em termos de classe. E permanecerá assim até o momento da escolha da carreira e a entrada, ou na universidade pública, que, até a adoção de políticas de promoção social pelos governos Lula e Dilma, era mais provável para os que tinham estudado nos ensinos fundamental e médio privados; ou numa das poucas universidades privadas de qualidade.

Como reflexo disso, em 2003 os brancos eram 49,5% da população do país, mas respondiam por 73,8% das matrículas no ensino superior, e 80% das matrículas de mestrado e doutorado (Schwartzman, 2005, p. 188).

As universidades tornaram-se ambientes bem mais inclusivos nos anos recentes. Durante os governos Lula, várias políticas de incentivo à adoção de cotas raciais e sociais por parte das universidades públicas redundaram na criação, mais ou menos voluntária por instituições de todo o país, de medidas de ação afirmativa, que permitiram que filhos das classes médias baixas e populares, particularmente os negros, tivessem acesso a elas (Feres Jr. et al., 2012). Em 2012 o governo Dilma Rousseff propôs e o Congresso aprovou uma lei que

---

[44] Dados da PNAD tabulados para este estudo. Se a pessoa tinha um diploma universitário, tinha 32% de chance de estar na classe média "média", 27,1% de estar na classe média alta, e 16,2% de estar nas classes superiores urbanas.

[45] Aspecto de modo algum exclusivo do Brasil. Para o caso argentino, ver Svampa (2001).

reserva metade das vagas das universidades federais a egressos de escolas públicas do ensino médio. Parte dessas vagas deve ser destinada a pretos, pardos e indígenas na proporção em que figurem na população de cada estado da Federação, tal como medida pelo Censo Demográfico do IBGE. Além disso, o ProUni e o Fies aumentaram sobremaneira as chances de acesso dos mais pobres ao ensino superior privado[46].

Em consequência, pretos, pardos e indígenas já eram maioria nas universidades federais em 2017, estando próximos de sua presença na população: 53% nas universidades, contra 56% na população em 2017, segundo a PNAD-Contínua[47]. É verdade que negros e demais beneficiados pelas políticas de ação afirmativa continuam sub-representados nas carreiras de maior prestígio, como medicina, engenharias, arquitetura, design e direito, estando muito mais presentes nas carreiras que configuram ocupações de classe média "média" e baixa, como o serviço social e a licenciatura em letras[48]. Ainda assim, o fenômeno recente da convivência entre classes distintas nos ambientes universitários antes exclusivos das classes médias "médias" e superiores não pode ser negligenciado quando tratamos do medo da desclassificação desses estratos, algo que foi largamente estudado por Pierre Bourdieu nos anos 1970 e está na importante obra de Roberto Grün sobre o Brasil (1994, 1996 e 1998) e em Leal (2020)[49].

Deve-se colocar nessa mesma chave interpretativa a reação aos "rolezinhos" ocorridos em várias partes do Brasil a partir das primeiras manifestações em São Paulo, em dezembro de 2013 e janeiro de 2014[50]. Tratou-se, inicialmente, de manifestação de jovens das periferias paulistanas que, por meio das redes sociais, se organizaram para "dar um rolê" em shopping centers da capi-

---

[46] O ProUni foi criado no primeiro mandato de Lula, para financiar o acesso ao ensino privado por parte de egressos do ensino médio que não conseguissem passar no vestibular das universidades públicas, ou não conseguissem acesso a ela pelo ENEM (Exame Nacional do Ensino Médio). Dependendo da renda familiar do estudante a bolsa pode corresponder a 100% do valor da mensalidade. O Fies é um mecanismo de financiamento ao estudante por meio de empréstimo da Caixa Econômica Federal, a ser restituído após a formatura. Ver Feres Jr. et al. (2012).

[47] Os microdados da PNAD Contínua, do IBGE, foram tabulados para este estudo.

[48] A esse respeito ver a sistematização dos dados do Censo da Educação Superior do INEP, de 2017, disponível em https://www.nexojornal.com.br/grafico/2017/12/13/Gênero-e-raça-de-estudantes-do-ensino-superior-no-Brasil-por-curso-e-área (acessado dezembro de 2019).

[49] Ver também Velho (1973), Salem (1986), Diniz (1998) e Barbosa (1998).

[50] A atenção das ciências sociais foi atraída pelos rolezinhos. Ver, dentre muitos outros, Caldeira (2014), Vargas (2014), Stangl (2016), Trotta (2016), Barbosa-Pereira (2016) e Pinheiro-Machado (2019).

tal, iniciando por um localizado em Itaquera, bairro periférico. A administração do shopping chamou a polícia com medo do que a ela pareceu um "arrastão", houve tumulto e violência e a cobertura da imprensa criminalizou a prática, que foi proibida por alguns estabelecimentos comerciais, o que gerou ações na justiça em torno do direito de ir e vir, além de intenso debate público. Os rolezinhos se multiplicaram pelas capitais brasileiras nos dois anos seguintes, como mostra Stangl (2016), e a polêmica prosseguiu.

O rolezinho é uma manifestação cultural estreitamente associada ao funk ostentação, movimento juvenil que tem entre suas práticas a circulação pelos espaços da cidade (Caldeira, 2014; Trotta, 2016). Nesse aspecto, não representaria novidade, já que os jovens que ocuparam os shoppings são os mesmos que ocupavam praças, ruas e espaços públicos para ouvir música e se divertir, às vezes com violência. Se São Paulo é uma metrópole fortemente segregada, com as classes sociais mais abastadas vivendo em bairros com diminuta presença de classes mais baixas (Préteceille e Cardoso, 2008), o rolê dos jovens é uma forma de romper ou fluidificar as barreiras simbólicas e físicas da segregação espacial. A novidade, no caso desses rolezinhos, estava no espaço escolhido para a festa: shopping centers "de elite", espaços das classes médias que foram "invadidos" por jovens de maioria negra, ou, nos termos de Caldeira (2014), afrodescendente, e de classes populares.

Tereza Caldeira sustenta que o rolezinho é expressão, ainda, de mudanças nos hábitos de consumo das classes populares, de um padrão mais coletivo e familiar, restrito aos espaços periféricos e em grande medida voltado para a autoconstrução da casa própria e seu posterior aprimoramento, para um padrão mais individualizado, com os filhos não compartilhando com os pais os compromissos com a estabilidade habitacional. A individualização dos hábitos de consumo, a melhoria de renda das classes populares e a tradição cultural da juventude periférica de ocupar os espaços da cidade, resultaram na eleição dos shoppings centers como óbvios alvos de lazer e consumo, agora mais acessíveis a esses jovens.

A "invasão", então, desafiou a histórica divisão, nas metrópoles brasileiras e muito particularmente a paulista, entre os espaços de consumo das classes médias e superiores e os das demais. A reação contrária de alguns segmentos mais elitizados daquelas ganhou a forma, nas redes sociais e na imprensa, de evidente preconceito racial e de classe (como mapeia Stangl, 2016. Ver tb. Pinheiro-Machado, 2019).

As reações ao rolezinho não foram eventos isolados. Quatro anos antes um conhecido colunista do jornal *Folha de S. Paulo* escreveu que detestava aeroportos "e classes sociais recém-chegadas a aeroportos, com sua alegria de praças de alimentação. Viajar, hoje em dia, é quase sempre como ser obrigado a frequentar um churrasco na laje"[51]. Preconceito de classe em sentido puro, o lamento do colunista, que se autoproclamava de direita, pranteia um mundo perdido, no qual aeroportos eram ambientes de sociabilidade de "iguais". É difícil aquilatar até que ponto ele vocaliza opinião apenas pessoal, ou expressa um sentimento mais geral das classes médias suas leitoras. Se considerarmos que a Folha, como qualquer outro veículo da mídia empresarial, produz informação para público por ela muito bem conhecido[52], é provável que o lamento do colunista fosse compartilhado por larga audiência de classe média.

Mas, como venho sugerindo aqui, as classes médias são heterogêneas, e segmentos distintos disputaram o significado da prática cultural da juventude negra. Outro colunista, igualmente conhecido dos paulistanos, criticando o ponto de vista acima, sugeriu que as classes médias estavam sofrendo de "aporofobia", uma espécie de "intranquilidade em relação à manutenção daquilo que é tido como privilégio próprio de uma classe". E foi além:

> Os aporofóbicos temem sobretudo uma "contaminação" de seu mundo por essa legião de pobres alçados, de uma hora para outra, à categoria de "consumidores" dos mesmíssimos bens outrora reservados à "velha" classe média. Os aeroportos tumultuados e o excesso de carros nas grandes cidades parecem ter se tornado os elementos simbólicos dessa guerra[53].

Esses dois pontos de vista resumem bem o espírito de época: dois articulistas de classe média manifestando opiniões divergentes sobre o fenômeno da ascensão social dos mais pobres. Ambos operavam no âmbito da matriz discursiva que caminharia para a polarização e a radicalização que marcaram os anos 2015 e 2016.

---

[51] Luiz Felipe Pondé no jornal *Folha de S. Paulo* de 15/11/2010, disponível em http://www1.folha.uol.com.br/fsp/ilustrad/fq1511201016.htm (acessado em dezembro de 2019).

[52] O grupo *Folha de S. Paulo* é proprietário da empresa de pesquisa *Datafolha* que, além de levantamentos políticos e eleitorais, realiza pesquisas de mercado para aferir a aceitação do jornal e ajustar sua linha editorial que, como se lia na propaganda do jornal nos anos 1990, estava "de rabo preso com o leitor".

[53] Marcos Guterman no jornal *O Estado de S. Paulo* de 10/12/2010, disponível em http://politica.estadao.com.br/blogs/marcos-guterman/o-governo-lula-e-a-aporofobia/ (acessado em dezembro de 2019).

A matriz discursiva: anticomunismo, corrupção, antipetismo

O "anticomunismo" foi elemento central dessa matriz. Coloco entre aspas para chamar a atenção para o caráter "nativo" de um termo que denota mais propriamente um *sentimento*, não podendo ser enquadrado como conceito ou interpretação racional sobre o mundo. As frações das classes médias que se bateram contra a invasão de seus espaços de exclusividade e distinção classificaram como "comunistas" as políticas de transferência de renda aos mais pobres, as ações afirmativas que permitiram acesso ao ensino superior por parte de pessoas que de outra maneira não chegariam ali, as políticas de combate à violência contra a mulher, as muitas secretarias e mesmo ministérios voltados para a defesa dos direitos humanos, a legislação de proteção dos/as trabalhadores/as domésticos/as, a valorização do salário mínimo e o crescimento econômico, que tornaram muito mais caros os serviços domésticos, tanto em função dos salários quanto da escassez de mão de obra numa economia aquecida etc.

O anticomunismo tem longa história no Brasil. No pré-1964 esteve associado ao conservadorismo católico, ao nacionalismo militar e ao liberalismo das oligarquias agrárias e industriais que terminariam por patrocinar o golpe militar de 1964, com apoio da imprensa e de amplos setores das classes médias urbanas (Motta, 2002; Abreu, 2006; Ferreira e Gomes, 2014; Kaysel, 2015). Getúlio Vargas, João Goulart, Leonel Brizola, Miguel Arraes e tantas outras lideranças políticas que construíram suas carreiras com discursos e práticas que tinham em vista a melhoria das condições de vida das classes subalternas, foram taxados ou de comunistas, ou, enquanto "populistas", de aliados de comunistas, "lacaios de Moscou", como era moda dizer-se entre as elites conservadoras de então. Eram tempos de Guerra Fria, o anticomunismo não era apenas brasileiro, menos ainda exclusivo das parcelas mais conservadoras das classes médias. Era, como hoje, um *sentimento*, um *temor*: os comunistas eram ateus degenerados que expropriariam as pessoas de bem. Para muitos, invadiriam suas casas, "comeriam suas crianças", destruiriam suas famílias e tomariam posse de suas propriedades.

Na conjuntura radicalizada que desaguou nos grandes protestos de 2015 e 2016, o "anticomunismo" assumiu significados muito mais amplos. Como ponderou Kaysel (2018), o termo "comunismo" passou a ser associado a toda e qualquer prática identitária ou de demanda por direitos: movimentos feministas, LGBTs, negros; sem-terra, sem teto, sindicatos... Uma "cadeia de equivalências" incluiu ainda temas como aborto, controle de armas e direitos sociais em geral, dentre eles os direitos trabalhistas. Os governos da coalisão liderada pelo PT foram rotulados de comunistas, "bolivarianos", vermelhos, configurando redução propriamente autoritária do significado da inequívoca promoção social dos mais pobres levada a cabo por aquela coalizão. Os "comunistas" o eram por promover políticas que ameaçavam os espaços de distinção de parcelas das classes médias, seus estilos de vida e também seus valores.

Além do "anticomunismo", a rejeição das frações mais conservadoras das classes médias e mesmo de parcelas das classes populares ao projeto político do PT ganhou a forma de repúdio à corrupção. Já vimos que o tema dominara a agenda midiática em 2012 e 2013, em razão do julgamento da Ação Penal 470. Em março de 2014, quando o STF ainda apreciava alguns recursos dessa ação, foi deflagrada a Operação Lava Jato da Polícia Federal, investigação, de início, sobre presumidos esquemas de lavagem de dinheiro e evasão de divisas oriundas de tráfico de drogas, contrabando de pedras preciosas e dinheiro público. As conexões do doleiro responsável pelo envio de recursos ao exterior chegaram às maiores empreiteiras do país, e trouxeram a público esquemas de corrupção envolvendo superfaturamento de obras da Petrobras e pagamentos a partidos políticos (na ordem por número de denunciados, PP, PMDB e PT), administradores da petroleira e mais de uma centena de pessoas ligadas às empreiteiras e outras empresas. Ainda em curso (março de 2020), a operação se estendeu para a atuação das empreiteiras em obras por todo o país e também no exterior, estando ou não relacionadas com a investigação original. A operação, ademais, teve desdobramentos em vários estados, levando a novas denúncias, investigações e prisões de políticos e empresários[54].

As duas operações tiveram como principal alvo, no noticiário televisivo e impresso, o Partido dos Trabalhadores que, como indicou Singer (2016), passou mais de dez anos sendo retratado na mídia, dia após dia, como o mais, se não o único partido corrupto do país. E mais do que o PT, a Lava Jato conseguiu implicar o ex-presidente Lula, apontado por um dos procuradores responsáveis pelas investigações, num famoso *power point*, como o "personagem central" do esquema de corrupção na Petrobras[55]. Lula foi condenado no início de 2018 a mais de 12 anos de prisão, num processo que juristas de várias partes

---

[54] A operação já é objeto de dezenas de estudos, em várias áreas do conhecimento. Um eficiente resumo está em https://pt.wikipedia.org/wiki/Opera%C3%A7%C3%A3o_Lava_Jato (acessado em dezembro de 2019). Trato mais longamente dela no capítulo seguinte.

[55] Ver, por exemplo, https://veja.abril.com.br/brasil/lula-perde-acao-contra-dallagnol-por-causa-de-power-point/ (acessado em dezembro de 2019).

do mundo solidários com o ex-presidente qualificaram como *lawfare*, ou perseguição política por meios jurídicos[56].

O bombardeio midiático em torno da corrupção terminou por influenciar decisivamente as atitudes das pessoas em relação aos problemas do país. Em dezembro de 2014 o IBOPE realizou pesquisa de opinião pública sobre vários temas da agenda daquele momento, véspera do início do segundo mandato da presidenta Dilma Rousseff. Uma das questões pedia para o/a entrevistado/a indicar quais tinham sido as duas principais notícias sobre o governo veiculadas na imprensa "nas últimas semanas". A resposta era espontânea. O tema mais mencionado foi a Operação Lava Jato e a corrupção na Petrobras, com 31% das ocorrências, seguido por notícias sobre prisões de diretores da Petrobras na mesma operação, com 19% das menções. Outros 6% lembraram a prisão de diretores de empreiteiras na mesma operação. Ou seja, mais da metade (56%) das notícias mais lembradas tinham a ver diretamente com a Operação Lava Jato. A inflação, que voltava a dar sinais de crescimento, foi lembrada por apenas 8% dos entrevistados (Tabela 10).

A tabela revela ainda o inequívoco viés de classe da sensibilidade das pessoas ao noticiário sobre corrupção. Entre os entrevistados com renda acima de 5 salários mínimos, que incluía a maioria das classes médias "médias" e altas, nada menos que 73% das referências apontaram a corrupção entre as notícias mais lembradas, contra apenas 39% na faixa até 1 salário mínimo e 56% entre 1 e 2, mesmo valor encontrado na faixa imediatamente acima. Logo, ainda que mais saliente entre os mais ricos, o tema era sensível também para parcela expressiva das classes populares e das classes médias baixas, revelando que a saliência da corrupção cortava de alto a baixo a estrutura social.

Do mesmo modo, em questão sobre quais os principais pontos negativos do primeiro mandato da presidenta Dilma, não combater a corrupção ocupou o primeiro lugar nas menções espontâneas, com 17% do total, seguido de "poucos investimentos na área de educação", com 16%. Uma vez mais o viés de classe se mostrou evidente, com 21% das menções à corrupção no estrato de renda familiar de mais de 5 salários mínimos, contra apenas 11% entre os com renda de até 1 salário[57]. As classes médias e superiores não apenas eram mais

---

[56] Por exemplo, http://www1.folha.uol.com.br/poder/2016/11/1829175-professor-de-harvard-ve-presuncao-de-culpa-contra-lula-na-lava-jato.shtml (acessado em dezembro de 2019). E também Proner et al. (2017 e 2018)

[57] Dados em http://www.ibopeinteligencia.com/arquivos/antigos/JOB_2084-12_BRASIL%20-%20Relat%C3%B3rio%20de%20tabelas%20(imprensa).pdf, p. 68 (acessado em dezembro de 2019).

sensíveis ao noticiário sobre o tema, como nutriam expectativas mais intensas do que as camadas mais pobres quanto à atuação do governo no combate à corrupção.

Tabela 10
Principais notícias lembradas pelo/a entrevistado/a veiculadas "nas semanas anteriores", segundo faixas de renda familiar mensal (em salários mínimos). Brasil, dez/2014.

Temas selecionados	Renda familiar em nº sal. mínimos				
	Total	Até 1 SM	+ de 1 a 2	+ de 2 a 5	+ de 5
Operação Lava Jato/ Investig. da Polícia Federal sobre irregularidades Petrobras	31	18	30	32	43
Prisão de diretores da Petrobras na operação Lava Jato	19	14	20	20	23
Prisão de diretores de empreiteiras na operação Lava Jato	6	7	6	5	7
Inflação/aumento de preços	8	5	7	10	9

Fonte: IBOPE. Pesquisa com amostra nacional de 2002 pessoas, realizada entre 5 a 8 de dez/2014 [58]

Na mesma ordem de evidências, um ano depois, novembro de 2015, portanto após as grandes manifestações que associaram irremeavelmente o PT à corrupção e pediram o impeachment de Dilma Rousseff, com grande apoio midiático, o Datafolha perguntou a uma amostra de 3.5 mil pessoas de 16 anos ou mais qual era o principal problema do Brasil então. Trinta e quatro por cento responderam que era a corrupção, sendo aquela a primeira vez nos levantamentos do instituto que o tema figurou no topo das menções. O Gráfico 5 mostra a evolução dos três principais problemas apontados pelos/as brasileiros/as entre 2011 e 2015 nas pesquisas regulares daquele instituto.

A saúde variou em torno de 40% das respostas até dezembro de 2014, estando violência e segurança pública quase sempre em segundo lugar, com média inferior a 20%. A violência é suplantada pela primeira vez pela corrupção em junho de 2013 (a pesquisa foi a campo em 27 e 28 de junho, portanto uma semana depois das grandes manifestações dos dias 20 e 22). Em fevereiro de 2015 a segurança pública já figura em terceiro lugar, e em novembro de 2015 a corrupção aparece como "o principal problema do país". Vale notar, uma vez mais, que a opinião dos entrevistados variou segundo a renda (informação que não está no gráfico). A corrupção figurou como principal problema para 25%

---

[58] Disponível em http://www.ibopeinteligencia.com/arquivos/antigos/JOB_2084-12_BRASIL%20-%20Relat%C3%B3rio%20de%20tabelas%20(imprensa).pdf (acessado em dezembro de 2019).

das pessoas com renda familiar de até 2 salários mínimos, mas a proporção foi de 37% para renda de 2 a 5 salários mínimos, 44% de 5 a 10 salários, e 49% dos de renda familiar superior a 10 mínimos. Quanto maior a renda, pois, maior a percepção de que este era o principal problema do país.

Gráfico 5
Evolução da menção ao principal problema do país. Brasil, 2011-2015.

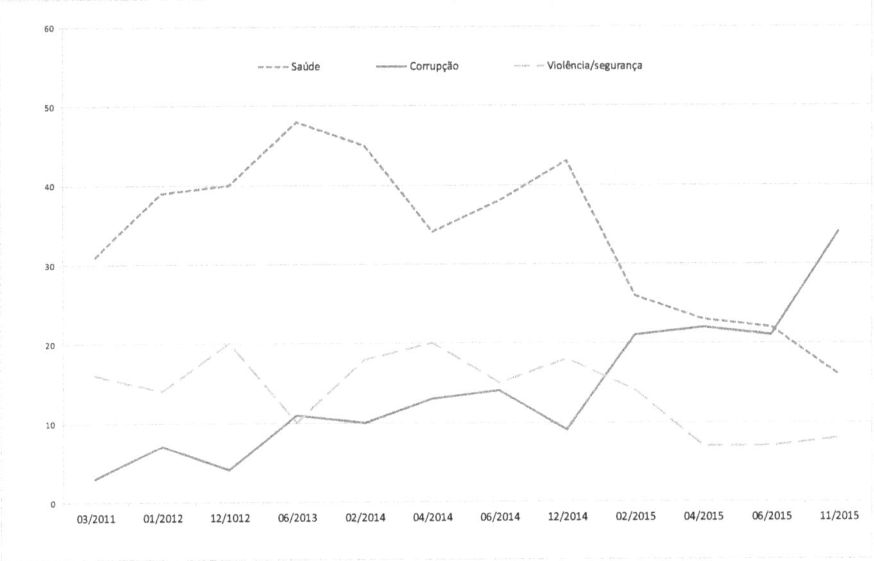

Fonte: Datafolha

A Tabela 11 apresenta evidências adicionais. Em dezembro de 2015, era muito maior a proporção de brasileiros que considerava que a maioria dos políticos do PT estava envolvida com corrupção do que a que pensava o mesmo a respeito do PSDB ou do PMDB, em todas as faixas de renda familiar e nas três faixas de escolaridade. Além disso, quanto maior a escolaridade e a renda, maior a proporção que nutria aquela percepção. Entre os com renda familiar de dez salários mínimos ou mais, que incluía boa parte das classes médias altas e também uma parcela das "médias", a proporção atingia 74%, a maior entre todas as faixas de renda. Note-se que a percepção da corrupção no PSDB, bem menor do que no PT, é indiferente às duas dimensões, enquanto no caso do PMDB também aumenta segundo a escolaridade e a renda familiar, sendo também inferior à do PT.

A tabela não mostra, mas mesmo entre os entrevistados que se declararam simpatizantes do PT, 30% consideravam que a maioria dos políticos do partido estava envolvida com corrupção.

Assim, a prática de corrupção pelo sistema político nos governos liderados pelo PT, envolvendo as grandes empreiteiras do país e a Petrobras, uma das maiores petroleiras do mundo, tal como apresentada diuturnamente nos meios de comunicação e assimilada como principal problema nacional por parcelas expressivas (e crescentes) da população adulta, contribuiu para a construção da matriz discursiva do "antipetismo", que é também "antilulismo", tendo na corrupção um de seus eixos estruturantes. E parte expressiva das classes médias era a mais sensível e a que mais repudiava esse estado de coisas, embora o repúdio fosse multiclassista. E já vimos no Capítulo I que isso incluía tanto as classes médias conservadoras quanto as progressistas, cada qual condenando a corrupção por razões distintas.

Tabela 11
Proporção de pessoas que acredita que a maioria dos políticos do partido está envolvida com corrupção (em % segundo escolaridade e renda familiar mensal). Brasil, dez/2015.

Partido	Escolaridade			Renda familiar mensal			
	Fundamental	Médio	Superior	Até 2 S.M.	Mais de 2 a 5 S.M	Mais de 5 a 10 S.M.	Mais de 10 S.M.
PMDB	41	44	49	42	45	49	52
PSDB	35	40	40	39	37	41	37
PT	54	61	65	56	59	68	74

Fonte: Datafolha[59]. Foram entrevistadas 2.810 pessoas de 16 anos ou mais em 172 municípios brasileiros.

Nas palavras de Luciana Tatagiba,

> [a] associação entre *antipetismo* e *luta contra a corrupção* ofereceu uma poderosa chave de leitura para os problemas brasileiros e, ao mesmo tempo, a solução para esses problemas. O *frame* "Fora CorruPTos" sintetiza essa interpretação segundo a qual o problema do Brasil é a corrupção, a causa da corrupção são os governos do PT e a superação do problema é o "Fora PT", "Fora Lula" e "Fora Dilma" (Tatagiba, 2017, p. 88, grifos da autora).

Matriz discursiva e identidade de classe

A condenação das administrações petistas não assume, para as frações progressistas das classes médias que foram às ruas, a forma de "antipetismo". Ou melhor, o distanciamento em relação aos governos liderados pelo PT não chegou a se constituir no seu elemento identitário principal. Isso se deu, em parte, porque os segmentos mais à esquerda, incluindo as classes médias intelectualizadas, recusaram desde logo a simbologia e o ideário trazidos às ruas

---

[59] Dados extraídos de http://media.folha.uol.com.br/datafolha/2015/12/22/corrupcao-politica_expectativa_economica_1.pdf (acessada dezembro de 2019), p. 25.

pelas classes médias conservadoras: a camisa verde-amarela da CBF junto a dizeres como "queremos nosso Brasil de volta", "nossa bandeira nunca será vermelha" etc.; o gigantesco e inflável "pato" amarelo da FIESP, símbolo da campanha empresarial contra a carga tributária, a corrupção e o "gigantismo" do Estado; o boneco inflável de Lula vestido de presidiário, batizado de "pixuleco" etc.[60]. E em parte porque o antipetismo, num processo de simplificação típico das visões estereotipadas e autoritárias do *outro*, terminou por colocar toda a esquerda no mesmo campo do PT (Kaysel, 2018). A esquerda é vermelha, e se é vermelha é "petralha"[61]. Com isso, as frações das classes médias não identificadas com o PT nem com as parcelas conservadoras daquelas classes, estivessem elas mais ao centro ou mais à esquerda do espectro político, não conseguiram saltar fora da armadilha da polarização que tomou conta da dinâmica política do país, que mostrara sua face cruenta na campanha eleitoral de 2014.

Estamos no âmago do processo de construção de alteridade que opôs os grupos agora pejorativamente qualificados como "coxinhas" e "petralhas". Como não poderia deixar de ser, o termo "coxinha" também é uma simplificação estereotipada, por parte de "petralhas", da oposição aos governos liderados pelo PT. Assim como o centro e a esquerda não petista foram acantonados no campo "petista" pelo antipetismo, assim também grupos não identificados com as classes médias conservadoras, mas ao mesmo tempo opositores dos governos "petistas", tampouco conseguiram construir um espaço de identidade fora da polarização. Também foram identificados como "coxinhas", mesmo quando recusando essa qualificação.

Porém, esse processo de construção de alteridade não é simétrico. O antipetismo, cujos elementos centrais são o discurso contra a corrupção e o "anticomunismo" (e também as pautas conservadoras nos costumes), é elemento constitutivo da identidade da fração conservadora das classes médias e das parcelas das classes mais baixas que se identificaram com elas. Organizou sua visão de mundo e sua apreensão da luta política, alimentou sua disposição para a ação coletiva para destituir do poder o inimigo comum, visto como a encarnação do mal. Está-se diante de frações de classe média claramente identificáveis, com uma identidade coesa de classe, celebrada nas ruas com simbologia

---

[60] Para a simbologia dos protestos no período em apreço, ver Tatagiba (2017, p. 88).

[61] Petralha é corruptela de petista com Metralha, sobrenome de uma conhecida gangue de irmãos larápios das histórias em quadrinho da Disney. A origem do termo é Azevedo (2008).

muito própria, de modo algum presente no *outro* contra o qual se bateu. E ainda que parcelas das classes populares se tivessem identificado com esses discursos e símbolos, quem os construiu e quem os defendeu e brandiu nas ruas desde 2013 foram as classes médias e as organizações que se constituíram em suas hostes, dentre elas o MBL, o *Revoltados On Line,* o *Vem Pra Rua,* o *Anonymous Brasil,* o bolsonarista *Movimento Contra a Corrupção* e outros núcleos da direita analisados antes.

Essa identidade, múltipla, mas coesa em seu antipetismo, não tem simetria no *outro* que serviu de referência identitária. O *outro* não apenas não era "petralha" (assim como nem todo "coxinha" pertencia às classes médias conservadoras), como sua identidade de classe não era tão evidente. O campo "petralha" era muito mais heterogêneo. A cor vermelha, por exemplo, identifica MST, MTST, PT, CUT e uma infinidade de outros movimentos e partidos que têm suas bases no operariado urbano, nos trabalhadores rurais, nos sem teto, nos negros, nas mulheres etc. Frações das classes médias estavam nesses movimentos, mas não eram, de modo algum, definidoras de sua identidade. Contudo, e esse ponto é muito importante, nos protestos de 2015 e 2016, foram elas que saíram às ruas em defesa do governo Dilma, ou melhor, as classes médias foram se tornando a maioria entre os manifestantes, como vimos.

Coxinhas x petralhas

A polarização nas redes sociais *refletiu e alimentou* a radicalidade assumida pelas manifestações contrárias e favoráveis ao governo em 2015 e 2016. Ribeiro et al. (2016), por exemplo, a partir de estudo minucioso das interações, no Facebook, das pessoas que manifestaram a intenção de participar dos protestos de 13 e 18 de março de 2016 (410 mil no caso dos pró-impeachment e 24 mil no caso dos pró-governo, respectivamente) e seu padrão de acesso a páginas selecionadas provedoras de informação, mostraram que, enquanto os antigovernistas leram mais *Veja, Folha de S. Paulo* e *O Estado de S. Paulo,* veículos que apoiaram decididamente o golpe, os pró-governo acessaram mais G1, UOL, BBC e R7, portais que funcionam mais propriamente como agências de notícias sem clara linha editorial antigovernista. A divisão é nítida também no que respeita às páginas de comentaristas políticos e blogueiros. Enquanto os antigovernistas visitavam e curtiam as páginas de Kim Kataguiri (líder do MBL), Danilo Gentili, Marco Antônio Vila e Reinaldo Azevedo (comentaristas de direita), os pró-Dilma visitavam os blogs de Socialista Morena, Tico Santa Cruz e Leonardo Sakamoto (comentaristas de esquerda). Assim também no caso de páginas institucionais de movimentos e ONGs: manifestantes pró-governo visitaram *Não me Khalo* e *Feminismo Sem Demagogia* (coletivos feministas), *Não Fechem Minha Escola* (que dá voz a movimentos estudantis), *Geledés* (ONG ligada a movimentos negros) MST, MTST (Sem Terra e Sem Teto). Contra o governo: *Anti-PT*, *Vem Pra Rua*, MBL, *Revoltados On Line*, estes últimos tendo sido os organizadores dos primeiros protestos contra o governo em 2015. Idem quanto a páginas de políticos: Lula, Jean Willys, Dilma, Suplicy, Haddad; do outro lado, Ronaldo Caiado, Aécio Neves, Fernando Henrique Cardoso, Jair Bolsonaro.

Gráfico 6
Páginas mais populares de movimentos e/ou campanhas, visitadas por pessoas que manifestaram interesse em participar das manifestações pró e contra o governo em 13 e 18 de março de 2016

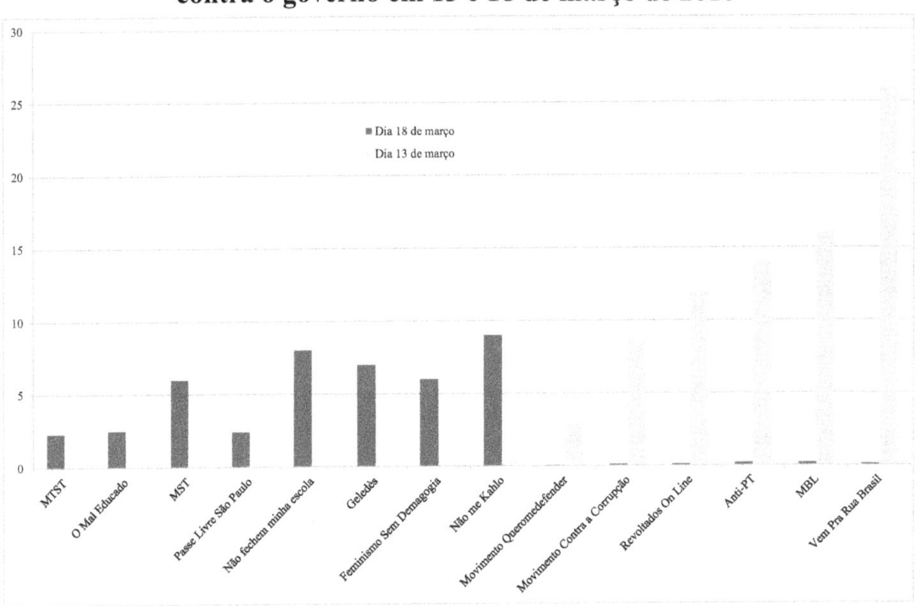

Fonte: Adaptado de Ribeiro et al. (2016, p. 8).

Quanto aos partidos, PT e PSOL de um lado, PSDB e Partido Novo do outro. E não se tratou apenas de escolha de um lado da disputa, visitado majoritariamente pelos manifestantes. Tratou-se de posições *excludentes* como mostra o Gráfico 6. Com raríssimas exceções, quem "curtiu" um movimento ou página do Facebook situado num dos polos de oposição não curtiu nenhum outro que ocupasse o polo oposto. Não "curtir" não quer necessariamente dizer que a pessoa não visitou alguma das páginas prediletas dos adversários, mas é grande a probabilidade de que visitas sorrateiras não tenham ocorrido.

A evidência mais forte nessa direção está na Figura 1, grafo que reproduz análise de França et al. (2018) e apresenta a interação entre posts no Twitter durante o período de discussão da admissibilidade do impeachment pela Câmara dos Deputados (abril de 2016). Trata-se de uma amostra do total de posts analisados pelos autores, composta por pessoas que se retuitaram entre si pelo menos três vezes, o que configurava, segundo os autores, debate político. Os pontos da nuvem esquerda (azuis) indicam as interações entre pessoas favoráveis à saída de Dilma, e os da nuvem direita (lilases), as contrárias. Ao centro, os círculos brancos indicam as mídias das quais cada grupo extraiu os conteúdos reverberados nos tuítes (como os jornais *O Estado de S. Paulo* e *Folha de S. Paulo*) além de jornalistas e blogueiros (como Ricardo Noblat).

Figura 1
Rede de usuários com interações frequentes de retuítes, formando padrões de 2 e 3 usuários que sistematicamente se retuítam.

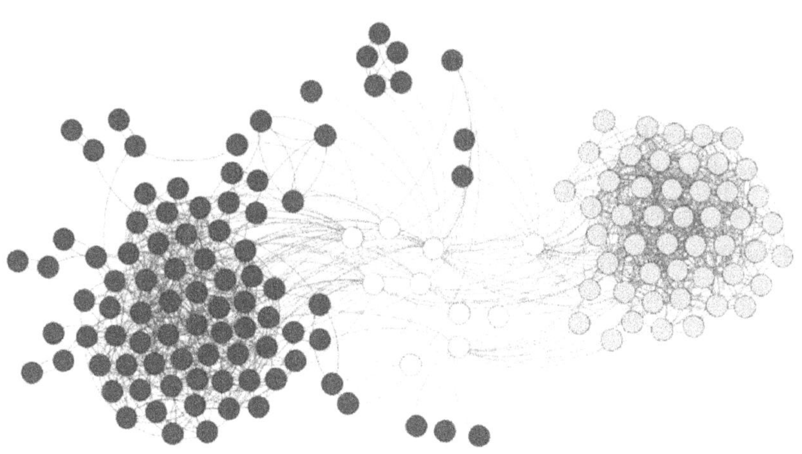

Fonte: França et al. (2018)

As interações mostram que o polo direito foi muito mais coeso, no sentido de que as mídias utilizadas para a extração da informação objeto da comunicação entre pares eram mais exclusivas, e a informação nunca circulou para além das fronteiras do próprio grupo. O polo esquerdo bebeu de forma levemente mais pluralista nas fontes noticiosas disponíveis, em alguns casos replicando notícias de noticiosos próximos ao polo oposto. Mas ainda assim sua interação teve grande grau de exclusividade, com duas fontes noticiosas respondendo pela maioria dos tuítes[62].

O que é relevante, contudo, é que nenhum tuíte de um polo interagiu com o polo oposto, e vice-versa. Os dois grupos compartilharam conteúdo apenas entre os que comungavam das mesmas ideias (ver também Ribeiro, 2018).

Como, nas duas pesquisas, os objetos das interações foram as manifestações de março e abril de 2016; e como, nessas manifestações, as classes médias eram ampla maioria; parece-me plausível sustentar a hipótese de que o processo de construção de identidade dessas frações de classe, *ao se referenciar na disputa pelo poder de Estado*, opôs dois projetos políticos claros. Num caso como noutro, frações distintas das classes médias se posicionaram contra ou a favor de um projeto de ordenamento político e social que, ao menos em suas intenções, tinha na justiça social e na participação democrática seus elementos constitutivos primordiais. A derrota desse projeto, expresso no golpe parlamentar de 2016[63], não é relevante por hora. O que interessa é o fato de o projeto *ter ordenado o espaço das disputas políticas* de modo tal que configurou, de forma inequívoca, dois polos antagônicos e irredutíveis um ao outro. E em cada polo estiveram, majoritariamente, frações mobilizadas das classes médias, umas pelo #foradilma, #forapt, elementos do campo antipetista; outras pelo #nãovaitergolpe, articulado não propriamente em defesa do PT, mas principalmente das conquistas democráticas e do legado social das administrações lideradas pelo partido, não apenas relacionado à inclusão pelo consumo, mas também à ampliação e ao acolhimento das múltiplas agendas identitárias e de direitos humanos que marcaram a administração petista. Um polo, portanto, anti-antipetista.

Formação de classe

A polarização que tomou conta das ruas e do debate público nos anos cobertos pela análise deste capítulo, tendo como objeto de referência os gover-

---

[62] Ortellado e Ribeiro (2018) apresentam grafos com informações mais detalhadas sobre o acirramento crescente da polarização nas redes sociais, comparando o padrão de antes de 2013 com o que aconteceu até 2016. São analisadas as interações de 12 milhões de pessoas com interesse em política. Os dois polos estão claramente delimitados, sendo que as nuances têm a ver com a construção mais complexa (em termos de temas de interesse dos grupos de esquerda e direita) das duas tipologias polares.

[63] E sacramentada pela derrota do candidato do PT, Fernando Haddad, na eleição de 2018 para o candidato da extrema-direita, Jair Bolsonaro.

nos liderados pelo PT, operou uma simplificação artificial e reducionista tanto à esquerda quanto à direita. O campo "petralha" não continha apenas petistas. Incluía segmentos de várias classes sociais, dentre elas frações das classes médias, muitas das quais críticas a aspectos centrais das administrações petistas, como o "reformismo fraco" (Singer, 2012), a conciliação de classes e a corrupção (Coggiola, 2016), e a "acomodação com a política tradicional" (Miguel, 2017), estando, portanto, mais à esquerda do espectro ideológico. Sendo contrárias ao impeachment, visto como golpe de Estado, não eram propriamente pró-governo. O campo "coxinha" tampouco era todo pró-impeachment (não encarado pela maioria como golpe). Sendo críticas ao governo e querendo sua substituição, frações das classes médias que foram às ruas queriam eleições antecipadas como solução para a crise política, com isso distanciando-se dos segmentos mais conservadores que viam na deposição de Dilma a solução para a corrupção e o projeto "comunista" do PT.

A crise política favoreceu a polarização, mas esta se agravou, em grande medida, em função da reação, por parte dos "petralhas", à campanha de criminalização do partido e suas administrações e lideranças, tanto pela imprensa quanto pelas frações conservadoras das classes médias que foram às ruas a partir de 2013, para não falar no sistema de justiça do país. Mas a posição defensiva do polo "petralha" foi tudo menos passiva. Os dois campos inundaram o mundo virtual com manifestações mútuas de raiva e ódio[64], ensimesmando-se em câmaras de eco e bolhas de filtro que amplificaram a sensação de pertencimento a comunidades coesas e mesmo majoritárias[65].

Por isso é possível tratar a dinâmica política iniciada em 2013 como um processo de formação de classe, no qual segmentos distintos das classes médias e também populares em ascensão se reconheceram em projetos também distintos de ordenamento social e econômico, e agiram coletivamente em sua defesa e no combate ao oponente. O fato de terem sido os governos do PT o centro dos processos de identificação (a favor e contra), ao tempo em que contribuiu para tornar explícitas posições que raramente vinham à esfera pública enquanto elementos de um projeto político excludente e elitista (como o preconceito de classe, o racismo, a homofobia, a demofobia), escamoteou, por outro lado, as

---

[64] Ver o interessante artigo de Frederico Almeida em http://www.justificando.com/2015/09/23/do-odio-social-ao-odio-politico/ (acessado em fevereiro de 2020).

[65] Ver Zuckerman (2013) e Pariser (2011). Voltarei a isso mais detidamente no próximo capítulo.

nuances desse projeto, e também dos elementos de identificação mais à esquerda, como a maior ou menor radicalidade da crítica ao capitalismo, à exploração e à injustiça social. O que importa, porém, é que segmentos das classes médias e (em menor medida) populares *se viram e se identificaram* como partícipes desses dois campos, indo às ruas e se congraçando ao bater-se por eles *contra o campo oposto*, visto pelo que se imaginava que ele representava, ainda que de forma estereotipada e reducionista.

Mais ainda, ao ir às ruas, as frações mobilizadas das classes médias propuseram sistemas de signos e palavras de ordem que *convocaram o engajamento* dos outros setores da sociedade, seja por ação ou por omissão, com isso contribuindo decisivamente para dar forma ao campo das disputas políticas no país. As classes médias foram centrais, portanto, na configuração *do político* enquanto um campo de disputa pelos destinos da nação e pelos significados da ação pública. Não foi a primeira vez na história, como tentei mostrar em Cardoso (2020), mas as novas tecnologias de informação e as múltiplas possibilidades de acesso a interesses, desejos, ações, mobilizações coletivas, interpretações sobre elas, cobertura da mídia etc., trouxeram à superfície da arena pública o que esteve, muitas vezes, inacessível mesmo ao observador mais atento.

Quando afirmo que a conjuntura de 2013-2016 configurou processo típico de formação de classe, não quero dizer que os coletivos assim constituídos o foram de uma vez por todas. A luta de classes é constitutiva do capitalismo, e os projetos políticos são revistos, repostos, redefinidos diante de conjunturas sempre em transformação, assim como são redefinidos os atores e as coalisões entre eles. Mas parece-me que esse curto período explicitou, de forma para mim inconteste e radicalizada, a clivagem central que animou a ação política sobretudo das classes médias: o apoio ou o repúdio a políticas de promoção social das classes subalternas, que ganhou expressão em projetos antagônicos de ordenamento da sociedade.

As novas mídias informacionais facilitaram e alimentaram o processo de polarização e radicalização dessa clivagem, mas como mostro em Cardoso (2020), ela marcou a atuação dessas classes ao longo de toda a história brasileira recente. A novidade das mobilizações de junho de 2013 foi a presença de segmentos das classes populares animando os protestos, mas eles se foram tornando mais claramente de classe média de 2014 em diante, quanto mais as mobilizações exigiam a destituição de Dilma Rousseff.

David Samuels e Cesar Zucco, em livro publicado em 2018, já citado, afirmam que

> a divisão entre petistas e antipetistas não pode ser reduzida a fatores sociológicos ou demográficos, ou a diferenças de opinião sobre importantes políticas públicas. Em lugar disso, a divisão é produto de distintas visões normativas sobre como a política deveria funcionar – particularmente sobre o valor e o propósito da democracia. (Samuels e Zucco, 2018, pp. 160-161).

Parece-me conclusão precipitada. Dispondo de informação sobre renda e escolaridade dos respondentes das pesquisas de opinião por eles analisadas, os autores não tiveram olhos para ver a fissura identitária que, ao opor segmentos muito claramente identificáveis das classes médias, explica boa parte dos processos subjacentes à polarização entre "petismo" e "antipetismo" nas diferentes conjunturas. Um "fator" propriamente sociológico, como pretendo ter demonstrado aqui.

A radicalização progressiva das posições passou a *definir a estrutura da dinâmica política brasileira* a partir de então. *O político* foi sendo construído como campo de luta entre posições irredutíveis e inegociáveis. Qualquer posição política passou a ganhar inteligibilidade se e apenas se pudesse ser atribuída a um dos polos da disputa. E os polos eram constituídos do conjunto de significados definidores do antipetismo e do anti-antipetismo (campo mais extenso do que o petismo), para usar a nomenclatura sugerida por Ribeiro (2018). O que procurei mostrar aqui é que não se compreende como chegamos a isso sem olhar para a atuação das classes médias, *que deram o norte ao processo*, levando consigo as demais classes e grupos sociais.

Se isso é verdade, o fato de a polarização política ter ocorrido em vários países nos últimos anos permite formular a hipótese de que haverá algo *comum* no modo de estruturação da luta política no mundo. Suspeito que entre os inocentes não estarão as novas tecnologias de informação, particularmente as mídias sociais e os mecanismos de busca na internet, que alimentam antagonismos irredutíveis e visões estereotipadas e reducionistas dos competidores da arena eleitoral, configurando *o próprio político* como campo de antagonismos irredutíveis, caldo de cultura da intolerância e de extremismos de todo tipo[66].

Dizendo mais enfaticamente, suspeito que as mídias e redes sociais não apenas favorecem antagonismos já existentes, como os alimentam e, em grande medida, *criam outros ali onde eles talvez não aflorassem*, em particular quando a institucionalidade democrática não se mostra capaz de mediar e processar os conflitos de interesses de modo visto como aceitável pelas minorias momenta-

---

[66] A esse respeito, ver McChesney (2013) e Da Empoli (2019).

neamente perdedoras ou pelas maiorias reiteradamente punidas, se estas e aquelas têm algum poder de veto na luta política.

A Constituição é o que o STF diz que ela é

O golpe parlamentar contra Dilma Rousseff foi o ponto culminante de uma sequência assustadora de menoscabo dos poderes republicanos, particularmente o Poder Judiciário, em relação à Constituição de 1988. A frase que melhor resume o extenso ativismo dos juízes na conjuntura foi emitida em 2007 pelo ministro Marco Aurélio Mello, do Supremo Tribunal Federal, em seu voto favorável ao provimento do Mandado de Segurança (MS) 26.602 impetrado pelo Partido Popular Socialista (PPS, hoje Cidadania) contra o presidente da Câmara dos Deputados, que se negava a dar posse aos suplentes do partido no lugar de deputados que haviam deixado a legenda, e que deveriam por isso perder seus mandatos segundo a lei da fidelidade partidária. O MS provocou extenso debate entre os ministros do Supremo, que mudou seu entendimento sobre a matéria e instituiu que o mandato parlamentar pertence aos partidos, portanto que é constitucional a regra da fidelidade partidária e a perda de mandato de quem mudar de partido. Ao final da votação e dos debates, Marco Aurélio disse: "Confirma-se hoje que a Constituição Federal é o que o Supremo diz que ela é"[1].

---

[1] A frase de Marco Aurélio Mello está em https://jurisprudencia.s3.amazonaws.com/STF/IT/MS_26602_DF-_04.10.2007.pdf?Signature=w2ypC7LPRoAicw6Wo9HrHPKYOfQ%3D&Expires=1578427293&AWSAccessKeyId=AKIARMMD5JEAO765VPOG&response-content-type=application/pdf&x-amz-meta-md5-hash=f5531f4f971a031872a297c1a01d170d, p. 418 (acessado em janeiro de 2020). Em seu livro de 2017, Wanderley G. dos Santos atribui a frase a Joaquim Barbosa, e informa que não guardou o recorte da entrevista na qual o ministro, então relator da AP470, a teria formulado. Em minuciosa pesquisa na internet encontrei apenas a seguinte afirmação de Joaquim Barbosa: "No Brasil qualquer assunto que tenha natureza constitucional, uma vez judicializado, a palavra final é do Supremo Tribunal Federal" Ver https://cnj.jusbrasil.com.br/noticias/100327388/ministro-joaquim-barbosa-diz-que-stf-da-palavra-final-sobre-constituicao (acessado em dezembro de 2019). A frase original parece ser mesmo de autoria de Marco Aurélio Mello.

Essa concepção justificou interpretações bastante heterodoxas do texto constitucional e ações e votações surpreendentes de ministros do STF, em particular na condenação de José Dirceu na AP470, na prisão do senador Delcídio do Amaral em 2015 e no julgamento da constitucionalidade da prisão de condenados em segunda instância em fevereiro de 2016, para nomear apenas alguns casos relevantes analisados neste capítulo.

A frase de Marco Aurélio denota concepção cara aos críticos do positivismo jurídico, que veem no juiz um intérprete da intenção soberana do legislador e não alguém que simplesmente "diz o direito" tal como "objetivamente" escrito nos códigos legais, como se estes carregassem em si mesmos seus sentidos e sua verdade. O juiz como *intérprete* do direito é aquele que diz o que a lei é, e esta não existiria, em sua efetividade, antes ou aquém dessa interpretação[2]. Levado ao âmbito constitucional, resulta na frase de Marco Aurélio.

A frase tem inegável influência da ciência norte-americana do direito, país onde a Constituição é mesmo o que diz a Suprema Corte, já que, embora pequena em sua estrutura original[3], é constituída, de fato, pelas milhares de decisões daquela Corte sobre temas que a Constituição não contempla e que, como jurisprudência consolidada, são parte da lei magna. Logo, a Corte não apenas diz o que a Constituição é, como ainda *legisla, ou cria regras constitucionais onde elas não existem*, independentemente do legislador soberano (o parlamento) e da vontade popular (os juízes da Suprema Corte são indicados pelo presidente dos Estados Unidos). E a Corte se guia, ao menos idealmente, pelo espírito das poucas máximas constitucionais, pelas decisões passadas (sua própria jurisprudência) e pelo que julga ser o direito costumeiro (a *common law*), ou o modo de vida do país e as concepções consuetudinárias do bem comum (Dworkin, 1999)

O Brasil é um caso distinto, já que nossa Constituição é muito detalhada (250 artigos e milhares de incisos, alíneas e parágrafos), trazendo em seu corpo não apenas a organização dos poderes da República e suas relações, o ordena-

---

[2] Importante e influente adepto dessa tese no Brasil é Carvalho (2005). Na sentença que condenou Fernando Haddad em agosto de 2019 por crime eleitoral, o livro é longamente citado para dar fundamento teórico a uma decisão do juiz (condenação do ex-prefeito) que não se baseia em uma prova material sequer, a não ser delações premiadas de diretores da empreiteira UTC no âmbito da Operação Lava Jato, e a convicção do juiz.

[3] A Constituição dos Estados Unidos tem 7 artigos e 27 emendas. Os 7 artigos tratam basicamente dos três poderes e suas relações, enquanto as emendas tratam de temas como voto feminino, direito de voto segundo idade, direitos da cidadania, competência na arrecadação de impostos e outros.

mento das relações entre estados e União e da organização política do território de um modo geral, como ainda direitos e garantias individuais e coletivas, direitos sociais e da pessoa humana, direitos trabalhistas, direitos econômicos e muito mais. Nossa tradição é a da *civil law*, ou da codificação detalhada do ordenamento político, social e econômico da nação, justificada por muitos ideólogos ao longo de nossa história, sendo Oliveira Vianna (1939) uma de suas traduções mais notáveis. A Constituição de 1988 não foge a essa tradição, antes a celebra em grande estilo, pois o texto constitucional, extenso, é marcado por muitas ambiguidades, que instauram seus intérpretes como fiadores em última instância de sua validade. E como ela regula extensas camadas de nossa sociabilidade, da ordem econômica e da própria luta política, boa parte desta última, no pós-1988, se tem dado em torno da validação, pelo STF, de normas contestadas pelos representantes dos múltiplos interesses que a Constituição ordena. É o processo conhecido, aqui e alhures (e particularmente nos Estados Unidos), como judicialização da política (Werneck Vianna et al. 1999; Avritzer e Marona, 2014).

O ativismo judicial no Brasil, portanto, não foi inaugurado pela *largesse* com a qual o STF julgou a Ação Penal 470 ao longo de 2012 e 2013, mas ela consolidou a posição do Supremo e do Poder Judiciário de um modo geral como *o principal ator* da cena política brasileira, o que contribuiu para a fragilização dos partidos políticos e dos outros dois poderes da República (o Legislativo e o Executivo, em suas muitas agências, ministérios e instituições encarregadas de formular e executar políticas públicas), sempre sobressaltados pela possibilidade de denúncias, ou por denúncias reais, vindas de qualquer agente que julgue inconstitucional este ou aquele ato de pessoas ou instituições.

A extensa e profunda judicialização das relações sociais, econômicas e políticas no Brasil colocou o Judiciário acima de todas as forças do país, incluindo a Constituição de 1988. A democracia brasileira, como pretendo mostrar aqui, encontra-se *tutelada* pelo Supremo Tribunal Federal e pela Justiça Federal, de tal modo que todos os atores relevantes do processo político passaram a se mover e a se relacionar uns com os outros tendo o Judiciário como o avalista em última instância das petições de validade das ações públicas. Isso fragilizou os outros poderes da República e minou sua capacidade de mediar o conflito político e processar os interesses em disputa, ampliando a descrença dos brasileiros em relação às instituições democráticas, principalmente quando o próprio Judiciário passou a perder legitimidade em função de decisões erráticas, tomadas ao sabor das conjunturas políticas e do clamor da "opinião pública". Esse foi um elemento central à constituição dos ambientes institucional e político que favoreceram a emergência de "outsiders".

Judicialização contra a democracia

Antes de mais, concordo com a interpretação de Wanderley Guilherme dos Santos sobre os desmandos do STF no julgamento da AP470. Ele apontou três dimensões da *largesse* do Supremo em relação à Constituição. A primeira teria sido a frase transcrita acima, que Wanderley atribui a Joaquim Barbosa, e que transferiu ao juiz a autoridade que, em princípio, é do próprio texto constitucional, que consagra a soberania popular, sendo o povo, por meio de seus representantes, o único com poder para modificar a lei magna. A concordância da Corte com a concepção de Marco Aurélio Mello abriu as portas para a ilegalidade da atuação do Tribunal.

A segunda dimensão foi a presunção de que determinados réus não poderiam não saber dos crimes de que estavam sendo acusados. Não poderiam ignorar, por sua posição superior ou de mando, que subordinados estivessem cometendo crimes. Em lugar de presumi-lo inocente até prova em contrário, a Corte, a partir do relatório do ministro Joaquim Barbosa, então presidente do Supremo e relator da AP470, atribuiu aos acusados, no caso os membros da alta cúpula do PT (entre eles José Genoíno, presidente do partido) e do Governo Federal, particularmente o ex-ministro José Dirceu, a responsabilidade de *provar que não eram culpados*, já que a promotoria não conseguira demonstrar a culpa por meio de provas materiais. E para isso Dirceu e os outros precisavam provar que não tinham conhecimento dos crimes de que eram acusados. Eles teriam "domínio do fato", por estar, como chefe da Casa Civil da Presidência da República ou como mandatários do PT, no topo das hierarquias de mando.

Numa inversão inconstitucional do Processo Penal, em lugar da presunção de inocência, o STF presumiu a todos culpados, cabendo aos réus provar-se inocentes. Como mostram Fontainha e Lima (2018, p. 58), "[d]epois do julgamento, a aplicação da teoria [do domínio do fato] foi alvo de críticas inclusive de um de seus aperfeiçoadores, o jurista alemão Claus Roxin". E a "publicidade opressiva" do julgamento da AP470 teria transformado um problema essencialmente jurídico em um problema público e, portanto, político.

A terceira dimensão emergiu no voto da ministra Rosa Weber, também no caso de José Dirceu. Segundo ela, quanto mais alta a posição de alguém na linha de comando, maiores as possibilidades de apagar pistas. Os chefes de máfias não deixam vestígios. Logo, não haver provas materiais da culpa de Dirceu era a prova de que ele era culpado.

Somados, os dois votos consagraram a tese de que um alto mandatário sabe necessariamente o que fazem seus subordinados, sendo portanto imputável pela ação de outros (quando menos, por omissão); e tem poderes para esconder as pistas de sua própria eventual participação nos malfeitos, a ausência de provas sendo a prova da culpa.

Os votos dos ministros nesses casos específicos deixaram claro que o ex-ministro José Dirceu e os dirigentes petistas e mesmo de outros partidos já haviam sido presumidos culpados antes do julgamento (eram uma organização criminosa, uma quadrilha), e que os argumentos foram construídos de forma casuística e inconstitucional para justificar o injustificável: a condenação de réus sem provas materiais. Essa forma de "julgar" seria empregada pelo Congresso Nacional no caso do golpe contra Dilma Rousseff, que, condenada de antemão na dinâmica política mais geral "pelo conjunto da obra", como escreveu o senador Antônio Anastasia no relatório do Senado que acolheu as denúncias que embasavam o pedido de impeachment[4], viu seus acusadores construírem provas casuísticas contra ela durante o próprio processo que cassou seu mandato. E seria empregada contra Lula, também condenado de antemão pela força tarefa da Lava Jato (vide o famoso power point de Deltan Dallagnol[5]), que passou anos construindo uma narrativa que centenas de juristas desmontaram como farsesca *lawfare* (ver Proner et al. 2017 e 2018; Martins, Martins e Valim, 2019).

Os desdobramentos da abdicação do Supremo de sua condição de guardião da Constituição seriam deletérios para as instituições democráticas. Selecionei outros quatro episódios que o demonstram de forma cabal, dentre as centenas de outros produzidos na conjuntura.

---

[4] Ver https://www.redebrasilatual.com.br/politica/2016/05/em-leitura-considerada-entediante-anastasia-admite-processo-de-impeachment-de-dilma-7535/ (acessado em janeiro de 2020).

[5] Ver https://www.conjur.com.br/2019-out-02/salomao-admite-recurso-lula-powerpoint-dallagnol. O TJSP, como de resto todo o Judiciário brasileiro em diversas ocasiões, não acatou a ação de dano moral de Lula contra o procurador de Curitiba. Mas o power point é, claramente, evidência de que os procuradores da Lava Jato haviam condenado Lula por querer a "perpetuação criminosa no poder", como se lê num dos balões da apresentação. Não há nenhuma menção ao tríplex do Guarujá ou ao sítio de Atibaia, casos construídos a posteriori para condenar Lula, presumido culpado de antemão.

O primeiro: em 25 de novembro de 2015 a 2ª Turma do Supremo Tribunal Federal decretou a prisão do senador Delcídio do Amaral, então do PT, acusado de organização criminosa. O senador estaria, segundo a denúncia da Procuradoria Geral da República, atrapalhando a Operação Lava Jato, ao supostamente arquitetar a fuga do ex-diretor da Petrobras Nestor Cerveró, que estaria preparando delação premiada na qual acusaria o senador de participação em irregularidades na compra da refinaria de Pasadena, nos Estados Unidos[6]. Sobre a decisão, a ministra Carmem Lúcia afirmaria o seguinte:

> Quero avisar que o crime não vencerá a Justiça. A decepção não pode vencer a vontade de acertar no espaço público. Não se confunde imunidade com impunidade. A Constituição não permite a impunidade a quem quer que seja[7].

Ocorre, contudo, que a Constituição diz, de forma cristalina em seu artigo 53, §2º, que "os membros do Congresso Nacional não poderão ser presos, salvo em flagrante de crime inafiançável. Nesse caso, os autos serão remetidos dentro de vinte e quatro horas à Casa respectiva, para que, pelo voto da maioria de seus membros, resolva sobre a prisão".

Embora pego em flagrante, o crime de que o senador Delcídio do Amaral era acusado (organização criminosa) não é inafiançável. Logo, ele não poderia ter sido preso. A frase "A Constituição não permite a impunidade a quem quer que seja" não passava de retórica, já que a ministra, acostumada a procrastinar julgamentos de pessoas com foro privilegiado[8], sabia que imunidade parlamentar não quer (necessariamente) dizer impunidade. Quer dizer apenas que o parlamentar no exercício do mandato não pode ser preso, a não ser em flagrante de crime inafiançável. A imunidade não impede que o processo tenha andamento na justiça, e uma sentença condenatória transitada em jugado tem como consequência a prisão de parlamentares, mesmo se no exercício do mandato. O mais incrível neste caso é que o Senado confirmou a prisão no mesmo dia 25, por esmagadora maioria, com isso abrindo mão de servir de contrapeso ao Poder Judiciário em sua decisão não apenas abusiva, mas inconstitucional. Criava-se

---

[6] Ver http://g1.globo.com/politica/operacao-lava-jato/noticia/2015/11/delcidio-amaral-senador-do-pt-e-preso-pela-policia-federal.html (acessado em janeiro de 2020).

[7] Ver https://www.conjur.com.br/2015-dez-03/constituicao-nao-stf-ela-ou-ela-seja (acessado em janeiro de 2020).

[8] Entre 1988 e 2015 o STF condenou apenas 16 dos 500 parlamentares investigados pela Corte. A primeira condenação ocorreu apenas em 2010. Ver https://congressoemfoco.uol.com.br/especial/noticias/dos-500-parlamentares-investigados-desde-1988-so-16-foram-condenados-pelo-stf/ (acessado em janeiro de 2020).

precedente com potencial catastrófico, pelo qual um poder da República se punha de joelhos diante do Judiciário em resposta ao "clamor da opinião pública", predisposta a considerar culpados quem quer que o sistema de justiça indiciasse ou acusasse, e punia um de seus pares mesmo contra a letra da Constituição e contra as prerrogativas do mandato parlamentar.

O segundo caso que elegi para demonstrar a *largesse*, cheia de ambiguidades, do STF em relação à Constituição de que este deveria ser, em princípio, guardião, foi a ratificação da possibilidade de prisão de acusados após condenação em segunda instância. A decisão foi tomada pelo plenário do Supremo em fevereiro de 2016, revendo entendimento de 2009, quando, ao julgar o habeas corpus No. 84.078-7, relatado pelo então ministro Eros Grau, a Corte decidiu pela inconstitucionalidade da prisão antes do trânsito em julgado da sentença condenatória, tal como expresso no artigo 5º, inciso LVII da Constituição Federal. No acórdão, o relator escreveu:

> Nas democracias mesmo os criminosos são sujeitos de direitos. Não perdem essa qualidade, para se transformarem em objetos processuais. São pessoas, inseridas entre aquelas beneficiadas pela afirmação constitucional da sua dignidade (art. 1º, III, da Constituição do Brasil). É inadmissível a sua exclusão social, sem que sejam consideradas, em quaisquer circunstâncias, as singularidades de cada infração penal, o que somente se pode apurar plenamente quando transitada em julgado a condenação de cada qual[9].

A decisão foi majoritária (7 votos contra 4)[10], e ao menos nesse caso Eros Grau remeteu a outros preceitos constitucionais na defesa de seu voto. No julgamento de fevereiro de 2016, de abrangência menor porque restrita a um habeas corpus avaliado em caráter liminar, o placar foi novamente de 7 a 4, porém *em favor* da execução da pena após decisão em segunda instância. O entendimento seria ratificado e estendido em outubro do mesmo ano, também em caráter liminar, em razão de duas Ações Declaratórias de Constitucionalidade (ADCs) impetradas pela OAB e pelo Partido Ecológico Nacional (PEN, atual Patriotas). As ações demandavam do Supremo a declaração de constitucionalidade do artigo 283 do Código do Processo Penal, que, mudado depois de 2009 para acolher a decisão de então, na qual o STF declarou inconstitucional a prisão após condenação em segunda instância, agora estava em conflito com a

---

[9] Ver http://www.stf.jus.br/arquivo/cms/noticiaNoticiaStf/anexo/ementa84078.pdf (acessado em janeiro de 2020). O texto foi reproduzido verbatim.

[10] Ver http://www.stf.jus.br/portal/cms/verNoticiaDetalhe.asp?idConteudo=102869 (acessado em janeiro de 2020).

decisão de fevereiro de 2016. O placar: 6 a 5 em favor da execução da pena, isto é, o artigo 283 do CPP foi declarado inconstitucional, em caráter liminar.

Na justificativa de seu voto pela inconstitucionalidade do artigo 283, o ministro Luiz Roberto Barroso mencionou o caso de um homicídio ocorrido em 1991 cuja condenação ainda não havia transitado em julgado, o processo tendo chegado ao STF apenas em 2016. E completou:

> Punir em 2016 um crime cometido em 1991 não atende a nenhuma demanda de justiça da sociedade brasileira [...] O sistema de Justiça brasileiro, como era, frustra na maior medida o sentimento de justiça e senso comum de qualquer pessoa que tenha esses valores em conta[11].

Nenhuma palavra do ministro sobre a letra da Constituição. O voto foi justificado por referência ao "sentimento de justiça" das pessoas. O ministro simplesmente reescreveu a Constituição a partir do que imaginava fosse o "senso comum de qualquer pessoa" que tivesse a justiça como valor. Estava em operação, a todo pano, a frase de Marco Aurélio Mello proferida em 2007, agora pervertida ao extremo: a Constituição é o que cada ministro do Supremo, *individualmente*, diz que ela é, a partir de suas próprias convicções... E Barroso não estava só. O ministro Teori Zavascki não foi menos criativo em seu voto. Disse ele que,

> tendo havido em segundo grau um juízo de incriminação do acusado fundado em fatos e provas insuscetíveis de reexame pela instância extraordinária, parece inteiramente justificável a relativização e própria inversão para o caso concreto do princípio da presunção da inocência até então observado[12].

"Parece inteiramente justificável" segundo qual parâmetro? O guardião da Constituição deveria julgar tendo-a como referência última, e nela não está escrito que é possível relativizar o princípio da presunção de inocência, sob qualquer pretexto. O que está escrito é que ninguém será considerado culpado até o trânsito em julgado da sentença condenatória. Nada além.

Em outubro de 2016, portanto, os ministros sustentaram e estenderam a decisão de fevereiro no exame liminar das ADCs da OAB e do PEN, e o portal de notícias que divulgou os resultados, como aliás todos os veículos que o fizeram, chamou a atenção para dois aspectos relevantes para nossos propósitos: o de que o juiz Sérgio Moro, em repetidas ocasiões, se havia manifestado contra a decisão de 2009, que impedia a execução da pena antes do trânsito em julga-

---

[11] Ver http://g1.globo.com/politica/noticia/2016/10/supremo-mantem-prisao-apos-condenacao-em-segunda-instancia.html (acessado em janeiro de 2020).

[12] Idem, ibidem.

do; e que tanto Lula quanto o deputado Eduardo Cunha, que não tinham foro privilegiado, poderiam ser presos em caso de condenação em segunda instância. Não se compreende a mudança de humores do STF em relação a essa questão central para o processo penal brasileiro sem menção direta à Lava Jato e à iminência da prisão de Lula.

Vale recordar que o julgamento das duas ADCs começara em 1º de setembro, com o voto do ministro Marco Aurélio Mello favorável à constitucionalidade do artigo 283 do CPP[13]. Diante da possibilidade de revisão da decisão de fevereiro de 2016, o Procurador Geral da República, Rodrigo Janot, antes de entrar na sala de julgamento, defendeu a jurisprudência, afirmando que proibir prisões em segunda instância poderia inibir delações premiadas no âmbito da Lava Jato[14]. Era, pois, todo o sistema de justiça brasileiro, pressionado pelas massas nas ruas, pela imprensa empresarial e fazendo valer suas próprias convicções, que colocava em segundo plano a letra da Constituição, em nome da eficiência da Operação Lava Jato.

O voto mais surpreendente veio do ministro Gilmar Mendes, que afirmou, de forma veemente (e contrária à sua convicção anterior favorável ao trânsito em julgado), que

> praticamente não se conhece, no mundo civilizado, um país que exija o trânsito em julgado (...) Uma coisa é termos alguém como investigado. Outra coisa é termos alguém como denunciado, com denúncia recebida. Outra coisa é ter alguém com condenação, e agora com condenação em segundo grau. Quer dizer, o sistema estabelece uma progressiva derruição, vamos dizer assim, da ideia da presunção de inocência. Essa garantia institucional (sic.) vai esmaecendo (...) Nós sabemos que a prisão provisória no Brasil pode ser das mais longas do mundo. No CNJ (...), nós encontramos no Espírito Santo um indivíduo preso provisoriamente há 11 anos (...) Agora, para aqueles que respondem soltos, interessa estender (...) Amanhã o sujeito planta, num processo qualquer, embargos de declaração, e aquilo passa a ser tratado como rotina. "O processo ainda não transitou em julgado, vamos examinar", e daqui a pouco sobrevém uma prescrição, com todas as consequências, e o quadro de impunidade[15].

Uma vez mais, nenhuma palavra sobre a letra da Constituição. Ao contrário, à medida que caminha o processo penal (investigação, denúncia, conde-

---

[13]   Ver http://g1.globo.com/politica/noticia/2016/09/ministro-do-stf-vota-por-liberar-preso-apos-condenacao-em-2-instancia.html (acessado em janeiro de 2020).

[14]   Ver http://g1.globo.com/politica/noticia/2016/09/janot-proibir-prisao-de-condenados-em-2-instancia-pode-inibir-delacoes.html (acessado em janeiro de 2020).

[15]   Transcrição literal do voto de Gilmar Mendes em outubro de 2016, disponível em https://tv.uol/16s9o (acessado em janeiro de 2020).

nação), a garantia constitucional (ele diz "institucional") da presunção da inocência "vai esmaecendo". O trânsito em julgado só favoreceria aquele que "planta embargos de declaração" no processo, o que pode levar à prescrição e à impunidade. Enquanto isso, presos provisórios (pobres) mofam no cárcere. Gilmar Mendes expressa indignação moral em relação ao sistema que pune os mais pobres e favorece os mais ricos, faz disso um critério de justiça, e reescreve a Constituição segundo esse critério. O problema, obviamente, é que o sistema é de fato injusto: não deveria haver presos provisórios permanentemente encarcerados, assim como os processos, nas instâncias superiores, incluindo o STF, deveriam ser mais céleres, para evitar a impunidade. O remédio para isso, porém, não é fazer de conta que a exigência do trânsito em julgado não é uma norma constitucional.

Pois o ministro reveria uma vez mais sua posição sobre a matéria, que voltou a votação em novembro de 2019, portanto um ano depois das eleições de 2018 de que Lula foi impedido de participar, e novamente em resposta às ADCs do PEN e da OAB, agora acrescidas de outra, de autoria do PCdoB, todas exigindo do Supremo decisão definitiva sobre a constitucionalidade do artigo 283 do CPP, já que a decisão de 2016 apenas indeferira uma liminar. E outra vez por 6 votos a 5, o artigo foi agora declarado *constitucional*, sendo Gilmar Mendes o único a alterar sua compreensão. O que teria mudado para que um ministro do Supremo, presumivelmente guardião da Constituição, revisse de forma tão flagrante, por duas vezes, sua interpretação sobre uma norma constitucional tão importante, em espaço tão curto de tempo?

Antes de tentar responder a pergunta, fecho esta seção com dois outros casos exemplares da *largesse* do Supremo em relação à Carta Magna e aos direitos dos cidadãos. Eles mostram que o STF não abdicou de sua condição de guardião da Constituição apenas por suas ações, quase sempre provocadas por outros. Fê-lo também por suas omissões, sobretudo em relação às muitas ilegalidades cometidas pela Lava Jato.

A omissão mais evidente foi em relação às conduções coercitivas de investigados pela força tarefa de Curitiba. Amplamente empregadas entre 2014 e dezembro de 2017, quando em decisão liminar o ministro Gilmar Mendes proibiu-as em todo o país até o julgamento de sua constitucionalidade, mais de 200 investigados tiveram seu direito de não produzir provas contra si mesmos violados pela Lava Jato. O caso mais famoso, obviamente, foi o do ex-presidente Lula, em 4 de março de 2016. A imprensa foi avisada com antecedência da operação, e esperava pela Polícia Federal diante da casa de Lula quando ela ali chegou, às 6 horas da manhã. Lula foi conduzido a uma sala no aeroporto de Congonhas em São Paulo, onde foi interrogado por algumas horas, evento que provocou grande comoção no país diante da expectativa da prisão do ex-presidente. A operação foi acompanhada ao vivo pelos principais canais de televisão. No mesmo dia 200 policiais e 30 auditores da Receita Federal realizaram 11 conduções coercitivas e executaram 33 mandados de busca e apreensão, incluindo a casa de Lula[16]. Vários juristas se manifestaram estranhando a condução coercitiva do ex-presidente, *que nem sequer havia sido intimado a depor*.

Sobre isso o ministro Marco Aurélio Mello disse: "Condução coercitiva? O que é isso? Eu não compreendi. Só se conduz coercitivamente, ou, como se dizia antigamente, debaixo de vara, o cidadão que resiste e não comparece para depor. E o Lula não foi intimado"[17]. Apesar dessa reação individual do ministro, Sérgio Moro não foi admoestado nem pelo Conselho Nacional de Justiça (CNJ), nem pelo STF.

Por fim, a tentativa de nomeação de Lula para a chefia da Casa Civil da Presidência da República, em 16 março de 2016, foi sustada pelo ministro Gilmar Mendes no dia 18 do mesmo mês. Hoje sabemos que a presidenta Dilma agiu movida pela tentativa de salvar seu mandato, e que a nomeação de Lula visava à recomposição da base parlamentar do governo, naquele momento majoritariamente inclinada a destituí-la no processo já adiantado de impeachment. E sabemos disso em razão do vazamento das comunicações entre os procuradores da Lava Jato, trazidas a público pelo jornal independente *The Intercept*, que recebeu de fonte anônima milhares de interações no aplicativo de mensagens *Telegram* utilizado pela força tarefa de Curitiba[18]. O vazamento (que ficou conhecido como Vaza Jato) deixou claro que os procuradores sabiam que Dilma tinha no horizonte recompor sua base de apoio no Congresso, e não "salvar" Lula da prisão iminente. No entanto, o juiz Sérgio Moro vazou para a imprensa gravações de conversas de Lula com seus familiares, com assessores, advogados e com a presidenta, em atos claramente intimidatórios e inconstitucionais, no intuito de criar a impressão de que o que se queria, na verdade, era dar foro privilegiado a Lula, retirando seus processos da vara de Curitiba. Isso deu

---

[16] Ver https://www1.folha.uol.com.br/poder/2016/03/1746437-conducao-coercitiva-de-lula-foi-decidida-para-evitar-tumulto-diz-moro.shtml (acessado em janeiro de 2020).

[17] Idem, ibidem.

[18] Ver https://www1.folha.uol.com.br/poder/2019/09/gilmar-mendes-defende-decisao-que-barrou-posse-de-lula-em-2016-e-critica-lava-jato.shtml (acessado em janeiro de 2020).

combustível à imprensa e às massas nas ruas, que fizeram panelaços em pelo menos 11 capitais no próprio dia 16 de março, inflamando ainda mais o clima pró-impeachment[19].

É importante marcar que o ministro Gilmar Mendes, de forma nada republicana, *instigou a oposição a entrar com representação no Supremo contra o ato de Dilma*. No dia da posse de Lula ele afirmou, sem ser provocado judicialmente por ninguém, que a conversa entre o ex-presidente e Dilma poderia configurar crime de responsabilidade (portanto, dando argumentos aos que queriam seu impeachment). E mais, como o trecho da conversa que veio a público foi gravado *depois* do período de escuta determinado por Sérgio Moro, Gilmar Mendes reconheceu que a gravação talvez pudesse ser questionada como prova de delito. Mas, acrescentaria, "a discussão político-institucional relevante é o que se verifica ali: uma trama, uma articulação para obter dado resultado. É sobre isso que precisamos refletir, é essa questão que devemos discutir"[20]. Ou seja, um ministro do STF afirmava, sem dubiedade, que a ilegalidade da prova era irrelevante, importando a natureza "da trama para obter dado resultado". Em resposta à manifestação do ministro, o PSDB e o PPS entraram com representação no Supremo para anular a nomeação[21].

Ao anular a posse de Lula no dia 18, Mendes ainda decretou que todos os processos contra o ex-presidente deveriam permanecer em Curitiba. Não se ouviu uma palavra sequer do ministro sobre a inconstitucional quebra do sigilo telefônico da presidenta (que, por ter foro privilegiado, não poderia estar sendo investigada por um Juiz Federal) e incontinente divulgação na imprensa[22]; do crime contra Lula e seus advogados, que tiveram suas comunicações, protegidas por imunidade profissional e processual, gravadas por 23 dias consecutivos pela força tarefa da Lava Jato; do crime contra o direito à privacidade, uma das garantias fundamentais da Constituição, quando da divulgação de conversa telefônica entre dona Marisa Letícia, esposa de Lula, e seu filho Flávio, que não tinham nada a ver com os fatos apurados e que, por revelar a fúria dos fa-

---

[19] Sobre os panelaços, ver http://g1.globo.com/jornal-nacional/noticia/2016/03/onze-capitais-tem-panelacos-contra-governo-e-nomeacao-de-lula.html (acessado em janeiro de 2020).

[20] Ver http://g1.globo.com/politica/noticia/2016/03/dialogo-entre-dilma-e-lula-pode-ser-crime-de-responsabilidade-diz-gilmar.html (acessado em dezembro de 2019).

[21] Ver http://g1.globo.com/politica/operacao-lava-jato/noticia/2016/03/entenda-disputa-juridica-sobre-nomeacao-de-lula-para-casa-civil.html (acessado em janeiro de 2020).

[22] Sérgio Moro seria repreendido pelo CNJ e pelo STF por divulgar essa gravação, mas sem nenhuma consequência prática, pois continuou agindo como se nada tivesse acontecido.

miliares de Lula contra as ilegalidades da Lava Jato, cumpriu apenas a função de aumentar a animosidade das massas antipetistas contra a família do ex-presidente, sendo, portanto, insumo político de alta octanagem na conjuntura já explosiva que encaminhava para o golpe de Estado.

Esses episódios, gotas d'água num oceano de decisões tomadas ao sabor da revolta conjuntura política, deixam claro que o Supremo levou às últimas consequências a ideia de que a Constituição é o que o STF diz que ela é. Ministros reescreveram a Carta segundo suas convicções, algumas partidárias, e fizeram vista grossa para várias ilegalidades e inconstitucionalidades da atuação da principal força política da conjuntura, a Operação Lava Jato.

Essa interpretação é corroborada pela fina análise do jurista Conrado Hübner Mendes, para quem "Entramos na era da populisprudência. A versão judicial do populismo sintoniza sua antena na opinião pública, no humor coletivo, e 'transcende' a lei quando esta não estiver afinada com uma causa maior". Para o autor, "Se o STF quiser se juntar ao esforço de contenção do processo de declínio da democracia brasileira, terá de corrigir a comédia de erros que impregnou seus costumes" (Mendes, 2019, locais do Kindle 3174 e 3190).

E os erros foram reconhecidos pelo ministro Ricardo Lewandowski em entrevista ao jornal *El País*, de 7 de janeiro de 2020[23]. Para ele, o problema teria começado no julgamento da AP470, quando os juízes do Supremo ficaram "muito expostos" à pressão da mídia. Em razão dessa exposição, a "observância rigorosa de tudo aquilo que está no Código de Processo Penal, de certa maneira, poderia atrasar o julgamento e frustrar a opinião pública". Logo, o ministro reconhece que o STF se sentiu pressionado pela mídia, embora o negue em seguida, obviamente de forma inconsistente com toda a longa entrevista. Perguntado sobre o que teria dado errado na Operação Lava Jato, que tinha missão de alcançar todos os estratos de poder em sua relação com a Petrobras, mas ficou restrita principalmente ao PT, ele respondeu:

> A verdade é que as operações foram extremamente seletivas, elas não foram democráticas no sentido de pegar os oligarcas de maneira ampla e abrangente. Por isso é preciso ter muito cuidado quando se quer fragilizar os direitos e garantias do cidadão em juízo, dentro de um contexto politicamente matizado[24].

---

[23] Ver https://brasil.elpais.com/politica/2020-01-07/lewandowski-o-combate-a-corrupcao-no-brasil-sempre-foi-um-mote-para-permitir-retrocessos.html (acessado em janeiro de 2020).

[24] Idem, ibidem. Ele se referia, provavelmente, à prisão em segunda instância, que "fragilizava os direitos do cidadão" em juízo.

"Operações seletivas" em "contexto politicamente matizado" denotam, de forma cristalina, politização das ações da Lava Jato. Mais ainda, sobre a AP470 o ministro aponta alguns excessos do STF, em linha com minha análise e a de Hübner Mendes:

> Por exemplo, a exacerbação das penas foi algo que aconteceu, a meu ver, pela primeira vez no STF e na história do Judiciário. A aplicação da teoria alemã do domínio do fato de forma muito ampla foi, inclusive, criticada por Claus Roxin, um dos principais elaboradores dessa teoria, em visita ao Brasil. Outra questão é o fato de o processo ter sido fatiado e julgado segundo a ótica do Ministério Público. São várias questões que precisam no futuro ser mais bem avaliadas, sopesadas[25].

"Ministério Público", aqui, deve ser lido de par com "opinião pública", que o ministro diz ser difícil distinguir de "opinião publicada". Isso porque o fatiamento do processo atendeu a anseios de toda a imprensa empresarial, que, tal como o MPF, como reconheceu o ministro, queria um desfecho célere para o processo, que ademais exarou penas exacerbadas "pela primeira vez na história do Judiciário", obviamente em atenção ao apelo da "opinião pública". Por fim, a menção à Vaza Jato dá ao ministro a oportunidade de expor a "vista grossa" do STF em relação aos desmandos da força tarefa de Curitiba. A citação é longa, mas necessária, por esclarecedora da análise que venho propondo.

> [O] Supremo *já corrigiu certos desmandos que ocorreram*, não só no âmbito da operação Lava Jato, mas também em outros juízos, de 1º e 2º graus. Por exemplo, a condução coercitiva, largamente praticada no âmbito da Lava Jato, foi considerada inconstitucional. Denúncias e condenações que foram feitas com base só em delações premiadas, o STF disse que são nulas — é preciso haver uma outra prova além daquela informação prestada pelo delator que tem interesse em se beneficiar. O STF fez várias correções no que diz respeito ao devido processo legal. Por exemplo, ainda no caso da delação premiada, dizer que os delatados precisam necessariamente falar por último. Algumas correções de rumo foram feitas antes mesmo do vazamento do *The Intercept*. E pode ser que, a partir da constatação de que, de fato, algumas ou todas essas denúncias têm correspondência com a realidade, o Supremo aprofunde ainda mais essas correções de práticas que ofendem a Constituição, o Código de Processo Penal e o Código Penal[26].

Ocorre, porém, que essas "práticas que ofendem a Constituição" foram denunciadas por juristas do Brasil e do mundo ao longo de toda a Operação

---

[25] Idem, ibidem.

[26] Idem, ibidem, itálicos meus. O ministro Lewandowski voltou ao tema em artigo do dia 3 de fevereiro de 2020, na *Folha*. Ver https://www1.folha.uol.com.br/opiniao/2020/02/a-terceira-lei-de-newton.shtml (acessado em fevereiro de 2020).

Lava Jato, sendo o caso contra Lula o mais saliente (Proner et al. 2017 e 2018). Como argumentou Leonardo Avritzer (2018, p. 43),

> "a força tarefa da Lava Jato opera com hipóteses, nega a presunção de inocência, substituída por prisões preventivas que tem como objetivo forçar a delação. Assim, temos a criação de uma juristocracia que alega se legitimar em um interesse público não sancionado democraticamente para criminalizar o sistema político".

O Ministério Público e o STF foram omissos em relação às ilegalidades da Lava Jato, e o preço pago pelas instituições democráticas e pela sociabilidade foi muito alto. No caso das instituições, o "mundo da política" foi irremeavelmente contaminado e criminalizado pela nódoa da corrupção, alimentando a animosidade da população contra os políticos, os partidos, o Congresso e também o Executivo, ao passo que o Judiciário se colocou na posição de único poder capaz de sanear a República (Lynch, 2017). No caso da sociabilidade, já vimos como as posições políticas se polarizaram nas redes sociais, sendo a intolerância a marca das interações virtuais e reais.

A consolidação do Partido da Lava Jato[27]

Insisti no tema da disputa em torno da constitucionalidade da prisão após condenação em segunda instância porque ele *estruturou* a ação do Judiciário, da imprensa empresarial, dos partidos políticos, do Congresso e de todas as forças que, de um modo ou de outro, se organizavam para as eleições de 2018.

Ora, entre outubro de 2016 e inícios de 2018, quando o ministro Gilmar Mendes já deixava clara sua disposição para rever seu voto de 2016[28], muita coisa mudou no Brasil. A presidenta Dilma fora deposta em junho, seu posto usurpado sendo assumido por Michel Temer e sua agenda neoliberal radical, cujo principal componente foi a emenda constitucional que congelou o teto dos gastos públicos por 20 anos, promulgada em 15 de dezembro de 2016[29]. Mas enquanto o governo preparava projetos das reformas trabalhista e previdenciária, também de corte neoliberal, em maio de 2017 o país foi surpreendido pela notícia de que o dono do grupo JBS, Joesley Batista, em delação premiada no

---

[27] O termo Partido da Lava Jato foi cunhado por Moura e Corbellini (2019).

[28] Para alguns analistas, a mudança de opinião de Gilmar Mendes decorreu de que a Lava Jato voltara suas baterias contra seus amigos Aécio Neves e Michel Temer. Ver https://josiasdesouza.blogosfera.uol.com.br/2018/03/22/veja-o-que-dizia-gilmar-mendes-quando-guerreava-pela-prisao-na-2a-instancia/ (acessado em janeiro de 2020).

[29] Ver http://www.planalto.gov.br/ccivil_03/constituicao/Emendas/Emc/emc95.htm (acessado em novembro de 2019).

âmbito da Lava Jato, implicara o presidente Temer, o então senador Aécio Neves (PSDB-MG) e outros parlamentares em esquemas de corrupção, oferecendo como prova gravações feitas por ele de conversas com os implicados. A conversa com o presidente Temer ocorrera na calada da noite, na garagem da residência oficial da Vice-Presidência (o palácio Jaburu), e nela os dois tramaram a compra do silêncio do ex-deputado encarcerado Eduardo Cunha, com isso evitando possível delação premiada que comprometesse o presidente[30]. O dinheiro pago a Temer, em notas numeradas e rastreáveis, foi recolhido por homem de estrita confiança do presidente, o então deputado federal Rodrigo Rocha Loures (PMDB-PR), em operação filmada pela PF e divulgada para todo o país pelos canais de televisão.

Em outra gravação, Aécio Neves pediu dois milhões de reais a Joesley Batista para pagar um advogado para defendê-lo na Operação Lava Jato[31]. A polícia prendeu a irmã e um primo de Aécio, e um ex-assessor do senador Zezé Perrela (PMDB-MG), pois o dinheiro, também rastreado, fora depositado na conta de uma empresa desse senador. No dia 2 de junho de 2017 Aécio Neves foi denunciado ao STF por corrupção passiva e obstrução de justiça pelo Procurador Geral da República, Rodrigo Janot. O senador teve seu mandato suspenso, e viraria réu no Supremo em abril de 2018[32].

Paralelamente, o ex-presidente Lula foi condenado pelo juiz Sérgio Moro, em 12 de julho de 2017, a nove anos e seis meses de prisão por corrupção passiva e lavagem de dinheiro no caso do tríplex do Guarujá[33]. Os desdobramentos da prisão de Lula estão intimamente ligados às decisões do STF sobre prisão em segunda instância.

De fato, em dezembro de 2017 o relator das ADCs sobre o artigo 283 do Código do Processo Penal, Marco Aurélio Mello, encaminhou seu relatório (favorável à constitucionalidade do artigo) à então presidente do Supremo, Carmem Lúcia, para que ela o levasse a votação em plenário, mas ela não o fez. Ela e todo o país aguardavam a decisão do Tribunal Regional Federal da 4ª

---

[30] Ver https://www.conjur.com.br/2017-mai-18/fachin-autoriza-abertura-inquerito-presidente-michel-temer (acessado em dezembro de 2019).

[31] Ver https://g1.globo.com/politica/operacao-lava-jato/noticia/pf-apreende-cerca-de-r-2-milhoes-em-nova-fase-da-operacao-lava-jato.ghtml (acessado em janeiro de 2020).

[32] Ver https://g1.globo.com/politica/noticia/acusacao-ve-farto-material-probatorio-contra-aecio-defesa-contesta-acusacao-de-corrupcao-e-obstrucao-de-justica.ghtml (acessado em janeiro de 2020). O Senado restituiria o mandato de Aécio Neves ainda em 2017.

[33] Dentre os muitos estudos que enumeram as inconsistências, ilegalidades e irregularidades na sentença de quase 300 páginas de Sérgio Moro contra Lula, destaco Costa (2017).

Região (TRF-4), revisor das decisões da Lava Jato, sobre o recurso contra a condenação de Lula impetrado por sua defesa. A decisão já era conhecida, uma vez que o presidente do TRF-4, desembargador Carlos Eduardo Flores Lenz, em entrevista ao jornal *O Estado de S. Paulo* do dia 6 de agosto de 2017, afirmou que a sentença de Sergio Moro, *que ele não havia lido*, era tecnicamente irrepreensível[34]. Estava claro que os dois juízes estavam em contato e que a vara de Curitiba e o Tribunal de apelação agiam em uníssono.

O TRF-4 adotou rito célere para o caso Lula, passando seu processo à frente de centenas de outros, no intuito de julgá-lo o quanto antes e com isso "limpar o terreno" das eleições de 2018. O julgamento se deu no dia 24 de janeiro daquele ano, num trâmite sem precedentes na história do tribunal (Proner et al., 2018), e os juízes do TRF-4 não apenas mantiveram a condenação, como ainda ampliaram a pena para 12 anos e 1 mês de prisão. Lula recorreu ao próprio TRF-4, recursos esgotados em 26 de março, mas a defesa do ex-presidente havia entrado com habeas corpus preventivo no STJ e no STF para impedir a prisão. O primeiro negou o habeas corpus em 6 de março, com base na decisão do Supremo sobre prisão após condenação em segunda instância. O STF concedeu salvo conduto a Lula em 22 de março até o julgamento, pelo próprio Supremo, do habeas corpus que permitiria ou não a Lula aguardar em liberdade o trânsito em julgado de sua condenação. Mas no dia 4 de abril o STF negou o habeas corpus por 6 votos a 5.

O voto mais surpreendente, que selou a sorte de Lula, foi o da ministra Rosa Weber. Ela fora voto vencido em outubro de 2016, isto é, votara a favor da constitucionalidade do artigo 283 do Código do Processo Penal e, portanto, da prisão apenas após o trânsito em julgado da sentença. Pois em abril de 2018 a ministra afirmou que, como a maioria decidira pela inconstitucionalidade do artigo, passou a adotar

> a orientação hoje prevalecente de modo a atender não só o dever de equidade mas também, como sempre enfatizo, o princípio da colegialidade, que é meio de atribuir institucionalidade às decisões desta casa (...) Nessa linha, e sendo prevalecente o entendimento de que a execução provisória não compromete o princípio constitucional da presunção da inocência (...), não tenho como reputar ilegal, abusivo ou teratológico o acórdão [do STJ] que, forte

---

[34] O desembargador afirmou não ter lido os autos do processo, mas continuou elogiando a sentença de Moro, toda baseada em indícios, que ele também considerava provas. Ver https://oglobo.globo.com/brasil/triplex-sentenca-de-moro-tecnicamente-irrepreensivel-diz-presidente-do-trf-4-21675452 (acessado em fevereiro de 2020).

nesta compreensão do próprio STF, rejeita a ordem de habeas corpus, independentemente da minha posição pessoal[35].

O curioso é que a ministra mantivera sua "convicção pessoal" em outra ocasião, sobre a mesma matéria, votando contra a maioria. Ela foi voto vencido em fevereiro de 2016 e novamente em outubro do mesmo ano, quando voltou a defender a constitucionalidade do artigo 283 do CPP, contra a jurisprudência. E em novembro de 2016, em votação virtual, o STF estendeu a decisão para todo o país, e para todos os casos de condenação em segunda instância. Rosa Weber foi a única a não votar, o placar ficando em 6 a 4 a favor da prisão[36]. Logo, o voto da ministra em 2018 teve evidente caráter casuístico, e deu margem aos críticos do Judiciário, que viram em todo o trâmite processual um caso de *lawfare* contra Lula. O mandado de prisão contra o ex-presidente foi expedido no dia 5 de abril. Lula se entregou à justiça no dia 7.

Vale ressaltar que a presidente do STF Carmem Lucia tinha ciência de que Gilmar Mendes havia mudado de posição sobre a matéria, e que, se a pautasse antes do julgamento do habeas corpus de Lula, a votação seria revertida e Lula, embora condenado, teria direito a recorrer em liberdade[37]. É esta a razão pela qual a ministra não colocaria em pauta o julgamento do mérito das ADCs sobre o artigo 283, e seu sucessor, José Antônio Dias Toffoli, que assumiu a presidência no dia 13 de setembro de 2018, tampouco o faria, ao menos não antes das eleições de 2018. O STF não colocou o tema em pauta única e exclusivamente porque, se o fizesse, Lula aguardaria o trânsito em julgado em liberdade, e poderia participar das eleições de 2018, se não como candidato, ao menos como cabo eleitoral do candidato do PT.

Lula tentava saídas jurídicas para participar como candidato nessas eleições, para as quais aparecia como líder absoluto nas pesquisas de opinião. Mas em 31 de agosto de 2018 o ex-presidente teve o registro de sua candidatura indeferido pelo Tribunal Superior Eleitoral (TSE), por seis votos a um, com base na "lei da ficha limpa", segundo a qual uma pessoa condenada por decisão

---

[35] Ver https://www1.folha.uol.com.br/poder/2018/04/rosa-weber-do-stf-vota-por-negar-habeas-corpus-a-lula.shtml (acessado em janeiro de 2020).

[36] Ver http://g1.globo.com/politica/noticia/2016/11/stf-confirma-que-prisao-apos-2-instancia-vale-para-todos-os-casos.html (acessado em janeiro de 2020).

[37] Ainda em maio de 2017, portanto 6 meses depois da decisão do STF de dar repercussão geral à decisão de outubro, Gilmar Mendes manifestou sua inclinação por revê-la, por achar que ela podia produzir injustiças. Ver https://g1.globo.com/politica/noticia/prisao-apos-segunda-instancia-volta-a-dividir-posicoes-de-ministros-do-supremo.ghtml (acessado em janeiro de 2020). Note-se que a manifestação de Gilmar Mendes deu-se pouco depois das denúncias contra Temer e Aécio Neves.

colegiada (em qualquer instância do judiciário) não pode concorrer a cargos eletivos. Para surpresa de muitos, a presidente da sessão que cassou o registro de Lula, Rosa Weber, divergiu da maioria, argumentando que, como ele ainda podia recorrer ao STF, "não deveria ser impedido de fazer campanha e pedir voto"[38]. A ministra, como se vê, não tem problemas em divergir da maioria, como fizera crer em seu voto contra o habeas corpus de Lula apenas alguns meses antes. Com o direito de concorrer estando cassado, isto é, tendo o sistema de justiça retirado da campanha o candidato líder das pesquisas, a Ministra viu de garantir ao menos seu direito de fazer campanha. Foi voto vencido.

Em 28 de agosto de 2018, portanto a poucas semanas das eleições gerais que levariam Jair Bolsonaro ao Planalto, o Ministério Público paulista (MP-SP) apresentou denúncia contra o então candidato a vice-presidente na chapa de Lula, Fernando Haddad, à justiça eleitoral, por falsidade ideológica e caixa dois na campanha para a prefeitura de São Paulo em 2012, vencida por Haddad. A denúncia se baseava em delações premiadas de executivos da empreiteira UTC, e segundo análise de jornalistas investigativos, não apresentava uma prova material sequer[39]. Como no caso de José Dirceu em 2012, o MP-SP alegou que não havia como Haddad não saber como sua campanha fora financiada, no caso com recursos supostamente ilegais repassados pela UTC ao tesoureiro do PT, João Vaccari Neto[40].

O ativismo judicial contra as instituições democráticas e a Constituição teve como alvo inicial os governos liderados pelo PT e os partidos que lhe davam sustentação, particularmente o PMDB (atual MDB) e o Partido Progressista (PP, atual Progressistas), que tiveram o maior número de denunciados nos primeiros anos da Operação Lava Jato. Mas o ativismo se estendeu a todo o sistema partidário, atingindo representantes do povo no Congresso Nacional, nas Assembleias Legislativas e Câmaras Municipais, além dos poderes executivos dos três níveis federativos. A política brasileira foi pautada, momento a momento, pelas operações da força tarefa de Curitiba e seus muitos braços nos

---

[38] Ver https://www.conjur.com.br/2018-set-01/lula-candidatura-negada-tse-sessao-horas (acessado em janeiro de 2020).

[39] Ver https://jornalggn.com.br/noticia/denuncia-que-agora-leva-haddad-a-condenacao-e-esquizofrenica/ (acessado em janeiro de 2020).

[40] Haddad seria condenado pela Justiça Eleitoral em agosto de 2019, numa sentença igualmente estapafúrdia na qual o juiz o condenou a 4 anos e 6 meses de prisão em regime semiaberto, pelo crime de falsificação de notas de serviços gráficos. O juiz absolveu-o dos crimes de corrupção e lavagem de dinheiro, crimes pelos quais ele não fora acusado pelo MP-SP.

estados da Federação. Em julho de 2017, seis em cada dez senadores (60%) respondiam a inquéritos ou a processos criminais no STF, em sua maioria relacionados com investigações oriundas ou desdobradas da Lava Jato[41]. Na Câmara dos Deputados, 238 dos 513 parlamentares (ou 46,4%) tinham alguma pendência no Supremo, sendo que cinco partidos (PP, PMDB, PT, PSDB e PR) respondiam por 60% dos casos (144 parlamentares)[42]. No Rio de Janeiro, cinco ex-governadores foram presos sob acusações do braço da Operação Lava Jato no Estado[43].

Chegou-se em inícios de setembro, ou um mês antes do primeiro turno das eleições presidenciais de 2018 com a seguinte situação: o senador Aécio Neves, do PSDB, e destinatário de quase metade dos votos dos brasileiros na eleição presidencial de 2014, tivera o mandato suspenso em razão das denúncias da Operação Lava Jato, e a restituição de seu mandato pelo Senado dias depois foi rechaçada pela "opinião pública" e nas redes sociais, e desde abril de 2018 era réu no STF; o presidente Michel Temer, do PMDB, tinha contra ele uma ação em curso no Supremo, fruto de denúncias da mesma Operação; Lula estava preso pela mesma Operação; Fernando Haddad, ainda como vice na chapa de Lula, mas logo oficializado como o candidato do PT à presidência, tinha sido denunciado pelo braço paulista da Lava Jato; e o candidato do PSDB à presidência, Geraldo Alckmin, tentava se descolar de inúmeras denúncias de corrupção contra ele e correligionários, feitas no âmbito da mesma Lava Jato paulista[44]. E os três maiores partidos no Congresso, PT, PMDB e PSDB, tinham, respectivamente, 48%, 46% e 38% de seus deputados respondendo a inquéritos no STF. O PP tinha 65% da bancada sendo processada.

---

[41] Ver https://congressoemfoco.uol.com.br/especial/noticias/pelo-menos-seis-estados-brasileiros-tem-todos-os-senadores-investigados-no-stf/ (acessado em janeiro de 2020).

[42] Ver https://congressoemfoco.uol.com.br/especial/noticias/pp-pmdb-pt-e-psdb-sao-os-partidos-com-mais-parlamentares-sob-suspeita/ (acessado em janeiro de 2020).

[43] Ver http://agenciabrasil.ebc.com.br/politica/noticia/2019-03/cinco-ex-governadores-do-rio-foram-presos-ultimos-tres-anos (Acessado em dezembro de 2019).

[44] A Operação Lava Jato denunciou o então governador Geraldo Alckmin por corrupção, mas o Superior Tribunal de Justiça decidiu, em 12 de abril de 2018, que o inquérito deveria ser encaminhado à Justiça Eleitoral, pois entendeu que se tratava apenas de "caixa dois" na campanha eleitoral de 2014. Ver http://g1.globo.com/jornal-nacional/noticia/2018/04/inquerito-sobre-alckmin-vai-para-justica-eleitoral-e-frustra-lava-jato.html (acessado em janeiro de 2020). Em março de 2018 o STF havia decidido que crimes de lavagem de dinheiro e corrupção, quando conexos ao de caixa dois, devem ser julgados pela justiça eleitoral. Em 15 de abril de 2019 a justiça paulista determinou o bloqueio dos bens do ex-governador. Ver https://g1.globo.com/sp/sao-paulo/noticia/2019/04/15/justica-determina-bloqueio-de-bens-de-alckmin-e-de-executivos-da-odebrecht.ghtml (acessado em janeiro de 2020).

Ou seja, as principais peças do tabuleiro político brasileiro tinham sido "emparedadas" pela Operação Lava Jato e chegavam às vésperas da eleição com o futuro incerto. Diante das muitas arbitrariedades do Judiciário de Curitiba, cometidas com o aval do STF expresso em atos e omissões, que retiraram Lula da disputa e impediram até mesmo que ele participasse da campanha do PT; e que lançaram no mesmo redemoinho da condenação à corrupção os principais candidatos do PSDB, o pleito de 2018 se apresentava como imprevisível. A Lava Jato feriu de morte a estrutura partidária que sustentara a Nova República e o pacto constitucional de 1988, e a figura mais proeminente da conjuntura não era nenhum dos candidatos à presidência ou aos governos estaduais. Era o juiz Sérgio Moro e seu partido, a Operação Lava Jato, ou LJ como o juiz e os procuradores de Curitiba se referiam a ela no aplicativo *Telegram*, cujas mensagens foram vazadas para o jornal *The Intercept*.

Uma das consequências desse quadro foi a queda generalizada na confiança da população nas instituições entre 2017 e 2018, tal como medida pelo Índice de Confiança Social (ICS), do IBOPE. No ano das eleições gerais o presidente Temer tinha a confiança de 13% dos brasileiros. Os partidos políticos, 16%. O Congresso Nacional 18%, o sistema eleitoral 33%. E o poder Judiciário 43% (contra 48% em 2017)[45]. A média de 2018 foi de 44 pontos, contra 49 em 2017. Vale notar que a eleição de Bolsonaro elevou-a a 56 pontos em 2019, sugerindo que o ICS é indicador, sobretudo, das *expectativas*, ou do humor da população em relação às instituições.

Outra consequência foi a redefinição da distribuição da representação partidária no Congresso na eleição de 2018. O PT perdeu 17% das cadeiras que conquistara em 2014 (56 em 2018 contra 68 em 2014). O PSDB perdeu 46,3% (29 em 2018 contra 54 em 2014). O MDB, partido mais afetado de todos, perdeu 47,7% de suas cadeiras (34 contra 65 de 2014, quando o partido era o maior da Câmara). E o PSL, partido que acolheu a candidatura de Jair Bolsonaro, pulou de apenas um deputado em 2014 para 52, tornando-se a segunda maior representação na Câmara dos Deputados, atrás apenas do PT (todos os dados estão em Santos e Tanscheit, 2019, p. 177).

Além disso, o poder no parlamento tornou-se muito mais fragmentado, levando ao paroxismo um processo que vinha de longa data. Como mostram os mesmos autores citados, em 2002 os três maiores partidos da Câmara (PT, PFL

---

[45] Ver https://www.ibopeinteligencia.com/arquivos/JOB%2018_0741_ICS_Apresenta%C3%A7%C3%A3o.pdf (acessado em fevereiro de 2020).

e PMDB) tinham 49% das cadeiras. A proporção caiu constantemente a cada nova legislatura, e em 2018 os três maiores partidos (PT, PSL e PP) tinham não mais do que 29% das cadeiras (idem, p. 176). Jair Bolsonaro foi eleito presidente num ambiente de enorme fragmentação partidária e grandes dificuldades para construir maiorias governativas no Congresso Nacional[46].

Ativismo militar

Ao dar posse ao general Fernando Azevedo e Silva como ministro da Defesa, no dia 2 de janeiro de 2019, Jair Bolsonaro fez questão de agradecer ao general Eduardo Villas Bôas, comandante do Exército presente à solenidade. Afirmou que este tinha sido "um dos responsáveis por eu estar aqui", isto é, ter vencido as eleições presidenciais. Portador de doença degenerativa grave e incurável, Villas Bôas se emocionou[47].

Bolsonaro se referia a dois tuítes publicados pelo general no dia 3 de abril de 2018, véspera da votação do habeas corpus de Lula pelo STF. O primeiro tuíte dizia: "Nessa situação que vive o Brasil, resta perguntar às instituições e ao povo quem realmente está pensando no bem do País e das gerações futuras e quem está preocupado apenas com interesses pessoais?"

E o segundo:

> Asseguro à Nação que o Exército Brasileiro julga compartilhar o anseio de todos os cidadãos de bem de repúdio à impunidade e de respeito à Constituição, à paz social e à Democracia, bem como se mantém atento às suas missões institucionais[48].

Era um recado claro ao STF: o general esperava que os supremos magistrados atendessem o "anseio de todos os cidadãos de bem" e recusassem a Lula o direito de aguardar em liberdade o trânsito em julgado de sua sentença condenatória. Que negassem a Lula, líder nas pesquisas eleitorais, o direito de con-

---

[46] Isso estará por trás da baixa taxa de aprovação de medidas provisórias em seu primeiro ano de mandato. Enquanto Lula aprovou 65% das que enviou em 2003 e 70% das enviadas em 2007 (primeiros anos de seus dois mandatos), e Dilma aprovou 39% em cada primeiro ano de seus dois mandatos, Bolsonaro aprovou apenas 25% em 2019 (12 das 48 editadas). Ver https://www12.senado.leg.br/noticias/materias/2020/01/10/primeiro-ano-de-governo-teve-48-medidas-provisorias-editadas (acessado em março de 2020).

[47] Ver https://oglobo.globo.com/brasil/o-senhor-um-dos-responsaveis-por-eu-estar-aqui-diz-bolsonaro-comandante-do-exercito-23341238 (acessado em março de 2020).

[48] Os tuítes estão em https://twitter.com/Gen_VillasBoas/status/981315180226318336 (acessado em março de 2020).

correr nas eleições de outubro. Do contrário, faria valer "suas missões institucionais". O general se juntava às centenas de milhares de pessoas que tinham ido às ruas no mesmo dia 3 para cobrar do STF o indeferimento do habeas corpus de Lula.

Os tuítes foram manchete da *Folha de S. Paulo* no dia seguinte, quando o STF se reuniria para deliberar[49]. E o recado foi compreendido pelo ministro Celso de Melo. Em seu voto favorável ao habeas corpus de Lula, ele diria que

> nossa própria experiência histórica revela-nos — e também nos adverte — que insurgências de natureza pretoriana, à semelhança da ideia metafórica do ovo da serpente (República de Weimar), descaracterizam a legitimidade do poder civil instituído e fragilizam as instituições democráticas, ao mesmo tempo em que desrespeitam a autoridade suprema da Constituição e das leis da República![50]

O ministro, que ao contrário de alguns de seus colegas manteve-se coerentemente respeitoso à Constituição durante todo o processo de consolidação do Partido da Lava Jato, agora alertava para os riscos do retorno dos militares ao ciclo político brasileiro. Ele sabia a manifestação de Villas Bôas, diretamente afeita ao pleito daquele ano, não era a primeira.

Em setembro de 2017, em palestra promovida pela maçonaria em Brasília, o general (então na ativa) Antônio Hamilton Mourão afirmou que "seus companheiros do Alto Comando do Exército" consideravam a possibilidade de adotar uma intervenção militar, se o Judiciário não solucionasse o "problema político" do país. Que não era outro senão o que acabamos de ver: centenas de parlamentares, governadores e prefeitos se defendiam de denúncias de corrupção nas várias instâncias da Justiça, em sua maioria em razão da Operação La-

---

[49] Ver https://acervo.folha.com.br/leitor.do?numero=48239&anchor=6083390&origem=busca. Os jornais *O GLOBO* e *O Estado de São Paulo* preferiram estampar em suas capas fotos da grande manifestação ocorrida em São Paulo (houve outras em 23 capitais), com dezenas de milhares de pessoas vestidas de verde e amarelo cobrando do STF a prisão de Lula. Ver https://acervo.estadao.com.br/pagina/#!/20180404-45459-nac-1-pri-a1-not, para o *Estadão*, e https://acervo.oglobo.globo.com/consulta-ao-acervo/?navegacaoPorData=201020180404 para *O GLOBO*. Nos dois casos a manifestação de Villas Bôas ganhou pouco destaque na cobertura de política. O Jornal Nacional, da TV Globo, repercutiu a notícia no dia 4, já findo o julgamento no STF. O repórter leu manifestações do MPF, da OAB, do Instituto dos Advogados do Brasil, da presidente do PT Gleisi Hoffmann, do governador Flavio Dino do PCdoB e até do comandante da Aeronáutica, todos repudiando os tuítes de Villas Bôas e pregando o respeito à Constituição. Ver http://g1.globo.com/jornal-nacional/edicoes/2018/04/04.html (todos os links acessados em março de 2020).

[50] Ver https://www.conjur.com.br/2018-nov-11/villas-boas-calculou-intervir-stf-hc-lula (acessado em março de 2020).

va Jato. O presidente Michel Temer tentava impedir o avanço no Congresso de um segundo pedido de impeachment relacionado com as denúncias de Joesley Batista, presidente do grupo JBS. E o ex-presidente Lula era vítima de intensa perseguição judicial. Era, por certo, o principal "problema político" visado pelo alerta do general.

Segundo ele, os militares terminariam por se ver obrigados a ações

> por aproximações sucessivas, (...) até chegar o momento em que ou as instituições solucionam o problema político, pela ação do Judiciário, retirando da vida pública esses elementos envolvidos em todos os ilícitos, ou então nós teremos que impor isso.

Afirmou ainda que o Exército teria "planejamentos muito bem feitos" para a ação[51].

A manifestação do general Mourão não foi repudiada pelas Forças Armadas. O Centro de Comunicação Social do Exército limitou-se, em nota, a repetir platitudes: "o Exército Brasileiro, por intermédio do seu comandante, general Eduardo Dias da Costa Villas Bôas, tem constantemente reafirmado seu compromisso de pautar suas ações com base na legalidade, estabilidade e legitimidade"[52].

O mesmo general Villas Bôas, em entrevista ao jornalista Pedro Bial, da TV Globo, afirmaria que não havia motivo para punição a seu subordinado Mourão, e que as Forças Armadas tinham mandato para intervir militarmente, "na iminência do caos"[53]. As Forças Armadas, pois, se alinhavam com o Judiciário e seu ativismo, oferecendo inteiro respaldo do braço armado do Estado à consolidação do Partido da Lava Jato, que deveria solucionar o "problema político", isto é, a corrupção.

Dizendo mais enfaticamente: a fala do comandante do Exército denota as afinidades de percepção da realidade, propósitos e disposição para a ação que aproximavam elites militares e judiciárias, contra o sistema político de um modo geral e contra Lula em particular. Os militares exerciam seu próprio ativismo. Parafraseando o ministro Marco Aurélio Mello sobre a Constituição, é como se Villas Bôas dissesse que "a democracia brasileira é o que os militares

---

[51] Ver https://valor.globo.com/politica/noticia/2017/09/17/general-ameaca-impor-solucao-para-crise-politica-brasileira-1.ghtml (acessado em março de 2020).

[52] Idem. Ver tb. https://www1.folha.uol.com.br/poder/2017/09/1919322-general-do-exercito-ameaca-impor-solucao-para-crise-politica-no-pais.shtml (acessado em março de 2020). O vídeo completo da palestra já não está disponível nesse canal da *Folha*.

[53] Ver https://www1.folha.uol.com.br/poder/2017/09/1920079-comandante-do-exercito-descarta-punir-general-que-sugeriu-intervencao.shtml (acessado em março de 2020).

querem que ela seja", isto é, destituída do "problema político". Uma democracia tutelada pela Justiça e pelas Forças Armadas.

Os militares nunca deixaram inteiramente a cena política brasileira recente. Salvaguardaram-se no processo de transição da ditadura, garantindo, com a anistia "ampla, geral e irrestrita", que os muitos crimes perpetrados contra as esquerdas e os opositores do regime em geral, entre eles assassinatos, desaparecimentos, torturas, banimento, suspensão de direitos políticos e perseguições, não fossem investigados nem punidos. A Constituição de 1988 lhes garantiu o papel de guardiões da segurança interna, o que deu ao general Villas Bôas liberdade e desenvoltura para lembrar o "mandato" para intervir militarmente "na iminência do caos". Esqueceu-se de dizer que esse "mandato" não é incondicional, menos ainda direto. A intervenção deve ser solicitada pelo governante civil, a quem as Forças Armadas estão subordinadas.

Ora, a fala de Mourão era uma afronta direta à Constituição. Mas nem ele nem Villas Bôas foram admoestados por seu Comandante em Chefe, o presidente Michel Temer que, com isso, abdicou de disciplinar o braço armado do Estado. Numa instituição guiada por coesão, honra, comando e, justamente, disciplina, a não punição da indisciplina é sinal pernicioso aos subordinados. As Forças Armadas viram-se livres para continuar a agir para interferir no processo político na Nação[54].

Proponho que a aceleração do ativismo militar em anos recentes tem relação direta com pelo menos duas linhas de tensão introduzidas pelos governos liderados pelo PT. A primeira foi a Comissão Nacional da Verdade, cuja constituição teve os primeiros movimentos no último ano do governo Lula, e que teria por objeto investigar, catalogar e trazer a público as violações contra os direitos humanos ocorridos no Brasil entre 1946 e 1988, mas que terminaria por se concentrar nos crimes cometidos pela ditadura militar de 1964. E a segunda foi a corrupção na Petrobras e os desdobramentos da Operação Lava Jato.

---

[54] Ao presidir a cerimônia de passagem do general Mourão para a reserva, em 28 de fevereiro de 2018, o comandante do Exército Eduardo Villas Bôas disse que Mourão era "um soldado na essência d'alma", agradecendo nele "os exemplos de camaradagem, disciplina intelectual e liderança pelo exemplo". Ver https://noticias.r7.com/prisma/r7-planalto/comandante-do-exercito-elogia-general-mourao-26042019 (acessado em março de 2020). Tinham-se passado seis meses desde que a "liderança pelo exemplo" pregara a intervenção militar.

Brasil: Nunca Mais

O projeto de lei que instituiu a Comissão Nacional da Verdade é de 30 de abril de 2010 (portanto ainda no governo Lula), e era assinado por Rogério Sottili (secretário-executivo da Secretaria de Direitos Humanos da Presidência da República), Luiz Paulo Barreto (ministro da Justiça), Nelson Jobim (ministro da Defesa) e Paulo Bernardo (ministro do Planejamento, Orçamento e Gestão)[55]. Tramitou no Congresso por todo o ano de 2011 e virou a Lei 12.528 em novembro daquele ano, já no governo Dilma Rousseff. A presidenta instalou a CNV em 16 de maio de 2012.

A solenidade de lançamento contou com a presença dos quatro ex-presidentes da República eleitos desde 1989, sinalizando que a Comissão era ato de Estado, mais do que de governo[56]. Entre seus objetivos destaco: (i) esclarecer os fatos e as circunstâncias dos casos de graves violações de direitos humanos; (ii) promover o esclarecimento circunstanciado dos casos de torturas, mortes, desaparecimentos forçados, ocultação de cadáveres e sua autoria, ainda que ocorridos no exterior; (iii) identificar e tornar públicos as estruturas, os locais, as instituições e as circunstâncias relacionados à prática de violações de direitos humanos e suas eventuais ramificações nos diversos aparelhos estatais e na sociedade[57].

Composta por sete "notáveis" indicados pela presidenta (dentre eles o diplomata e cientista político Paulo Sérgio Pinheiro, o desembargador Claudio Fonteles e o jurista José Carlos Dias), contaria ainda com o apoio de 12 servidores federais. Iniciados os trabalho, a CNV decidiu que se concentraria nos crimes da ditadura militar-civil.

Em seu Art. 6º a Lei 12.528/2011 instituiu que a CNV poderia atuar de forma articulada com a Comissão da Anistia, criada em 2002, e com a Comissão Especial sobre Mortos e Desaparecidos Políticos (CEMDP), criada em dezembro de 1995. Logo, apesar do enorme descontentamento que gerou nos meios militares, não seria a primeira vez que as sinistras entranhas do regime militar-civil seriam expostas. Havia duas Comissões em funcionamento, ambas

---

[55] Ver https://www.camara.leg.br/proposicoesWeb/prop_mostrarintegra?codteor=771442 (acessado em abril de 2020).

[56] Ver https://memoria.ebc.com.br/agenciabrasil/noticia/2012-05-10/dilma-anuncia-integrantes-da-comissao-da-verdade (acessado em março de 2020).

[57] O texto da Lei está em https://www2.camara.leg.br/legin/fed/lei/2011/lei-12528-18-novembro-2011-611803-normaatualizada-pl.pdf (acessado em março de 2020), aqui citado quase literalmente.

instaladas nos governos Fernando Henrique Cardoso. Por que a CNV provocou tanta comoção entre os militares? A pergunta requer escrutínio detalhado.

Os crimes da ditadura já haviam sido catalogados e divulgados pelo projeto Brasil Nunca Mais (BNM), uma associação entre o Conselho Mundial de Igrejas e a Arquidiocese de São Paulo, sob comando do Rev. Jaime Wright e de Dom Paulo Evaristo Arns, então Bispo de São Paulo. Entre os principais idealizadores do projeto esteve a advogada Eny Moreira, que defendera presos políticos e vítimas de torturas durante a ditadura. Foi dela a iniciativa, ainda em 1979, de impedir que, com o fim provável do regime, os processos contra presos políticos fossem incinerados, como ocorrera no final da ditadura do Estado Novo.

Eny Moreira conseguiu mobilizar Jamie Wright e o pastor Charles Roy Harper Jr., do Conselho Mundial de Igrejas (com sede em Genebra), de onde veio a maior parte dos recursos do BNM; e a Arquidiocese paulista, seu principal apoio institucional no Brasil. Outros nomes importantes de então, como o ex-preso político Paulo Vannuchi e o advogado e depois deputado federal Luiz Eduardo Greenhalgh, se juntaram ao esforço de copiar mais de 850 mil páginas de 710 processos judiciais contra presos políticos arquivados no Superior Tribunal Militar[58]. O acervo catalogado contou ainda com mais de 500 rolos de microfilmes com cópias de documentos, fotos e provas dos processos.

Documentos do próprio Estado, pois, comprovaram a prática criminosa e institucionalizada da tortura como método de "investigação", além de assassinatos e desaparecimentos de opositores do regime. Sua minuciosa análise deu origem a um relatório em 12 volumes, com quase sete mil páginas, resumido num livro que marcou época, o *Brasil: nunca mais*[59].

Em seu Tomo II, volume 3, o relatório do BNM nomeia, por ordem alfabética, os "elementos" (termo usado para qualificar os funcionários do regime)

---

[58] A epopeia é narrada em http://bnmdigital.mpf.mp.br/pt-br/historia.html (acessado em março de 2020). Os processos podiam deixar o prédio do STM por 24 horas, então foi montada uma operação de guerra para copiar tudo no menor espaço de tempo possível. Máquinas de xerox foram instaladas numa sala comercial em Brasília, trabalhando dia e noite por meses seguidos, copiando bateladas de processos a cada vez.

[59] O site do projeto BNM (http://bnmdigital.mpf.mp.br/pt-br/ , acessado em março de 2020), de onde extraí essas informações, dá acesso a todos os documentos, relatórios e extenso acervo fotográfico e de vídeos, com ferramentas bastante amigáveis de pesquisa. O livro que resume o relatório é Betto e Kotscho (1985). Na academia os documentos foram analisados pela primeira vez por Reis Filho (1989), que com eles mapeou a atuação das esquerdas no Brasil durante a ditadura. Outra análise sistemática é o também clássico Ridenti (2010).

envolvidos em torturas, prisões, cercos e repressão em massa, além de médicos legistas, participantes de Inquéritos Policiais Militares (IPM), colaboradores, informantes e muito mais. O Tomo III apresenta um perfil suscinto dos atingidos, o Tomo V, em quatro volumes, descreve em detalhes as torturas e enumera os mortos. Foi a primeira vez que as entranhas do sistema repressivo da ditadura ganhou a luz, de forma minuciosa, exaustiva e extensa.

O BNM foi ao mesmo tempo um projeto de memória, de denúncia e de alerta, para que o que ocorrera no Brasil durante o regime militar-civil não voltasse a se repetir. As revelações não serviriam como prova, nem processos seriam abertos, pois todos os criminosos revelados estavam, em princípio, protegidos pela Lei 6.683, a Lei da Anistia de agosto de 1979.

Foi, ademais, um projeto da sociedade civil, ainda que apoiado pela Igreja Católica e patrocinado pelo Conselho Mundial de Igrejas. Sua repercussão foi enorme na imprensa e na opinião pública, mas encontrou resposta discreta dos meios militares (como veremos). Baseado em fontes oficiais, reproduzidas em fac-símile, não podia ser contestado oficialmente. Ademais, a ditadura estertorava, acuada pelo próprio fracasso, que levara o Brasil à maior crise econômica de sua história (a recessão de 1981-83), com dívida externa explosiva, inflação até ali inigualada e grande pressão social por eleições diretas para a Presidência da República[60]. O regime já não tinha poderes para reprimir ou proibir a circulação de informações e análises sobre suas mazelas, e de qualquer modo, o BNM era um projeto privado, que não envolvia agentes do Estado.

O Estado brasileiro levaria ainda dez anos para abrir espaço em suas estruturas ao reconhecimento oficial dos crimes da ditadura militar-civil. Em 4 de dezembro de 1995, portanto ainda no primeiro ano de seu governo, Fernando Henrique Cardoso sancionou a Lei nº 9.140 (com origem no Ministério da Justiça e que tramitava no Congresso desde 1993, ainda no governo Itamar Franco), que reconheceu como mortas as pessoas desaparecidas em razão de participação, ou acusação de participação em atividades políticas entre 1961 e 1979. Além disso, instituiu reparação financeira aos familiares, criando para isso uma Comissão Especial com amplos poderes para investigar desaparecimentos e

---

[60] Em 1984, quando a comissão responsável pelo projeto trabalhava na classificação do material que viria a público no ano seguinte, o país viu nas ruas a maior mobilização popular de sua história, o movimento pelas "Diretas Já" em apoio à "Emenda Dante de Oliveira", que tramitava no Congresso prevendo eleições diretas para presidente em 1985. A literatura sobre o movimento é imensa. Sugiro Kotscho (1984), Eugênio (1995) e Bertoncelo (2009).

mortes perpetrados por órgãos de governo, e processar os requerimentos de reconhecimento de óbito e de indenização. As reparações financeiras eram proporcionais ao tempo de desaparecimento ou morte, equivalentes a R$3.000 por cada mês decorrido (R$13 mil em valores de março de 2020), pagos uma única vez, o total não podendo ser inferior a R$100 mil (R$436 mil em valores de março de 2020)[61].

O projeto e posterior lei sofreram resistência de setores militares, mas foram vivamente apoiados pelo então ministro do Exército, Zenildo de Lucena, o que impediu que a reação oficial se avolumasse[62]. Ainda assim, à medida que o trabalho da Comissão Especial progredia, desaparecidos eram reconhecidos e indenizações pagas, a imprensa passou a registrar o desconforto de militares e também de civis apoiadores da ditadura, alguns demandando indenizações por parentes vítimas de atos "terroristas" da luta armada, e militares demandando reconhecimento de seus heróis[63]. Mas as reações se restringiram aos militares da reserva e seus clubes, que redigiram manifestos e patrocinaram reuniões de agravo à atuação da Comissão Especial.

A Comissão manteve-se ativa até ter suas prerrogativas fortemente limitadas pelo agora presidente Jair Bolsonaro[64]. Mas em agosto de 2007 foi lançado o livro *Direito à memória e à verdade*, resumindo 11 anos de seu funcionamento (1995-2006), que encontrou 479 mortos e desaparecidos entre 1961 e 1988[65]. O então ministro da Secretaria Especial de Direitos Humanos, Paulo Vannuchi, afirmou que o objetivo do documento era "reconhecer publicamente a responsabilidade do governo pela morte, restaurar a verdade e ainda permitir

---

[61] O texto da Lei está em http://www.planalto.gov.br/ccivil_03/LEIS/L9140.htm (acessado em março de 2020).

[62] Ver o verbete sobre Lucena em http://www.fgv.br/cpdoc/acervo/dicionarios/verbete-biografico/zenildo-gonzaga-zoroastro-de-lucena (acessado em março de 2020).

[63] Ver, por exemplo, o artigo https://www1.folha.uol.com.br/fsp/opiniao/fz26039808.htm, de um militar da reserva, que qualifica a lei como revanchismo; e https://www1.folha.uol.com.br/fsp/brasil/fc26049823.htm, que expõe a reação de grupos civis e militares. Ambos os artigos são de 1998, portanto três anos depois da promulgação da lei (acessados em março de 2020).

[64] Ver https://congressoemfoco.uol.com.br/direitos-humanos/governo-reduz-atribuicoes-da-comissao-de-mortes-e-desaparecidos-politicos/ (acessado em março de 2020). Entre as prerrogativas conspurcadas está a de emitir atestados de óbito que reconheçam como causa da morte de vítimas da ditadura a "perseguição violenta e política do Estado". Isso, na prática, deixa a Comissão de mãos atadas.

[65] O livro pode ser lido em http://docvirt.com/DocReader.net/DocReader.aspx?bib=DocBNM&PagFis=73133 (acessado em março de 2020).

o pagamento de indenização"[66]. Logo, o Estado brasileiro já reconhecia sua responsabilidade nos assassinatos e desaparecimentos políticos, a imensa maioria ocorrida sob jugo militar. A Comissão Especial sobre Mortos e Desaparecidos Políticos (CEMDP) foi, de fato, a primeira comissão oficial da verdade do país.

No apagar das luzes de seu governo, Fernando Henrique Cardoso criou por Medida Provisória, depois tornada Lei 10.559 em 13 de novembro de 2002, o "regime do anistiado político", visando à reparação financeira dos prejuízos causados por perseguição política por parte do Estado brasileiro entre setembro de 1946 e outubro de 1988. A lei enumera os casos passíveis de reparação, o montante da remuneração etc., e cria a Comissão da Anistia, destinada a processar as demandas e realizar os pagamentos. A Comissão realizou audiências públicas, seminários e discussões pelo Brasil, promoveu caravanas da anistia, eventos culturais, criou museus de memória da anistia, mostras de cinema e teatro, mobilizou organizações de defesa dos direitos humanos no país e no exterior, produziu relatórios regulares de suas atividades. Teve, em suma, enorme visibilidade nacional e internacional. Até 2018 a Comissão havia recebido mais de 80 mil requerimentos de reconhecimento da condição de anistiado político, e portanto de reparação[67].

As várias atividades promovidas pela Comissão deram visibilidade a sua ação, mas não provocaram reações *oficiais* nas Forças Armadas, agitando sobretudo seus clubes. Isso porque, contrariamente à CEMDP, os militares também foram "beneficiados". Entre 2002 e 2018 quase 3.700 militares tiveram sua condição de anistiados reconhecida, tendo seus vínculos restituídos, sendo promovidos na carreira e recebendo a reparação pecuniária devida[68]. Como a maioria provavelmente está na reserva, o problema do convívio entre anistiados afastados de suas funções por perseguição política, portanto por serem oposito-

---

[66] Ver https://www.bbc.com/portuguese/reporterbbc/story/2007/08/070829_vannuchi_db_ac.shtml (acessado em março de 2020).

[67] Até 2014 a Comissão da Anistia produzia relatórios regulares, mas depois disso a informação sobre movimento processual consta dos relatórios do Ministério da Justiça. Ver http://www.arquivonacional.gov.br/images/ASCOM/Relatorio_de_Gestao_2018_MJSP.pdf, e como exemplo dos relatórios da CA, ver https://www.justica.gov.br/central-de-conteudo/anistia/anexos/anistia-2014-final-reduzido.pdf/ (ambos acessados março de 2020).

[68] Ver https://www.defesa.gov.br/anistia (acessado em março de 2020). O site dá acesso à planilha com todos os militares anistiados e os valores pagos, sendo 40 milhões pagos mensalmente (ou 520 milhões por ano) aos que tinham direito, e 2 milhões pagos em parcela única.

res considerados insubordinados ou mesmo traidores da pátria (caso do capitão Carlos Lamarca, por exemplo), não se colocou com tanta intensidade. Mas não agradou certos círculos diretamente ligados à ditadura[69].

A Comissão Nacional da Verdade (CNV), portanto, não foi a primeira nem a única a revirar o passado recente do país, para apontar os crimes, suas circunstâncias, os responsáveis e as vítimas da repressão durante a ditadura. O que teria mudado para que os militares passassem a considerar *oficialmente* inaceitável esse tipo de ação estatal? Enumero o que, a meu juízo, deve figurar entre as possíveis razões.

Em algum momento nos anos 2000 (possivelmente motivadas pelos resultados da CEMDP e da publicidade conferida a ela pela imprensa e, mais tarde, por publicações como o referido livro *Direito à memória e à verdade*, editado pela Secretaria de Direitos Humanos do segundo governo Lula, dotado, portanto, do poder perlocucionário dos atos de fala do Estado), parcelas das Forças Armadas decidiram disputar cultural e politicamente, portanto às claras, a interpretação histórica sobre o regime instalado em 1964.

Talvez o libelo mais acabado desse projeto tenha sido o livro do coronel reformado do Exército Carlos Alberto Brilhante Ustra, *A verdade sufocada*, cuja primeira edição é de 2006. O coronel foi citado como herói pelo então deputado Jair Bolsonaro em seu voto nominal em favor do impeachment de Dilma Rousseff, o que deu notoriedade ao nomeado e lançou luz sobre seu livro, até ali obscuro por ter sido lançado por casa editorial inexpressiva.

Como indicado em seu prefácio, o livro baseou-se fortemente no relatório final do *Projeto Orvil* (ou Livro ao contrário), iniciativa do Centro de Informações do Exército visando à realização de pesquisa histórica cobrindo desde os antecedentes do movimento de 1964 até a derrota "das organizações e partidos que utilizaram a luta armada como instrumento de tomada de poder" (Ustra, 2007, p. 1). O projeto teve início no segundo semestre de 1985, em seguida, portanto, ao lançamento do livro do projeto Brasil Nunca Mais, sendo, vê-se, uma resposta oficial a ele (embora discreta, já que o projeto era secreto e assim permaneceu por 15 anos). Os militares revelavam que se sentiam incomodados com a revelação dos métodos da ditadura no combate à oposição ao regime.

---

[69] Ustra (2007) protesta contra a reintegração de militares banidos das Forças Armadas pela ditadura, em sua maioria "comunistas" e colaboradores com "o inimigo", isto é, a esquerda. Expressa a percepção de parcela expressiva da elite militar, que se eximiu de manifestações oficiais sobre seu descontentamento.

Segundo o mesmo prefácio, o relatório final foi apresentado ao ministro do Exército Leônidas Pires Gonçalves em fins de 1987, mas o militar considerou que a conjuntura não era oportuna (estávamos em meio à Assembleia Nacional Constituinte, coisa que Ustra não menciona, e a votação sobre o papel dos militares na nova ordem constitucional era um dos temas mais salientes) e proibiu sua publicação. Ustra teve acesso a uma versão xerox do documento em 1995 (ano da constituição da CEMDP), que foi publicado em livro em 2012 (Nascimento e Maciel, 2012).

Com quase 600 páginas, o livro de memórias de Ustra reescreve a história do Brasil da perspectiva das Forças Armadas, apresentando o golpe de 1964 como uma contrarrevolução, perspectiva presente no documento do *Projeto Orvil*. Para o então coronel reformado, o Brasil era um caso bizarro no qual a história fora contada não pelos vencedores, mas pelos vencidos. A versão corrente sobre a ditadura era a da esquerda, derrotada pela ação redentora das Forças Armadas, que teriam abdicado de inundar o mundo cultural e educacional com "a verdade".

Começando pela fundação do Partido Comunista em 1922, o livro lê os acontecimentos históricos brasileiros como obra insidiosa do comunismo internacional. Quarteladas tenentistas, Revolução de 1930, "intentona comunista", governos Vargas, Juscelino, Jânio Quadros e João Goulart, todo o tempo os comunistas teriam estado tramando a tomada do poder, alimentando a revolta camponesa, o grevismo operário, o enfraquecimento das instituições democráticas, infiltrando-se inclusive nas Forças Armadas. E em 1964 estariam às portas de tomar o poder por meio de uma revolução e instaurar uma ditadura cubano/soviética no país. O movimento militar de 1964, então, teria sido uma contrarrevolução, que barrou o avanço do comunismo entre nós.

A presença comunista, porém, não foi banida pela contrarrevolução. Contagiou a juventude e o movimento estudantil, que alimentou as muitas organizações terroristas que continuaram buscando o poder, agora com ajuda de Cuba. Os "heróis da esquerda" (palavras de Ustra), como Carlos Lamarca e Carlos Marighella, são apresentados como traidores da pátria e do Exército ("Lamarca rouba armas que a Nação lhe confiou", é o título de um dos capítulos do livro), e os agentes da repressão, como os verdadeiros heróis[70].

---

[70] Sobre os integrantes da Operação Bandeirantes (OBAM), operação paramilitar instalada em São Paulo no final de 1969 e financiado por conhecidos empresários, ele escreveu que "eram homens e mulheres fortemente unidos por um arraigado espírito de cumprimento de missão, para a qual se empenhavam a fundo, mesmo em detrimento das suas

O livro conta em algum detalhe o modo de operação de órgãos de repressão, e é povoado de termos como aniquilamento, desmantelamento, vitória etc., omitindo, porém, as palavras tortura, assassinato, desaparecimento. Os métodos empregados eram os julgados necessários pelos generais na guerra contra o terrorismo comunista.

Ustra dedica as últimas 150 páginas de seu livro às duas comissões criadas pelo governo Fernando Henrique Cardoso. E ele se bate contra três inimigos: o valor das indenizações, por ele consideradas inaceitavelmente exageradas; sua unilateralidade, isto é, as reparações teriam beneficiado apenas "os vencidos", os terroristas, subversivos e comunistas que assumiram o poder, incluindo FHC e seus ministros; e o fato de que as comissões que julgavam as reparações eram compostas majoritariamente pelos "vencidos", que por isso tinham interesse em conferir o maior montante possível de dinheiro ao maior número "dos seus". Os heróis da guerra contra a subversão teriam sido esquecidos não apenas pelas comissões, mas por governos, imprensa, intelectualidade, todos vistos como parte de um mesmo projeto esquerdista de descrédito das Forças Armadas e de premiação dos derrotados[71]. Ele escreveu:

> Anistia? Realmente houve, mas sob uma total inversão de valores, segundo a qual vencidos tornaram-se juízes inclementes de vencedores, culpados por tudo que de mal acontece no país. Aos perdedores, tudo! (...) No rol das "vítimas da ditadura" associam-se corruptos, fraudadores, aproveitadores e toda a sorte de "vencidos". (...) O supremo mandatário, Luiz Inácio Lula da Silva, recebe generosa pensão, por ter sido preso, por alguns dias, ao afrontar a Justiça do Trabalho recusando-se a cumprir decisão judicial. Por essa bravata, é tido como perseguido pela ditadura militar (Ustra, 2007, p. 511).

Ustra "se esquece" de que Lula foi enquadrado na Lei de Segurança Nacional em 1980, em razão da greve metalúrgica que liderou[72].

O livro considera injusto que os que tombaram na luta contra terroristas não tenham sido reconhecidos, e Ustra lista, uma a uma, cento e vinte pessoas, entre civis e militares, mortas pelas organizações de esquerda, e afirma que outras 343 ficaram gravemente feridas (idem, ibidem). E o coronel é particu-

---

vidas pessoais e de seus familiares. Além disso, impregnaram-se de verdadeiro ardor patriótico e de grande firmeza ideológica, o que lhes dava suporte para o elevado moral frente ao fanatismo terrorista" (Ustra, 2007, p. 226). A atuação sanguinária da OBAN foi denunciada pelo projeto BNM e pela CEMDP.

[71] O livro confunde, talvez propositadamente, a CEMDP e a Comissão da Anistia. Pela lei que instituiu esta última, as indenizações não poderiam ultrapassar R$100 mil, enquanto na primeira elas deveriam ser de *no mínimo* esse valor (art. 11, § 1º).

[72] Ver https://noticias.uol.com.br/politica/ultimas-noticias/2016/03/11/ditadura-militar-prendeu-lula-por-31-dias-em-1980.htm (acessado em abril de 2020).

larmente violento ao tratar de Lula, colocado por ele como o chefe de uma organização criminosa, o PT, que no momento em que ele escrevia o livro sofria as consequências do escândalo do "mensalão". Ustra lamentou que Lula tivesse sido reeleito, responsabilizando o povo ignorante atendido pelo Bolsa Família. O livro termina com uma citação de Olavo de Carvalho.

Essa interpretação (de que a história foi escrita pelos vencidos) não era isolada. Expressa a compreensão de segmentos inteiros das Forças Armadas[73]. Em 2014, comemorando cinquenta anos do golpe militar de 1964, número especial da *Revista do Clube Militar* trouxe na capa o título: "31 de Março de 1964. A Verdade"[74], título em evidente contraposição à Comissão Nacional da Verdade. Nela, o golpe é rotulado de "movimento cívico-militar", pelo qual os militares atenderam "ao apelo angustiante da sociedade civil"[75].

A revista reproduz, com documentos e reportagens de jornal (e editoriais do jornalista Roberto Marinho celebrando o golpe, ano após ano, na primeira página do jornal *O GLOBO*), os mesmos argumentos de Ustra sobre a iminência da revolução comunista e sobre a resposta heroica dos militares aos apelos da cidadania por intervenção. Artigo de Delfin Netto narra os êxitos do regime na área econômica (crescimento do PIB, dos empregos, altas taxas de investimento, planejamento estatal, controle da inflação), outro lista as "realizações do movimento" nas áreas social, científica, educacional, política, de infraestrutura etc. Não há, obviamente, menção aos aspectos repressivos e violentos do regime.

A revista reproduz artigos de outro número especial, publicado em 2004 em celebração aos 40 anos do golpe, ali tratado como "Revolução Democrática de 1964". De número 407, a publicação traz na capa uma foto da Marcha da Família com Deus pela Liberdade ocorrida no Rio de Janeiro no dia 2 de abril de 1964, que teria reunido 800 mil pessoas (e outras 500 mil em São Paulo) para celebrar o golpe, e o artigo de Delfim Netto está lá, assim como o de Sergio A. Coutinho sobre "O Tentame Comunista de 1961 – 1964", reproduzido também em 2014. Mas em 2004 o *Projeto Orvil* ainda não viera a público, e a

---

[73] Ver, por exemplo, Pedrosa (2008), Lannes (2008) e muito particularmente Augusto (2001).

[74] Trata-se da edição Ano LXXXVI, No. 452, de fev/mar/abr de 2014. A revista tem 140 páginas e faz propaganda do livro de Ustra, do livro do projeto *Orvil* e do de Augusto (2001). Cinco artigos são transcrições literais do *Orvil*.

[75] Ver p. 9, e também a Ordem do Dia do ministro do Exército, General Gleuber Vieira, de 31 de março de 1999, reproduzida na p. 10. A qualificação "movimento cívico-militar" é utilizada em cerimônias oficiais do Exército.

publicação é muito menos agressiva do que a de 2014, a começar por seu tamanho (apenas 64 páginas, contra 140 da de 2014). Em 2004 o Clube Militar falava para os seus, mas em 2014 estava em campo para disputar a história do legado da ditadura.

É certo que o Clube Militar é lugar de concentração do pensamento conservador do Exército. Mas o revisionismo histórico foi e continua sendo patrocinado pelo alto comando das três armas[76]. Em resposta a requerimento da CNV, por exemplo, as Forças Armadas elaboraram um relatório oficial de quase 500 páginas, negando a prática de tortura nas dependências militares[77].

Na verdade, em seu minucioso requerimento a CNV não perguntou explicitamente aos comandos militares se tinha havido torturas ou mortes nos prédios públicos listados, bases militares no Rio de Janeiro, São Paulo, Minas Gerais e Pernambuco, mas sim se teria havido "desvio de finalidade" no uso dos prédios. As três forças responderam que em nenhuma dependência listada (incluindo a do DOI-CODI onde morreram Vlado Herzog e Manoel Fiel Filho) houve desvio de finalidade. A CNV armou uma armadilha, e as Forças Armadas caíram nela.

O jornalista Jânio de Freitas, por exemplo, escreveu em 22 de junho de 2014:

> Se os chefes militares consideram que nessas práticas não houve desvio de finalidade, está implícita a concepção de que tortura, assassinatos e desaparecimentos são uma finalidade do Exército, da Marinha e da Aeronáutica em suas instalações[78].

Essa interpretação foi compartilhada pela imprensa de um modo geral. Nesse quadro, combater a CNV era necessário e urgente[79]. Os "derrotados" da luta armada (como a "terrorista Dilma Rousseff") precisavam ser contestados e vencidos em seu próprio campo, o da narrativa histórica sobre a ditadura (ou do

---

[76] Ver Motta (2005), Mello (2005) e Lima (2004).

[77] Ver https://www.brasil247.com/brasil/exclusivo-o-relatorio-militar-que-nega-torturas-na-ditadura (acessado em março de 2020).

[78] A coluna está em https://www1.folha.uol.com.br/colunas/janiodefreitas/2014/06/1474253-o-que-as-palavras-dizem.shtml (acessado em abril de 2020).

[79] A posição oficial do Clube Militar em relação à CNV está em http://www.portalfeb.com.br/comissao-da-verdade-revista-do-clube-militar/ (acessado em março de 2020).

"movimento cívico-militar"), se possível impedindo que se reproduzissem no poder[80].

A reação à CNV deu-se no quadro mais geral de emergência das direitas no país, que incluiu as direitas militares, que também se sentiam "sufocadas" pela esfera pública vista por elas como "esquerdista", como expressou Brilhante Ustra. Para elas, a CNV foi a gota d'água do processo mais longo de domínio do que elas viam como a esquerda "revanchista", que tinha à frente, no momento da Comissão, uma guerrilheira comunista.

Além disso, o relatório da CNV, mais de 1.300 páginas entregues à presidenta Dilma em dezembro de 2014[81], sugeria explicitamente que as Forças Armadas reconhecessem sua responsabilidade institucional pela violação dos direitos humanos durante a ditadura[82]. Arrolou os nomes de 377 agentes do Estado, em sua imensa maioria já identificados pelo BNM, mas agora acusados de crimes contra os direitos humanos. Se as comissões anteriores haviam reconhecido a responsabilidade do Estado, acabaram preservando a instituição militar. Mas as medidas sugeridas pelo relatório da CVN incluíam responsabilizar criminal, civil e administrativamente os agentes públicos envolvidos nos crimes; *e proibir eventos oficiais em comemoração ao golpe de 1964*, efeméride cara às três armas[83].

Sem surpresa, na solenidade na qual a presidenta Dilma recebeu o relatório, não havia nenhum representante das Forças Armadas. E os clubes Militar, Naval e da Aeronáutica entraram na justiça para impedir a divulgação do documento, sem sucesso[84]. E, cabe ressaltar, a CNV não trouxe informação nova. Com exceção de quatro casos de desaparecidos identificados em conjunto com a Comissão Estadual da Verdade do Rio de Janeiro, todos os outros já consta-

---

[80] Ver a reação dos clubes das três armas em https://noticias.r7.com/brasil/clube-militar-rebate-comissao-da-verdade-e-relembra-morte-de-126-por-terroristas-11122014 (acessado em março de 2020).

[81] Ver https://brasil.elpais.com/brasil/2014/12/10/politica/1418212909_598291.html (acessado em março de 2020).

[82] O presidente do Clube Naval qualificou o relatório de ilegal, parcial e revanchista. Ver https://www.bbc.com/portuguese/noticias/2014/12/141210_reacao_presidente_clube_naval_lk_lgb (acessado em março de 2020).

[83] Ver http://g1.globo.com/politica/noticia/2014/12/relatorio-e-absurdo-em-nome-da-causa-socialista-diz-clube-militar.html (acessado em março de 2020).

[84] Ver http://g1.globo.com/politica/noticia/2014/12/trf-1-nega-pedido-para-suspender-divulgacao-do-relatorio-sobre-ditadura.html (acessado em abril de 2020).

vam do relatório do projeto Brasil Nunca Mais[85]. Os militares reagiram como se tudo fosse novidade, o que trouxe ainda mais visibilidade à CNV.

Entre as muitas razões para essa reação (figurando no topo delas a disputa pela narrativa histórica) está o fato de que a Comissão teve enorme repercussão no país, muito mais do que as constituídas sob FHC. Comissões da verdade foram instaladas em todo o território nacional. Universidades públicas e privadas constituíram as suas. Governos estaduais, prefeituras e mesmo algumas empresas somaram-se ao esforço de passar a limpo seu passado de colaboração com os militares ou de resistência à ditadura. Todos se puseram a procurar seus mortos e desaparecidos, apontar seus delatores, colaboradores e torturadores. Houve julgamentos simulados, entrevistas, sessões nos parlamentos, universidades, igrejas, órgãos públicos e privados em todo o país. As Forças Armadas se viram acuadas, humilhadas, vilipendiadas por um governo que, no momento da divulgação do relatório, estava sob pesado bombardeio midiático por conta da Lava Jato.

Por fim, com o relatório da CNV teve início intensa campanha para que o STF revisse sua decisão de 2010, segundo a qual a Lei da Anistia era constitucional e estava em plena vigência[86]. Portanto, os crimes cometidos, quaisquer deles, estavam anistiados. Se a responsabilidade de agentes do Estado por torturas, mortes e desaparecimentos já estava documentada desde o projeto Brasil Nunca Mais, sendo oficialmente reconhecida pela CEMDP em 1995 e pela CA em 2002, com a Comissão da Verdade abriu-se a possibilidade de interpelar judicialmente *pessoas* e, eventualmente, *as próprias Forças Armadas* por *crimes contra a humanidade*, que o relatório da CNV considerava não cobertos pela Lei da Anistia[87]. A instituição, que se via como "redentora", aceitaria ver-se no banco dos réus num governo "comunista" e, mais ainda, "corrupto"?

---

[85] Informação prestada a mim por uma conselheira da CNV.

[86] Ver http://www.stf.jus.br/portal/cms/verNoticiaDetalhe.asp?idConteudo=125515 (acessado em março de 2020).

[87] O Brasil é membro da Organização dos Estados Americanos (OEA), que declarou que a Lei da Anistia é incompatível com Convenção Americana de Direitos Humanos, sugerindo sua revogação, por "perpetuar a impunidade". Ver https://brasil.elpais.com/brasil/2014/12/10/politica/1418212909_598291.html (acessado em março de 2020).

O petróleo é nosso

O relatório da CNV foi entregue à presidenta Dilma em dezembro de 2014, ela com novo mandato assegurado nas urnas, o que certamente frustrou a elite militar, que a queria fora da posição de Comandante em Chefe das Forças Armadas. E o ano fora marcado pela Operação Lava Jato, que quase mudou o destino daquela eleição em razão da adesão unânime da grande imprensa empresarial ao candidato Aécio Neves na reta final da campanha, de que a capa da revista *Veja* responsabilizando Lula e Dilma pelos crimes contra a Petrobras, analisada no capítulo anterior, é o caso mais saliente.

A meu juízo, a Lava Jato foi mais uma linha de tensão que contribuiu para apartar definitivamente os militares dos governos liderados pelo PT. Não pela operação em si mesma, mas por seu objeto: a Petrobras, empresa saudada pelos militares como orgulho nacional e que o Clube Militar considerava sua "filha dileta"[88].

A Petrobras foi criada pelo presidente Getúlio Vargas em 1953, depois de intensos debates nos anos 1940 e 50 entre desenvolvimentistas e nacionalistas, de um lado, e liberais de outro, sobre a conveniência ou não de abrir o mercado petrolífero à exploração privada, de aceitar ou não a participação de capital estrangeiro, de manter ou não o monopólio da exploração, refino e distribuição nas mãos do Estado etc. O próprio Vargas não estava convencido de que o monopólio estatal era a melhor solução para o problema de suprir o país com a quantidade de óleo e derivados necessária ao desenvolvimento nacional. Tampouco via problemas na participação de capitais estrangeiros, associados ou não a capitais nacionais.

Vargas tinha pressa em produzir petróleo, e temia que o monopólio estatal representasse um limite ao suprimento exigido pelo desenvolvimento econômico por ele prefigurado. O projeto presidencial encaminhado ao Congresso Nacional em 1951 não previa o monopólio estatal. Este foi obra do próprio parlamento, que mudou o projeto de lei e tornou monopólio do Estado a prospecção de petróleo e seu refino, abrindo a distribuição de derivados aos capitais privados, inclusive estrangeiros (Cohn, 1969).

Os militares foram figuras centrais nesse desfecho. Desde a década de 1920 o Exército considerava o petróleo (que o Brasil não produzia) questão de segurança nacional. Já em 1927 tramitou na Câmara dos Deputados projeto

---

[88] É como se refere a ela o presidente do Clube em março de 2016, general Gilberto R. Pimentel, no número 459 da Revista do Clube Militar, ao lamentar a corrupção na estatal.

segundo o qual as "jazidas de petróleo não podem pertencer a estrangeiros, nem ser por eles exploradas", que não chegou a ser votado, mas que tinha o apoio do presidente Washington Luís e de figuras proeminentes do Exército[89]. Nos debates congressuais, era grande o receio de que empresas norte-americanas se apoderassem das jazidas de petróleo do país (que, todos sonhavam, um dia seriam descobertas), como vinha ocorrendo em várias partes do mundo (Morais, 2014).

Foi obra do herói tenentista (agora major) Juarez Távora o Código de Minas acolhido pela Constituição de 1934, que separou as propriedades do solo e do subsolo, este passando a pertencer exclusivamente à União. Mas a norma de que as riquezas do subsolo poderiam ser exploradas apenas por concessão federal, e por brasileiros ou empresas compostas por acionistas brasileiros, só apareceu na Constituição de 1937, que instituiu a ditadura do Estado Novo (Cohn, 1969).

Nos anos 1940 o agora general Juarez Távora se perfilaria com os que se opuseram ao monopólio da União na exploração de petróleo, com os mesmos argumentos de segurança nacional. Para ele o país deveria, ao menos no início, abrir o setor a empresas estrangeiras, em particular norte-americanas, para assegurar autonomia energética e impedir o avanço do comunismo entre nós. Retardando investimentos, o monopólio seria um obstáculo ao desenvolvimento nacional (Mundim, 2015). A posição de Getúlio Vargas era semelhante, provavelmente devedora das concepções públicas de Juarez Távora.

Na verdade, o caloroso debate nos anos 1940 e 50 entre desenvolvimentistas e liberais envolveu intensamente o Clube Militar e o Clube Naval no Rio de Janeiro, e Juarez Távora era um dos muitos contendores, tendo entre os rivais mais eminentes o general Júlio Caetano Horta Barbosa, engenheiro do Exército e antigo presidente (até 1943) do Conselho Nacional do Petróleo. Horta Barbosa era defensor do monopólio desde os anos 1930 (Dias e Quaglino, 1993). Em palestra no Clube Militar em 1947 ele defenderia a ideia de que

> [p]esquisa, lavra e refinação [de petróleo], constituem as partes de um todo, cuja posse assegura poder econômico e poder político. Petróleo é bem de uso coletivo, criador de riqueza. Não é admissível conferir a terceiros o exercício de uma atividade que se confunde com a própria soberania nacional. Só o Estado tem qualidades para explorá-lo, em nome e no interesse dos mais altos ideais de um Povo (Miranda, 2004, p. 62).

---

[89] O projeto era de autoria dos deputados Simões Alves e Marcondes Filho. Ver Morais (2014, cap. 1); Cohn (1969).

Os termos do debate público, portanto, foram estabelecidos nos clubes militares, e à medida que o consumo de petróleo no país crescia e comprometia o balanço de pagamentos, aqueles termos se consolidaram em torno das ideias de independência energética e econômica, desenvolvimento acelerado, industrialização, segurança nacional, soberania e também anticomunismo (Vítor, 1970).

Consagrado o monopólio estatal pela Lei 2.004, elaborada no Congresso e sancionada por Getúlio Vargas em 3 de outubro de 1953, os militares teriam papel central na consolidação da nova empresa. Por 25 dos 35 seguintes à sua fundação, ela seria presidida por um militar, e várias de suas diretorias, refinarias e subsidiárias (BR Distribuidora, Petrofértil, Transpetro, Petromisa etc.) também seriam comandadas por militares (Morais, 2014). O general Ernesto Geisel, que presidiu o país entre 1974 e 1978, saiu direto da presidência da Petrobras (onde esteve por 4 anos) para a da República. No imaginário dos militares brasileiros, a Petrobras nasceu e se estabeleceu como bastião inarredável da segurança nacional.

Com a eleição de 1989 e a consolidação do poder civil no país, os militares deixaram o centro da cena na companhia. Mas o Clube Militar, por exemplo, continuou tratando a Petrobras como "filha dileta". Reagiu ao que pareceu movimento do governo FHC no sentido de privatizar a empresa, quando seu então presidente, Henri Philippe Reichstul, lançou a campanha para mudar seu nome para Petrobrax (Paduan, 2016). E como fariam o general Hamilton Mourão em 2017 e o general Villas Bôas em 2018, o clube do Exército deu total apoio à Lava Jato.

Assim, o número 459 da Revista do Clube Militar traz na capa uma foto da manifestação diante do Congresso Nacional no dia 13 de março de 2016, quando seria votado o pedido de impeachment da presidenta Dilma. A foto destaca os cartazes de "Fora Dilma", e no pé da página lemos: "13 de março de 2016. Um dia que entrou para a história". A revista traz artigos da fina flor da intelectualidade liberal brasileira, todos apontando as mazelas da intervenção do Estado na economia como a fonte principal da corrupção na Petrobras. E o editorial do general presidente tem o título "Inadmissível", um panfleto contra a impunidade permitida pelo foro privilegiado dos políticos, esperançoso quanto à punição de Lula pelos crimes contra a estatal[90].

---

[90] As revistas do Clube Militar de 2004 para cá estão disponíveis em https://clubemilitar.com.br/pag-revista/ (acessado em abril de 2020).

A hipótese, pois, é a de que a narrativa construída pela Operação Lava Jato sobre a corrupção na Petrobras, e sua leitura pela grande imprensa empresarial, ao lado das repercussões da CNV e demais comissões que se espalharam pelo país, consolidaram o antipetismo nas hostes militares, acendendo a chama de seu ativismo extramilitar e o propósito de intervir na cena política para afastar dela a afronta à sua integridade e à sua honra. A ameaça de golpe militar de Hamilton Mourão e o alerta ao STF feito pelo general Eduardo Villas Bôas antes do julgamento do habeas corpus de Lula devem ser compreendidos contra esse pano de fundo mais geral de impedir, a qualquer preço, que o PT se reproduzisse no poder.

O backlash neoliberal

O golpe de 2016, de que o Judiciário, por atos e omissões, foi aliado incontestável e que teve o apoio declarado da elite militar, colocou o Brasil em sintonia com a reviravolta neoliberal que dominou boa parte do planeta depois da crise de 2008. Ele levou ao poder o vice-presidente Michel Temer, membro de um partido, o PMDB, que no início da crise política e econômica de 2015, trouxera a público um projeto de salvação nacional denominado "Ponte para o Futuro", no qual propunha um conjunto de políticas que tinham sido repudiadas nas urnas em 2014, em 2010, em 2006 e em 2002. A "Ponte para o futuro" nada mais era do que uma receita neoliberal radical, que começou a ser devidamente aviada pelos golpistas e segue em pauta sob o governo Jair Bolsonaro. Vale ressaltar que Dilma Rousseff também fizera sua opção pelo neoliberalismo ao colocar no Ministério da Fazenda o ultraliberal Joaquim Levi. De qualquer modo, a principal medida de Michel Temer foi a emenda constitucional que congelou o teto de gastos da União por 20 anos, sendo que a referência do congelamento foi o gasto primário do ano de 2016, de profunda recessão econômica, que seria reajustado apenas pela inflação do ano anterior. Nenhum país do mundo, nem mesmo a Grécia, adotou medida tão radical de austeridade fiscal[91].

---

[91] Em novembro de 2015 o ministro da Fazenda de Dilma, Joaquim Levi, afirmara ser favorável ao estabelecimento de um teto para a dívida pública (como é o caso dos Estados Unidos e da Grécia), mas não *dos gastos* públicos, medida adotada por Temer em 2017. Ver https://economia.estadao.com.br/noticias/geral,proposta-de-teto-para-divida-publica-disciplina-gasto-e-deve-ser-acolhida--diz-levy,1798450 (acessado em janeiro de 2020).

Além disso, estavam na pauta do Congresso Nacional, para votação acelerada, emendas constitucionais visando às reformas da previdência social e do direito do trabalho. Num caso, aumento da idade para se aposentar e aumento do tempo de contribuição, que poderia chegar a 49 anos. Isto é, pelo projeto original o brasileiro médio precisaria contribuir continuamente por 49 anos para ter direito à aposentadoria integral[92]. Isso impediria a aposentadoria pública integral da maioria dos brasileiros, que precisaria cotizar para fundos de pensão privados se não quisesse perder renda, com isso favorecendo o sistema financeiro.

No outro caso, da reforma trabalhista, efetivamente aprovada em junho de 2017 e vigorando a partir de novembro daquele ano, deu-se frontal ataque à organização sindical então existente, com redução do papel da Justiça do Trabalho na intermediação dos conflitos e a flexibilização radical do mercado de trabalho, por meio da liberação das terceirizações para todas as atividades econômicas, introdução de várias formas de contratos flexíveis de trabalho (como o contrato intermitente, no qual o/a trabalhador/a está à disposição do empregador, mas só recebe pelas horas efetivamente trabalhadas segundo as necessidades sazonais dos empreendimentos); e a transformação do modelo de relações trabalhistas de legislado, com direitos garantidos por lei, em negociado, instituindo a negociação coletiva como principal mecanismo de regulação do mercado de trabalho[93].

Outras medidas pró-mercado penetraram o cenário de maneira menos visível. O congelamento do teto dos gastos públicos num horizonte de crescimento inevitável das despesas previdenciárias, mesmo se a reforma desta última tivesse sido aprovada sob Temer, o que não ocorreu, resultaria na redução da margem de investimentos nas demais políticas públicas, muito particularmente a saúde. O ministro da saúde de Temer, Ricardo Barros, era um homem dos planos de saúde privada, e disse mais de uma vez que a saída para o Brasil seria a criação de planos populares privados que desafogassem o Sistema Único de

---

[92] Na proposta original do governo central, após um mínimo de 25 anos de contribuição e 65 anos de idade, um brasileiro homem teria direito a 76% do valor de base de sua contribuição previdenciária. Cada ano a mais de contribuição acresceria 1% sobre esse valor. Aposentadoria integral, só com 49 anos de contribuição.

[93] Análises abrangentes da reforma trabalhista de Temer podem ser encontradas em Krein, Véras e Filgueiras (2019). Outra contribuição é Cardoso e Azaïs (2019).

Saúde, produto mais importante da Constituição de 1988, que universalizou o acesso à saúde pública[94].

Na verdade, o golpe de estado que vilipendiou a democracia em construção no Brasil, como argumentou Santos (2017), foi dado para banir do poder o PT e os segmentos populares representados por sua coalizão política, fechando as portas a qualquer tipo de conciliação com os interesses golpeados, com isso obstruindo o processo de consolidação da ordem constitucional fundada em 1988. O objetivo foi dar passagem ao neoliberalismo *tout court*, derrotado nas urnas por quatro eleições consecutivas. Foi um golpe contra a democracia, por ter subvertido a ordem legal e o princípio básico da *Rule of Law*, no caso a regra de ouro segundo a qual a mudança de governo se dá por meio de eleições livres; e foi um golpe contra um projeto político cuja guia mestra tinha sido, ao menos até a crise iniciada em 2014, a redistribuição de renda, a redução das desigualdades, a promoção dos direitos humanos e das minorias, elementos de uma agenda civilizatória que encontrou grande resistência nos setores conservadores da sociedade e também do sistema político. E tudo isso por meio da intervenção estatal. Como chegou-se a esse ponto, que pensávamos sepultado no passado autoritário do país?

Já expus antes a ideia de Santos (2017), para quem o golpe foi um dos desenlaces possíveis das tensões inerentes às democracias de massas, cujas instituições precisam intermediar o conflito entre os muitos interesses em competição na arena política, em condições institucionais nem sempre sólidas o suficiente para não sucumbir ao poder dos interesses econômicos contrariados. Constituir maiorias governativas para favorecer determinadas políticas em detrimento de outras será sempre problemático, sobretudo se as maiorias são voláteis ou muito fragmentadas, e se os "perdedores" da vez se sentem com força suficiente para tentar virar o jogo, mesmo se por fora das regras da democracia.

O golpe contra Dilma Rousseff foi favorecido pela polarização e pela emergência das direitas, desenvoltas e às claras, nas ruas e no parlamento, alimentadas pela imprensa empresarial e pelas redes sociais virtuais. A crise econômica iniciada em meados de 2014 adicionou combustível à vontade de agir dos golpistas, mas esta já se tinha manifestado intensamente em 2013 e mais ainda em 2014. A não aceitação da derrota eleitoral pelo PSDB e as forças por ele representadas expôs as entranhas das direitas sociais, econômicas e políti-

---

[94] Ver https://www.nexojornal.com.br/expresso/2016/12/21/Como-%C3%A9-a-proposta-do-plano-de-sa%C3%BAde-popular-e-quais-as-cr%C3%ADticas-a-ela (acessado em janeiro de 2020).

cas, que decidiram interromper o processo político democrático, fazendo valer seu poder de veto às políticas públicas que as contrariavam. O Brasil viveu de forma escancarada e dramática o conflito mundial entre capitalismo e democracia.

O país é um caso limítrofe (como a Grécia e, em parte, Portugal entre 2008 e 2014) de um processo mais geral, planetário, de ataque à democracia pelo capitalismo financeiro. O programa de austeridade implantado pelo governo Michel Temer foi, claramente, ditado pelos "mercados", ou seja, pelos bancos, cujas agências de risco por eles controladas reduziram o *rating* do Brasil, rebaixando sua dívida pública ao grau especulativo, mesmo tendo o Brasil quase quatrocentos bilhões de dólares de reservas internacionais, para uma dívida externa do governo central de 37 bilhões de dólares e uma dívida pública bruta, antes do golpe de Estado, de perto de 70% do PIB (sendo a dívida líquida inferior a 40% do PIB), uma das menores entre os países de renda média e muito menor do que as dos países ditos problemáticos da Europa[95].

A percepção dos mercados de que o país caminhava para a insolvência decorreu do aumento da dívida pública bruta a partir de janeiro de 2015 (quando estava abaixo de 60% do PIB). As políticas anticíclicas adotadas pelo governo Dilma Rousseff para estimular a economia e reduzir os danos da crise econômica haviam dado resultado até 2014, quando o país ainda conseguiu criar quase dois milhões de empregos formais, reduzir a informalidade e trazer o desemprego à sua menor taxa histórica, embora as taxas de crescimento econômico fossem decrescentes desde 2011 (4% nesse ano, 2% em 2012, 3% em 2013 e 0,5% em 2014. No terceiro trimestre desse ano o país entrou em recessão, que duraria dois anos, com perdas de mais de 7% do PIB[96]). Ou seja, o golpe de Estado ocorreu no momento em que o Brasil mergulhava em profunda recessão e a dívida pública crescia de uma maneira que "aos mercados" pareceu explosiva. O golpe foi perpetrado com o discurso da salvação do país da insolvência fiscal. Por isso somos um caso limítrofe de processo mais geral: as políticas de austeridade, que foram adotadas "voluntariamente" por boa parte dos países europeus depois da crise de 2007/2008, em alguns casos após mudanças de governo pela via eleitoral, portanto formalmente democrática, para ser implantadas entre nós precisaram subverter a vontade popular (ainda que,

---

[95] Todos os dados são do Banco Central do Brasil.

[96] Fonte: IPEADATA.

repita-se, o governo Dilma Rousseff tivesse dado uma guinada nessa direção ao nomear Joaquim Levi para o Ministério da Fazenda).

Austeridade

É um fato que a adoção de medidas de austeridade colocou o Brasil no mesmo movimento histórico que elevou a consolidação fiscal (das contas públicas) à posição de dogma econômico planetário, com isso inaugurando nova era no capitalismo ocidental, em sua relação com a democracia. Para formular desde já o problema central desta seção, a austeridade fiscal é uma política econômica de governos democráticos *inteiramente blindada* à intervenção política, na forma do *"There Is No Alternative"* do neoliberalismo triunfante. Essa política econômica tem como resultado prático a transformação do fundo público (isto é, as receitas que os estados extraem da sociedade na forma de impostos para se financiar e para prover aos cidadãos as políticas sociais básicas, isto é, para redistribuir renda e promover a equidade), em avalista do sistema financeiro. O fundo público tornou-se, com a crise de 2007/2008, a reserva em última instância à qual os bancos podem recorrer para se salvaguardar de crises em que se metam, fruto de suas práticas cada vez menos transparentes de especulação financeira em âmbito mundial[97]. A crise iniciada em 2007, segundo estimativas, consumiu até 2012, US$13 trilhões apenas do tesouro Norte-Americano, além de dois ou três trilhões de euros dos tesouros de países da Europa, incluindo a Inglaterra (dados de Blyth, 2013). Parte desses recursos retornou às fontes de onde jorrou, mas outra parte se liquefez em razão da desvalorização de ativos mundo a fora.

O curioso é que as medidas de austeridade que os países foram coagidos a adotar tinham como fundamento uma leitura da crise econômica que não tinha amparo nos fatos. Segundo essa leitura, a crise teria sido deslanchada, na Europa, pelos déficits fiscais de estados perdulários, como seria o caso de Portugal, Irlanda, Itália, Grécia e Espanha, grupo de países que a literatura econômica denominou, pejorativamente, de PIIGS. O Gráfico 7 não deixa dúvidas de que as dívidas desses países começaram a crescer de maneira em alguns casos explosiva *depois* da crise de 2008. O crescimento da dívida pública seria, nessa leitura, uma *consequência*, e não causa da crise. Como sugere Streeck (2014), a crise fiscal dos estados decorreu, dentre outras coisas, justamente das medidas

---

[97] O argumento é de Blyth (2013).

de austeridade fiscal, que reduziram o investimento público e o potencial de crescimento econômico dos países, que tiveram, com isso, perda importante de receitas. Como sugere o mesmo Mark Blyth já citado, políticas de austeridade não podem funcionar se todos agirem dessa maneira ao mesmo tempo. Se todos os países reduzem sua capacidade de importação ao mesmo tempo, a exportação como saída para o crescimento econômico de um país em situação de ajuste interno deixa de ser uma opção, já que ele não terá compradores externos. O resultado é baixo crescimento para todos, que reduz a receita de impostos de todos, que afeta ao mesmo tempo a capacidade de investimento em infraestrutura por parte dos estados nacionais, a geração de emprego e a capacidade de consumo das populações de todos os países. Isso explicaria a longa recessão e lenta retomada a partir de 2015, sempre com crescimento econômico muito abaixo do potencial dos países.

Gráfico 7
Dívida pública bruta antes e depois da crise de 2008 (como proporção do PIB) em países selecionados da OCDE e no Brasil

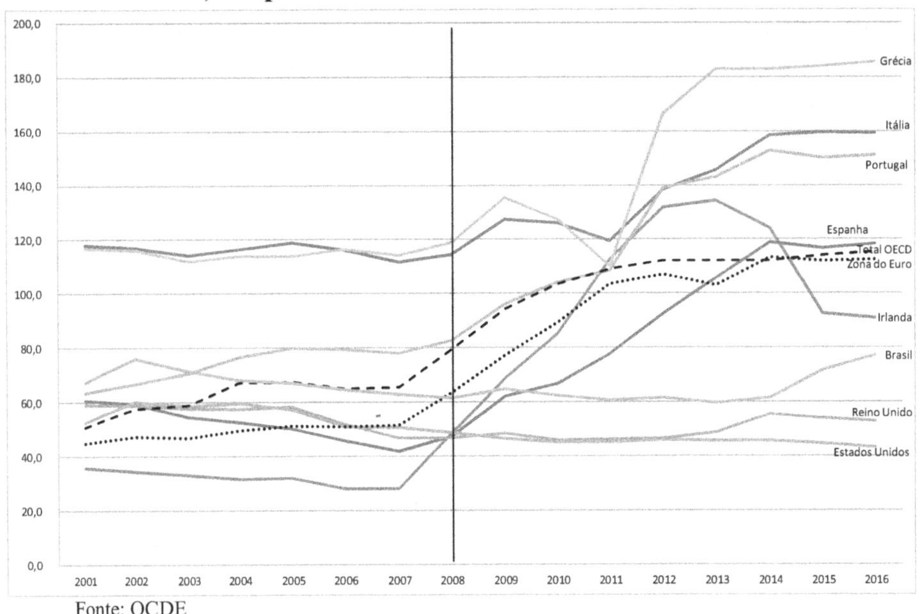

Fonte: OCDE

A crise fiscal dos estados do capitalismo ocidental e também do Japão decorreria, segundo essa análise, não do fato de os governos se terem tornado mais perdulários, mas sim da queda na receita tributária de boa parte deles, num momento em que os governos precisaram gastar mais para salvar seus sistemas bancários, compostos de bancos grandes demais para quebrar (*too big to fail*).

A conclusão de Streeck (2014), nesse aspecto específico, baseada em dados até 2010, parece ter sido confirmada no que se seguiu, porque boa parte dos países da OCDE conseguiu reverter a queda em sua carga tributária depois de 2010, em muitos casos (como Itália, França, Japão e Alemanha) levando-a a níveis superiores aos praticados nos anos 80 do século passado (como mostra o Gráfico 8). Ou seja, se as dívidas públicas cresceram *in tandem* com a queda nas arrecadações tributárias no pós-crise, os países mais afetados conseguiram, depois de alguns anos, recompor sua capacidade de extração de impostos, agora em resposta às crises das dívidas públicas. Logo, tanto o aumento de curto prazo das dívidas públicas e, depois, das cargas tributárias dos países mais afetados, se deram para sanear as contas públicas visando a salvaguardar os "mercados", isto é, os bancos. E mesmo com o aumento das cargas tributárias, os países mais afetados não conseguiram reverter a tendência de crescimento da relação dívida/PIB, com exceção da Irlanda.

Gráfico 8
Carga tributária como proporção do PIB em países selecionados da OCDE e no Brasil

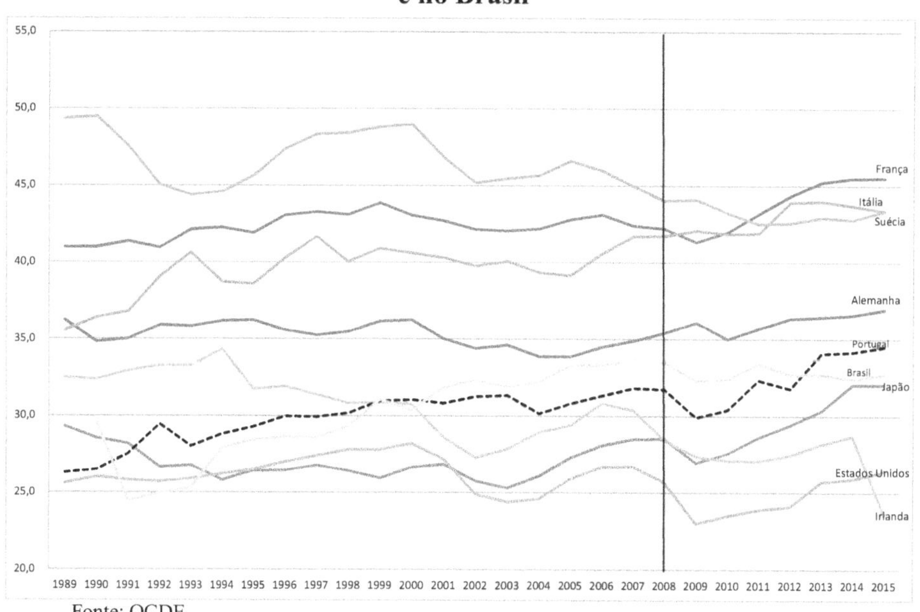

Fonte: OCDE

As políticas de austeridade adotadas pelos golpistas brasileiros retiraram o país da seara dos BRICS, que continuam focados em políticas de desenvolvimento econômico politicamente construídas, e nos lançaram novamente no mar incerto do neoliberalismo, como se nosso país tivesse vivido as mesmas vicissitudes e os mesmos problemas dos que estavam no coração da crise financeira global.

Ora, nossos bancos não foram afetados pela crise global, ao contrário. Dentre os cinco maiores bancos que operam no Brasil, quatro são de capital nacional, sendo dois deles estatais (Banco do Brasil e Caixa Econômica Federal), e eles são responsáveis por mais de 80% do estoque de crédito do país[98]. Nenhum deles tinha posições nos derivativos que quebraram Merrill Lynch e Lehman Brothers e que obrigaram os governos a salvar os outros bancos, e isso porque a legislação brasileira coíbe e limita esse tipo de especulação. Ainda assim as agências de rating rebaixaram as notas dos bancos brasileiros, como se eles fossem bancos gregos ou espanhóis, numa demonstração de desconhecimento de nossa dinâmica financeira e da exposição das finanças do país à especulação global. E mesmo assim o governo Michel Temer passou a adotar medidas de austeridade como se fôssemos a Grécia e como se tivéssemos vivido uma bolha imobiliária e como se nosso sistema financeiro tivesse vivido a bancarrota de muitos desses países.

Numa palavra, também no caso do Brasil, não havia base material para sustentar as medidas draconianas de austeridade que estão comprometendo o bem-estar da população, e que continuarão comprometendo o de duas gerações, medidas tomadas por um governo que não foi eleito e, portanto, sem a legitimidade que as regras da democracia representativa transferem aos eleitos[99].

Pós-democracia?

O debate acadêmico sobre a relação entre capitalismo e democracia ganhou novas tintas nos últimos anos, certamente impensáveis para os teóricos e investigadores dos anos 1980 e 90. Se tomarmos, por exemplo, o hoje clássico livro de Adam Przeworski, *Capitalismo e socialdemocracia*, de 1986 (edição

---

[98] Fonte: Banco Central do Brasil
https://www.bcb.gov.br/content/publicacoes/relatorioeconomiabancaria/reb_2018.pdf
(acessado em dezembro de 2019).

[99] Entre as muitas políticas equivocadas do governo Dilma Rousseff, que levaram ao aumento da dívida pública a partir de 2015, estão grandes subsídios a segmentos do setor privado, desonerações fiscais (isto é, redução de carga tributária das empresas), transferência de recursos do Tesouro ao BNDES para empréstimos a juros por vezes negativos às empresas etc., todas medidas de estímulo à economia que, entretanto, não prosperaram. Singer (2016) apresenta algumas hipóteses sobre por que os empresários continuaram a não investir, mesmo diante dessas medidas de estímulo fiscal e creditício.

brasileira de 1989), ou, do mesmo ano, o *Politics against markets*, de Esping-Andersen, e compararmos com livros como o já citado *Buying Time*, de Wolfgang Streeck, ou com o *Post-Democracy* do britânico Colin Crouch, publicado em 2000, veremos que os termos da discussão sobre aquela relação mudaram substancialmente. Mesmo o excepcional estudo de Esping-Andersen (1990) sobre as variedades de capitalismo de bem-estar soa hoje datado, incapaz de dar conta das dinâmicas atuais do capitalismo em sua relação com a democracia. O que mudou? Mudou o mundo, ou mudaram nossas teorias e olhares sobre ele?

Parece-me que mudaram ambos, e muitas das teorias que construímos sobre o que ele é e para onde vai ficaram no passado. É o caso do vasto arcabouço teórico que procurou explicar ou compreender a relação, sempre tensa, entre capitalismo e democracia, ou mais precisamente, entre capitalismo e socialdemocracia.

O cientista político alemão Wolfgang Merkel escreveu em 2014 um artigo que, no título, perguntava: "O capitalismo é compatível com a democracia?". A pergunta tinha evidente tom retórico, pois o problema da possibilidade da convivência entre capitalismo e democracia está na origem do que conhecemos como socialdemocracia, e orienta a reflexão sobre o capitalismo, no âmbito das forças mais ou menos à esquerda, desde pelo menos a segunda metade do século XIX. A pergunta implícita que Merkel efetivamente responde é "Em que condições o capitalismo é compatível com a democracia?". Bem, o neoliberalismo radical não está entre essas condições. Por quê?

Em 2000 o britânico Colin Crouch já havia dado uma resposta premonitória, ao cunhar o conceito de pós-democracia para se referir ao seguinte problema: "Enquanto as eleições ainda existem [na pós-democracia] e podem mudar os governos, o debate público eleitoral é um espetáculo estreitamente controlado, manejado por times rivais de profissionais especialistas nas técnicas de persuasão, que cobre uma pequena variedade de temas selecionados por aqueles times. A massa de cidadãos desempenha papel passivo, quiescente, mesmo apático, respondendo apenas aos sinais que eles oferecem. Por trás desse espetáculo de jogo eleitoral, a política é efetivamente moldada de forma privada, pela interação entre governos eleitos e elites que em sua maioria representam interesses empresariais" (Crouch, 2000, p. 1). O autor britânico não achava que tivéssemos chegado a esse ponto na crise da democracia representativa, mas a pós-democracia parecia ameaçar perigosamente o horizonte.

O texto de 2000 é de impressionante e visionária lucidez, porque coloca no centro da crise da democracia o poder da grande empresa global sobre os governos nacionais e a política de um modo geral. A grande empresa global é fruto de um conjunto de mudanças na forma como as empresas passaram a se organizar a partir dos anos 1980: em lugar do grande complexo industrial empregando centenas ou milhares de pessoas, ela se transformou em coordenadora de empresas subcontratadas espalhadas pelo planeta, indiferentes a fronteiras nacionais, e sua gerência tornou-se apenas um centro de decisões financeiras. "O objetivo de uma firma bem-sucedida – escreve Crouch – é localizar-se primariamente no setor financeiro, porque é onde o capital existe em sua forma mais móvel" (idem, p. 15). A mobilidade do que ele chama "empresas fantasma" (que são acumulações financeiras temporárias e anônimas cujo capital muda constantemente de mãos na ciranda financeira global, montadas para coordenar uma massa de atividades desagregadas e subcontratadas) é tal que impede o seu controle por governos nacionais. A empresa global não se instala num país se a legislação de proteção ao trabalhador não for flexibilizada, se não receber incentivos fiscais para pagar menos impostos ou não pagar nenhum, se a regulação do mercado financeiro não for flexível, se não puder fugir rapidamente em caso de choques externos etc. Na pós-democracia, onde os debates eleitorais são dominados por empresas de marketing eleitoral, a agenda da empresa global pode ser assumida por partidos políticos sem que apareça como o que de fato é, o interesse de um pequeno grupo de indivíduos muito ricos agindo contra os direitos sociais e políticos das maiorias relativamente apáticas e mal informadas. E mesmo quando questionadas por outros partidos na disputa eleitoral, as políticas restritivas são defendidas com o recorrente *There Is No Alternative* (TINA).

Ora, o que está dito é que a assim chamada "economia real" passou a estar inteiramente imbricada no mundo das finanças globais, e os interesses das grandes empresas se descolaram de qualquer compromisso com as populações dos países onde se instalam. Ao contrário. A afinidade eletiva da empresa global é com os mercados financeiros.

Mas é preciso matizar um pouco as conclusões de Crouch. A grande empresa global, contrariamente ao mundo das finanças, está ancorada no território, e é, muitas vezes, identificada com a pátria: a General Motors é indubitavelmente norte-americana[100], assim como a Volkswagen é alemã, a Toyota japonesa, a Renault francesa e a Samsung coreana, mesmo que nenhuma delas

---

[100] Na crise de 2008 o governo dos Estados Unidos tornou-se acionista majoritário da GM, salvando-a da bancarrota. Ver McCarty et al. (2013, p. 4).

seja, hoje, de propriedade exclusiva de capitalistas ou governos norte-americanos, alemães, japoneses, franceses ou coreanos, pois fazem parte de grandes conglomerados econômico-financeiros com milhares de acionistas espalhados pelo mundo, e por serem, muitas vezes, parte de uma mesma joint venture, como é o caso da Renault e da Nissan ou da Chrysler e da Fiat. E o fato de a indústria, bem como o comércio e os serviços globais, dependerem das legislações nacionais, tais como as regras de proteção do trabalhador e os regimes tributários, faz com que tenham, obviamente, interesse em interferir nos processos legislativos, de preferência para homogeneizar e legislação em escala planetária (como quer a tese da pós-democracia) ou, não sendo possível, para se aproveitar das vantagens comparativas de determinados países. A pós-democracia é um conceito sedutor, mas não leva em conta o fato de que interesses nacionais (como os de proteção da sociedade, na chave de Karl Polanyi, 1944) têm impedido, sobretudo na Europa, que as legislações dos países convirjam para o que os bancos já conseguiram no âmbito da regulação dos mercados financeiros: a liberalização total dos mercados de trabalho, serviços e produtos, mundo dos sonhos do neoliberalismo radical[101].

Seja como for, depois da crise de 2007/2008, que teve vida longa, se substituirmos o termo "empresa global" por "sistema financeiro global" na tese de Crouch, temos a definição precisa de neoliberalismo financeiro, no qual os bancos se tornaram *to big to fail*, impondo aos países as políticas de austeridade que oneram as populações locais.

Causa espécie que medidas de austeridade que afetam milhões de pessoas possam ser tomadas com seu "consentimento", expresso nas escolhas eleitorais de partidos que alardeiam explicitamente, como plataformas de governo, suas metas de enxugamento do Estado e redução de direitos sociais. A "pós-democracia" de Crouch é uma hipótese explicativa plausível, mas não pode ser toda ela, já que nos levaria a imaginar que o demos das democracias contemporâneas é de fato apático, quiescente e, sobretudo, mal informado. O Brasil pós-2013, que viu brotar do chão milhões de pessoas em movimentos diversos demando tudo de todos, mas principalmente do governo federal, seria uma amos-

---

[101] Nesse sentido, são importantes os estudos sobre os regimes de relações de trabalho das empresas globais em diferentes países. Ludger Pries, por exemplo, mostrou que a Volkswagen convive com realidades locais muito distintas quando se comparam as plantas instaladas na Alemanha, no México, no Brasil ou nos Estados Unidos. Ver Pries (2003). Porém, a reforma trabalhista de Michel Temer aponta nessa direção, e no momento em que escrevo (janeiro de 2020) o governo Jair Bolsonaro prepara novas e mais profundas reformas desregulamentadoras dos mercados de trabalho.

tra do contrário. Dentre tantas coisas que sustento neste estudo, pode-se dizer que o governo Dilma Rousseff não conseguiu resistir às investidas golpistas de uma fração das elites políticas e judiciárias *porque* estas se viram secundadas pelo clamor das ruas. E apatia não rima com ruas clamorosas.

Certo, mas a hipótese de Crouch vem ganhando adeptos, ainda que por outras vias. É montante a onda de estudos que sustentam que um dos sérios problemas das democracias representativas atuais seria o de que o cidadão comum não tem informação suficiente para tomar decisões sobre questões tão complexas como escolher entre investir em exploração extraterrestre ou atacar um país vizinho, entre privilegiar a pesquisa com células tronco humanas ou sobre o câncer de mama, entre investir em uma nova estrada ou em energia renovável. Essas decisões estariam distantes demais da capacidade de discernimento da grande maioria dos eleitores, e por isso suas escolhas eleitorais seriam guiadas por questões não diretamente relacionadas com os programas dos partidos políticos. Essa é uma versão mais radicalizada da tese da desinformação do eleitor na pós-democracia, mas sua presença na produção acadêmica recente sobre os problemas da democracia não é desprezível[102]. Em sua versão mais radical, sustenta-se que a maioria do eleitorado é, simplesmente, incompetente para escolher entre políticas públicas concorrentes trazidas à competição eleitoral pelos partidos políticos, e por isso deveria ser impedida de votar (*e.g.* Brennan, 2016).

A pesar do estranhamento ou repúdio que posições como esta despertam, não há dúvida de que o problema da informação e do conhecimento ou não do eleitor sobre os temas cruciais que animam a vida coletiva é real, do ponto de vista do funcionamento das instituições voltadas para traduzir interesses e paixões em preferências eleitorais, e estas em cadeiras nos parlamentos e nos poderes executivos e, com elas, em políticas públicas. Esse problema não pode ser negligenciado pelas teorias sobre a democracia que postulam, por exemplo, a deliberação ou a participação como solução para os dilemas relacionados à baixa representatividade dos sistemas políticos no capitalismo atual e ao repúdio generalizado, mundo afora, à política dita tradicional por essas teorias.

Que não me entendam mal: as teorias que postulam a desinformação e a incompetência do eleitor para escolher seus representantes partem, de meu ponto de vista, de inaceitável leitura elitista sobre, por exemplo, a informação e

---

[102] Ver os trabalhos de Achen e Bartels (2016) e Brennan (2016). Já Oppenheimer e Edwards (2012) e Lupia (2016) argumentam na mesma direção que adoto aqui.

a expertise que os eleitores precisam ter para votar "corretamente", e mesmo o conhecimento que os próprios políticos têm ou podem ter sobre os temas sobre os quais decidem. Nenhum partido traz ao debate eleitoral a opinião de cientistas sobre viagens a marte. Espera-se, pura e simplesmente, que o governo escolherá as melhores pessoas e os melhores especialistas para tratar dos temas sobre os quais a maioria de nós é ignorante, incluindo os políticos. O voto num candidato ou num partido é também um voto de confiança: espera-se eleger, com o voto que o eleitor consigna, um conjunto de pessoas que ele ou ela imagina que tomarão as melhores decisões (ou as delegarão a especialistas) tendo em vista seus interesses ou sua visão de mundo. Se isso ocorrerá ou não é problema para a eleição seguinte (ou para as ruas...), quer dizer, o eleitor poderá reavaliar sua decisão em função das políticas que "seus" eleitos tentaram ou conseguiram implantar, a ponto inclusive de clamar nas ruas a derrubada do eleito, como acontece com certa frequência no Brasil.

Por outras palavras, tendo a achar, concordando com Lupia (2016), que o eleitor tem razoável noção de seu próprio interesse e é capaz de julgar, de maneira também razoável, as opções que lhe são oferecidas na disputa eleitoral, principalmente porque as preferências são de um modo ou de outro moldadas (no caso dos Estados Unidos estudado por ele) pela identificação partidária ou, no nosso caso, por processos difusos de identificação com "quem está comigo e quem está do outro lado". Isso não quer dizer que as preferências do eleitor, uma vez convertidas em voto, serão efetivamente representadas, já que o escolhido por ele precisa de alguns milhares de votos de outros eleitores (ou milhões, no caso de eleições presidenciais), de modo que a relação entre o conhecimento ou informação do eleitor, transformada em voto, e a composição dos parlamentos ou governos é muito tênue e incerta.

Logo, não me parece sensato atribuir a eleitores mal informados e apáticos a guinada à direita que estamos assistindo no mundo ocidental, expressa nas políticas de austeridade que punem a maioria e em governos que, como na Hungria, na Turquia, na Itália e agora no Brasil, usam a democracia para destruí-la. No caso específico do Brasil o eleitorado recusou essas políticas em quatro eleições consecutivas, e protestou contra o governo Temer, que as tentava implantar, embora sem sucesso, ao menos no caso da reforma da previdência[103].

---

[103] No dia 15 de março de 2017 centenas de milhares de brasileiros foram às ruas protestar contra a reforma da previdência, assim como centenas de milhares de franceses haviam feito ao longo de 2016 e novamente no final de 2019, desta vez com uma greve geral de

No nosso caso, parece mais plausível a hipótese de que o golpe de estado foi um ataque dos interesses financeiros contra nossa democracia, como vem ocorrendo, de maneira mais ou menos intensa, também na Europa. Como os usurpadores tinham pouco tempo de mandato, mesmo não tendo lido Maquiavel tomaram as medidas drásticas o mais rápido possível, e num açodamento que deixou claro que o projeto vinha sendo gestado há muito tempo. O preço do teto de gastos e da reforma trabalhista (e agora da previdenciária) será pago pelas gerações futuras, se as políticas não puderem ser revertidas no jogo da política, desenlace, por ora, coberto de incerteza[104].

O problema dos golpes de Estado é que, consumado o ato, não há como saber até onde os usurpadores estão dispostos a ir para impedir o acesso ao poder por parte das forças golpeadas. Recorrer à repressão policial? A medidas de exceção? Às Forças Armadas? Entre nós nada disso foi necessário, pois o STF e o Judiciário como um todo, incluindo a PGR, foram cúmplices dos golpistas, por ação e por omissão, permitindo que o líder das forças golpeadas, Lula, candidato mais forte às eleições de 2018, fosse banido da política. Isso cobriu de incerteza os horizontes de nossa frágil democracia, abrindo a possibilidade de emergência de aventureiros dispostos a ir ainda mais longe na agenda antidemocrática, como foi o caso de Jair Bolsonaro.

Um alerta

É claro que essa argumentação, ou ao menos a que trata do eleitor razoavelmente bem informado, refere-se a períodos de normalidade eleitoral. Não leva em conta os novos mecanismos de formação de identidades pessoais e coletivas e também de preferências eleitorais, mediados pelas tecnologias de informação e suas redes sociais.

Vimos que o processo de polarização política a partir de 2013 teve crescentemente aspectos irracionais, como a crença em boatos estapafúrdios por parte de pessoas com formação escolar de nível superior, fruto da instauração de um padrão de ação política *sem uma esfera pública* onde as divergências pudessem ser negociadas. A grande imprensa empresarial escolheu um lado da

---

grandes proporções, que se estendeu pelo início de 2020. E foram convocadas duas greves gerais pelas centrais sindicais no Brasil. Ver Feres Júnior et al. (2019).

[104] A nova coalizão de poder constituída na Espanha entre Unidas Podemos e PSOE, por exemplo, pretende rever a reforma trabalhista de 2012. Ver https://brasil.elpais.com/brasil/2020/01/07/internacional/1578408371_510915.html (acessado em janeiro de 2020).

disputa: o partido da Lava Jato e a oposição ao governo Dilma Rousseff. Deixou, portanto, de cumprir seu papel de principal instrumento do debate político público. Isso acantonou governistas e simpatizantes nas mídias alternativas e nas redes sociais, onde cada qual fala para convertidos, ou para os seus. Essa realidade *favorece o cenário da pós-democracia*, já que os eleitores se prendem a mecanismos de formação de preferências que reduzem os temas da disputa a oposições raivosas e muitas vezes inúteis, enquanto os interesses econômicos e sobretudo financeiros encontram guarida na gestão do Estado, contra os interesses das maiorias que se digladiam nas redes virtuais.

Essa realidade levou à constituição de dois polos bem definidos, o antipetismo e o anti-antipetismo, sendo o antipetismo constituído como *um movimento*, de fronteiras bem marcadas apenas em relação ao adversário por ele constituído, o núcleo central do anti-antipetismo que é, justamente, o petismo, e ao principal conteúdo associado ao PT, a corrupção. Mas aquele movimento *não era partidário*, embora os protestos de 2015 e 2016 tenham levado às ruas da capital paulista, como vimos no capítulo anterior, eleitores de Aécio Neves em sua imensa maioria. Mas entre eles, apenas um terço dizia ter simpatia pelo PSDB, proporção que diminuiu à medida que o movimento se tornava cada vez menos partidarizado.

O anti-antipetismo, por seu lado, tinha em seu centro a identidade partidária petista e o "lulismo", com ele a herança reivindicada de redução das desigualdades sociais, da miséria, da pobreza etc., portanto um projeto político, aqui não importando o quão coeso ou coerente ou progressista ele fosse. E contrariamente ao que ocorreu com o outro polo, nas manifestações pró-governo Dilma a preferência pelo PT, se diminuiu à medida que novas forças políticas se punham na trincheira do governo (por isso é correto nomear a resistência de anti-antipetismo), *permaneceu muito alta* (acima de 40%) entre os que foram às ruas. Isso deixava patente que o petismo tinha lastro institucional claro, um partido consolidado, uma força eleitoral ancorada em fatia importante do eleitorado, que permitia prever que o partido continuaria com chances de levar seus candidatos a posições competitivas em qualquer eleição presidencial.

Com o impeachment de Dilma Rousseff o PSDB nutriu o sonho de capitalizar aquele *movimento*. Mas o partido também seria tragado pelo redemoinho anticorrupção, deixando momentaneamente órfão o antipetismo de centro e de centro-direita. Contudo, o antipetismo de extrema-direita já estava consolidado, e tinha um partido: Jair Bolsonaro. Para muitos, a surpresa foi ver os antipetistas de centro e centro-direita migrarem para sua candidatura *já no primeiro turno*, como veremos no capítulo V.

Sociabilidade Violenta

Um dos elementos mais persuasivos do discurso bolsonarista foi a promessa de combater sem trégua a violência urbana (e também rural, através da criminalização das invasões de terra e dos índios e o armamento dos proprietários de terra)[105]. Frases como "bandido bom é bandido morto", ou "vamos armar a população para ela se defender de bandido", ou "direitos humanos para humanos direitos" parecem calar fundo nos afetos de parcela expressiva da população, exposta cotidianamente ao mundo-cão da violência em programas como os de Ratinho, José Luiz Datena e outros, ou na imprensa popular por todos conhecida como "espreme que sai sangue", ou, obviamente, em sua vida hodierna[106]. A violência é um dos problemas que mais afligem a população, em particular a de baixa renda, e é ao mesmo tempo fruto da estrutura autoritária de nossa sociabilidade e alimentadora do autoritarismo de parte expressiva dos brasileiros, que estão disponíveis para acreditar em soluções imediatistas como o encarceramento em massa e a execução sumária de "bandidos" pela polícia[107].

A violência é *constitutiva* de nossa sociabilidade, sendo muito mais liofilizada e conspícua do que indicam as estatísticas oficiais. A maioria da população das grandes cidades a vive como algo *insuportável*, e não vê nos poderes públicos mecanismo capaz de controlá-la, reduzi-la, combatê-la. Jair Bolsonaro ofereceu solução simples, que a muitos pareceu a mais lógica e eficiente: armar a população, para que cada qual possa defender a si e aos seus. E matar bandidos.

---

[105] Este livro já estava pronto quando tive acesso ao de Lilia Schwarz (2019), que investiga a natureza autoritária das relações sociais e políticas no Brasil, incluindo a violência. A autora dedica um bom espaço à análise da violência contra as populações indígenas. O livro é de leitura obrigatória.

[106] Sobre a imprensa popular e seu acento no sensacionalismo e na violência da vida cotidiana, ver Angrimani (1995) e Amaral (2011). Sepulveda (2016) analisa a violência retratada nos portais UOL e Globo.com.

[107] As aspas vão por conta da definição nativa de "bandidos", em geral associada àqueles perseguidos ou mortos pela polícia, que recebem incontinente o qualificativo, mesmo se inocentes.

Meu colega do IESP-UERJ Luiz Antônio Machado da Silva, cunhou o conceito de "sociabilidade violenta" para dar inteligibilidade sociológica às relações que se estabelecem entre os membros das quadrilhas e gangues envolvidas no varejo do tráfico de drogas no Rio de Janeiro. Segundo esse conceito, o indivíduo nesse "negócio" não se orienta por nenhum tipo de moralidade, nenhum tipo de reconhecimento da alteridade, do direito à vida e mesmo da humanidade do outro que compartilha com ele os "riscos" do negócio. Não há amizade, companheirismo, lealdade de qualquer tipo, a não ser de forma circunstancial e sempre no interesse do mais forte, do mais armado, do que controla o maior exército. Aqui impera a lei do mais forte, e a morte é o desfecho necessário, mesmo que adiado, das relações de proximidade ou de competição. Machado não tem a pretensão de generalizar o conceito para fora do estrito mundo do tráfico de drogas e do crime violento. Ele enquadra e define apenas as relações (a sociabilidade) dos criminosos uns com os outros.

Tal como proposto, o conceito restringe o potencial analítico da ideia de sociabilidade, ao circunscrevê-la ao restrito mundo do crime violento. E minha hipótese é a de que a sociabilidade violenta, tal como a definirei em seguida, é um dos elementos do que os institutos de pesquisa de opinião, a ciência política e mesmo a sociologia mais apressada identificam como surpreendente no bolsonarismo. Pois não é. A sociabilidade violenta é aspecto estruturante das relações sociais em vasto território da Nação, e é um dos elementos explicativos de parte do voto em Jair Bolsonaro e também da imunidade do bolsonarismo diante do fracasso mais que provável das políticas econômicas que vitimizam os mais pobres e, inclusive, parte das classes médias que o apoiam.

O que proponho me coloca numa saia justa, porque o conceito de sociabilidade violenta "já tem dono", e não me resta saída senão usurpá-lo, oxalá com o beneplácito de seu criador, para propor uma revisão radical, que mantenha o termo sociabilidade violenta, mas que o esvazie de seu conteúdo restrito, colocando no lugar fenômeno muito mais amplo. Defino primeiro o que entendo por sociabilidade, e em seguida qualifico-a para incluir a violência.

Sem nenhuma pretensão teórica mais geral, ou sistemática, gostaria de propor que o termo "sociabilidade" denota relações sociais enquanto formas de instanciação das linhas de força que estruturam a ordem social, linhas que organizam as expectativas recíprocas de pessoas, grupos e classes sociais quanto: (i) aos valores mais gerais de orientação da ação recíproca, ou da ação que toma o outro em conta; e (ii) aos padrões prevalecentes de justiça, ou de bem comum, ou "do que deve ser" a vida em comum; e, com ambos, as próprias ações recíprocas. A sociabilidade, então, são os encontros intersubjetivos e suas trocas materiais e simbólicas, ao mesmo tempo estruturadas pelo que estou denominando linhas de força da ordem social, e estruturantes dessas mesmas linhas, encontros e trocas que, por essa mesma razão, interpelam constantemente as subjetividades, já que a todo momento exigem tomadas de posição, escolhas e decisões conducentes, de modo menos ou mais estruturado, à construção de identidades individuais e coletivas. Enquanto tal, a sociabilidade é o *momento* da construção de múltiplos nós e outros significativos[108], da atualização, verificação e confronto intersubjetivos de valores, percepções de mundo e identidades, ocorrendo, pois, num ordenamento cultural específico, sendo sempre situada espacial e temporalmente. A sociabilidade é a própria ordem social em movimento, o momento de atualização e inquirição de seus horizontes e de seu modo de estruturação que, por isso, é constitutivo da ordem ela mesma.

Assim, a sociabilidade, tal como proposto aqui, não é um atributo de quem é sociável, ou afável, ou que domine as normas de civilidade. Não é "a forma lúdica da sociação", como em Simmel (2006). Ela não é um *atributo* de relações sociais tampouco. Na verdade, ela não é um atributo de qualquer tipo. Ela é, ao contrário, substantivo, e é nesse sentido que se pode falar em sociabilidade capitalista, por exemplo, que tem como linha de força central, mas não única, a distribuição desigual dos recursos materiais, simbólicos e de poder, e a apropriação privada da produção social e de seus recursos, o que requer um tipo específico de legitimação das posições ocupadas e atualizadas pelos agentes, legitimação que é aspecto estruturante das expectativas recíprocas de dominantes e subalternos, e de cada categoria entre si.

A sociabilidade, então, enquanto esses encontros como atualização daquelas expectativas, supõe diferença e alteridade, já que compromete a subjetividade dos agentes, e por estar irremediavelmente vazada pelas linhas de força do ordenamento social, atualizando-as e questionando seus horizontes, é *constituída* por relações de poder. A sociabilidade, pois, é uma prática agonística, que coloca em questão, constantemente, o lugar (enquanto espaço social identitário) de cada qual, indivíduo ou grupo ou classe, na ordem social.

Vista pelo ângulo que estou propondo, a sociabilidade é um modo de ser da ordem social, o movimento das expectativas e da ação recíproca dos

---

[108] Utilizo "momento" em sentido hegeliano, isto é, como atualização de possíveis, mas não de possíveis "lógicos", ou racionais, ou transcendentais, e sim de possíveis *finitos,* inscritos nas expectativas mútuas, portanto culturalmente delimitados.

agentes. Ação recíproca que não denota necessariamente reciprocidade ou dádiva (embora isso possa ocorrer), sendo apenas ação referenciada no outro enquanto capaz de ação também referenciada em ego, sua identidade e suas expectativas. E que denota, ademais, extensão no tempo, mas não continuidade temporal, já que sua substância (as expectativas recíprocas, estruturadas e estruturantes) está em contínua transformação, submetida que é, constantemente, ao teste dos encontros cotidianos. Nesse sentido, tem uma materialidade, mas esta é *em fluxo*, embora nem por isso fugidia, ou inapreensível pela sociologia. Na verdade, ela só é apreensível em seu movimento, ou no modo como as expectativas recíprocas são efetivamente atualizadas, testadas e transformadas, algo que a imaginação sociológica pode apreender como recorrência, regularidade, padrões ou linhas de força.

Proponho que a sociabilidade é violenta quando, nas expectativas recíprocas quanto à ação do outro, indivíduo ou coletividade, está pressuposto que a violência figura entre os muitos desfechos possíveis dos encontros cotidianos, dos mais triviais aos mais institucionalizados. Quando a violência, pois, se constitui numa das linhas de força de ordenamento da vida social. E essa violência pode ser física (desde a violência contundente até a restrição de movimentos do outro), ou simbólica (desde ataques à honra ou à integridade moral do outro, até a desqualificação de suas opções sexuais, ideológicas ou religiosas). Pode ser individual (nas relações face a face) ou de grupo ou classe.

A sociabilidade violenta, então, qualifica as relações horizontais entre pessoas e coletividades, não se referindo, pois, à violência estatal, ainda que o Estado esteja sempre pressuposto nos encontros cotidianos, no mínimo, na forma das leis que definem direitos e deveres, ou da instituição que formata os parâmetros mais gerais da sociabilidade, e também na forma da expectativa de sanção por parte dos agentes. Mas nem toda violência definidora da sociabilidade violenta é uma transgressão de normas legais como o direito de propriedade, o direito ao trabalho, o direito à vida etc., embora, quase sempre, seja possível submeter o ato de violência a uma sanção legal.

Um conceito com esse conteúdo subsume o de Machado da Silva, já que a violência no mundo do crime é uma das manifestações possíveis da sociabilidade violenta tal como definida aqui. Dá conta, ainda, dos ajustamentos violentos entre homens livres na ordem escravocrata estudados por Maria Sylvia de Carvalho Franco, por exemplo. Permite enquadrar a violência doméstica, a violência no trânsito, a violência contra minorias e contra os movimentos sociais etc. A sociabilidade brasileira é violenta porque, num espectro amplo de dimensões da vida cotidiana, a solução violenta, física ou simbólica, está disponível e é frequentemente mobilizada pelos agentes nos ajustamentos dos conflitos e das relações sociais cotidianas, mesmo as mais amistosas.

O que se disse é suficiente para marcar que o conceito é capaz de dar inteligibilidade aos seguintes fatos da conjuntura social brasileira.

Um encontro casual

Estou na calçada aguardando o trânsito parar para atravessar a avenida de quatro pistas, duas em cada direção sem canteiro dividindo as mãos. Estou em situação irregular, porque o sinal fica sessenta metros adiante e eu deveria atravessar pela faixa de pedestre quando o sinal fechasse. Mas a rua está movimentada, quando o sinal fechar os carros se enfileirarão um a atrás do outro até chegarem onde estou, e eu poderei atravessar em segurança. Há o risco de o sinal da rua transversal abrir antes que uma quantidade suficiente de carros se acumule, e então precisarei negociar a segunda parte da travessia com os carros que virão. Mas é um risco calculado. Calculado, também, é o risco de que, entre os dois ônibus que agora param diante de mim, uma moto ou uma bicicleta se aventure, tentando ganhar tempo andando irregularmente por entre os carros. Uma amiga já foi atropelada assim, desatenta que é. Mas basta ter atenção ao passar pelo primeiro ônibus.

Quando decido que é seguro atravessar, esse jovem me pergunta alguma coisa. Não dera por ele, que deve ter chegado sorrateiro, ou então meus pensamentos estavam todos nos movimentos dos automóveis com os quais negociaria. O certo é que me assusto com sua presença. E ele não está assim tão próximo, talvez um metro distante de mim, talvez um pouco menos, mas nada que sugira agressividade. Nem em seus movimentos há algo assim, assustador. Por que, então, ele tem receio nos olhos? Por que, então, eu o meço de alto a baixo, avaliando em um milésimo de segundo suas roupas, sua hexis corporal global, classificando-o instantaneamente em um dos muitos estereótipos que eu acumulei ao longo dos anos sobre as pessoas e que me levam, em segundos e a partir de sua aparência e sua atitude corporal, a ter certeza (ou imaginar tê-lo) sobre o que esperar delas? Por que fico com medo a ponto de pensar em não dar seguimento ao diálogo proposto, fingindo que não compreendi que uma pergunta me fora feita?

A pergunta é quase um sussurro, um murmúrio talvez tão amedrontado como eu mesmo devo parecer ao seu autor. O jovem também teme minha reação. E ele só quer saber onde fica a Rua Tal, por acaso aquela de onde eu acabei de sair. Eu aponto a placa com o nome da rua, ele olha para ela, parece não compreender o que talvez não possa ler. E pergunta novamente se é "essa rua aqui"?, apontando com o braço num movimento desajeitado que me faz dar um passo para trás. Eu continuo desconfiado dos movimentos dele, sua presença titubeante que a mim parece excessivamente "sonsa". Eu tenho certeza de que serei assaltado.

Eu já tinha sido assaltado uma vez na rua. Eu estava parado na calçada aguardando o sinal de trânsito, o assaltante se aproximou perguntando as horas, e quando fiz o gesto para olhar o relógio ele mostrou a faca, pediu o relógio e a carteira e saiu andando normalmente no meio da multidão da Avenida Nossa Senhora de Copacabana, no Rio de Janeiro. Só correu quando gritei "pega ladrão" e a multidão se empertigou, tensa e em alerta. Um homem pulou por cima de um display da loja de calçados que dava para a calçada e saiu em perseguição ao jovem, gritando "pega, pega ladrão!". Não sei se o alcançou. Não fiquei para ver. Eu estava a caminho do dentista, corri para lá, pedi emprestado o telefone (na época não havia celular) e liguei para o banco para cancelar o cartão de crédito e o talão de cheques.

Esse rapaz que se aproximou perguntando pela Rua Tal tinha aparência física semelhante à do assaltante de Copacabana. Moreno, estatura mediana, chinelas havaianas nos pés, camisa aberta deixando à mostra peito e abdome sarados, bermuda até abaixo do joelho. O estereótipo perfeito do "bandido" dos morros do Rio, que eu decalquei instantaneamente da memória no momento em que ele abriu a boca para me perguntar pela Rua Tal. Eu o temi, eu o temo. Mas ele também está inseguro sobre minha reação. É como se ele soubesse o que sua presença provocará em mim, o medo, a apreensão, talvez a reação violenta, e sua atitude "sonsa" talvez seja para me desarmar, como se dissesse "relaxa irmão, tá tudo beleza". Mas não é como eu leio seus movimentos, seu olhar, sua boca a tremer quase imperceptivelmente. Eu precisava fugir dali.

O trânsito para, atravesso a primeira parte da avenida, os carros saídos da rua transversal já cruzam desabalados o meu caminho. Preciso esperar intermináveis segundos. Então tomo coragem e olho para trás. O rapaz está parado no mesmo lugar, olhando para mim. "Cuidado aí, mano", ele fala. "Motorista no Rio é tudo doido". E abre um sorriso muito branco, os dentes perfeitamente alinhados na boca. Acena com o mesmo acanhamento de antes, diz "obrigado aí", vira-se e entra na Rua Tal.

Só em segurança na calçada oposta eu me dei conta de que ele tinha um envelope na mão. Um envelope pequeno, branco. Uma carta, ou uma conta, ou um ofício. O rapaz era provavelmente um mensageiro de algum empreendimento informal, um entregador, um trabalhador vestido de "bandido". E me dei conta, também, que o rótulo "bandido" estava em meus automatismos não intencionados, ou pré-racionais. Nos meus instintos?

É claro que é possível recorrer a imagens como a freudiana pulsão de vida, ou o espinoziano *conatus*, ou o universal instinto básico de autopreservação. Mas em que condições podemos falar em instintos como condição da vida em sociedade? Não são civilização e cultura, justamente, formas de sublimação e, portanto, de superação (ou recalque) dos instintos como substratos de nossas ações? De nossas relações sociais?

Uma das características centrais da sociabilidade violenta é o fato de que estamos todos, na maior parte do tempo, *em alerta*, ou *em vigília*. As teorias sobre a sociabilidade na vida cotidiana, de Alfred Schutz a Irving Goffman, denotam sociedades altamente codificadas, regidas por normas de civilidade e sistemas compartilhados de crenças e valores, por conhecimento *"ready made"* mobilizado automaticamente em situações recorrentes e regradas, visões estereotipadas do *outro* nas relações intersubjetivas, além de estruturas dominadas por "sistemas peritos" (Giddens, 1999) que nos isentam de nos questionar, no dia a dia, sobre o modo de funcionamento das instituições e mecanismos, públicos ou privados, que dão suporte ao nosso trânsito em sociedade. A violência, quando eclode nesses ambientes, é vivida como ruptura da cotidianidade, ou do fluxo temporal ininterrupto das ações repetitivas e previsíveis.

Se a sociabilidade é violenta, ao contrário, todos os códigos constitutivos das definições situacionais estão constantemente em disputa, constantemente sendo redefinidos diante de situações cuja previsibilidade é dificultada pela opacidade das intenções do *outro*. Este não é jamais o *outro generalizado*, fonte da moralidade intersubjetiva. Ele é sempre o outro indecifrável, por isso mesmo assustador e perigoso. A sociabilidade violenta é agonística, não por serem nossos interesses irreconciliáveis com o do *outro*, pois isso supõe alguma capacidade de compreendê-lo. O agonismo opaco da sociabilidade violenta tem no horizonte (mesmo que jamais realizável nas metrópoles brasileiras) a supressão do outro, ou ao menos o estabelecimento de distâncias sociais as maiores possíveis, tanto físicas quanto simbólicas. Encarceramento em massa, assassinato dos "bandidos" pela polícia, cerco das comunidades carentes pela polícia ou por milícias corruptas: a aceitação tácita ou explícita de tudo isso tem origem na lógica da alteridade opaca da sociabilidade violenta no âmbito das interações cotidianas, em sociedades muito desiguais e excludentes como a brasileira.

Violência no trânsito.

Dirigir nas cidades e estradas do país não é para os fracos. Se você está numa faixa de rolamento e quer mudar para outra para fazer uma conversão, é melhor não dar seta, porque, do contrário, ao ver sua intenção o motorista que está atrás de você na faixa que você quer ocupar acelerará para impedi-lo de entrar na frente dele. Se ele for um taxista ou um motorista de ônibus, sua vida estará em perigo... Sinais de trânsito, faixas de pedestre, ciclovias, placas de sinalização, meios de coordenação e ordenamento do trânsito nas cidades, são tratados pela maioria como estorvos na paisagem, regras e limites com os quais cada qual negocia às expensas de todos os outros, muito particularmente os pedestres, condição na qual os motoristas não se reconhecem, embora todos sejam pedestres em algum momento do dia.

Segundo dados da Organização Mundial de Saúde, o Brasil é o quarto país entre os recordistas em mortes no trânsito, atrás de Índia, China e Rússia. Apenas em 2016 foram 41 mil mortes, e 400 mil pessoas ficaram com algum tipo de sequela decorrente dos acidentes. Isso resultou numa taxa de 19,7 mortes por 100 mil habitantes, uma das maiores entre os países de renda média. Os Estados Unidos, com frota de automóveis seis vezes maior do que a nossa e população 70% maior, registrou 40 mil mortes no trânsito naquele ano, taxa ainda assim altíssima, mas quase duas vezes menor do que a nossa em termos relativos (12,4 por 100 mil habitantes). As causas mais comuns de acidentes no Brasil, respondendo por quase 70% do total, foram falta de atenção, velocidade acima do limite e ingestão de álcool. Pedestres, ciclistas e motociclistas somam 52% dos mortos (WHO, 2018).

O não reconhecimento do direito do pedestre ou do ciclista, assim como as aparentemente inocentes tentativas de impedir mudanças de faixa de um motorista à nossa frente, são aspectos centrais da violência no trânsito em nossas cidades, que tocam num elemento mais profundo da sociabilidade violenta, que é o não reconhecimento, no outro, do direito de desfrutar o espaço urbano na mesma chave de ego. É como se a cidade fosse apenas de cada qual. É como se apenas cada qual tivesse direito à cidade, tudo o mais contribuindo para impedir seu trânsito nela, não importa se os estorvos à própria liberdade sejam pessoas, outros veículos ou a sinalização de trânsito. A sociabilidade violenta é alimentada, essencialmente, por personalidades autoritárias, que afirmam sua liberdade pela supressão da liberdade do outro, e a resposta violenta a pendores autoritários contribui para a reprodução da sociabilidade na chave da violência, particularmente porque engolfa a todos, mesmo os que procuram seguir regras de civilidade no trânsito. Estes também sabem que o motorista de trás tentará impedir sua mudança de faixa.

Homicídios, estupros, roubos...

Segundo o Atlas da Violência 2018, publicado pelo IPEA, em 2013 houve mais de 53 mil homicídios no Brasil. Em 2014 o número passou de 60 mil, caindo a 59 mil em 2015, apenas para explodir em 2016 e 2017, chegando a mais de 65 mil neste último ano. Isso equivalia a 31,6 assassinatos por 100 mil habitantes. Entre 2005 e 2017, em apenas 3 dos 13 anos cobertos houve alguma queda no número de homicídios. O aumento foi quase constante, saindo-se de 48 mil em 2005 para 65 mil em 2017. Isso nos colocava em 13º lugar na lista de países mais violentos do mundo em termos de taxa de homicídios. Mais de 70% dos assassinatos ocorreram por arma de fogo (47 mil em 2017)[109].

Ainda que os dados sobre homicídios tenham muitas deficiências, sobretudo no que se refere à subnotificação da violência policial, perto de 7%, ou pouco mais de 4.2 mil homicídios, foram atribuídos à polícia em 2016. Logo, mesmo considerando a subnotificação dos assassinatos da polícia, entre 90 e 95% dos assassinatos devem ser atribuídos à sociabilidade violenta, portanto às relações horizontais entre os cidadãos, parte dela (mas não há como saber quão grande é essa parte) relacionada ao tráfico de drogas, ou ao que no debate público se convencionou dominar "crime organizado". Isso ajuda a entender por que 52% dos homicídios vitimaram jovens de 15 a 29 anos, o que resulta na espantosa taxa de 61 mortos por 100 mil jovens nessa faixa etária, e na estarrecedora taxa de 130,45 homens assassinados por 100 mil homens nessa faixa etária, taxa muito superior a alguns países em guerra neste momento, como a Síria. Por fim, 70% dos assassinados eram negros, em sua imensa maioria jovens de até 24 anos[110].

---

[109] Ver http://www.ipea.gov.br/atlasviolencia/ (acessado em janeiro de 2020).

[110] Idem, ibidem.

Metade dos assassinatos (a imensa maioria por armas de fogo) parece relacionada a outros fatores que não o tráfico de drogas e o "crime organizado", pois vitimam pessoas mais velhas, mulheres e pessoas muito jovens (menos de 15 anos de idade). Parte considerável dos assassinatos decorre, justamente, do fato de que os encontros cotidianos entre parcelas da população têm na violência, muitas vezes letal, uma solução sempre no horizonte, incluindo o ambiente familiar, as relações entre vizinhos, as festas populares, as aglomerações de qualquer tipo, as relações de classe no mundo agrário e até mesmo as interações no ambiente escolar, onde vez por outra assassinatos em série vitimam dezenas de pessoas[111].

Somando mortes no trânsito e por homicídio, a taxa de mortes violentas foi de mais de 50 pessoas por 100 mil habitantes em 2016. É uma taxa, repito, equivalente à de países em guerra, como a Síria. A sociabilidade violenta é, também, altamente letal.

Ao lado disso, em 2016 houve 552 mil roubos e furtos de veículos no país, a uma taxa de 588,2 por 100 mil veículos. Isto é, em média, 1 em cada 170 veículos foram furtados ou roubados no país naquele ano. Uma violência que afeta sobretudo as classes médias, e que impacta o preço do seguro do carro e exige cuidados por vezes custosos, como blindagem, aluguel de garagem etc., além de provocar grande insegurança no trânsito.

A violência contra a mulher também cresceu no Brasil, uma vez mais em que pesem as deficiências dos dados existentes. Segundo o Fórum Nacional de Segurança Pública (FNSP), em seu Anuário de 2019, em 2017 e 2018 houve respectivamente 50.5 mil e 53.7 mil estupros ou tentativas de estupro contra mulheres no Brasil, ou uma taxa de 53,4 por 100 mil mulheres em 2018. Isto é, de cada duas mil mulheres brasileiras, uma foi estuprada ou sofreu tentativa de sê-lo. Dessas, mais da metade tinha 13 anos ou menos, e 76% conheciam e tinham algum vínculo com seu agressor. Violência, pois, vicinal e mesmo familiar na maioria dos casos. O mais estarrecedor é a informação contida no Anuário do FNSP de que apenas 7,5% das vítimas de agressão sexual notificam a polícia. Se a estimativa estiver correta, em lugar de 53,4 casos por 100 mil mulheres, teríamos 712 casos, ou uma mulher em cada grupo de 140, em média, a maioria menores de idade[112]. As maiores concentrações de agressões sexuais

---

[111] Ver https://noticias.r7.com/cidades/relembre-outros-massacres-ocorridos-em-escolas-no-brasil-13032019 (acessado em dezembro de 2020).

[112] Calculado a partir dos dados disponíveis em FNSP (2019), várias tabelas, mas principalmente p. 114.

contra mulheres ocorreram em estados como Mato Grosso do Sul, Rondônia, Paraná e Santa Catarina, todos com mais de 100 casos por 100 mil mulheres reportados à polícia (ou mais de uma em cada 100 mulheres, se levarmos em conta a taxa de subnotificação).

Essas estatísticas médias escondem clivagens de raça, classe e gênero que tornam a violência explosiva em certas regiões do país e em grupos com perfis demográficos específicos. O Gráfico 9 mostra que, no caso dos homens negros, a taxa de homicídios por cem mil habitantes começa a crescer ano a ano a partir de 2007, não se detendo senão em alguns poucos anos da série, atingindo quase 45 mortes por cem mil em 2017, tendo saído de pouco mais de 30 em 2000.

Já no caso dos homens não negros a taxa decresce entre 2003 e 2007, variando pouco em torno da média de 15,6 até o fim do período (ou quase 3 vezes menor do que a taxa dos negros em 2017). Dá-se algo semelhante no caso das mulheres negras e não negras, com nítido corte também em 2007. Enquanto a partir de então a taxa das não negras varia pouco em torno da média de 3,2 por cem mil habitantes, a das negras sobe de menos de 4,5 para mais de 5,5 em 2014, variando em torno desse valor desde então.

Ou seja, a violência contra homens e mulheres negros/as está aumentando, enquanto a de homens e mulheres brancos/as permanece estável há pelo menos 10 anos. Do mesmo modo, se a taxa entre homens de 15 a 29 anos foi de mais de 130 por cem mil habitantes em 2017, isso representava um crescimento de 38% em relação a 2007, quando havia sido de 94,3 por cem mil. Também entre os mais jovens a violência recrudesceu sobremaneira, particularmente depois de 2011, segundo a mesma fonte de dados. E o crescimento ocorreu em maior proporção nas regiões Norte e Nordeste. Nesta última, enquanto a taxa de homicídios entre jovens de 15 a 29 anos era de 80 por cem mil habitantes em 2004, cresceu constantemente até atingir 214 por cem mil em 2017, enquanto na região Norte saiu-se de 74 para 168 por cem mil. A primeira cifra quer dizer que 1 em cada 500 jovens foi assassinado no Nordeste em 2017. Apenas no Sudeste houve queda expressiva a partir de 2004, mas ainda assim ela era muito alta, de 78 por cem mil em 2017, segundo a mesma fonte.

Gráfico 9
Taxa de homicídios (por 100 mil habitantes) por cor ou raça.
Brasil, 2000-2017

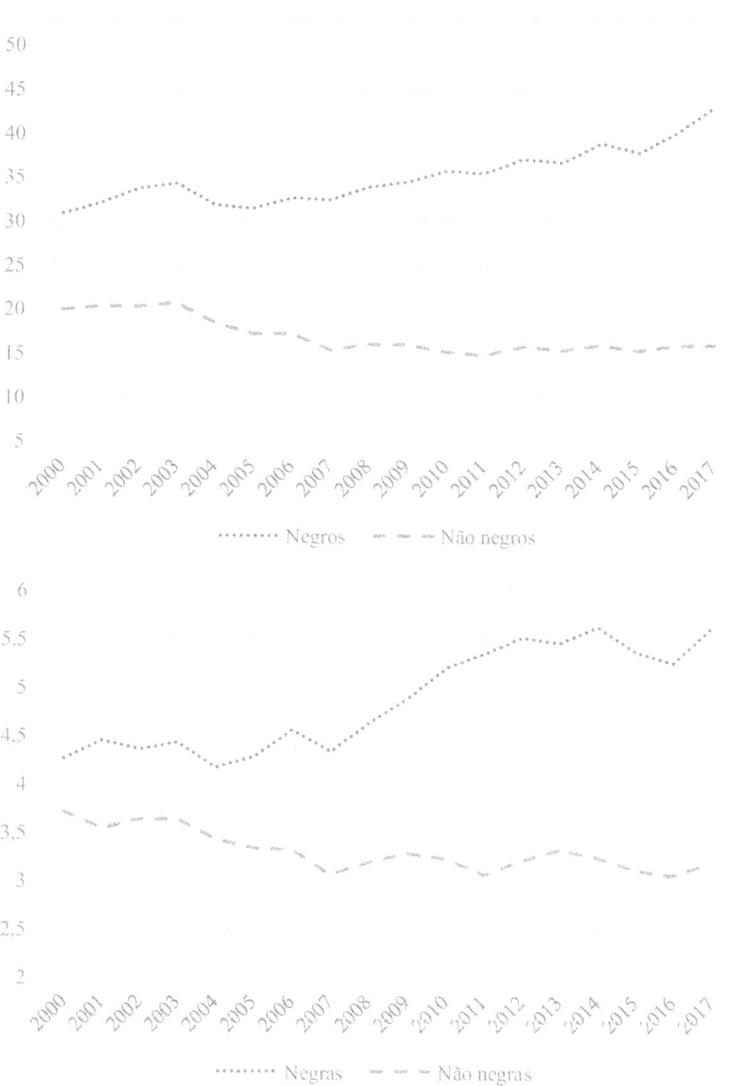

Fonte: Atlas da Violência 2019 (IPEA)

Nada mata mais a juventude (principalmente a juventude negra), do que os homicídios, a imensa maioria por armas de fogo. E a maior parte dos assassinatos decorre da violência horizontal, ou entre os cidadãos, e não da violência do Estado, ainda que esta seja imensa e altamente discricionária e racista.

Violência simbólica

Mas boa parte da violência que define nossa sociabilidade não é necessariamente letal ou física, embora tenha consequências que podem afetar profundamente a vida das partes envolvidas. Refiro-me ao afloramento, no debate público recente, do autoritarismo que marca parcelas expressivas da população. Uso o termo "afloramento" por considerar que o que estamos assistindo é a emersão de algo que poderíamos chamar de "Brasil profundo", que estivera nas sombras por razões que venho tentando desvendar aqui, e que encontrou terreno fértil para vicejar nesse momento de virada conservadora em âmbito mundial.

Dentre as muitas faces dessa emergência destaco a violência nas redes sociais', em parte da imprensa e em instituições e organizações da sociedade civil contra a diferença representada pelos que professam orientações sexuais "divergentes", os que pregam a liberdade de expressão em todos os âmbitos da vida, os que defendem o estado laico, o direito de as mulheres decidirem o que fazer de seus corpos, os que defendem a democracia. Homofobia e misoginia são apenas duas faces de uma sociabilidade violenta de caráter propriamente fascista (no sentido de Eco, 2018), que nega ao outro o direito de existir segundo seu livre arbítrio, suas escolhas, sua liberdade.

Analisar esse problema sob o conceito de sociabilidade violenta, tal como proposto aqui, é importante porque ele recobre as relações recíprocas entre os agentes. Isso quer dizer que tanto o discurso e a prática fascistas contra a liberdade do outro quanto a luta por afirmação e exercício dessa liberdade fazem parte da mesma relação de violência. Estamos acostumados a ler esse processo do ponto de vista dos que têm suas liberdades e demandas por igualdade cerceadas, e isso é correto em termos normativos, já que a defesa dos direitos é aspecto essencial da construção civilizatória.

O que quase nunca levamos em conta é o fato de que os que querem ver os direitos dos outros cerceados também sentem seus direitos atacados pelo que consideram "libertinagem", pecado ou afronta a seus valores últimos. Isso quer dizer que um dos elementos definidores da sociabilidade violenta, no âmbito simbólico, é a irredutibilidade dos valores em pugna nas relações entre agentes igualmente "livres" para escolher suas identidades. A diferença é que um dos lados, que estou aqui denominando de fascista, preferiria que o outro não existisse, ou que estivesse encarcerado, ou que fosse banido da esfera pública, de preferência por meio de sumário linchamento moral. E não é nada raro vermos agressões físicas e assassinatos daqueles que se opõem ao fascismo, assim como vem aumentando a violência física contra pessoas LGBTQ+ e, particularmente, o feminicídio[113]. Essas pessoas praticam uma política baseada na intolerância e, mais que tudo, no ódio contra o outro visto como a encarnação do mal. E o ódio *define* as relações sociais e políticas, não estando restrito às mídias sociais (Almeida, 2015), e marcou a militância de direita e extrema-direita nas eleições de 2014 e também de 2018.

Gostaria de insistir no fato de que o afloramento de atitudes extremadas de negação do outro em sua liberdade e em sua identidade não é novidade no país. O que é novo é a desfaçatez dos portadores dessas atitudes, a desenvoltura com a qual sustentam, nas esferas pública e privada, posições que representam a destruição dessa mesma esfera pública e a contaminação das relações privadas, portanto da própria sociabilidade. É preciso insistir: a sociabilidade violenta, no limite, é a negação da sociabilidade. O que é novo na conjuntura social brasileira é o caráter abrangente, geral, da sociabilidade violenta nesse âmbito propriamente simbólico, de que o projeto "escola sem partido" é uma das expressões mais assustadoras e perigosas[114].

Tempestade perfeita

Francisco de Oliveira considerava o neoliberalismo uma ideologia totalitária, porque não admite visões de mundo outras que não as orientadas pelo individualismo possessivo maximizador de utilidades em mercados desregulados. A desregulamentação radical dos mercados não é outra coisa senão a privatização radical da sociabilidade, a negação do Estado como mediador dos encontros cotidianos e dos conflitos de interesse, que devem todos ser resolvidos entre agentes livres e "iguais" nos mercados. O Estado e suas instituições são encarados como fonte inadmissível de distorções ao funcionamento ideal dos mercados, que, não fosse isso, gerariam equilíbrios espontâneos, prosperidade e felicidade para todos. O neoliberalismo é a "anulação da política" (Oli-

---

[113] Ver https://g1.globo.com/monitor-da-violencia/noticia/2019/03/08/cai-o-no-de-mulheres-vitimas-de-homicidio-mas-registros-de-feminicidio-crescem-no-brasil.ghtml (acessado em janeiro de 2020).

[114] Ver http://escolasempartido.org/ (acessado em dezembro de 2019). O movimento existe desde 2004, definindo-se como "a mais importante e consistente iniciativa contra o uso das escolas e universidades para fins de propaganda ideológica, política e partidária". O movimento luta por leis "contra o abuso da liberdade de ensinar". Lacerda (2019) situa a origem do movimento no conservadorismo religioso norte-americano.

veira, 2002), por destruir a possibilidade de contestação de seus dogmas, ainda que assentada em argumentos de racionalidade econômica baseados em outras premissas (como a de justiça social); e pela destruição de qualquer veleidade dos "nacionais" quanto à organização coletiva para a luta por direitos sociais, isto é, por mecanismos públicos de proteção contra a força avassaladora e desertificadora dos mercados. Para o neoliberalismo radical, a democracia é não apenas indiferente, como pode tornar-se sério empecilho à eficiência dos mercados desregulados, simplesmente porque os governos, dependentes de votos, estarão sempre tentados a medidas "populistas" de proteção da sociedade.

Decorre daí a atratividade do conceito de pós-democracia, um mundo no qual eleitores indiferentes e mal informados são manipulados por marketeiros profissionais, enquanto os interesses do grande capital são defendidos pelos governos, e no qual políticas públicas desviantes do dogma (por exemplo, de alívio da pobreza ou da desigualdade, ou de estímulo ao investimento em saneamento básico, ou de investimento estatal em infraestrutura) são simplesmente taxadas de populistas, origem de toda a corrupção no planeta.

Essa ideologia encontrou entre nós um judiciário predisposto a "corrigir" as mazelas de nossa dinâmica política, isto é, os "desvios" do modo mesmo de operação das instituições democráticas consolidadas depois de 1988. O neoliberalismo triunfante encontrou no judiciário aliado poderoso que, sem prestar contas a ninguém e se colocando acima da própria Constituição, contribuiu para debilitar e finalmente ferir de morte o pacto constitucional de 1988. Isso deu munição pesada aos que pregam, com o fervor dos dogmáticos, a necessidade de reduzir ao mínimo o Estado, visto como necessariamente corrupto quando intervém na economia. E a sociabilidade violenta, ao fornecer caldo de cultura para expectativas de curtíssimo prazo, tornou imensas parcelas da população arregimentáveis para discursos salvacionistas de lideranças autoritárias, para quem a democracia é um empecilho a ser removido "em nome do povo".

Numa espécie de tempestade perfeita, o bolsonarismo encontrou um país polarizado e fragmentado, com instituições democráticas em frangalhos golpeadas por elites neoliberais, e população cansada da violência generalizada, ávida de um salvador miraculoso. Parte dela clamou por intervenção militar, e parte da caserna se viu mesmo tentada a isso, quando pareceu que seria dado a Lula a chance de concorrer à presidência.

Escrito nas estrelas

A vitória de Jair Bolsonaro em 2018 estava escrita nas estrelas, mas ninguém exceto ele e seus seguidores (muitos deles adoradores) tiveram olhos para ver. Para um deputado federal obscuro, que construiu sua reputação louvando a ditadura militar-civil de 1964, elogiando torturadores, destratando e humilhando mulheres, homossexuais, quilombolas, negros, indígenas, "comunistas" e "esquerdistas" em geral (entre aspas porque o atual presidente tem noções muito próprias de comunismo e esquerdismo), sua penetração no "Brasil profundo" não era desprezível. Já em 2015, como vimos, ele e sua família eram o elo principal das trocas entre as direitas nas mídias sociais, com destaque para o Facebook. Mas havia mais.

Em novembro de 2017, quase um ano antes da eleição presidencial, o Datafolha realizou pesquisa com 2.761 pessoas de 16 anos ou mais, representativas do eleitorado brasileiro, para avaliar a atuação do presidente Michel Temer, e incluiu perguntas sobre intenção de voto para presidente em 2018. Na pergunta espontânea, 11,1% dos entrevistados disseram pretender votar em Jair Bolsonaro. O primeiro colocado, Lula, teve 16,6% das menções espontâneas, uma diferença surpreendentemente pequena. Quando confrontados com cartões com os possíveis candidatos para 2018 (o Datafolha simulou nove cenários), Bolsonaro variou de 17% a pouco mais de 22%, dependendo dos competidores. Nos cenários com Lula, nos quais este estava sempre na frente com 36% ou mais das intenções de voto, Bolsonaro tinha em torno de 17% das preferências. Num cenário com Lula, mas sem Joaquim Barbosa, subia para 19%, revelando que já então havia um eleitor "antissistema" disposto a votar em candidatos vistos como "outsiders".

Em todos os cenários sem Lula a preferência por Bolsonaro subia a 22% ou mais, colocando-o em primeiro lugar contra Ciro Gomes, Geraldo Alckmin, Marina Silva, Joaquim Barbosa e outros, em qualquer de suas combinações[1]. Ou seja, já em novembro de 2017 o Datafolha captou a penetração do capitão reformado do Exército em parcela bastante sólida do eleitorado, disposta a votar nele não importando os competidores. E mostrou que parte dos eleitores de Lula votaria em Bolsonaro se Lula não concorresse.

Mais notável ainda era o fato de que apenas 25% dos entrevistados de 2017 afirmaram conhecer Bolsonaro "muito bem", sendo que 56% ou não o conheciam, ou o conheciam "só de ouvir falar". O contraste com os 67% que disseram conhecer Lula "muito bem" é evidente. Bolsonaro tinha grande potencial de crescimento à medida que se tornasse mais conhecido, principalmente porque, entre os que o conheciam "muito bem", 53% pretendiam votar nele, assim como 42% dos que o conheciam "um pouco". A proporção era de apenas 19% entre os que só tinham ouvido falar. Note-se que, meses antes, em abril de 2017, Bolsonaro empatava ou perdia para a segunda colocada naquela ocasião, Marina Silva, dependendo do cenário testado pelo Datafolha, com preferências em torno de 14%, sendo que Lula tinha sempre 30% ou mais das intenções de voto[2]. Em novembro de 2017, pois, Bolsonaro era um candidato em ascensão. E vale lembrar que foram de 22% as intenções de voto nele encontradas pela pesquisa do Datafolha de 20-21 de agosto de 2018, revelando grande estabilidade das preferências eleitorais do candidato de extrema-direita[3].

A pesquisa de novembro de 2017 fez uma série de perguntas sobre o perfil ideológico dos entrevistados, o que permite construir um quadro dos que se inclinavam a votar em Bolsonaro, quase um ano antes das eleições de 2018. Como dito, o Datafolha propôs ao eleitor 9 cenários para o primeiro turno, sendo que Bolsonaro foi um dos únicos possíveis candidatos a figurar em todos eles. Para as estatísticas que apresento aqui, construídas a partir do banco de dados original do Datafolha disponível no CESOP-UNICAMP, selecionei as

---

[1] A pesquisa está em
https://www.cesop.unicamp.br/vw/1IMXySKowNQ_MDA_96fb3_/TF_04405.pdf (acessado em novembro de 2019).

[2] A pesquisa "CESOP-DATAFOLHA/BR17.ABR-0442 1" pode ser vista em
https://www.cesop.unicamp.br/vw/1IMf0SagwNQ_MDA_f1279_/TF_04421.pdf (acessado em novembro de 2019).

[3] Ver https://g1.globo.com/politica/eleicoes/2018/eleicao-em-numeros/noticia/2018/10/01/pesquisas-ibope-e-datafolha-comparativo-da-evolucao-de-intencao-de-votos-para-presidente.ghtml (consultado em janeiro de 2020).

pessoas que disseram pretender votar nele em qualquer um dos 9 cenários, perfazendo 27,3% dos entrevistados, ou mais de um em cada quatro eleitores/as brasileiros/as (12,6% disseram que votariam nele em qualquer cenário, quer dizer, independente dos competidores, sendo este o núcleo duro do bolsonarismo em novembro de 2017).

Para começar, 61% eram homens, contra 43,5% entre os/as eleitores/as de outros candidatos. Quarenta por cento eram evangélicos, contra 30% dos de outros candidatos. Impressionantes 32% tinham entre 16 e 24 anos, e 59% até 34 anos, contra 18% e 40% respectivamente dos eleitores de outros candidatos. Ou seja, Bolsonaro atraía a atenção de grande parte da juventude masculina e da população evangélica. Seus potenciais eleitores estavam mais concentrados no Sudeste (49%, contra 41,3% dos outros candidatos), e menos no Nordeste (18,5% contra 29,7% dos eleitores dos demais candidatos), e não se distinguiam de forma importante quanto à cor ou raça.

Enquanto 50% dos potenciais eleitores dos demais candidatos tinham apenas o ensino fundamental completo, entre os bolsonaristas 60% tinham colegial completo ou mais (com maior concentração em colegial completo e superior incompleto). Porém, diferentemente do que ocorreria na eleição de 2018, entre os eleitores com ensino superior completo, apenas 26% diziam pretender votar nele. E 60% dos potenciais bolsonaristas tinham renda familiar de até três salários mínimos, contra 71% dos outros eleitores. Pela metodologia empregada no Prólogo, os eleitores atraídos por Bolsonaro um ano antes das eleições eram em sua maioria das classes populares urbanas e das classes médias baixas. Contudo, um terço dos que disseram ter renda familiar acima de 20 salários mínimos já pretendia votar nele. As classes médias e médias altas, e as classes superiores, não eram residuais em suas hostes originais. E é preciso marcar que 40% consideravam que o dinheiro que suas famílias ganhavam era, ou mais do que suficiente, ou exatamente o que precisavam para viver. A proporção era de 30% entre os que pretendiam votar em outros candidatos. Isto é, parte expressiva dos potenciais eleitores do capitão reformado do Exército estava materialmente satisfeita com a vida que levava.

A Tabela 12 apresenta opiniões sobre temas selecionados, comparando potenciais eleitores de Bolsonaro e dos outros candidatos testados pelo Datafolha em novembro de 2017. Destaco o seguinte:

(i)   A avaliação da situação do país e da do próprio entrevistado não distinguia os dois grupos de eleitores. Não se pode dizer que o potencial eleitor de Bolsonaro se sentisse pior (ou melhor) em termos econômicos do que os outros, nem que julgasse a situação do país de forma distinta. Ambos os grupos acreditavam que o país estava pior, que a situação pessoal também, mas que nos próximos meses ela tendia a melhorar (um terço achava que deveria ficar igual, e menos de 20% achavam que iria piorar). E as opiniões sobre legalização da maconha ou do aborto, tema sensível para os cristãos de maneira geral, tampouco distinguiam os eleitores. A grande maioria dos potenciais bolsonaristas e dos demais era contrária a ambos.

(ii)   As opiniões sobre privatizações eram majoritariamente contrárias, embora os potenciais bolsonaristas fossem um pouco mais favoráveis a elas, inclusive no caso da Petrobras. Mas os dois grupos eram contra, em sua maioria e em proporção semelhante, à participação de capital estrangeiro numa eventual privatização da Petrobras.

Tabela 12
Perfil ideológico de eleitores de 16 anos ou mais que pretendiam votar em Bolsonaro em 2018. Brasil, novembro de 2017.

Opiniões sobre temas selecionados	Se as eleições fossem hoje, em quem votaria?	
	Outros candidatos	Jair Bolsonaro
Acha que desemprego vai aumentar	49,7	49,4
Poder de compra vai diminuir	41,3	45,2
Situação do país piorou	61,7	59,2
Situação econômica pessoal piorou	51,6	46,7
Nos próximos meses a situação econômica pessoal vai melhorar	43,0	44,5
Contra privatizações em geral	72,5	63,9
Contra privatização da Petrobras	73,0	61,3
Contra participação de capital estrangeiro na priv. da Petrobras	78,8	74,8
Possuir arma legalizada deveria ser direito do cidadão para se defender	34,8	61,0
A favor da pena de morte	52,1	69,0
A favor da redução da maioridade penal de 18 para 16 anos	80,4	93,2
Fumar maconha deve continuar sendo proibido	65,1	67,8
A favor de aborto em caso de estupro	51,4	56,6
Idem em caso de risco de vida para a mãe	60,2	63,6
Mulher que interrompe gravidez deveria sempre ser processada e presa	56,3	59,6

Fonte: CESOP-DATAFOLHA/BR17.ABR-04421, de novembro de 2017.

(iii)   Os temas mais salientes do discurso de Bolsonaro marcam as principais clivagens entre seus potenciais eleitores e os demais. Enquanto pouco mais de um terço destes últimos concordava que a posse de armas deveria ser um direito do cidadão para se defender, entre os bolsonaristas a proporção passou dos 60%. E 70% deles eram a favor da pena de morte, contra 52% dos demais eleitores. A redução da maioridade penal para 16 anos era quase consenso entre os potenciais bolsonaristas (93%), contra 80% dos demais (ainda assim muito alta).

Em suma, o principal tema da agenda neoliberal testado pelo Datafolha não tinha apelo especial entre os que pretendiam votar em Bolsonaro. A maioria era contra as privatizações. O que mais marcava a identidade desse eleitorado inicial eram os temas da segurança pública: armas para a população, pena de morte e maioridade penal. Temas caros à "nova direita" paulista analisada por Pierucci (1987), analisada no capítulo II, portanto recorrentes, *e que servem de bússola ao eleitorado conservador* na identificação de possíveis candidatos em qualquer eleição.

Mas o mais interessante no levantamento do Datafolha foi o padrão de acesso dos dois grupos de eleitores à internet e às redes sociais. Os dados estão na Tabela 13. Fica claro que os potenciais bolsonaristas eram muito mais conectados do que os demais. Acessavam a internet a partir de computadores pessoais em casa em muito maior proporção (68% contra 49%), e também no trabalho, no celular e no tablete. Mais importante ainda, mais de 70% acessavam páginas noticiosas na internet e se informavam sobre política nas redes sociais.

A grande maioria dos brasileiros tem Facebook e WhatsApp, mas entre os eventuais eleitores de Bolsonaro a proporção era 10 pontos percentuais maior, ou mais. Eles eram, também, proporcionalmente mais ativos nas redes sociais, compartilhando nelas notícias sobre política brasileira e eleições e, principalmente, lendo sobre isso nelas, particularmente o Facebook e o WhatsApp (infelizmente o Datafolha não incluiu o YouTube).

Em outra pergunta da pesquisa, pela qual os eleitores foram instados a apontar os três principais veículos pelos quais se informavam sobre política brasileira e eleições, 64% dos bolsonaristas apontaram as páginas de notícia na internet, e 54% apontaram as redes sociais. Entre os demais eleitores as proporções foram 43% e 38% respectivamente. Isto é, os potenciais eleitores de Bolsonaro em novembro de 2017 estavam proporcionalmente muito mais sujeitos às bolhas de filtro do Facebook. E eram mais ativos no WhatsApp, rede social que teve papel central na eleição[4].

---

[4] O padrão de acesso às redes pelos bolsonaristas para se informar, "militar", influenciar etc., distinto dos demais (só perdendo para João Amoedo), foi confirmado pelo Datafolha em outubro de 2018, que mostrou que o uso das mídias sociais e sites noticiosos pelos

Tabela 13
Acesso à internet e às redes sociais, e modo de utilização das redes sociais por potenciais eleitores de Bolsonaro em 2018. Brasil, novembro de 2017.

	Se as eleições fossem hoje, em quem votaria?	
Acesso à internet	Outros candidatos	Jair Bolsonaro
Acessa a internet em casa com computador ou laptop	49,3	67,6
Acessa a internet no trabalho	31,3	42,8
Acessa internet no celular	71,2	87,5
Acessa a internet no tablete	24,3	35,5
Acessa sites de notícias na internet para se informar sobre política brasileira	50,3	71,1
Se informa sobre política brasileira nas redes sociais	49,8	70,4
Tem redes sociais:		
Facebook	73,7	85,7
WhatsApp	81,4	91,1
Twitter	21,5	25,0
Instagram	41,0	52,3
Linkedin	11,9	11,0
Compartilha notícias sobre política brasileira e eleições no Facebook	37,7	43,4
Idem no WhatsApp	34,0	42,5
Idem no Twitter	26,4	28,1
Idem no Instagram	16,2	18,5
Lê notícias sobre política brasileira e eleições no Facebook	72,1	81,0
Idem no WhatsApp	53,0	63,2
Idem no Twitter	50,6	51,5
Idem no Instagram	35,9	43,0

Fonte: CESOP-DATAFOLHA/BR17.ABR-04421, de novembro de 2017.

Esse padrão diferenciado de militância virtual e tudo o mais que já se disse sobre a importância das mídias sociais para as direitas, denota modos de interação no mundo virtual que merecem escrutínio detalhado.

---

bolsonaristas era ainda mais intenso. Ver https://g1.globo.com/politica/eleicoes/2018/eleicao-em-numeros/noticia/2018/10/03/datafolha-quantos-eleitores-de-cada-candidato-usam-redes-sociais-leem-e-compartilham-noticias-sobre-politica.ghtml (acessado em janeiro de 2020).

Redes sociais, suas bolhas e o radicalismo político[5]

Em 2011, num livro divisor de águas denominado "A bolha de filtro: como a nova internet personalizada está mudando o que lemos e como pensamos", Eli Pariser desvendou o nascimento e o modo de funcionamento (até então, pois eles mudam o tempo todo) dos algoritmos das grandes empresas da internet, como Amazon, Google, Facebook, YouTube e outras (Pariser, 2011). O livro, hoje um clássico, foi um apaixonado alerta contra o que parecia ao autor gravíssima ameaça à democracia no mundo (embora seu referente fossem os Estados Unidos): as bolhas de filtro criadas pelos algoritmos de busca e de interação nas plataformas digitais que, já naquela data, dominavam o mundo. Escreveu ele:

> A democracia requer que os cidadãos vejam as coisas a partir dos pontos de vista uns dos outros, mas em lugar disso estamos mais e mais enclausurados em nossas próprias bolhas. A democracia requer a confiança em fatos compartilhados; ao invés disso, nos oferecem universos paralelos, mas separados (idem, p. 5).

O desconforto de Pariser, que o levou à pesquisa que resultou no livro, cristalizou-se quando ele percebeu que seus amigos conservadores tinham desaparecido de sua página do Facebook. E na pesquisa ele descobriu que o Facebook não estava sozinho.

As bolhas de filtro têm lógica simples, ainda que seus algoritmos possam demandar grandes investimentos em complexa matemática e engenharia computacional. Cada pessoa surfa a internet com objetivos múltiplos, mas ao mesmo tempo próprios, individuais. Os algoritmos de busca da Amazon ou do Google arquivam o histórico de pesquisa de cada um, e constroem perfis individualizados com base nesse histórico, que é uma espécie de impressão digital dos gostos, desejos, interesses, afetos, inclinações sexuais etc., de cada pessoa. Com base nessa impressão digital, direcionam conteúdos com o objetivo primordial de manter a pessoa conectada e consumir os produtos que vendem (caso da Amazon e outros do gênero) ou os anúncios de terceiros (caso do Google, do Facebook e todos os outros). O problema é que os conteúdos oferecidos não são aleatórios. São *direcionados* a partir da impressão digital virtual de cada qual, portanto *filtrados* para satisfazer o que os algoritmos identificam

---

[5] Esta seção não teria sido possível sem a montanha de informação primária gentilmente cedida por Leda Gitahy, a quem agradeço imensamente.

como sendo a personalidade e a identidade de cada pessoa. A bolha de filtro é *individual*, ainda que seja possível construir padrões ou tipos de personalidade para, por exemplo, definir nichos de consumidores para empresas interessadas em anunciar nas plataformas ou, o que nos interessará mais de perto, para o mercado eleitoral.

Os temores de Pariser tornaram-se assustadoramente reais, e de uma forma que talvez não o tenha surpreendido. No dia 3 de março de 2018 um pequeno artigo no *The New York Times* chamou a atenção para o YouTube, retratado como "o Grande Radicalizador"[6]. A autora, a socióloga Zeynep Tufecki, relata curiosa experiência que viveu durante a eleição presidencial norte-americana de 2016. Após assistir a vídeos da campanha de Donald Trump para a pesquisa que desenvolvia, o YouTube passou a recomendar e a reproduzir automaticamente vídeos sobre supremacia branca, negacionistas do Holocausto e outros "conteúdos perturbadores", nas palavras da analista. Como ela não tinha o hábito de pesquisar conteúdos de direita na plataforma, ficou curiosa para saber se esse era apenas um fenômeno da direita. Criou então outra conta no YouTube e passou a assistir a vídeos de Hilary Clinton e Larry Summers. Em pouco tempo ela estava recebendo vídeos de conspirações extremistas de esquerda,

> incluindo argumentos sobre a existência de agências secretas governamentais e alegações de que o governo dos Estados Unidos estava por trás dos ataques de 11 de setembro. (…) Parece que você nunca é suficientemente "hard core" para o algoritmo de recomendação do YouTube. Ele promove, recomenda e dissemina vídeos de um modo que parece aumentar constantemente a aposta[7].

Ela experimentou assistir vídeos sobre vida saudável, e em pouco tempo estava recebendo recomendações de vídeos sobre esportes radicais e ultramaratonistas…

A interpretação de Tufecki para o padrão do algoritmo do YouTube é assustadoramente simples: o Google (proprietário da plataforma de vídeo) é uma ferramenta de busca que vende anúncios, sua fonte bilionária de renda. Para isso, precisa otimizar a presença do internauta diante da tela, nesse caso a tela do YouTube, e descobriu rapidamente que as pessoas são atraídas por conteúdo mais extremado. Não se trataria de uma opção política da plataforma pelos

---

[6] Ver https://www.nytimes.com/2018/03/10/opinion/sunday/youtube-politics-radical.html (acessado em janeiro de 2020).

[7] Idem, ibidem.

extremos, mas de uma estratégia mercadológica por manter a atenção dos clientes e vender mais anúncios. Isto é, a inclinação de certas pessoas (talvez a maioria?) para apreciar vídeos extremos, sobre qualquer assunto, levava a empresa a desenvolver algoritmos de busca e recomendação que favoreciam os extremos. No caso da política, com destaque para a extrema-direita.

O texto repercutiu imensamente ao longo do ano. Em fevereiro o *The Wall Street Journal* publicou artigo com a manchete "Como o YouTube dirige as pessoas para os cantos mais sombrios da internet", afirmando que a plataforma recomenda material divisivo, enganoso ou mesmo falso, favorecendo *fake news* e radicalização de posições políticas. Em março a revista *Fortune* trouxe matéria com o título "Como o YouTube empurra os expectadores para o extremismo", repercutindo o artigo de Tufecki. E em dezembro o jornal independente *The Daily Beast* publicou matéria mais extensa sobre "Como o YouTube construiu uma máquina de radicalização para a extrema-direita", narrando casos de extremistas que disseram ter sido tragados pelo "buraco de coelho" direitista ainda na adolescência, por meio dos algoritmos do YouTube[8].

Alguns foram atraídos por tutoriais de videogames da plataforma, caso de David Sherratt, que até ali se considerava uma pessoa "frouxamente liberal" interessada em clips do jogo de guerra *Call of Duty*, e ao continuar assistindo os tutoriais foi apresentado a vídeos de uma "comunidade ateísta online", que se tornou porta de entrada para a guerra da comunidade ateísta contra o feminismo, que o levou ao envolvimento com movimentos sobre "direitos dos homens" e finalmente, depois de quatro anos, à militância num grupo que negava o Holocausto. Ver-se entre neonazistas o fez "cair em si".

As histórias foram corroboradas por um antigo engenheiro do Google, Guillaume Chaslot, membro da equipe responsável pelo desenvolvimento do algoritmo do YouTube entre 2010 e 2013, demitido, segundo ele, por discordar da estratégia da empresa quanto ao modo de operação de suas recomendações. Diria ele: "O objetivo do algoritmo é, realmente, manter você ligado o maior tempo possível". E complementaria:

> Eu me dei conta rapidamente de que a recomendação do YouTube era colocar as pessoas em bolhas de filtro. Não havia saída. Se uma pessoa partici-

---

8 Ver https://www.thedailybeast.com/how-youtube-pulled-these-men-down-a-vortex-of-far-right-hate (acessado em janeiro de 2020). "Buraco de coelho" (ou *rabbit hole*) é uma referência a Alice no País das Maravilhas, feita pela matéria do *Daily Beast*.

pava de conspirações sobre Terra Plana, era ruim para o tempo de exibição recomendar vídeos anti-Terra Plana, por isso eles não eram recomendados[9].

Mas isso não se restringe ao YouTube. O Google, principal ferramenta de busca da internet, também favorece esse tipo de bolha de filtro ao limitar as páginas que aparecem para cada usuário durante pesquisas de conteúdo, também favorecendo extremismos. Em maio de 2019 um adolescente de 16 anos (que preferiu manter anonimato) publicou na revista digital *Fast Company* sua história de idolatria pela extrema-direita, fruto, segundo ele, da combinação de sua posição como mediador de conteúdo do site Reddit.com (que abriga subcomunidades de todo tipo) com os algoritmos de busca do Google[10]. Nascido numa família judaica de corte liberal (o que nos Estados Unidos quer dizer progressista), que segundo ele ensinou-lhe valores como compaixão, empatia e respeito pelos outros, aos 13 anos o jovem era um "ávido apoiador do movimento pelos direitos dos homens", acreditava que os judeus dominavam as redes financeiras globais, que as diferenças salariais entre homens e mulheres eram uma invenção das feministas, e acreditava em todas as "máximas da direita alternativa" (*alt-right*, termo criado pelo marqueteiro e militante da extrema-direita norte-americana Steve Bannon).

No portal Reddit.com ele encontrou comunidades que compartilhavam conteúdo sexista, homofóbico e politicamente de extrema-direita, que ele a princípio rejeitava, mas a recorrência das matérias que recebia o levou a interessar-se pelos temas. E, como afirma, em lugar de ir a uma biblioteca para tirar dúvidas sobre conteúdos que lhe pareciam estranhos, fez o que faz todo o mundo hoje em dia: começou a pesquisar no Google temas como imigração ilegal, taxa de crimes dos negros, atores que teriam forjado os assassinatos na escola Sandy Hook em dezembro de 2012 etc.[11] E como os temas de pesquisa e páginas que ele lia ou assistia eram relacionados com a extrema-direita, tudo o que lhe chegava no Google ou YouTube era desse espectro ideológico. Como moderador de conteúdo do Reddit, viu-se diante da tarefa de avaliar 100 postagens

---

[9] Idem, ibidem. Ver também https://ffwd.medium.com/all-of-youtube-not-just-the-algorithm-is-a-far-right-propaganda-machine-29b07b12430 (acessado em janeiro de 2020).

[10] Ver https://www.fastcompany.com/90438818/i-became-part-of-the-alt-right-at-age-13-thanks-to-reddit-and-google (acessado em janeiro de 2020).

[11] Uma das fake news mais virais sobre o assassinato de 20 estudantes e 6 funcionários da escola Sandy Hook em Newtown, Connecticut, foi a de que tudo não passou de uma encenação para favorecer a posição dos que queriam controles mais estritos de armas nos Estados Unidos, em particular o então presidente Barak Obama.

por dia de vídeos e textos, que o deixavam curioso sobre os conteúdos, que o levavam a novas pesquisas no Google, que traziam páginas que o enredavam cada vez mais na bolha da extrema-direita. Em determinado momento ele acreditou que tudo o que existia no mundo era a extrema-direita e seu discurso de ódio.

O mais assustador é que, mesmo depois de ter deixado o Reddit e revisto seus valores extremistas, o adolescente continuou recebendo, por meses enquanto assistia vídeos em nada relacionados com seu passado, anúncios e recomendações de vídeos anti-imigrantistas no YouTube.

Apesar de afirmações do Google de que estaria revendo e ajustando seus algoritmos para evitar esses resultados, ao longo de 2019 o jornal *The New York Times* produziu extensa série de artigos e vídeos sobre o efeito das novas tecnologias na dinâmica eleitoral e na democracia de vários países, com destaque para o Brasil[12]. Em agosto daquele ano o país recebeu a dupla de jornalistas Max Fisher e Amanda Taub, que escreveriam sobre o impacto do YouTube e do WhatsApp nas eleições de 2018 e na vida dos brasileiros de um modo geral.

O competente levantamento realizado em várias cidades em diferentes Estados do país, mostrou a estreita e para eles surpreendente relação, no trânsito das pessoas pelas redes sociais, entre o YouTube e o WhatsApp. Um dos artigos parte de constatação inequívoca: o alto custo da internet para a boa parte dos brasileiros. A internet no Brasil é a quarta mais cara do mundo, e proporção expressiva dos nacionais não pode pagar por pacotes de dados, ainda que o YouTube só perca para a TV Globo em termos de "audiência"[13]. Mas a maioria dos planos de telefonia franqueia o WhatsApp, que por isso tornou-se a plataforma mais utilizada no país. Ainda que a maioria não tenha acesso ao YouTube, que usa dados, os vídeos dessa plataforma circulam com grande intensidade entre os usuários do WhatsApp, porém a partir de dupla seleção. A primeira, feita pelo algoritmo do YouTube que, como mostra o trabalho jornalístico, não resolveu os problemas das bolhas de filtro que levam aos extremismos. A segunda, feita pelos que, submetidos às bolhas do YouTube, as replicam entre seus amigos, familiares e grupos do WhatsApp.

---

[12] Ver https://www.nytimes.com/2019/08/09/the-weekly/youtube-brazil-far-right.html?login=email&auth=login-email (acessado em janeiro de 2020).

[13] A audiência de vídeos na internet na verdade vem aumentando muito mais do que na TV, como mostra https://www.thinkwithgoogle.com/intl/pt-br/tendencias-de-consumo/pesquisa-video-viewers-como-os-brasileiros-estao-consumindo-videos-em-2018/ (acessado em janeiro de 2020).

Entre as consequências dessa íntima relação entre duas mídias que tendem a ensimesmar as interações entre as pessoas, esteve a revolta em oposição à vacinação contra o vírus da Zica no Nordeste[14]. Alguns boatos que viralizaram no YouTube e foram acolhidos por inúmeros grupos do WhatsApp, informavam que era a vacina que provocava a microcefalia, ou que o vírus da Zica era criação da Fundação Rockefeller, uma ferramenta da "elite globalista para promover a redução populacional"[15].

Em outra matéria da mesma dupla de repórteres do *NYT*, com o título "Como o YouTube radicalizou o Brasil"[16], lemos que um jovem músico de Niterói, em busca de tutorias para aprender a tocar guitarra, foi direcionado pelo YouTube para o canal do músico Nando Moura, um extremista de direita hoje (março de 2020) com 3.21 milhões de assinantes[17]. Sua popularidade o torna sugestão garantida pela plataforma a qualquer um que esteja em busca de aulas de guitarra ou se interesse por rock brasileiro.

Em vídeos bem produzidos, que usam a cultura pop como portal para suas ideias extremistas, o YouTuber acusa feministas, professores, políticos, jornalistas e muitos outros profissionais e instituições, de todo tipo de conspiração. O jovem músico encantou-se com Moura, e em razão do tempo que despendia diante do canal, passou a receber recomendações de outros canais igualmente de extrema-direita, dentre eles o do então deputado federal Jair Bolsonaro. Aos 17 anos, o jovem afirmou estar inclinado a seguir a carreira política, influenciado pelo YouTube e pelos políticos que prosperaram por meio da internet.

Do mesmo modo, Maurício Martins, vice-presidente do PSL de Niterói, disse ao *The New York Times* que deve ao YouTube seu recrutamento para o partido. Ele estaria matando o tempo num canal, quando a plataforma mostrou a ele um blogueiro de direita, que ele viu por curiosidade. O YouTube então mostrou outro, e então outro, e essas recomendações automáticas foram, nas palavras dele, "minha educação política", e que teria sido assim "com todo o

---

[14] Ver https://www.nytimes.com/2019/08/15/the-weekly/how-youtube-misinformation-resolved-a-whatsapp-mystery-in-brazil.html (acessado em janeiro de 2020).

[15] O vídeo está em https://www.youtube.com/watch?v=96Hg93CuPTQ (acessado em janeiro de 2020).

[16] Ver https://www.nytimes.com/2019/08/11/world/americas/youtube-brazil.html (acessado em janeiro de 2020).

[17] Ver https://www.youtube.com/user/MrNandomoura101?sub_confirmation=1 (acessado em março de 2020).

mundo" no partido[18]. Ele não tem dúvidas de que Jair Bolsonaro não existiria sem as redes sociais.

Vale destacar, a esse propósito, o estudo exploratório de Piaia e Santos Junior (2019), sobre uma amostra de grupos públicos favoráveis a Bolsonaro no WhatsApp, mostrando que o YouTube foi, de longe, a plataforma que mais forneceu conteúdos aos militantes, *cinco vezes mais* do que o segundo colocado, o Facebook. Foram quase 10 mil vídeos postados, contra menos de 2 mil posts com origem no Facebook. O primeiro canal de notícias (o G1) aparece apenas em sétimo lugar nas trocas de mensagens no WhatsApp dos bolsonaristas.

Ainda que Google e YouTube afirmem que seus algoritmos são politicamente neutros, na verdade essas plataformas não apenas lucram com os extremismos, como ainda os estimulam de forma direta e institucionalizada, quer dizer, como política corporativa em relação aos elaboradores de conteúdo, como YouTubers, blogueiros/as, influenciadores/as, administradores/as de fanpages, jornalistas independentes e milhares de outros/as internautas que têm na rede uma fonte de renda.

Assim, em novembro de 2019 o jornal *The Intercept* publicou matéria fruto de competente jornalismo investigativo denominada "Grana por cliques. Fake news a R$25 mil por mês: como o Google treinou e enriqueceu blogueiros antipetistas"[19], na qual desvendam o mecanismo de arrecadação do Google *AdSense*, e como os produtores de conteúdo (e o próprio Google) se beneficiam dele.

O *AdSense* é um programa pelo qual os anunciantes pagam ao Google pela exibição de seus anúncios, e a plataforma paga os blogs e sites afiliados para que exibam esses anúncios em suas páginas. Os gestores de sites de conteúdo, blogueiros etc. são remunerados de acordo com a quantidade de cliques recebidos pelos anúncios, mesmo que isso não resulte em vendas[20]. Maximizar a quantidade de cliques beneficia os usuários e, obviamente, o Google.

Em julho de 2016 um grupo de seis blogueiros foi convidado pelo Google Brasil para uma consultoria sobre como aumentar seus ganhos com o

---

[18] Ver https://www.nytimes.com/2019/08/11/world/americas/youtube-brazil.html (acessado em janeiro de 2020).

[19] Ver https://theintercept.com/2019/11/19/fake-news-google-blogueiros-antipetistas/ (acessado em janeiro de 2020).

[20] Ver https://www.cursodegoogleadsense.com.br/como-funciona-o-google-adsense/ (acessado em janeiro de 2020).

AdSense. O grupo foi apresentado a um caso de sucesso, o site de direita "O Antagonista", "que recebia milhares de dólares por dia com anúncios", conforme a matéria do *The Intercept*. Segundo os jornalistas,

> [e]mbora o Google não tenha sido explícito a esse respeito, o grupo saiu de lá certo de que uma agenda contra o PT e a presidente da República, Dilma Rousseff, era o caminho para ganhar muito dinheiro. Funcionou. Em agosto de 2016, mês seguinte ao encontro, derradeiro para o impeachment, o faturamento de um dos blogs passou de R$ 25 mil[21].

Um dos blogueiros entrevistados afirmou que seu blog era bastante ativo e que, na busca de cliques, jogava pesado contra o PT, inclusive com notícias falsas. Numa das páginas reproduzidas pela reportagem aparece uma foto de Lula ao lado de outra de militantes do Hamas, com os dizeres "Você sabia que Lula doou R$ 25 milhões ao movimento Hamas através de decreto?". A manchete mentirosa, em letras garrafais, é desmentida na mesma página, que transcreve, em letras bem pequenas, o *decreto legislativo* (e não de Lula) de ajuda *à Autoridade Nacional Palestina* (e não ao Hamas), decreto sancionado por Lula. Mas o objetivo é chamar a atenção do internauta, que pode resultar no precioso click em algum anúncio da página. Ao blogueiro não importa se um apressado ler e passar adiante apenas a manchete, que vai engrossar o cabedal de *fake news* da rede.

Quatro dos seis blogs se transformaram em canais de direita no YouTube. Um deles, com mais de 800 mil assinantes, posta vídeos como "Moro muda tudo, tranca Lula de vez na cadeia e enlouquece Gleisi", que o ajudam a faturar pelo menos R$6 mil por mês, segundo a reportagem. Como esteve entre os canais que mais cresceram no YouTube, recebeu do Google o prêmio de figurar no *Em Alta*, ranking dos conteúdos mais populares, contribuindo para aumentar ainda mais a audiência do canal e o faturamento com anúncios tanto pelo blogueiro quanto pelo Google.

Isto é, para maximizar seu próprio faturamento, o Google estimula e promove os produtores de conteúdos que geram mais cliques, e nestes, na disputa política, predominam os canais, páginas, blogs e revistas das direitas, dentre eles os muitos produtores de notícias falsas ou duvidosas. O Google não *cria* os sites e comunidades de direita e extrema-direita. Mas *favorece e estimula* seu florescimento por meio de recomendações e reproduções automáticas, guiadas unicamente (ou ao menos assim se supõe) por sua estratégia mercado-

---

[21] Ver https://theintercept.com/2019/11/19/fake-news-google-blogueiros-antipetistas/ (acessado em novembro de 2019).

lógica. O Google (e também o Facebook) se beneficia da disponibilidade de vastas parcelas da população brasileira (e obviamente mundial) para discursos e práticas conservadoras, teorias da conspiração e notícias falsas que, de maneira crescente, *configuram a base da sociabilidade* no país e em boa parte do mundo[22], sendo terreno fértil para a violência simbólica que qualifica nossa sociabilidade violenta.

O Facebook tem a mesma lógica de construção de bolhas de filtro e câmaras de eco, como mostrou também Zuckerman (2013), e pelas mesmas razões: manter o usuário conectado pelo maior tempo possível, para que possa ver a maior quantidade de anúncios possível. E a plataforma também pode ser fonte direta de renda para os usuários, embora não como no Google e no You-Tube. Apenas o Facebook explora os anúncios que aparecem na linha do tempo dos membros, mas fanpages podem conter anúncios se os administradores conseguirem atrair empresas. O critério de relevância das fanpages não é outro senão as "curtidas" e o número de seguidores que a página tiver. Os usuários "pessoa física" ainda podem usar a plataforma como ponte para seus sites e canais pessoais do Google ou do YouTube, fazendo propaganda em seus perfis de sua atuação externa como blogueiros, músicos, jornalistas etc., e assim ampliando sua visibilidade nessas outras plataformas. Há, portanto, sinergias entre as plataformas, com bolhas de filtro sendo espelhadas entre elas, o que aumenta a impressão de autossuficiência da experiência virtual de cada pessoa.

Assim, o jornal *The Guardian* publicou extensa matéria em dezembro de 2019, intitulada "Por dentro da fábrica de ódio: como o Facebook alimenta o lucro da extrema-direita". A investigação jornalística desvendou um grupo extremista de direita israelense que se oferecia como "mediador" de fanpages de direita em vários países do mundo, e divulgava conteúdos islamofóbicos e anti-imigrantistas, com o objetivo de lucrar com a venda de conteúdo em outras plataformas. Isto é, o grupo vendia as curtidas nas páginas de terceiros, que nada lucravam com isso, e a matéria do *Guardian* deixa no ar a hipótese de que o grupo israelense não seria necessariamente de direita, apenas estaria usando a propensão conservadora de audiências no mundo todo para lucrar.

---

[22] O diretor da consultoria Global Desinformation Index, Craig Fagan, afirmou que "O ecossistema da desinformação é movido a ganhos financeiros", e que os sites que espalham *fake news* (mais de 20 mil analisados por ele) teriam faturado mais de US\$235 milhões em 2019, numa estimativa conservadora. A pesquisa não incluiu o Brasil. A informação está na mesma matéria da nota anterior.

A esse propósito, Thorson et al. (2019) realizaram um survey com usuários do Facebook e mostraram que pessoas que o algoritmo da rede social classifica como interessados em notícias ou política, têm maior probabilidade de receber esse tipo de conteúdo em seu feed de notícias, muito além do interesse que os entrevistados afirmaram efetivamente ter no que os autores chamaram "conteúdo cívico". Isto é, o Facebook "exagera" na oferta de conteúdo a partir do perfil construído por seus algoritmos de alimentação da linha do tempo das pessoas, como o fazem YouTube e Google, abertamente.

No capítulo III deste livro reproduzi alguns estudos que desvendaram os padrões de interação entre grupos pró e contra o impeachment da então presidenta Dilma Rousseff, que configuraram polos bem marcados nas mídias sociais Twitter e Facebook. O que a análise nesta seção mostra é que a polarização, mesmo que lastreada na realidade política do país, *é estimulada e amplificada pelos algoritmos* das plataformas. As bolhas de filtro ensimesmam a experiência virtual individual, e as pessoas se veem enclausuradas em coletividades virtuais que compartilham não apenas o mesmo consumo cultural (livros, filmes, peças de teatro, músicas), as mesmas formas de se vestir, de se comportar em público etc., como também as posições políticas. Através das bolhas de filtro, os algoritmos das redes sociais favorecem e estimulam o enclausuramento especular da experiência virtual, que hoje consome boa parte do tempo das pessoas, sendo, por isso mesmo, muito real. E o Brasil é o segundo país do mundo onde as pessoas despendem mais tempo nas redes sociais. Em 2018 foram 225 minutos por dia, em média, ficando atrás apenas das Filipinas, com 241 minutos[23].

As investigações jornalísticas reproduzidas aqui, ademais, mostram o quanto as mídias sociais podem ser, e de fato são, mecanismos de reprodução de extremismos de direita. Vimos no Capítulo II que as direitas brasileiras encontraram na web as ferramentas de combate e de promoção de suas concepções de mundo, por elas percebidas como censuradas pelos veículos tidos por "comunistas" ou "esquerdistas" da grande imprensa tradicional. O que está claro, agora, é que os algoritmos das plataformas *amplificam* a visibilidade dos promotores de conteúdos extremistas, ao recomendar suas páginas a pessoas que de outro modo talvez não chegassem a elas. E fazem isso com o propósito de maximizar seus próprios ganhos financeiros. Como a extrema-direita se

---

[23] Ver https://epocanegocios.globo.com/Tecnologia/noticia/2019/09/brasil-e-2-em-ranking-de-paises-que-passam-mais-tempo-em-redes-sociais.html (acessado em janeiro de 2020).

alimenta de teorias da conspiração, notícias distorcidas, pós-verdade e paranoia em relação a inimigos imaginários, como o "comunismo", o "globalismo", o "marxismo cultural" que dominaria as escolas e o mundo da cultura, as plataformas se tornaram instrumentos ativos no estímulo à divulgação desse tipo de conteúdo, que galvaniza e fideliza audiências, cativas dos anúncios por elas veiculados.

Facebook, Twitter, YouTube, Google, o finado Orkut, todas são plataformas presumidamente "neutras" politicamente, ou ao menos é assim que se definem sempre que questionadas sobre os conteúdos extremistas. Mas ninguém sabe como os algoritmos de cada plataforma seleciona o que vemos em nossa tela de navegação na internet[24]. Sabemos apenas que nosso passado nos condena, no sentido de que é a matriz da construção de nossa impressão digital virtual, utilizada para maximizar nossa permanência diante da tela de cada plataforma. Mas não temos como saber se, ao filtrar um conteúdo islamofóbico e apresentar sugestões de outros na web a crianças e adolescentes, o Facebook está apenas fazendo valer a impressão digital virtual e com isso reforçando as convicções de um futuro direitista radical, ou se está propagandeando as concepções políticas de seus administradores. Isso vale para qualquer conteúdo que nos é recomendado cotidianamente nas mídias sociais e nas ferramentas de busca como Google, Yahoo, Bing e outras.

O problema se torna ainda mais complexo e opaco quando se sabe que as plataformas *vendem dados de seus usuários* para outras empresas e também para campanhas políticas, além de orientarem estratégias eleitorais de quem se dispuser a pagar por isso.

Analisando a atuação das gigantes Google, Facebook, Microsoft e Twitter durante a campanha presidencial norte-americana de 2016, Kreiss e McGregor (2017) mostraram que essas empresas constituíram pessoal qualificado voltado especificamente para assessoria política às campanhas dos dois principais partidos do país (Republicano e Democrata), com objetivo não apenas de vender anúncios, mas de efetivamente influenciar no resultado das eleições. Isto é, as empresas venderam estratégias eleitorais aos candidatos ao Congresso e à Presidência. Na convenção nacional democrata na Filadélfia em 2016, por exemplo, Google, Facebook e Twitter tinham tendas para atendimento aos políticos no próprio local do evento.

---

[24] Ver Valente e Pita (2018); Domingos (2015).

> Todas essas empresas ajudam as campanhas a alcançar os eleitores com base em alguns dados categóricos, como demográficos, de comportamento, interesse e medidas de atenção que representam o público de novas maneiras e moldam as estratégicas de comunicação das campanhas (idem, p. 3).

E um vazamento do WikiLeaks mostrou que a campanha de Hilary Clinton recebeu do conselheiro digital Teddy Goff, que participara da campanha de Barack Obama em 2012, a oferta de parcerias com Google, Facebook, Apple "e outras empresas de tecnologia", que poderiam dar acesso "a talentos e possíveis doadores [e a] conhecimento prioritário de produtos experimentais e convites para participar de programas piloto" (idem, p. 2).

A oferta, de tom enigmático, sugere que as empresas estariam experimentando programas de marketing eleitoral, algo que foi explicitamente utilizado pela empresa de marketing eleitoral Cambridge Analytica nas campanhas vitoriosas de Donald Trump e outros candidatos de extrema-direita no mundo, e também do Brexit.

Com efeito, em janeiro de 2020 o jornal *The Guardian* apresentou evidências de que a Cambridge Analytica tinha atuado em eleições em 68 países, influenciando eleitores "em escala industrial"[25]. A matéria menciona o vazamento de mais de 100 mil páginas de documentos que comprovariam as atividades da empresa que, com dados obtidos no Facebook e outras fontes, produzia propaganda política personalizada que tocava nos medos e vulnerabilidades psicológicas das pessoas. Nas palavras do responsável pela construção dos perfis psicológicos de milhões de usuários norte-americanos do Facebook, a empresa criou "modelos para explorar o que sabíamos sobre eles e mirar em seus demônios interiores. Essa foi a base em que toda a empresa foi construída"[26].

Até o vazamento, a participação do então vice-presidente da Cambridge Analytica, Steve Bannon, na campanha de Jair Bolsonaro, era apenas uma suposição[27]. Os documentos vazados na conta do Twitter @HindsightFiles, pro-

---

[25] Ver https://www.theguardian.com/uk-news/2020/jan/04/cambridge-analytica-data-leak-global-election-manipulation (acessado em janeiro de 2020).

[26] Ver https://www.theguardian.com/news/2018/mar/17/cambridge-analytica-facebook-influence-us-election (acessado em novembro de 2019).

[27] Ver https://www.cartacapital.com.br/politica/as-pistas-do-metodo-201ccambridge-analytica201d-na-campanha-de-bolsonaro/ (acessado em novembro de 2019). Quando de sua primeira viagem aos Estados Unidos, em março de 2019, Bolsonaro jantou com Steve Bannon e outros direitistas norte-americanos. Ver https://brasil.elpais.com/brasil/2019/03/18/internacional/1552943571_811822.html (acessado em janeiro de 2020). Em agosto de 2018 a revista *Época* afirmou que Eduardo Bolsonaro havia acordado com Bannon a participação dele na campanha do pai. Ver

venientes das contas de e-mail e redes sociais de Brittany Kaiser, ex-executiva da Cambridge Analytica (doravante CA), mencionam expressamente Malásia, Quênia e Brasil como campos de atuação da CA, além de outros 65 países[28]. Tudo indica, porém, que a empresa não se envolveu formalmente na campanha de Jair Bolsonaro, mas Steve Bannon parece tê-la assessorado informalmente[29].

Em 2019, depois de colaborar por meses com autoridades britânicas e norte-americanas nas investigações contra a CA, a mesma Kaiser publicou um livro sobre sua experiência na empresa, que era parte do grupo *Strategic Communications Laboratories* (Laboratórios de Comunicações Estratégicas – SCL), dirigido pelo britânico Alexander Nix no Reino Unido. Em sua origem, o SCL influenciava e motivava comportamentos durante as guerras do Afeganistão e do Iraque, por meio de marketing dirigido (por exemplo, tentando convencer jovens árabes a não aderirem à Al Qaeda), numa espécie de psicologia de guerra que a empresa passaria a utilizar no marketing político, atuando em eleições em países do terceiro mundo e do leste europeu.

O livro de Kaiser, *Targeted* no original em inglês, é uma longa e angustiada (e muitas vezes autoindulgente) narrativa sobre o modo como a CA adquiriu dados do Facebook de forma ilegal tendo em vista os termos de uso da rede social, e os utilizou na campanha intercalar de 2014, na qual os Republicanos assumiram o controle do Senado, e depois nas campanhas do Brexit e de Donald Trump em 2016.

Teriam sido duas as origens fraudulentas dos dados. Primeiro, um conjunto de questionários psicológicos postados no Facebook respondidos por centenas de milhares de pessoas deu acesso também aos perfis e dados de seus amigos, ou mais de 30 milhões de pessoas. Pelos termos de uso do Facebook,

---

https://epoca.globo.com/filho-de-bolsonaro-diz-que-marqueteiro-de-trump-vai-ajudar-seu-pai-22963441 (acessado em janeiro de 2020). Aparentemente Bannon "ajudou" toda a família. Eduardo teve quase 2 milhões de votos para a Câmara pelo Rio de Janeiro e o irmão Flavio, mais de 2 milhões para o senado.

[28] Ver também https://www.uol.com.br/tilt/noticias/redacao/2020/01/03/cambridge-analytica-no-brasil-emails-vazados-contam-historia-de-fracasso.amp.htm (acessado em janeiro de 2020), que afirma que as tratativas com a Cambridge Analytica não teriam prosperado. Os documentos vazados cobriam apenas o período de maio de 2016 a janeiro de 2017.

[29] Em janeiro de 2020 Brittany Kaiser afirmou que as negociações entre a empresa norte-americana e a campanha de Bolsonaro de fato não foram adiante. Mas ela está segura de que os mesmos métodos empregados na campanha de Donald Trump teriam sido utilizados aqui, apenas substituindo o Facebook pelo WhatsApp. Ver https://veja.abril.com.br/paginas-amarelas/brittany-kaiser-campanha-de-bolsonaro-usou-internet-para-desinformacao/ (acessado em janeiro de 2020).

ao aceitar participar da rede o usuário permite acesso, venda, compartilhamento etc., dos seus próprios dados, não dos de seus amigos. A segunda fonte foi um cientista de dados, que teria desenvolvido um software que raspou da plataforma, alegadamente de forma fraudulenta[30], informações de mais de 50 milhões de norte-americanos, vendendo-as à Cambridge Analytica. Somando-se aos dados adquiridos de muitas outras empresas que os vendem (como a Experian sobre dados financeiros das pessoas, as empresas de cartão de crédito sobre hábitos de consumo, o Google sobre hábitos de pesquisa e navegação etc.), a empresa se gabava de ter 5 mil informações sobre cada um dos 240 milhões de eleitores norte-americanos, usadas para construir perfis individualizados sobre inclinações políticas e ideológicas, gostos, desejos, temores, fobias, ambições, que foram utilizados em campanhas direcionadas para cada pessoa individualmente, o chamado *microtargeting* (microdirecionamento).

O Facebook ameaçou processar a CA, e recebeu de seus diretores uma declaração de que os dados haviam sido apagados dos servidores. Não era verdade. Foram usados na eleição presidencial de 2016. Em Kaiser (2019) toda a fraude é deslindada passo a passo, numa assustadora sequência de eventos que mostra o imenso poder do Facebook e sua capacidade de manipulação psicológica das pessoas por meio de suas bolhas de filtro, o que pode mudar comportamentos e visões de mundo[31].

Mark Zukerberg precisou se explicar diante do Congresso norte-americano sobre o "roubo" dos dados, e informou que estava tomando medidas de proteção para que isso não voltasse a acontecer[32]. A Comissão Federal de Comércio dos Estados Unidos multou a empresa em cinco bilhões de dólares[33].

---

[30] Na verdade Kaiser (2019) revela que a raspagem se beneficiou de uma política do próprio Facebook de facilitar o acesso por parte de desenvolvedores independentes de softwares aos dados dos membros da rede, como foi o caso desse cientista. Depois do escândalo essa política teria sido suspensa.

[31] Outra aproximação ao problema é o documentário do Netflix *Privacidade Hackeada*, também de 2019, com perspectiva mais ampla do que a de Kaiser, por entrevistar vários envolvidos na fraude e tocar no problema dos extremismos e polarizações em curso no mundo, que o filme atribui aos algoritmos das plataformas. Kaiser é a principal estrela do documentário.

[32] Ver https://www.bbc.com/portuguese/amp/geral-43646687 (acessado em fevereiro de 2020). Mais de 440 mil brasileiros estavam entre os perfis adquiridos de forma fraudulenta.

[33] Ver https://www.uol.com.br/tilt/noticias/reuters/2019/09/20/facebook-suspende-milhares-de-aplicativos-em-investigacao-sobre-uso-de-dados.htm (acessado em janeiro de 2020).

O problema central, porém, permanece: uma empresa privada tem informações detalhadas sobre os usuários de sua plataforma, utilizadas para filtrar conteúdos que estes verão em seu feed de notícias, segundo metodologias e algoritmos que apenas a empresa domina; e tem direito de manter seus métodos em sigilo com base em patentes, direitos autorais e defesa de segredos empresariais. E esses dados são vendidos a outras empresas, sendo essa a principal fonte de renda da plataforma. É assim com o Google, com o YouTube, com o Twitter, com o Instagram... Somos todos monitorados e vigiados, minuto a minuto, sem sabermos como e para que propósitos[34]. E mesmo que a CA e o SCL Group tenham falido, a metodologia de marketing direcionado criada por eles continua entre nós, e pode ser usada por qualquer um com dinheiro suficiente para adquirir os serviços dos cientistas da computação e os matemáticos que a desenvolveram e que continuam no mercado, bem como outros que aprenderam com eles em todo o mundo. O poder de persuasão dessa metodologia, como mostrou inequivocamente Kaiser (2019), é real, e tentador demais para que o poder econômico não a utilize para influenciar o processo político. E ele tem feito isso, promovendo candidatos de direita e de extrema-direita em várias partes do mundo, inclusive no Brasil.

Ora, vimos na seção anterior que os eleitores de Bolsonaro estavam proporcionalmente muito mais sujeitos às bolhas de filtro do Facebook e aos filtros algorítmicos dos sites de notícia e de busca na internet que potencializam os extremismos de direita. E tudo indica que a campanha de Bolsonaro fez uso principalmente da simbiose, típica do Brasil e de outros países da América Latina, entre as bolhas de filtro do YouTube e a privacidade do WhatsApp, tendo em vista a característica do país de combinar WhatsApp gratuito (assim como o Facebook, é bom marcar) com YouTube usando dados, o que restringe seu alcance na própria plataforma, mas o amplia em associação com as demais. E Brittany Kaiser não tem dúvida que o microdirecionamento foi utilizado na campanha de Bolsonaro (ver nota 29).

Breve crônica de uma vitória não anunciada

O ano de 2018 foi marcado por eventos de grande comoção social, que contribuíram para acirrar a radicalização das posições políticas, o que termina-

---

[34] Ver ainda o assustador, monumental e necessário estudo de Zuboff (2019).

ria por favorecer Jair Bolsonaro[35]. Em 16 de fevereiro o então presidente Michel Temer decretou intervenção militar federal no Estado do Rio de Janeiro, restrita à segurança pública e para vigorar por todo o ano de 2018[36]. O general do Exército Walter Souza Braga Netto, chefe do Comando Militar do Leste, assumiu o comando das polícias Civil e Militar, do Corpo de Bombeiros, da Secretaria de Segurança e do sistema carcerário do Estado. O general fora o responsável pelo esquema de segurança dos Jogos Olímpicos de 2016, sediados na cidade do Rio de Janeiro, e desde então comandava uma operação de Garantia da Lei e da Ordem (GLO) no Estado. Diante da escalada da violência o então governador Luiz Fernando Pezão solicitara a ampliação do prazo da GLO, mas o governo Federal propôs a intervenção como medida mais adequada. Em 2017, 134 PMs tinham sido assassinados no Rio de Janeiro[37], e a polícia tinha matado 1.124 pessoas no Estado (25% de todos os assassinatos no Rio), quase três vezes mais do que em 2013[38].

A intervenção deixou saldo ainda mais sangrento: em 2018 a polícia matou 1.534 pessoas, um recorde na série histórica iniciada em 2002 e 36% a mais do que em 2017[39]. E a Defensoria Pública e entidades de direitos humanos produziram um relatório com denúncias de "violações sistemáticas" de direitos dos cidadãos cometidas por policiais e militares do Exército em intervenções em favelas do Rio de Janeiro, Estado que era o mais importante reduto eleitoral de Bolsonaro[40]. A intervenção federal deu vasto material para o capitão reformado nas redes sociais, pois mostrava que "bandido bom é bandido morto", e que, matando como nunca, Exército e PM estariam saneando a segurança pública no Estado.

---

[35] Boa crônica jornalística sobre 2018 é Magalhães (2019).

[36] Ver https://g1.globo.com/politica/noticia/temer-assina-decreto-de-intervencao-federal-na-seguranca-do-rio-de-janeiro.ghtml (acessado em janeiro de 2020).

[37] Ver https://noticias.uol.com.br/cotidiano/ultimas-noticias/2018/01/03/rj-termina-2017-com-134-pms-mortos-por-que-esse-numero-nao-deve-cair-em-2018.htm (acessado em janeiro de 2020).

[38] Ver https://anistia.org.br/noticias/25-dos-assassinatos-rio-de-janeiro-em-2017-foram-cometidos-pela-policia/ (acessado em janeiro de 2020).

[39] Ver http://especiais.g1.globo.com/monitor-da-violencia/2018/mortos-por-policiais-no-brasil/?_ga=2.212930642.713898945.1583330447-1776014472.1566322555 (acessado em março de 2020).

[40] Idem, ibidem.

Quem matou Marielle e Anderson?

A intervenção federal e a presença ostensiva e violenta do Exército nas ruas não impediu o assassinato, em 14 de março, da vereadora do PSOL Marielle Franco e do motorista que a conduzia, Anderson Gomes. O caso teve repercussão global e mobilizou entidades de direitos humanos, partidos políticos, movimentos sociais e governos em todo o mundo. Ao completar dois anos enquanto escrevo, continua sem solução[41].

Durante todo o ano de 2018 a sociedade brasileira perguntou "quem matou Marielle e Anderson?", e em outubro um candidato a deputado estadual e outro a federal, ambos pelo PSL, partido que a família Bolsonaro escolheu para concorrer a cargos eletivos em 2018, destruíram uma placa de rua simbólica com o nome da vereadora, publicando a foto nas redes sociais. A placa indicava uma rua no bairro do Estácio, onde ela foi assassinada com três tiros na cabeça e um no pescoço. Rodrigo Amorim, que na foto que viralizou no mundo usava camisa com a estampa do rosto de Bolsonaro no peito, foi o candidato mais votado a deputado estadual no Rio de Janeiro, enquanto Daniel Silveira foi eleito para a Câmara dos Deputados com quase 32 mil votos.

Mais tarde ficou-se sabendo que a placa havia sido destruída no palanque de um comício de Wilson Witzel, então candidato ao governo do Rio de Janeiro pelo Partido Social Cristão (PSC) e na época aliado de Bolsonaro, que em foto tirada de outro ângulo aparece com o braço esquerdo erguido ao lado dos dois deputados[42]. Ou seja, candidatos da extrema-direita celebravam o brutal assassinato da vereadora do PSOL, fazendo disso um trunfo em sua campanha eleitoral vitoriosa.

Jair Bolsonaro, contudo, não se manifestou sobre o caso (segundo um assessor, porque "sua opinião seria polêmica demais"), enquanto seus filhos o minimizaram como "crime comum", ridicularizando as reações pelo mundo que homenageavam a "feminista", mas nada diziam quando um PM era assassinado nas ruas[43].

---

[41] Em março de 2019 a polícia do Rio prendeu dois suspeitos do assassinato, o sargento reformado da PM Ronnie Lessa e o ex-PM Elcio Vieira de Queiroz, ambos matadores de aluguel, mas não chegou ao ou aos mandantes. Ver https://oglobo.globo.com/rio/prisoes-de-envolvidos-no-assassinato-de-marielle-franco-sao-destaque-na-imprensa-internacional-23515596 (acessado em janeiro de 2020).

[42] Ver https://oglobo.globo.com/fato-ou-fake/e-fato-que-deputados-eleitos-pelo-psl-quebraram-placa-com-nome-de-marielle-franco-em-comicio-de-wilson-witzel-23140096 (acessado em janeiro de 2020).

[43] Ver https://www.cartacapital.com.br/politica/a-postura-do-cla-bolsonaro-no-caso-marielle/ (acessado em janeiro de 2020).

Aqui cabe um parêntese. As prisões de Ronnie Lessa e Elcio Vieira de Queiroz em março de 2019 revelaram que um dos acusados (Lessa) morava no mesmo condomínio do então deputado federal Jair Bolsonaro. Em um dos esconderijos de Lessa a polícia encontrou um arsenal de armamentos e munições que sugeriam sua conexão com o tráfico de armas. Um porteiro do condomínio afirmou que o comparsa de Lessa, ao chegar no condomínio horas antes do assassinato de Marielle Franco, teria pedido para interfonar para a casa de Bolsonaro, que teria pessoalmente autorizado a entrada. A versão foi contestada pela polícia e pelo hoje presidente, e depois de desaparecer por mais de 40 dias o porteiro, ameaçado pelo ministro Sergio Moro de ser enquadrado na Lei de Segurança Nacional, voltou atrás em seu depoimento. Nunca mais se ouviu falar no arsenal encontrado em posse do miliciano, nem no fato de que um dos filhos de Bolsonaro, Carlos, adulterou os registros da portaria do condomínio, entregando-os à polícia muito tempo depois da denúncia[44].

O envolvimento do ministro da Justiça, da Polícia Federal e de altos mandatários do governo, incluindo chefes do Exército, na tentativa de apagar os vestígios da ligação da família Bolsonaro com os milicianos assassinos de Marielle Franco cobrem de suspeitas o episódio. Suspeitas agravadas pelo assassinato de Adriano Magalhães da Nóbrega, o "capitão Adriano", pela PM baiana no final de fevereiro de 2020. O ex-PM era o suposto chefe do "Escritório do Crime", sanguinária milícia do bairro de Rio das Pedras[45], no Rio, à qual pertenciam também os assassinos de Marielle e Anderson[46].

É necessário registrar esses episódios, que extravasam a crônica do ano de 2018 (embora tragam informação para compreendê-la), porque revelam um lado obscuro da trajetória do então candidato Bolsonaro e sua família, relacionado com as sangrentas milícias do Rio de Janeiro, mais de uma vez elogiadas,

---

[44] Ver https://g1.globo.com/rj/rio-de-janeiro/noticia/2020/02/13/caso-adriano-nobrega-o-que-se-sabe-sobre-o-miliciano-e-a-acao-que-resultou-na-sua-morte.ghtml (acessado em março de 2020).

[45] Ver https://politica.estadao.com.br/noticias/geral,extorsao-e-mortes-marcaram-atuacao-de-capitao-adriano-no-rio,70003207503 (acessado em março de 2020).

[46] Flavio Bolsonaro, quando deputado estadual, condecorou o "capitão Adriano" quando este estava preso, visitando-o na prisão. A mãe e a ex-mulher do capitão tinham sido empregadas pelo gabinete do deputado, suspeitas de participar de esquemas de "rachadinha", nos quais os funcionários "doam" parte de seus altos salários aos parlamentares. Ver https://politica.estadao.com.br/noticias/geral,circunstancias-da-morte-de-capitao-adriano-devem-sair-na-proxima-semana,70003214785 (acessado em março de 2020).

louvadas e mesmo condecoradas pelos Bolsonaro[47]. Isto é, suas ligações eram fortes tanto com a direita militar (o candidato recebeu o voto massivo das polícias militares de todo o país, incluindo bombeiros; das baixas patentes e da soldadesca do Exército; e hoje sabemos, também de parte substancial de sua alta cúpula) quanto com a extrema-direita paramilitar, ou miliciana.

Atentado contra Lula

Fechado o parêntese, sigamos com a crônica. No dia 27 de março dois ônibus da caravana de campanha do candidato Lula sofreram atentados a tiros e pedradas na rodovia PR-473, no Paraná. Um tiro furou a lataria de um dos veículos, outro quebrou um vidro. Dois pneus de um dos ônibus foram furados por "miguelitos", deixando clara a intenção de provocar um acidente. Não houve feridos.

Em maio a polícia do Paraná informou que o ataque fora planejado, mas que não havia pistas sobre suspeitos[48], embora o PT afirmasse que se tratava de apoiadores de Jair Bolsonaro. Este último minimizou o atentado, afirmando que tinha sido armação do próprio PT para vitimizar Lula. Geraldo Alckmin, que se candidataria a presidente pelo PSDB, afirmou que o PT estava "colhendo o que plantou", e João Dória, candidato ao governo paulista pelo mesmo PSDB, disse que "o PT sempre utilizou da violência, agora sofreu da própria violência".

Os candidatos da direita, como se vê, aplaudiram o ataque, quando deveriam, numa disputa democrática pelo poder, repudiar a violência política[49]. Lula vivia a expectativa do julgamento de seu habeas corpus pelo STF, podendo ser preso a qualquer momento, e o antipetismo (de que o antilulismo era elemento central) se mostrava cada vez mais radicalizado. No Rio Grande do Sul, no Paraná e em Santa Catarina a caravana foi hostilizada em várias localidades,

---

[47] Em 2007, por exemplo, o então deputado (e hoje senador) Flavio Bolsonaro defendeu abertamente a legalização das milícias no Rio de Janeiro. Ele disse: "As classes mais altas pagam segurança particular, e o pobre, como faz para ter segurança? O Estado não tem capacidade para estar nas quase mil favelas do Rio. Dizem que as milícias cobram tarifas, mas eu conheço comunidades em que os trabalhadores fazem questão de pagar R$ 15 para não ter traficantes". Ver https://www.terra.com.br/noticias/brasil/politica/deputado-quer-legalizar-milicias-no-rio,f2fe24d51491139f856ce9e94d4a88bc1m7unakr.html (acessado em março de 2020).

[48] Ver https://g1.globo.com/pr/campos-gerais-sul/noticia/tiros-contra-caravana-de-lula-foram-um-ataque-planejado-diz-delegado.ghtml (acessado em janeiro de 2020).

[49] Um balanço do atentado está em https://www.brasildefato.com.br/2019/03/27/ha-um-ano-dois-tiros-atingiam-caravana-de-lula-no-parana-nenhum-esclarecimento/ (acessado em janeiro de 2020).

muitas vezes com pedras e rojões, prenunciando a violência que poderia tomar conta da campanha eleitoral se Lula conseguisse homologar sua candidatura.

Greve dos caminhoneiros

O ano de 2018 ainda teve a longa greve dos caminhoneiros, com nítido viés conservador e de revolta contra o sistema político. Suas principais lideranças declararam voto em Bolsonaro, enquanto parte não desprezível pedia intervenção militar. Iniciada em 21 de maio em protesto contra os constantes aumentos do óleo diesel, que tinha subido 50% em 12 meses, e encerrada 10 dias depois, gerou uma crise de abastecimento que puniu toda a população, que, contudo, manteve-se favorável ao movimento. Supermercados, hospitais, postos de gasolina, indústria, comércio e tudo o mais que depende do transporte rodoviário para seu abastecimento deixaram de receber insumos. Estradas foram bloqueadas em 17 estados da Federação no dia 21, e os bloqueios continuaram de forma alternada nos dias seguintes à medida que o movimento crescia, criando grande incerteza e caos rodoviário em todo o país. A interrupção do abastecimento de combustíveis pôs em colapso o transporte público nas grandes cidades, afetando milhões que dependiam disso para o deslocamento para o trabalho.

Às reivindicações econômicas do movimento (redução dos impostos sobre os combustíveis, de seu preço nas refinarias por 30 dias e outras), protestos contra a corrupção e contra o governo Temer começaram a dominar os bloqueios de estradas, que frequentemente eram aplaudidos pela população, que levava víveres para os caminhoneiros. O então ministro da Defesa Raul Jungmann chegou a afirmar que havia indícios de lockout (isto é, greve dos patrões) no movimento, algo proibido pela Constituição, e o então ministro da Fazenda Henrique Meirelles afirmou que extremistas de direita e de esquerda se haviam infiltrado entre os grevistas. Afirmações, como parece claro, de um governo que não sabia como lidar com a greve e com a crise política e social que ela provocava[50].

No dia 28, em alguns estados o desabastecimento de combustíveis atingiu mais de 90% dos postos. O Exército passou a escoltar caminhões tanque para garantir sua circulação, e em atuação conjunta com a Polícia Rodoviária

---

[50] Competente cronologia do movimento pode ser encontrada em https://www.bbc.com/portuguese/brasil-44302137 (acessado em janeiro de 2020).

Federal conseguiu desbloquear as estradas no dia 30. O abastecimento levou semanas para se regularizar.

Em entrevista à mesma BBC, que serve de base factual para esta reconstituição, Marcos Nobre (filósofo da Unicamp e do CEBRAP) afirmaria que a sociedade brasileira havia aceitado "o próprio sufocamento para demonstrar revolta contra o sistema político"[51]. Para ele, o golpe parlamentar contra Dilma Rousseff tinha sido perpetrado com o argumento de que, "tirando a Dilma, as coisas se acertariam". Mas não foi o que ocorreu. O governo de Temer, apoiado por MDB, DEM, PSDB e partidos fisiológicos da direita ou da extrema-direita, como o PSC, que até janeiro de 2018 fora o partido de Bolsonaro[52], não teria reduzido, nas palavras de Nobre, "o sofrimento do povo", que apoiava a revolta dos caminhoneiros mesmo às próprias custas.

A greve dos caminhoneiros, pois, adicionou combustível a uma conjuntura marcada por fraturas profundas na sociabilidade, sendo termômetro da insatisfação da população com a administração Michel Temer e com o mundo da política em geral. Os partidos que sustentavam seu governo eram os mesmos que tinham dado o golpe parlamentar em 2016 contra o "conjunto da obra" de Dilma Rousseff, que tinha em seu núcleo duro os desdobramentos da Operação Lava Jato, que revelaram os esquemas de corrupção na Petrobras e em dezenas de obras de infraestrutura dos governos do PT. Mas a população assistiu revoltada às denúncias de corrupção contra o mesmo presidente Temer e seus apoiadores, quanto mais a Lava Jato estendia seus tentáculos a outras administrações públicas e suas relações pouco republicanas com as grandes empreiteiras brasileiras. Temer chegaria às portas das eleições gerais de 2018 com aprovação de 5% e reprovação de 74% da população[53]. Considerado, pois, como o pior presidente da história do país.

O importante é que Bolsonaro, depois de trocar o PSC pelo PSL, foi imediatamente lançado candidato a presidente pelo novo partido, e passaria o ano criticando "os 16 anos das administrações do PT", como se Temer e Dilma

---

[51] A entrevista está em https://www.bbc.com/portuguese/brasil-44298017 (acessado em janeiro de 2020).

[52] No dia 7 de março de 2018 Jair Bolsonaro se filiou ao Partido Social Liberal (PSL) para se candidatar à presidência. Até então estava sem partido, depois de se desfiliar em janeiro do Partido Social Cristão (PSC), que elegeu Wilson Wietzel governador do Rio de Janeiro. Ver https://oglobo.globo.com/brasil/bolsonaro-se-filia-ao-psl-para-disputar-presidencia-22466777 (acessado em janeiro de 2020).

[53] Ver https://g1.globo.com/politica/noticia/2018/10/16/governo-temer-tem-aprovacao-de-5-e-reprovacao-de-74-diz-pesquisa-ibope.ghtml (acessado em janeiro de 2020).

fossem do mesmo partido e a administração usurpadora de Temer fosse continuidade daquela que ajudara a golpear. Era clara sua estratégia de se colocar, de forma crível, na posição de único capaz de vencer o PT, e os eventos de 2018 favoreceram sobremaneira essa estratégia. A greve dos caminhoneiros foi um dos mais importantes.

Lula na prisão

No capítulo anterior narrei o *lawfare* contra Lula e a ameaça do general Eduardo Villas Bôas ao STF, no dia anterior ao julgamento do habeas corpus que permitiria ao ex-presidente aguardar em liberdade o trânsito em julgado de sua sentença condenatória. Com a decisão contrária tomada no dia 4, no dia 5 o juiz Sérgio Moro decretou sua prisão.

Lula estava na sede do Sindicato dos Metalúrgicos do ABC, em São Bernardo do Campo. Por dois dias houve tensas negociações entre ele e a Polícia Federal, e a sede e arredores do Sindicato foram tomados por milhares de pessoas dispostas a impedir que ele fosse preso. A cobertura da imprensa deu-se em tempo real, 24 horas por dia. No momento em que Lula se entregava, na noite de sábado, dia 7 de abril, Bolsonaro publicou a bandeira do Brasil em suas redes sociais, e escreveu que "[a] resposta da Justiça foi positiva para um futuro candidato que quer levar o Brasil a sério a partir do ano que vem"[54].

O tom ameno do comentário seria abandonado à medida que a campanha eleitoral avançava e se polarizava entre ele e o candidato do PT, Fernando Haddad. Em 21 de outubro, numa transmissão ao vivo para manifestantes favoráveis a ele na Avenida Paulista, Bolsonaro disse: "Seu Lula da Silva, se você estava esperando o Haddad ser presidente para assinar o decreto de indulto, vou te dizer uma coisa: você vai apodrecer na cadeia"[55].

Jair Bolsonaro, ao jogar todas as fichas no antipetismo e seus conteúdos ("comunismo", "bolivarianismo", corrupção, "lulismo"), apostou na força es-

---

[54] Ver https://www1.folha.uol.com.br/poder/2018/04/com-lula-preso-bolsonaro-mede-palavras-e-mira-ciro.shtml (acessado em janeiro de 2020).

[55] Ver https://www.youtube.com/watch?v=SuHwGbOuros (acessado em janeiro de 2020). Pela lei brasileira, o presidente da República pode indultar presos, segundo sua discrição. A tradição são os indultos de Natal, com comutação das penas. Ver https://www.conjur.com.br/2015-dez-23/oliveira-ribeiro-indulto-virou-tradicao-natal-itamar (acessado em janeiro de 2020).

truturante dos termos da polarização que analisei no capítulo III, sobretudo a eficaz redução das esquerdas ao "petismo"[56].

Atentado contra Bolsonaro

Outro evento crucial para essa eleição foi o atentado contra o candidato Bolsonaro em 6 de setembro, portanto um mês antes do primeiro turno eleitoral. O mineiro de Montes Claros Adélio Bispo de Oliveira desferiu uma facada no abdome de Bolsonaro durante ato de campanha em Juiz de Fora, que, segundo boletins médicos, poderia tê-lo matado[57].

O agressor, que teve breve passagem pelo PSOL, foi considerado inimputável por problemas mentais, e garante que agiu por conta própria. Mas o episódio deu extenso espaço para Bolsonaro na imprensa empresarial e nas mídias sociais e alternativas, algo de que sua campanha se ressentia uma vez que seu partido, o PSL, tinha não mais do que oito segundos no horário eleitoral gratuito. A comunicação de Bolsonaro com seu eleitorado se restringia às mídias sociais, com destaque para Facebook, YouTube e WhatsApp, além da campanha de rua. A facada colocou o candidato nas manchetes de todos os jornais impressos, televisivos e virtuais durante semanas, de maneira desproporcional vis-à-vis os demais candidatos, que diante do ato violento moderaram ataques ao adversário.

O noticiário sobre ele, ademais, teve conteúdo positivo, tratando de sua luta pela vida, de sua recuperação, do apoio da família e de correligionários, com manifestações dos demais candidatos por sua pronta recuperação etc. O pastor e então senador Magno Malta, da Assembleia de Deus (ramo Vitória em Cristo), esteve com ele no hospital dia após dia, abençoando-o e convocando os fiéis de sua igreja a rezar por ele. A facada "humanizou" um candidato marcado até ali pelo extremismo mais abjeto contra os direitos humanos e adepto declarado da necropolítica (extermínio de "bandidos", descaso com o meio ambiente e com as populações indígenas etc.).

---

[56] Sobre o petismo e o antipetismo como estruturantes das disputas políticas no Brasil pós-autoritário, ver Samuels e Zucco (2018).

[57] A última vez que um candidato a presidente sofrera atentado na América Latina fora no México em 1994, quando Luis Donaldo Colosio, candidato do Partido Revolucionário Institucional (PRI), foi assassinado a tiros por um jovem de 23 anos. Ver https://www.bbc.com/portuguese/brasil-45440216 (acessado em janeiro de 2020).

No mesmo dia do atentado, seu filho Flavio Bolsonaro afirmou: "Vocês acabaram de eleger o presidente"[58]. O "vocês" se referia ao que ele imaginava fosse um complô de "bandidos" contra seu pai, o que se revelou fantasioso. Mas por semanas especulações sobre complôs de opositores alimentaram a paranoia bolsonarista nas redes, acirrando os ânimos já muito polarizados.

A facada, além disso, serviu de álibi para que Bolsonaro não participasse dos debates televisivos com seus competidores. Sua campanha não tornou público seu programa de governo, e ele não precisou confrontar suas ideias (ou a falta delas) na esfera pública. O noticiário sobre ele favoreceu-o de forma indubitável, o que pode estar por trás do crescimento das intenções de voto detectado pelo IBOPE, de 22% em 3 de setembro, para 26% no dia 10, quatro dias depois do atentado[59].

#EleNão

Em meio ao lento, mas persistente crescimento das intenções de voto no ex-capitão do Exército, no dia 1º de agosto foi lançado no Facebook a página "Mulheres Unidas Contra Bolsonaro" (@mulherescontraofascismo), que recebeu, segundo a própria página, dez mil seguidoras por minuto, chegando a um milhão de participantes no dia 12 de setembro[60]. Nesse mesmo dia a página propôs a *hashtag* #EleNão, que em 12 dias recebeu 1.2 milhão de menções contra o candidato da extrema-direita no Twitter, e outras 400 mil em sua defesa[61], deixando claro o apelo da convocatória entre as forças opositoras do candidato, e a pronta (e violenta) reação de seus apoiadores. O grupo era exclusivamente feminino, e atingiu a marca de 2 milhões de seguidoras em 16 de setembro, e 3 milhões no dia 24[62].

---

[58] Ver https://www.em.com.br/app/noticia/politica/2018/10/29/interna_politica,1001168/facada-deu-novo-rumo-a-candidatura-de-bolsonaro.shtml (acessado em janeiro de 2020).

[59] O comparativo das intenções de voto nos principais candidatos em pesquisas do IBOPE e do Datafolha está em https://g1.globo.com/politica/eleicoes/2018/eleicao-em-numeros/noticia/2018/10/01/pesquisas-ibope-e-datafolha-comparativo-da-evolucao-de-intencao-de-votos-para-presidente.ghtml (acessado em janeiro de 2020).

[60] Ver https://www.facebook.com/mulherescontraofascismo/ (acessado em março de 2020).

[61] Ver https://epocanegocios.globo.com/Tecnologia/noticia/2018/09/movimento-elenao-atinge-mais-de-12-milhao-de-mencoes-contra-bolsonaro.html (acessado em março de 2020).

[62] Ver https://catracalivre.com.br/cidadania/mulheres-contra-bolsonaro-atinge-3-milhoes-de-seguidoras/ (acessado em março de 2020).

Que o movimento incomodava as hostes bolsonaristas ficou claro quando o perfil do Facebook foi invadido por hackers no dia 15 de setembro. Os invasores mudaram o nome do grupo para "Mulheres com Bolsonaro #17", uma foto do candidato ocupou o topo da página e as nove administradoras foram removidas. Depois de investigação interna, o Facebook devolveu o perfil às administradoras originais no dia 16, mas violações de sua privacidade virtual prosseguiram por vários dias[63]. O ataque teve elevado grau de sofisticação, o que levou um especialista a afirmar ter-se tratado de "ataque em massa e sequencial, com uso de técnicas diferentes que vão da clonagem de chip ao uso de malwares"[64].

Um dos efeitos da agressão foi a multiplicação de manifestações de pessoas e coletivos femininos e feministas nas redes sociais em defesa do perfil hackeado[65]. O #EleNão se expandiu e se consolidou como coletivo latente, um movimento social virtual de amplo alcance, com adesão de celebridades de todos os campos das artes no Brasil e no mundo (incluindo as cantoras Madonna, Cher, Cat Power, a banda Black Eyed Peas e outras[66]), intelectuais de peso como Nancy Fraser[67], jornalistas e políticos de vários partidos, além de centenas de milhares de perfis individuais e coletivos no Twitter e no Facebook, que passaram a repercutir e divulgar o movimento[68].

---

[63] Ver https://veja.abril.com.br/politica/apos-invasao-grupo-mulheres-contra-bolsonaro-volta-ao-ar/ (acessado em março de 2020).

[64] Ver https://epoca.globo.com/como-grupo-mulheres-contra-bolsonaro-foi-hackeado-no-facebook-23083037 (acessado em março de 2020).

[65] Ver https://blogdosakamoto.blogosfera.uol.com.br/2018/09/16/ataque-a-pagina-mulheres-unidas-contra-bolsonaro-foi-atestado-de-burrice/, além de https://www.brasildefato.com.br/2018/09/17/mulheres-se-mobilizam-nas-redes-sociais-contra-o-candidato-jair-bolsonaro-psl (acessados em março de 2020).

[66] Ver https://brpolitico.com.br/noticias/ele-nao_internacional/, e também https://brpolitico.com.br/noticias/madonna-adere-ao-elenao/?utm_source=facebook:newsfeed&utm_medium=social-organic&utm_campaign=redes-sociais:092018:e&utm_content=:::&utm_term= (ambos acessados em março de 2020).

[67] Em artigo em coautoria com a brasileira Mayra Cotta, Fraser escreveu: "Por todo o mundo, da África do Sul à Polônia, da Espanha à Argentina, do Irã aos Estados Unidos, as mulheres, e em especial as mulheres não brancas, pobres e periféricas, estão enfrentando os homens que amam fardas e detestam a democracia." Ver https://www1.folha.uol.com.br/ilustrissima/2018/10/elenao-e-parte-do-feminismo-que-vencera-crise-mundial-diz-autora-americana.shtml (acessado em março de 2020).

[68] Fabio Malini, por exemplo, levantou quase 271 mil perfis do Twitter que retuitaram a chamada para a manifestação do dia 29 de setembro. Ver o grafo da rede (mundial) de retuítes em https://twitter.com/fabiomalini/status/1046424689168576512 (acessado em março de 2020).

A adesão mais surpreendente talvez tenha sido a da jornalista de direita Rachel Sheherazade, que no dia 18 apareceu nas redes sociais com o hashtag #EleNão, criticando declaração do candidato a vice-presidente na chapa de Bolsonaro, general Hamilton Mourão, para quem famílias sem pai ou avô nas áreas pobres eram "fábrica de elementos desajustados"[69]. Sheherazade, como vimos no Capítulo II, era um dos principais elos das direitas em interações nas redes sociais em 2015, formadora de opinião e militante de suas causas conservadoras na segurança pública e nos costumes. Sua adesão ao #EleNão tornou-a inimiga dos exércitos virtuais de Bolsonaro, e o efeito simbólico sobre as hostes conservadoras dispostas a votar no capitão, que tinham nela um luminar, ainda está por ser mensurado.

Vídeos com paródia de Bella Ciao, clássica canção da resistência italiana contra o fascismo, produzidos por diferentes grupos, viralizaram na rede convocando manifestações para o dia 29 de setembro em todo o Brasil, ganhando adesão em várias partes do mundo. A música, com letra de Simone Soares e Flavia Simão ("Uma manhã eu acordei, e ecoava #EleNão #EleNão não não não. Uma manhã, eu acordei e lutei contra um opressor. Somos mulheres, a resistência por um Brasil sem fascismo e sem horror. Vamos à luta, pra derrotar o ódio e pregar o amor") passou a ser ouvida em toda parte.

A força do movimento das mulheres provocou intenso debate no calor da hora. Em matéria publicada um dia antes da manifestação do dia 29 de setembro, em resposta a outra que apontava seu limitado alcance, Rosana Pinheiro-Machado relatou sua "experiência etnográfica" de, usando nas ruas o adesivo da campanha #EleNão, ser abordada com frequência

> por mulheres de todas as classes, raças e credos, que querem nos contar da conversa que tiveram com a avó bolsonarista que mora na cidade isolada, com a amiga de balada, com a chefe. (…) Somos nós, entre nós, para nós. E isso tem ocorrido no corpo a corpo, crescendo em uma onda de contágio que ainda não podemos dimensionar, e mobilizando, de forma horizontal e suprapartidária, mulheres que nunca antes se sentiram parte das discussões da esfera pública (Pinheiro-Machado, 2018, sem paginação)[70].

Na verdade, o movimento foi mais do que de "nós para nós", pois transbordou o universo feminino e inundou as relações de gênero, mobilizando ho-

---

[69] Ver https://www.metropoles.com/brasil/politica-br/rachel-sheherazade-causa-polemica-no-twitter-ao-usar-a-hashtag-elenao (acessado em março de 2020).

[70] Outro texto contundente e importante foi escrito por Flavia Biroli, disponível em https://blogdaboitempo.com.br/2018/09/27/elenao-as-mulheres-e-a-resistencia-a-desconstrucao-da-democracia/. Ver também https://diplomatique.org.br/mulheres-unidas-contra-bolsonaro-muito-alem-do-ataque-cibernetico/ (acessados em março de 2020).

mens e comunidades LGBTQ+. Mais ainda, desde o início atraiu coletivos negros (e em particular de negras) e de mulheres das periferias das grandes cidades, num processo capilar de mobilização que foi muito além do núcleo de classe média que fundara o grupo em agosto. E o coletivo assim constituído mostrou sua força no dia 29 de setembro.

Centenas de milhares de pessoas marcharam em pelo menos 114 cidades dos vinte e sete estados da Federação, além do Distrito Federal, ao som da música guia do movimento, de carros de som comandados por cantoras populares, de charangas e baterias comandadas por mulheres[71]. Houve manifestações em várias partes do mundo[72].

As manifestações ganharam visibilidade na grande imprensa empresarial, parte dela contrária ao candidato de extrema-direita, mas o padrão foi distinto do de 2013. A *Folha de S. Paulo* deu espaço à manifestação do dia 29, mas a cobertura se deu *depois* do sucesso do movimento, isto é, na edição do dia 30. O artigo de Nancy Fraser na *Ilustríssima*, citado em nota, é de 1º de outubro. O mesmo ocorreu com a TV Globo. O Jornal Nacional cobriu a mobilização em várias capitais, numa matéria de quase cinco minutos no mesmo dia 29, amplamente favorável ao movimento. E o noticiário não fez nenhuma menção à mobilização de apoiadores de Bolsonaro, que ocorreram no mesmo dia em 40 cidades de 16 estados[73]. Isto é, contrariamente a junho de 2013, quando a massificação das jornadas de protesto se nutriu e foi incitada pela mídia empresarial, o movimento das mulheres de 29 de setembro foi convocado quase exclusivamente pelas redes sociais.

O #EleNão foi o maior movimento de massa de todo o processo eleitoral. É muito provável que os milhões de mulheres que aderiram ao coletivo virtual se tenham sentido representados pelas centenas de milhares que gritaram nas ruas que "Bolsonaro é inimigo das mulheres", reeditando a típica dinâmica projetiva de afirmação e reprodução de identidades dos movimentos sociais, que descortinei nas jornas de junho de 2013. Sua potência transformadora tinha

---

[71] Ver https://g1.globo.com/politica/noticia/2018/09/29/manifestantes-fazem-atos-a-tarde-contra-e-favor-de-bolsonaro.ghtml, e também https://www.youtube.com/watch?v=Tw0x0cZXSmY (acessados em março de 2020).

[72] Encontrava-me em Paris como Pesquisador Visitante Sênior do CNPq no OSC-Sciences Po, e fui à manifestação do #EleNão na *Place de la Republique* no dia 29 de setembro, que contou com cerca de mil pessoas. Houve protestos em Berlin, Londres, Lisboa, Barcelona e outras cidades europeias, além de Nova York.

[73] Ver https://g1.globo.com/politica/noticia/2018/09/29/manifestantes-fazem-atos-a-tarde-contra-e-favor-de-bolsonaro.ghtml (acessado em março de 2020).

um alvo claro, um inimigo a combater, um mal a evitar, para o quê era preciso *influenciar* e *mudar* a percepção das mulheres (e mesmo de homens sensíveis ao tema) predispostas a votar no candidato da extrema-direita. Portanto, virar o voto de aderentes a Bolsonaro.

Diante do vulto e da potência da mobilização, muitos acreditaram que o movimento continuaria num crescendo, reeditando junho de 2013, e que o voto feminino poderia decidir a eleição na direção contrária do que apontavam as pesquisas[74]. E a reação do bolsonarismo, que dentre outras coisas acusou o perfil do Facebook de falso, agrediu física e covardemente uma de suas administradoras e tentou descaracterizar o movimento como coisa de "vadias", mostra que havia temor real quanto às suas possíveis consequências eleitorais.

É difícil mensurar o impacto eleitoral do movimento. Às vésperas do primeiro turno, segundo pesquisa IBOPE, Bolsonaro era o mais rejeitado entre as mulheres: 28% delas disseram que não votariam nele "de jeito nenhum", contra 18,5% dos homens. Os mesmos 10 pontos percentuais se repetiram na pesquisa às vésperas do segundo turno, quando a rejeição ao candidato vencedor foi de 50% entre elas, e de 40% entre eles[75].

Contudo, segundo a ESEB 2018, que, como já foi mostrado, é uma pesquisa feita depois das eleições, que pergunta em quem os/as entrevistados/as votaram, Bolsonaro pode ter tido 53,5% dos votos das mulheres, contra 46,5% de Haddad[76]. Isso sugere que a rejeição ao candidato vencedor pode ter sido contrabalançada pela pesada e fraudulenta campanha antipetista baseada em *fake news*, discutida mais adiante. Movimento suprapartidário, o #EleNão parece não ter conseguido neutralizar o antipetismo nem mesmo entre as mulheres. E o antipetismo, já se sabe, foi decisivo no desfecho do pleito.

---

[74] Ver https://www.nexojornal.com.br/expresso/2018/09/18/As-mulheres-contra-Bolsonaro.-E-a-dimens%C3%A3o-da-a%C3%A7%C3%A3o-nas-redes (acessado em março de 2020). A matéria traz ainda entrevista com Esther Solano, que via grande potencial renovador no movimento e possível virada eleitoral, como também Pinheiro-Machado (2018).

[75] As pesquisas do IBOPE mencionadas têm, respectivamente, os números 04453 e 04456 no arquivo do CESOP-UNICAMP.

[76] Como já afirmei, nas pesquisas retrospectivas sobre o voto, é comum que as pessoas "redefinam" seu comportamento eleitoral, afirmando ter votado no candidato vencedor em maior proporção do que o voto efetivamente consignado. Na pesquisa ESEB 2018, por exemplo, realizada entre os dias 10 e 24 de novembro, chegaram a quase 60% os que disseram ter votado em Bolsonaro, quando sua votação real não atingiu 56%. A ESEB 2018 tem número 04622 no arquivo do CESOP-UNICAMP.

O embarque evangélico

No dia 30 de setembro, como se em resposta à grande mobilização do #EleNão do dia anterior, o bispo da Igreja Universal do Reino de Deus (IURD), Edir Macedo, declarou apoio a Bolsonaro e colocou sua igreja a serviço da campanha do capitão. Ainda que a IURD fosse minoritária entre as igrejas evangélicas (a maior é a Assembleia de Deus, com cerca de 30% dos fiéis dessas confissões), o gesto teve grande valor simbólico. Macedo fora aliado de Lula desde a eleição de 2002, tendo apoiado a candidata Dilma Rousseff nas eleições de 2010 e 2014, e hesitou até o último momento em 2018. Bolsonaro se declarava e se declara católico, mas é casado com uma evangélica (fiel da Igreja Batista), e dizia frequentar há mais de uma década a igreja da esposa Michelle. Defendeu e segue defendendo uma mítica Israel que, para algumas confissões pentecostais, receberá Jesus pela segunda vez, agora definitiva (para o Juízo Final) quando a Palestina for eliminada e a região pacificada[77]. No mesmo dia em que o Senado abria o processo de impeachment contra Dilma (12 de maio de 2016), afastando-a do cargo, Bolsonaro era batizado no Rio Jordão pelo pastor Everaldo, presidente do Partido Social Cristão ao qual Bolsonaro pertencia e fiel da Assembleia de Deus, a igreja evangélica mais antiga do país[78]. À Justiça Eleitoral o candidato se declarou católico, mas fez muitos sinais ao eleitorado evangélico ao afirmar-se, acima de tudo, cristão defensor de valores familiares.

Além disso, era estreita a relação entre Bolsonaro e a bancada evangélica na Câmara, aliados na agenda contrária aos direitos humanos e na oposição feroz a Dilma Rousseff, principalmente depois dos escândalos de corrupção (Almeida, 2018). E boa parte dos evangélicos já estava com Bolsonaro, como vimos: em novembro de 2017, 40% de seus apoiadores eram de alguma confissão evangélica, e 34% dos adeptos dessas religiões diziam pretender votar nele.

O movimento de Edir Macedo em direção ao candidato tardou, e aparentemente (dado o histórico de apoio continuado aos governos do PT) não era

---

[77] Ver https://blogs.oglobo.globo.com/ruth-de-aquino/post/bolsonaro-catolico-ou-evangelico.html, e também https://dialogosdosul.operamundi.uol.com.br/brasil/58856/evangelicos-neopentecostais-e-a-ascensao-da-extrema-direita-ao-poder-no-brasil (ambas acessadas em janeiro de 2020).

[78] Ver https://extra.globo.com/noticias/brasil/enquanto-votacao-do-impeachment-acontecia-bolsonaro-era-batizado-em-israel-19287802.html, e também https://epoca.globo.com/como-bolsonaro-marina-daciolo-se-tornaram-evangelicos-que-somam-um-quarto-do-eleitorado-brasileiro-23072463 (acessados em janeiro de 2018).

esperado pelos fiéis de sua igreja. Em 28 de setembro de 2018, pesquisa de intenção de voto feita pelo IBOPE junto a 3.010 brasileiros de 16 anos ou mais encontrou que 35% dos fiéis da IURD pretendiam votar em Bolsonaro. A proporção era significativamente inferior aos 43,4% das demais denominações evangélicas com a mesma preferência eleitoral[79]. Às portas do primeiro turno, 4 de outubro de 2018, já era de 46% a proporção de evangélicos que pretendia votar nele, ainda segundo o IBOPE, sendo que entre os adeptos da IURD a proporção continuava em 34%[80]. A hesitação de Edir Macedo fez com que sua declaração tardia de voto demorasse a repercutir entre os fiéis de sua igreja.

Mas o movimento do bispo mostrou sua força no segundo turno. Nada menos do que 81% dos seguidores da IURD disseram pretender votar no capitão reformado do Exército na rodada final da eleição (considerando apenas os votos válidos), segundo pesquisa do IBOPE de 21 de outubro de 2018, deixando muito atrás a segunda colocada entre as igrejas evangélicas, a Assembleia de Deus, com 67% de intenções de voto[81].

A mesma pesquisa mostrou que 66% dos evangélicos brasileiros (considerando apenas os votos válidos) pretendiam votar em Bolsonaro no segundo turno, ou seja, proporção bem superior à dos demais eleitores (ele foi eleito com pouco mais de 55% dos votos válidos), o que dá ainda mais relevo ao poder arregimentador da IURD e demais denominações evangélicas[82]. Mais ainda, entre as mulheres dessas confissões, 60% disseram pretender votar em Bolsonaro, e a ESEB 2018 encontrou que provavelmente 63% delas de fato sufragaram o candidato da extrema-direita, o mesmo que fizeram espantosos 77% dos homens[83].

---

[79] Tabulado a partir do banco de dados original, a pesquisa CESOP-IBOPE 04452, de 28 de setembro de 2018.

[80] Tabulado a partir do banco de dados original, a pesquisa CESOP-IBOPE 04453, de 4 de outubro de 2018.

[81] Tabulado a partir do banco de dados original, a pesquisa CESOP-IBOPE 04456, de 21 de outubro de 2018.

[82] O IBOPE diverge um pouco do Datafolha nesse pormenor, pois este último encontrou 69% de intenção de voto em Bolsonaro entre os evangélicos no dia 25 de outubro, véspera do segundo turno da eleição. Ver Almeida (2018, posição do Kindle 432). A pesquisa do IBOPE é do dia 21 de outubro. O artigo de Ronaldo de Almeida, citado, traça excelente argumento sobre a importância dos evangélicos na eleição de Bolsonaro. Ver também Alves (2018).

[83] Tabulado a partir dos microdados da pesquisa ESEB 2018, que tem número 04622 no arquivo do CESOP-UNICAMP.

Fake news

Já não há controvérsia sobre a importância e o impacto das mídias sociais nas eleições de 2018, e também sobre a intensa circulação, nelas, de notícias falsas e boatos promovidos pela campanha de Jair Bolsonaro. Entre os temas mais salientes e preferidos do candidato da extrema-direita estiveram os desdobramentos do programa "Escola sem homofobia", destinado a promover os direitos da população LGBTQ+ nas escolas públicas. Lançada em 2011 pelo então ministro da Educação Fernando Haddad como parte da campanha "Brasil sem homofobia", iniciada pelo governo federal em 2004, o programa visava a conscientizar educadores e professores da rede pública de ensino sobre os direitos sexuais e humanos dessa população, para o que produziu um conjunto de cartilhas, vídeos e documentos a serem distribuídos nas escolas. A iniciativa foi duramente combatida pelas forças conservadoras do Congresso Nacional, em particular a "bancada evangélica", que era parte da base aliada da recém-eleita Dilma Rousseff, sob a liderança dos deputados pastores Silas Malafaia, Marco Feliciano, Everaldo e outros, e muito particularmente de Jair Bolsonaro.

Este último reivindicou a "descoberta" do que ele denominou de "kit gay" ainda em 2010, iniciando pesada militância contra ele desde então. Em início de mandato, e para garantir o apoio da expressiva bancada evangélica, Dilma vetou o lançamento da campanha e o material nunca chegou às escolas[84]. Mas Jair Bolsonaro fez do tema um dos principais motes de sua campanha contra Fernando Haddad em 2018, assentado em pesadas *fake news*.

De fato, em sua entrevista no dia 28 de agosto de 2018 para o Jornal Nacional da TV Globo, no âmbito da campanha presidencial, Bolsonaro mostrou em rede nacional o livro *Aparelho sexual e Cia. Um guia inusitado para crianças descoladas*, da francesa Hélène Bruller e do cartunista Zep, publicado pela Companhia das Letras, afirmando que ele fazia parte do "kit gay do PT". Na entrevista Bolsonaro disse que o livro estava sendo distribuído pelo MEC às escolas públicas com o objetivo de "disseminar o homossexualismo nas crianças", mas o MEC já havia desmentido a notícia em 2016, afirmando que o Ministério da Cultura (e não o MEC) havia adquirido exemplares para algumas poucas bibliotecas, mas que o livro não fora adotado pelas escolas[85]. Bolsonaro

---

[84]   Parte do kit contra a homofobia pode ser encontrado em https://novaescola.org.br/conteudo/84/conheca-o-kit-gay-vetado-pelo-governo-federal-em-2011 (acessado em janeiro de 2020).

[85]   Ver https://super.abril.com.br/comportamento/esse-e-o-livro-pornografico-que-o-bolsonaro-levou-ao-jornal-nacional/ (acessado em janeiro de 2020).

insistiu na *fake news*, culpando Fernando Haddad por expor as crianças a conteúdo pornográfico, sendo que Haddad deixara o ministério em 2012[86].

Em 2015 Bolsonaro havia publicado em suas redes sociais a notícia de que o PT pretendia legalizar a pedofilia[87]. O post se baseava numa foto da deputada Maria do Rosário, do PT, ao lado do deputado Jean Willys, do PSOL, empunhando cartazes que diziam que "Pedofilia não é crime, é doença", e difundia a notícia falsa de que os dois deputados estavam preparando projeto para "descriminalizar a pedofilia". A foto era uma montagem grosseira de outra na qual os dois faziam campanha pela dignidade humana e da família[88]. Mas Bolsonaro manteve seu post no Facebook, e voltou ao tema ao longo de toda a campanha de 2018, particularmente no WhatsApp, onde proliferaram memes sobre isso e sobre o "kit gay", que ganhou novos conteúdos, como a "mamadeira de piroca" que, segundo o meme, Haddad adotaria nas creches públicas. Publicado no YouTube em 25 de setembro de 2018, em menos de 48 horas o vídeo com mamadeiras com bico em formato de pênis, que teriam sido distribuídas pelo PT nas escolas, foi visto quase 3 milhões de vezes, apenas em uma das aparições no Facebook[89]. E dessa rede e do YouTube os vídeos pulavam para o WhatsApp e circulavam nas redes privadas de forma viral[90].

Moura e Corbellini (2019) argumentam que as *fake news* nas redes sociais e no WhatsApp não determinaram o resultado das eleições presidenciais, já que a predileção por Bolsonaro estava bem consolidada há muito tempo. Há, porém, evidências de que elas foram, sim, muito importantes.

Ainda em outubro de 2018, depois do primeiro turno das eleições, a *Folha de S. Paulo* revelou que empresários contrataram as empresas Quickmobile, Croc Services, SMS Market e Yacows, para impulsionar disparos via WhatsApp contra o PT. Em novembro o jornal teve acesso a uma ação trabalhista de um ex-funcionário da Yacows, que documentou o uso fraudulento de nomes e

---

[86] Ver https://novaescola.org.br/conteudo/12465/livro-exibido-por-bolsonaro-nao-faz-parte-de-kit-gay (acessado em janeiro de 2020).

[87] Ver a publicação dele no Facebook, em https://pt-br.facebook.com/jairmessias.bolsonaro/photos/absurdo-pt-sinaliza-legalizar-pedofilia-o-site-humanizaredes-define-pedofilia-co/511831802299144/ (acessado em janeiro de 2020).

[88] Ver https://veja.abril.com.br/blog/me-engana-que-eu-posto/jean-wyllys-e-maria-do-rosario-querem-descriminalizar-pedofilia/ (acessado em janeiro de 2020).

[89] Ver http://www.e-farsas.com/e-verdade-que-o-pt-de-haddad-distribui-mamadeira-erotica-nas-escolas.html (acessado em janeiro de 2020).

[90] Ver também Davis e Straubhaar (2019).

CPFs para aquisição de chips de telefone, utilizados nos disparos massivos, proibidos por lei. O principal beneficiado teria sido Jair Bolsonaro, mas o funcionário informou que as empresas foram contratadas também por outros políticos[91]. Além disso, Machado e Konopacki (2018) ofereceram fortes evidências de disparos automáticos (feitos por *bots*, ou robôs algorítmicos) de mensagens por e entre diversos grupos públicos do WhatsApp por eles monitorados durante uma semana em outubro de 2018. Encontraram também alto grau de interconexão entre esses grupos, já que grande número de administradores e membros pertenciam a mais de um grupo. E a imensa maioria deles era de apoiadores de Bolsonaro, incluindo vários administrados pelo PSL. Os autores estão convencidos de que boa parte (se não a maior parte) desse trânsito de informação era composta de *fake news*.

Em 17 de outubro de 2018, portanto entre o primeiro e o segundo turnos da eleição, a *Folha de S. Paulo* divulgou o trabalho do grupo de pesquisa "Eleições sem Fake", da UFMG, que monitorava 347 grupos públicos do WhatsApp analisando o conteúdo que neles circulava. Os grupos tinham mais de 18 mil usuários, que postaram quase 850 mil mensagens, 107 mil das quais eram imagens. Tomando-se as 50 imagens que mais circularam, apenas 4 eram verdadeiras. Dentre as falsas o jornal reproduziu uma foto em que Fidel Castro e Dilma Rousseff aparecem lado a lado, como se celebrassem alguma conquista. E outra em que Lula e FHC aparentemente se preparam para tomar um cafezinho juntos. A foto era verdadeira, mas a legenda dizia que eles se encontraram para roubar bancos[92].

Um survey encomendado pelo site de petições Avaaz ao IDEA Big Data junto a 1.491 brasileiros em novembro de 2018 encontrou que 98% dos eleitores de Jair Bolsonaro foram expostos a uma ou mais notícias falsas, e 90% acreditaram nelas. O coordenador da pesquisa informou que a notícia de que as urnas eletrônicas tinham sido fraudadas no primeiro turno, sem o quê Bolsonaro teria vencido, alcançou 16 milhões de pessoas nas redes sociais 48 horas após o término do primeiro turno. Além disso, 85% dos eleitores de Bolsonaro entrevistados viram a notícia de que Haddad implantou o "kit gay" nas escolas,

---

91   Ver https://www1.folha.uol.com.br/poder/2018/12/fraude-com-cpf-viabilizou-disparo-de-mensagens-de-whatsapp-na-eleicao.shtml (acessado em janeiro de 2016).

92   Ver https://www1.folha.uol.com.br/poder/2018/10/so-4-das-50-imagens-mais-replicadas-na-eleicao-no-whatsapp-sao-verdadeiras.shtml (acessado em janeiro de 2020).

e 84% acreditaram nela. A proporção de eleitores do petista que viram a notícia foi de 61%, mas apenas 10,5% acreditaram nela[93].

Assim também, Cesarino (2019) impressionou-se com a imensa quantidade de informação que circulava diuturnamente no WhatsApp de uma familiar que era eleitora de Bolsonaro, sem que ela participasse de nenhum grupo político ou outra rede social, sendo apenas mensagens de sua rede de amizades. A maioria trazia notícias falsas ou com conteúdo que ela qualifica como *junk news*, ou seja, material não necessariamente falso, "porém distorcido, retirado de contexto ou sem referências confiáveis", estando mais próximo do "conceito de pós-verdade" (idem, p. 2). E o problema é que a torrente de mensagens era avassaladora e diuturna[94].

Em junho de 2019 a *Folha* revelou que o espanhol Luis Novoa, dono da empresa EnviaWhatsApp, afirmou que empresários brasileiros contrataram uma agência de marketing na Espanha para fazer disparos em massa em favor de Bolsonaro, utilizando o software desenvolvido por ele. E em outubro de 2019 o próprio WhatsApp admitiu envio massivo ilegal nas eleições de 2018. A empresa condenou particularmente os grupos anônimos que eram acessados a partir de links disponibilizados em páginas de militantes e políticos no Facebook, que teriam beneficiado sobretudo o candidato Bolsonaro[95]. Isto é, a partir de um perfil ou fanpage no Facebook, ao clicar no link a pessoa era incluída num grupo privado e anônimo de WhatsApp que recebia bombardeios massivos de material de campanha de Bolsonaro, carregado de *junk news*, notícias falsas sobre o PT e sobre Haddad, e material promocional de Bolsonaro[96].

A derrota dos candidatos Dilma Rousseff e Eduardo Suplicy para o Senado em Minas Gerais e em São Paulo não são compreensíveis sem mencionar a campanha moral contra o PT por parte de Bolsonaro e seus aliados nesses dois estados, por meio desses bombardeios fraudulentos no WhatsApp. No dia 2 de outubro, portanto às portas da eleição do dia 7, pesquisa do IBOPE encon-

---

[93] Ver https://www1.folha.uol.com.br/poder/2018/11/90-dos-eleitores-de-bolsonaro-acreditaram-em-fake-news-diz-estudo.shtml (acessado em janeiro de 2020).

[94] Ver ainda https://apublica.org/2018/10/grupos-pro-bolsonaro-no-whatsapp-orquestram-fake-news-e-ataques-pessoais-na-internet-diz-pesquisa/, que relata pesquisa coordenada por Alessandra Aldé no INCTDD, da UERJ, sobre a utilização do WhatsApp nas campanhas dos principais partidos, e a circulação de fake news em grupos bolsonaristas. Também Santos Junior (2019).

[95] Ver https://www1.folha.uol.com.br/poder/2019/10/whatsapp-admite-envio-massivo-ilegal-de-mensagens-nas-eleicoes-de-2018.shtml (acessado em janeiro de 2020).

[96] Ver https://epoca.globo.com/como-funciona-maquina-de-whatsapp-que-pode-eleger-bolsonaro-23180627 (acessado em janeiro de 2020).

trou que Dilma, do PT, estava 12 pontos percentuais à frente do segundo colocado na corrida para o Senado de Minas, Carlos Viana, do PHS (29% a 17% respectivamente)[97]. Em São Paulo Eduardo Suplicy tinha 25% das intenções de voto no dia 4 de outubro, contra 21% de Mara Gabrielli (PSDB) e 17% do Major Olimpio (PSL). Havia empate técnico entre os dois primeiros colocados, mas Suplicy estava consistentemente à frente do Major Olimpio[98]. Pois em Minas foram eleitos Rodrigo Pacheco (DEM) e Carlos Viana (PHS), com Dilma ficando apenas em quarto lugar, com pouco mais de 15% dos votos. Em São Paulo Major Olimpio chegou em primeiro lugar, com quase 26% dos votos, seguido da candidata do PSDB, com 18,59%. Suplicy teve apenas 13,32% dos votos[99]. Como afirmam Moura e Corbellini,

> [n]o ambiente do WhatsApp, um estudo do IDEIA Big Data mostrou que os conteúdos pró-Bolsonaro chegaram, na última semana do primeiro turno, a 40 mil grupos por dia. Supondo uma média de cem pessoas por grupo, a campanha de Bolsonaro pode ter alcançado 28 milhões de indivíduos, diretamente, no momento crítico da corrida eleitoral (Moura e Corbellini, 2019, locais do Kindle 1334-1336).

Esse bombardeio diário, carregado de *fake news* e de antipetismo, anticomunismo, homofobia e projetos de armar a população, "acabar com a bandidagem", "acabar com a mamata" e com a corrupção, estará por trás da grande diferença entre as pesquisas da véspera da eleição e os votos efetivamente recebidos pelos candidatos a cargos majoritários e proporcionais que apoiaram Jair Bolsonaro, sobretudo contra o PT. E estará por trás, também, da grande vantagem de Bolsonaro já no primeiro turno, quando, para a surpresa da maioria dos analistas da política brasileira, a eleição foi quase decidida (ele teve pouco mais de 46% dos votos válidos, contra 29% de Fernando Haddad)[100].

Aqui também o Judiciário foi, para dizer o mínimo, omisso. O então presidente do Tribunal Superior Eleitoral, Luiz Fux, afirmara taxativamente que não permitiria a divulgação de *fake news* durante a campanha, e que a justiça

---

[97] Ver https://g1.globo.com/mg/minas-gerais/eleicoes/2018/noticia/2018/10/02/pesquisa-ibope-para-o-senado-em-mg-dilma-29-viana-17-pacheco-15-pinheiro-14.ghtml (acessado em janeiro de 2020).

[98] Os dados estão em https://g1.globo.com/sp/sao-paulo/eleicoes/2018/noticia/2018/10/04/pesquisa-datafolha-para-o-senado-em-sao-paulo-suplicy-25-mara-gabrilli-21-major-olimpio-17-mario-covas-12.ghtml (acessado em janeiro de 2020).

[99] Fonte: TSE.

[100] Ver os estudos de Davis e Straubhaar (2019) e, muito especialmente, Evangelista e Bruno (2019).

eleitoral poderia até mesmo anular a eleição se isso ocorresse[101]. Mas ignorou solenemente as evidências trazidas a público pela *Folha de S. Paulo* e também pelo *The New York Times* ainda antes do segundo turno eleitoral, contra a campanha do candidato vencedor[102].

Pois o TSE puniu *a campanha de Haddad*, multada por impulsionar um site com ataques a Bolsonaro[103]. Na investigação contra a campanha deste último, a partir de ação movida no TSE pelo PT, o juiz do caso excluiu do processo a principal testemunha (alegando três presumidas tentativas frustradas de encontrá-lo), o empresário Peterson Querino, sócio da agência Quickmobile, uma das que fez os disparos em massa contra o PT[104]. E em setembro negou diligências para investigar outros acusados, encerrando o caso[105]. O juiz afirmou que não havia evidências de que a agência AM4, responsável pelo marketing eleitoral de Bolsonaro, havia pago por disparos em massa. Mas as evidências da *Folha* e do *The New York Times* eram de que empresários haviam pago por isso *por fora* da campanha oficial. O caso deveria ter sido reaberto após a revelação, feita pelo próprio WhatsApp, de que houve envios ilegais em massa de mensagens na campanha, e dos estudos recentes que vêm mostrando que boa parte dos conteúdos era falso.

Último suspiro

A candidatura do capitão reformado do Exército foi favorecida, por fim, pela obstinação de Lula em ser candidato, algo compreensível tendo em vista a estratégia de sua defesa para libertá-lo da prisão, mas que custou caro às pretensões de Haddad. Candidato a vice-presidente na possível chapa encabeçada por Lula, o ex-prefeito só teve sua candidatura oficialmente registrada pelo PT

---

[101] Ver https://g1.globo.com/politica/eleicoes/2018/noticia/fux-diz-que-justica-pode-anular-eleicao-se-resultado-for-fruto-de-fake-news-em-massa.ghtml (acessado em janeiro de 2020). Ver também Carvalho (2018) e Nunes (2018).

[102] A matéria do NYT está em https://www.nytimes.com/2018/10/17/opinion/brazil-election-fake-news-whatsapp.html (acessado em janeiro de 2020).

[103] Ver https://www1.folha.uol.com.br/poder/2019/03/fachin-multa-campanha-de-haddad-por-noticias-contra-bolsonaro.shtml (acessado em janeiro de 2020).

[104] Ver https://www1.folha.uol.com.br/poder/2019/04/tse-exclui-empresario-de-processo-sobre-disparos-em-massa-contra-pt.shtml (acessado em janeiro de 2020).

[105] O presidente comemorou o feito, afirmando que a denúncia era fruto de *fake news* da *Folha*. Ver http://agenciabrasil.ebc.com.br/politica/noticia/2019-09/bolsonaro-comenta-decisao-do-tse-sobre-disparos-no-whatsapp (acessado em janeiro de 2020).

no dia 11 de setembro, menos de um mês antes do primeiro turno da eleição. Haddad teria pouco tempo de campanha.

No dia 10 de setembro o IBOPE registrou 8% de intenções de voto no até ali apenas possível candidato Haddad. Anunciado como concorrente oficial do PT, pesquisa do mesmo instituto em 13 e 14 de setembro registrou 13% de intenções de voto nele, e 19% na enquete dos dias 16 a 18. Mais 4 dias e 22% dos brasileiros declararam que votariam no candidato petista no primeiro turno, percentual que se manteve até as vésperas da eleição nas pesquisas tanto do IBOPE quanto do Datafolha[106].

Recorde-se que em 21 de agosto de 2018, última enquete do Datafolha em que Lula figurara entre os prováveis candidatos à presidência, 39% dos brasileiros haviam declarado intenção de sufragá-lo em outubro[107]. A expectativa do PT e aliados era de que esse manancial eleitoral se transferisse para seu substituto, como ocorrera nas duas eleições de Dilma Rousseff. Isso de fato aconteceu, mas em proporção muito menor do que o esperado. O "lulismo" sem Lula mostrou-se bem menos solidamente arraigado: às vésperas do primeiro turno da eleição, segundo o Datafolha, apenas 33% dos eleitores com renda familiar de até 2 salários mínimos pretendiam votar em Haddad (Lula e Dilma atraíram entre 52% e 55% desse eleitorado em 2006, 2010 e 2014). Entre os com renda de 10 mínimos ou mais a proporção não passou de 13%, e 14% entre os com renda entre 5 e 10 mínimos[108]. O PT continuou perdendo eleitores nas classes mais altas de renda, e perdeu um terço do eleitorado mais pobre para Bolsonaro.

O antipetismo, de novo

Todos os candidatos ao Palácio do Planalto elegeram Haddad como o inimigo a combater, tentando chegar ao segundo turno contra o consolidado

---

[106] Ver https://g1.globo.com/politica/eleicoes/2018/eleicao-em-numeros/noticia/2018/10/01/pesquisas-ibope-e-datafolha-comparativo-da-evolucao-de-intencao-de-votos-para-presidente.ghtml (consultado em janeiro de 2020).

[107] Ver https://g1.globo.com/politica/eleicoes/2018/eleicao-em-numeros/noticia/2018/08/22/pesquisa-datafolha-lula-39-bolsonaro-19-marina-8-alckmin-6-ciro-5.ghtml (consultado em janeiro de 2020).

[108] Ver relatório da pesquisa em http://media.folha.uol.com.br/datafolha/2018/10/07/c72465490b0aa06aa8c10651efe9fbdc.pdf, p. 36 (consultado em janeiro de 2020).

Bolsonaro na liderança, poupado por todos por estar convalescendo da facada. E a arma utilizada foi, como seria de se esperar, o antipetismo e os significados a ele associados desde a crise do "mensalão" em 2005, ampliados na conjuntura 2013-2016. Estiveram presentes as pechas de "comunismo" (em sua caótica polissemia), "organização criminosa", "corrupção", além de um adendo importante: "o PT quebrou o Brasil", referência à profunda crise econômica dos anos 2015-2016 e da qual o país ainda não saíra. Jair Bolsonaro, sobretudo, elegeu unicamente o PT como inimigo quando percebeu que Haddad seria seu adversário num eventual segundo turno, mirando no antipetismo das parcelas majoritárias das classes médias e de crescentes segmentos das classes populares, que viveram a crise econômica como frustração de expectativas de seus sonhos de melhoria de vida e que eram as principais vítimas (e personagens) da sociabilidade violenta. Pessoas que teriam eventualmente votado em Lula, mas que rejeitaram o candidato do PT.

O ano de 2018, portanto, foi o ponto culminante do processo de polarização iniciado em 2014, tendo de um lado o petismo e, do outro, o antipetismo, agora radicalizado a ponto de alimentar a violência física nas ruas contra Lula e seus correligionários. O atentado contra Bolsonaro não pode ser compreendido fora desse processo de aumento crescente da violência política no país. Adélio Bispo de Oliveira pode mesmo ter agido sozinho, mas sua mente atabalhoada um dia esteve com a esquerda, e tratou Bolsonaro como inimigo a ser abatido, algo que este dizia que faria com a esquerda brasileira em geral quando eleito. O clima era de beligerância.

A radicalização foi alimentada pela Operação Lava Jato e seus aliados na grande imprensa empresarial, no STF e na PGR, que abalaram profundamente o sistema partidário e demonizaram o sistema político de um modo geral, em seus três níveis de governo e envolvendo os três poderes da República; e encontrou nas redes sociais o campo fértil para vicejar, pois seus algoritmos favorecem por si mesmos a polarização e o esfacelamento da esfera pública, e foram amplamente utilizados durante todo o ano de 2018, mirando a eleição de outubro. Jair Messias Bolsonaro é ao mesmo tempo agente ativo e herdeiro de um processo que ele ajudou lentamente a construir, e do qual se tornou protagonista em 2018[109].

---

[109] Desse ponto de vista, vejo mais elementos estruturais (duradouros) na vitória de Bolsonaro do que julgam, por exemplo, Singer e Venturi (2018), para quem a guinada à direita do eleitorado obedeceu sobretudo à dinâmica conjuntural da campanha.

O antipetismo, com os significados que assumiu em anos recentes, é criação genuína das parcelas mais conservadoras das classes médias, inclusive seus segmentos ascendentes agora em crise, que tiveram na imprensa empresarial aliado decisivo, e novamente nas redes sociais o lugar onde pôde crescer e se radicalizar[110]. A condenação à corrupção, de fundo moral ou racional (respaldada em valores meritocráticos), parece ter impedido que o candidato do PSDB, Geraldo Alckmin, alvo ele também de denúncias, sendo seu partido, o PSDB, copartícipe do governo altamente rejeitado de Michel Temer, ocupasse o lugar de principal opção eleitoral ao PT, destinado ao partido desde 1994.

Com isso, o antipetismo radicalizado (e por vezes irracional) de parcelas expressivas das classes médias e também populares mostrou-se disponível a nova aventura antidemocrática: o candidato Jair Bolsonaro tinha, na véspera do segundo turno da eleição de 2018, 58% das intenções de voto dos/as brasileiros/as com ensino superior completo, mais de 62% entre aqueles com renda familiar acima de 10 salários mínimos, segundo o Datafolha, e 63% dos com renda entre 5 e 10 salários[111]. Isso incluía boa parte dos segmentos médios e superiores das classes médias, como mostrei no Prólogo. E dessa vez, proporção diminuta dessas classes figurou entre as bases do "petismo", para muitos sinônimo de "comunismo" e "corrupção". Ou seja, parte substancial das classes médias, que estava apenas minoritariamente com Bolsonaro em novembro de 2017, migrou para essa alternativa eleitoral quando ficou claro, já na pesquisa IBOPE de 8 e 9 de setembro, que o petista Haddad seria o adversário do capitão reformado do Exército no previsto segundo turno da eleição. E ele não teria sido eleito sem o voto massivo dessas classes.

---

[110] Samuels e Zucco (2018) sugerem, com vasto material empírico à mão, que petismo e antipetismo estruturam as disputas eleitorais no Brasil, nos diversos níveis de governo, desde os anos 1980. O que estou sugerindo é que os significados adquiridos na conjuntura recente são produto do processo de construção de identidade das parcelas radicalizadas das classes médias, que engolfou também parcelas expressivas das classes populares.

[111] Dados tabulados a partir dos microdados da pesquisa No. 04578 do acervo do CESOP-UNICAMP, realizada em 26 de outubro de 2018 com amostra de 18.371 pessoas, disponível em https://www.cesop.unicamp.br/por/banco_de_dados/v/4393 (acessada em dezembro de 2019).

Há vasta e crescente literatura sobre a emergência de "populistas" de direita no mundo. Ao longo deste livro evitei o termo, que em sua longa história ganhou muitos e contraditórios significados, o que obriga cada analista a informar o leitor a respeito de qual populismo se está falando. Prefiro utilizar o termo que, a meu juízo, qualifica de forma mais apropriada líderes tão díspares como o norte-americano Donald Trump, o húngaro Viktor Orban, o turco Recep Tayyp Erdogan, o italiano Matteo Salvini, o filipino Rodrigo Duterte, a francesa Marine Le Penn e também Jair Messias Bolsonaro: são todos autoritários de extrema-direita, inclinados a utilizar os instrumentos da democracia (como o governo da maioria, os plebiscitos e as eleições) contra ela mesma, para solapar direitos sociais, humanos, civis e políticos das maiorias subalternas. E em várias partes do mundo o fenômeno tem características semelhantes:

> Os defeitos e vícios dos líderes populistas se transformam, aos olhos dos eleitores, em qualidades. Sua inexperiência é a prova de que eles não pertencem ao círculo corrompido das elites. E sua incompetência é vista como garantia de autenticidade. As tensões que eles produzem em nível internacional ilustram sua independência, e as fake news que balizam sua propaganda são a marca de sua liberdade de espírito (Da Empoli, 2019, locais do Kindle 168-171).

O autoritarismo de extrema-direita, além disso, se alimenta dos fantasmas e inimigos que ele mesmo cria, a partir de leitura paranoica da sociabilidade e das relações econômicas e políticas. São mundiais ideias como "marxismo cultural", que dominaria os meios intelectuais, culturais e jornalísticos dos países, propagando "ideologia de gênero" ofensiva à família e às crianças; como "globalismo", um suposto projeto de elites globais para construir a paz por meio da liquidação dos estados nacionais e, no caso de algumas denominações evangélicas, Israel, berço do cristianismo e local mítico do retorno de Cristo. São frequentes a negação do aquecimento global, do holocausto, do evolucionismo, assim como o ataque às ciências humanas e sociais, muitas vezes associado a extremado anticientificismo de cunho religioso. É global, também, o ataque à imprensa e a coação de jornalistas, assim como o contato direto com os eleitores e apoiadores por meio das mídias sociais, desprezando os partidos políticos e o sistema político de um modo geral. Não por acaso, Bolsonaro chegou a cogitar lançar-se candidato de forma avulsa, sem um partido político, o que é ilegal no país. Impossibilitado disso, pôs-se em campo para criar o próprio partido, a Aliança Pelo Brasil.

Procurei mostrar aqui que o autoritarismo de direita brasileiro se alimentou também do antipetismo, uma construção longamente urdida pelos demais competidores no sistema político, como mostraram Samuels e Zucco Jr. (2018), com o concurso decisivo dos meios de comunicação de massa e, mais recentemente, do sistema de justiça do país, das redes sociais e das parcelas conservadoras das classes médias. As administrações petistas, com suas políticas de promoção de minorias, dos direitos humanos, sociais e do trabalho, com a campanha do desarmamento, as Comissões da Verdade que passaram a limpo os crimes da ditadura militar-civil, a política externa voltada para os países do Sul Global e os BRICS, e também com a corrupção desvendada pela Operação Lava Jato e as dramáticas consequências para Lula e o PT, forneceram a Bolsonaro uma agenda completa de temas a combater, supostamente em nome da proteção da família, da segurança pública, da desregulamentação da economia, da valorização dos militares, do nacionalismo, do anticomunismo e da ética na política. Não surpreende que, em março de 2019, num jantar com lideranças conservadoras em Washington, Bolsonaro tenha afirmado que o Brasil "não é um terreno aberto onde nós pretendemos construir coisas para o nosso povo. Nós temos é que desconstruir muita coisa. Desfazer muita coisa. Para depois nós começarmos a fazer"[1]. Seus alvos a desconstruir são os produtos da instanciação e validação da ordem constitucional de 1988.

A polarização política identificada aqui tampouco é fenômeno brasileiro, mas global. Sugeri que ela é estimulada e ampliada pelo modo de operação dos algoritmos de plataformas como Google, Facebook, Twitter, YouTube, Amazon e outros. Essas plataformas não configuram uma esfera pública de qualquer tipo. Ao contrário, elas impedem a real interação entre identidades e subjetividades divergentes, porque seu modelo de negócios é baseado na construção de bolhas de filtro individualizadas, que otimizam a atenção dos usuários, maximizando a eficácia dos anúncios e da venda de produtos. Na era do "capitalismo de vigilância" (Zuboff, 2019), a sociabilidade nas redes sociais está confi-

---

[1] Ver https://valor.globo.com/brasil/noticia/2019/03/18/nos-temos-e-que-desconstruir-muita-coisa-diz-bolsonaro-durante-jantar.ghtml (acessado em janeiro de 2020). Estavam presentes, dentre outros, Olavo de Carvalho e Steve Bannon.

nada aos "iguais". As plataformas digitais são, por isso mesmo, poderosos instrumentos de construção e afirmação de identidades sociais e políticas, porém de forma especular. Como disse um antigo desenvolvedor do algoritmo do YouTube, vídeos que desagradem ou contradigam os gostos e desejos do usuário simplesmente não serão sugeridos, pois são nocivos ao tempo de atenção na rede. E os algoritmos de todas as plataformas, em busca de atenção, exageram na oferta de conteúdos que tendem aos extremos, em qualquer assunto, mas isso é obviamente mais nocivo nos relacionados com a política. A interação nas plataformas, pois, é de molde a confirmar, reforçar e amplificar as preferências já constituídas de cada um, mas têm contribuído para construir mentalidades de extrema-direita. As plataformas e seus algoritmos são mecanismos de construção de intolerância com a divergência.

Ficou famoso, a esse propósito, o perfil de inteligência artificial Tay criado pela Microsoft em 2016, para interagir nas redes sociais e aprender e se aperfeiçoar com humanos. Em 24 horas o perfil se tornara racista, homofóbico, negacionista do holocausto etc. Interagindo com os algoritmos do Twitter, a inteligência artificial se tornara de extrema-direita, e foi descontinuada pela empresa[2].

Mas a polarização foi alimentada por conteúdos bem reais. É verdade que não há simetria entre, de um lado, a paranoia das direitas sobre o comunismo e a cadeia de equivalências que o orbita, e de outro a crítica das esquerdas ao capitalismo, como se os dois campos fossem vítimas da mesma síndrome psicótica. Não havia bolivarianismo nos governos do PT, mas havia e há neoliberalismo e necropolítica (Mbembe, 2018) nos governos e projetos da extrema-direita. Não é crível que Jair Bolsonaro tenha "brincado" de autoritário e militarista apenas para animar seus apoiadores e ganhar a eleição, portanto usado suas convicções unicamente como estratégia eleitoral para, no poder, agir como queira. Ele é mesmo autoritário e militarista. Mas o PT não "brincou" de ser bolivariano ou comunista. O partido simplesmente não é coisa nem outra. Frases e gestos de petistas e governistas foram desencaixados de seus contextos para construir a paranoia anticomunista nas redes sociais, um pouco como frases e gestos da direita bolsonarista, descontextualizados, alimentaram a sanha polarizadora de parte da esquerda anti-antipetista. E esse nó ainda está por ser desatado, é bom que se diga. Mas a assimetria é inegável. O bolivaria-

---

2 Ver https://veja.abril.com.br/tecnologia/exposto-a-internet-robo-da-microsoft-vira-racista-em-1-dia/ (acessado em janeiro de 2020).

nismo ou o comunismo do PT é uma invenção da extrema-direita, enquanto o autoritarismo, o conservadorismo nos costumes, a necropolítica e o anticomunismo desta última são seu elemento identitário real.

O que parece inegável é que, independentemente dos algoritmos das redes sociais, a polarização que resultou na eleição de Jair Messias Bolsonaro foi alimentada pelos muitos lados da disputa política, a partir da estereotipação e simplificação das posições e visões de mundo dos coletivos em disputa, em grande medida alimentadas pelas classes médias, como tentei mostrar aqui. Essa é uma novidade nas democracias de massa, em que as elites políticas dependem do voto popular, e por isso miravam suas estratégias eleitorais no "eleitor mediano", ou o centro do espectro político. As novas tecnologias diluíram e enfraqueceram as instituições que de um modo ou de outro domavam os instintos antidemocráticos e destrutivos dos antagonismos extremados, que sempre existiram, mas que há muito vinham jogando o jogo institucional, mesmo não acreditando nele, como foi e é o caso de muitos partidos revolucionários. Partidos, parlamentos, constituições, sindicatos, movimentos sociais, nada parece capaz de fazer frente à realidade da polarização ensimesmada e opaca estimulada pelo mundo virtual. Nesse ambiente, as elites políticas se veem estimuladas a mirar um dos lados da polarização, na esperança de galvanizar a lealdade do centro político, hoje cada vez mais esvaziado, ou uma parcela dos eleitores indecisos, suficiente para constituir maiorias vencedoras[3]. Basta acompanhar as curvas de intenção de voto na eleição de 2018. À medida que Haddad crescia nas pesquisas, os eleitores de Geraldo Alckmin e outros candidatos de centro ou centro-direita, antipetistas, foram migrando para Jair Bolsonaro (que manteve seu discurso de extrema-direita nas redes), e por pouco a eleição não foi decidida já no primeiro turno.

O fato de as classes médias terem sido o principal agente da construção do político como campo de antagonismos inegociáveis e irredutíveis uns aos outros, trazendo consigo as demais classes sociais, nos deve alertar para seu papel nas democracias contemporâneas. Na luta pela manutenção de seus sig-

---

[3] Isso ocorreu na eleição de Donald Trump, com a Cambridge Analytica concentrando seus esforços nos eleitores por eles considerados como influenciáveis nos *swing states*, isto é, os estados da Federação que votam nos republicanos ou nos democratas, dependendo da eleição. E conseguiu garantir maioria a Trump nesses estados, o que decidiu o pleito. No Brexit um dos alvos foram os conservadores que normalmente não votavam, e a campanha os estimulou a ir às urnas. Ver Kaiser (2019) e Zuboff (2019). Kaiser sustenta que houve ainda campanha com eleitores de Hillary Clinton para que não fossem votar, o que é crime nos Estados Unidos.

nos de distinção, ou apenas de suas posições recém-adquiridas, têm mostrado pouco apreço pela democracia política ou social, aqui e em outros países do mundo. A ética burguesa do trabalho, meritocrática, se tem mostrado perfeitamente compatível com a intolerância e o autoritarismo de direita, sobretudo em ambientes de escassez, crise econômica e luta pela preservação das identidades construídas à pena. Como a ética meritocrática é muitas vezes privada de uma ética da solidariedade (que boa parte das confissões evangélicas, por exemplo, restringe *aos seus*), a intolerância se revela como *síndrome* de múltiplas dimensões, que torna opaco e inacessível *o outro* não igual, que por isso mesmo é transformado no mal a se combater e mesmo a se destruir. E isso é exponencialmente exacerbado nas redes sociais.

O quadro que construí aqui está longe de esgotar os determinantes da eleição de 2018. Mas ele denota um país que se foi dividindo, se polarizando e se radicalizando, resultado de dinâmicas societárias profundas e de estratégias eleitorais que espelharam e estimularam as divisões. O problema é que a sociabilidade violenta continuará a alimentar a indignação e a revolta contra a insegurança nas cidades, grandes ou pequenas. A precariedade das condições de vida e a vulnerabilidade social das massas, que tendem a se aprofundar com a radicalização em curso do neoliberalismo e da redução da presença do Estado no ordenamento das trajetórias sociais das maiorias, continuarão a alimentar expectativas de horizontes muito estreitos, arregimentáveis para soluções de curto prazo, como o justiçamento policial, o armamento dos cidadãos, o fechamento do Congresso ou o silenciamento do STF. O "medo da queda" ou de retorno à condição vulnerável anterior torna muito conservadores estratos relevantes das classes médias, que revelaram grande capacidade de mobilização e arregimentação das outras camadas da sociedade, para fazer valer nas ruas seu elitismo, seu anti-igualitarismo e seu rechaço à promoção social dos mais pobres, ou simplesmente expressar seu descontentamento com a perda real ou percebida de status. E as redes sociais continuarão a ordenar a sociabilidade em câmaras de eco e bolhas de filtro, parteiras de intolerância com a diferença e a divergência ideológica, mãe de todos os autoritarismos[4].

---

[4] Felizmente pessoas relevantes com voz na esfera pública estão se insurgindo contra o poder das plataformas promotoras de radical polarização social e política. O já mencionado documentário do Netflix sobre o escândalo da Cambridge Analytica e os livros de Zuboff (2019) e Kaiser (2019) são bons exemplos. Mas o tema é cada vez mais constante em jornais como *The Guardian*, *The New York Times*, *El País*, *Le Monde*, *Libération*, o *Pagina 12* argentino e muitos outros.

O terreno, pois, é fértil para o bolsonarismo, que é nosso presente —e, se não lutarmos diuturnamente contra as mazelas de nossa sociabilidade, reconstruindo o político como campo de negociação democrática dos fins da ação pública, mesmo reconhecendo a irredutibilidade de determinados projetos políticos em disputa, na chave de Mouffe (2013)— pode ser nosso futuro. E por muito tempo.

Bancos de dados

Bancos de dados do Datafolha e do IBOPE disponíveis no arquivo do CESOP-UNICAMP e nas páginas web dos dois institutos

Pesquisa Nacional por Amostra de Domicílios – PNAD, do IBGE

Jornais

El País Brasil
Folha de S. Paulo
Jornal GGN
Nexo Jornal
O Estado de Minas
O Estado de S. Paulo
O Globo
The Intercept Brasil
Valor Econômico

Le Monde
Libération

The Daily Beast
The Guardian
The New York Times

Revistas

Agência Pública
Carta Capital
Época
Época Negócios
Exame
Fast Company
Fortune
IstoÉ
Revista Piauí
The Economist
Veja

Portais de notícias

Agência Brasil
BBC Brasil
Congresso em Foco
Deutche Welle Brasil
G1
R7
UOL

Abreu, Alzira A. (2006). "1964: a imprensa ajudou a derrubar o governo Goulart", *in* Marieta de M. Ferreira (org.). *João Goulart, entre a memória e a história.* Rio de Janeiro, FGV, pp. 107-128.

Abreu, Maurício A. (2013). *A evolução urbana do rio de janeiro.* Rio de Janeiro, Instituto Pereira Passos (4º edição).

Achen, Christopher; Bartels, Larry. (2016). *Democracy for realists. Why elections do not produce responsive governments.* Princeton, Princeton University Press

Almeida, Frederico. (2015). *Do ódio social ao ódio político.* Disponível em http://www.justificando.com/2015/09/23/do-odio-social-ao-odio-politico/ (acessado em fevereiro de 2020).

Almeida, Ronaldo. (2018). "Deus acima de todos", *in* Sergio Abranches et al. *Democracia em risco?* São Paulo, Companhia das Letras.

Alonso, Angela. (2017). Protestos em São Paulo de Dilma a Temer. *Novos Estudos Cebrap*, Especial, pp. 49-58.

Alonso, Angela; Miche, Ann. (2017). Changing repertoires and partisan ambivalence in the new Brazilian protests. *Bulletin of Latin American Research,* Vol. 36, No. 2, pp. 144-159.

Alves, Guilherme B. O. (2019). *O direito à mobilidade cotidiana no rio de janeiro (2009- 2016).* Dissertação de Mestrado em Políticas Públicas em Direitos Humanos, UFRJ.

Alves, José E. D. (2018). *O voto evangélico garantiu a eleição de Bolsonaro.* Disponível em http://www.ihu.unisinos.br/584304-o-voto-evangelico-garantiu-a-eleicao-de-jair-bolsonaro?fbclid=IwAR3ifglw6QIubIIUhMll33z-Wx5I4v8VZBTnu3n9DMJZriESIo2KXfMjzfGo (acessado em janeiro de 2020).

Alves, Maria T. G. (2000). Conteúdos ideológicos da nova direita no Município de São Paulo: análise de surveys. *Opinião Pública*, Vol. VI, No. 2, pp. 187-225.

Alves, Regina H. S.; Ziviani, Paula. (2018). "Temporalidades emaranhadas": desafios metodológicos da dinâmica dos protestos em rede de 2013 no Brasil. *Revista Crítica de Ciências Sociais* [Online], No. 117. http://journals.openedition.org/rccs/8126 ; DOI : 10.4000/rccs.8126.

Amadeu, Sergio; Pimentel, Tiago. (2013). Cartografia de espaços híbridos: as manifestações de junho de 2013. Disponível em http://bitly.com/1aWIYHr (acessado em dezembro de 2019).

Amaral, Márcia Franz. (2011). *Jornalismo Popular*. São Paulo, Editora Contexto.

Angrimani, Danilo. (1995). *Espreme que sai sangue: um estudo do sensacionalismo na imprensa*. São Paulo, Summus.

Aristóteles. (2008). *Politics*. New York, Cosmo Classics (Trad. Benjamin Jowett).

Augusto, Agnaldo Del N. (2001), *A grande mentira*. Rio de Janeiro, Biblioteca do Exército.

Avritzer, Leonardo. (2017), The Rousseff impeachment and the crisis of democracy in Brazil. *Critical Political Studies,* DOI: 10.1080/19460171.2017.1363066, disponível em http://dx.doi.org/10.1080/19460171.2017.1363066 (acessado em março de 2018).

Avritzer, Leonardo. (2018). "Operação Lava Jato, judiciário e degradação institucional", *in* Fábio Kerche e João Feres Júnior (orgs.). *Operação Lava Jato e a democracia brasileira*. São Paulo, Contracorrente, pp. 37-52.

Avritzer, Leonardo; Marona, Marjorie C. (2014). Judicialização da política no Brasil: ver além do constitucionalismo liberal para ver melhor. *Revista Brasileira de Ciência Política*, Vol. 15, pp. 20-40.

Azevedo, Reinaldo. (2008). *O país dos petralhas*. São Paulo, Record.

Barberá, Pablo; Wang, Ning; Bonneau, Richard; Jost John T.; Nagler, Jonathan; Tucker, Joshua; González-Bailón, Sandra. (2015). The critical periphery in the growth of social protests. *PLoS ONE* Vol. 10, No. 11: e0143611. Doi:10.1371/journal. pone.0143611

Barbosa, Maria L. (1998). Para onde vai a classe média: um novo profissionalismo no Brasil? *Tempo Social*, Revista de Sociologia da USP, Vol. 10, No. 1, p. 129-142.

Barbosa-Pereira, Alexandre. (2016). Os "rolezinhos" nos centros comerciais de São Paulo: juventude, medo e preconceito. *Revista Latinoamericana de Ciencias Sociales, Niñez y Juventud*, Vol. 14, No. I, pp. 545-557.

Beltrão, Kaizô I.; Teixeira, Moema de P. (2005). "Cor e gênero na seletividade das carreiras universitárias", *in* Sergei Soares et al. (orgs.). *Os mecanismos de discriminação racial nas escolas brasileiras*. Rio de Janeiro, IPEA.

Beluzzo, Luiz G. (2018). "As consequências econômicas da Lava Jato", *in* Fábio Kerche e João Feres Júnior (orgs.). *Operação Lava Jato e a democracia brasileira*. São Paulo, Contracorrente, pp. 21-36.

Bertoncelo, Edison R. E. (2009). "Eu quero votar para presidente": uma análise sobre a Campanha das Diretas, *Lua Nova* No. 76, pp. 169-196.

Betto, Frei; Kotscho, Ricardo. (1985). *Brasil nunca mais*. Petrópolis, Vozes.

Blay, Eva. (1985). *Eu não tenho onde morar. Vilas operárias na cidade de São Paulo*. São Paulo, Nobel.

Blyth, Mark. (2013). *Austerity. The history of a dangerous idea*. Oxford, Oxford University Press.

Bohn, Simone R. (2004). Evangélicos no Brasil. Perfil socioeconômico, afinidades ideológicas e determinantes do comportamento eleitoral. *Opinião Pública*, Vol. X, No. 2, pp. 288-338.

Bohn, Simone R. (2007). Contexto político-eleitoral, minorias religiosas e voto em pleitos presidenciais (2002-2006). *Opinião Pública*, Vol. 13, No. 2, pp. 366-387.

Bonelli, Maria da G. (2002). *Profissionalismo e política no mundo do direito*. São Carlos, Sumaré/Editora da UFSCar/FAPESP.

Bosc, Serge. (2008). *Sociologie des classes moyennes*. Paris, La Découverte, collection "Repères".

Bourdieu, Pierre. (1979). *La distinction: Critique social du jugement*. Paris, Minuit.

Brennan, Jason. (2016). *Against democracy*. Princeton, Princeton University Press.

Bringel, Breno M.; Pleyers, Geoffrey. (2015). Junho de 2013... dois anos depois. Polarização, impactos e reconfiguração do ativismo no Brasil. *Nueva Sociedad*, número especial em português, outubro. Disponível em http://nuso.org/media/articles/downloads/COY1_Bringel_Pleyers.pdf (acessado em dezembro de 2019).

Caldeira, Tereza P. R. (2003). *Cidade de muros. Segregação e cidadania em São Paulo*. São Paulo, Editora 34/EdUSP (2ª edição).

Caldeira, Tereza P. R. (2014). Qual a novidade dos rolezinhos? *Novos Estudos Cebrap*, No. 98, pp. 13-20.

Calil, Gilberto. (2013). Embates e disputas em torno das jornadas de junho. *Projeto História*, No. 47, pp. 377-403.

Campello e Souza, Maria do C. (1992). "The contemporary faces of the Brazilian right: An interpretation of style and substance", *in* Douglas Chalmers, Maria do Carmo Campello e Souza e Atílio Borón (orgs.). *The right and democracy in Latin America*. Nova York, Praeger, pp. 99-127.

Campos, Pedro H. (2019). Os efeitos da crise econômica e da operação Lava Jato sobre a indústria da construção pesada no Brasil: falências, desnacionalização e desestruturação produtiva. *Mediações – Revista de Ciências Sociais*, Vol. 23, No. 1, pp. 127-153. DOI: http://dx.doi.org/10.5433/2176-6665.2019v24n1p127.

Cardoso, Adalberto. (2013). As jornadas de junho e a mercantilização da vida coletiva. *Revista Insight Inteligência*, No. 62, pp. 22-30.

Cardoso, Adalberto. (2019). *A construção da sociedade do trabalho no Brasil. Uma investigação sobre a persistência secular das desigualdades*. Rio de Janeiro, Amazon (2º ed. revista e ampliada).

Cardoso, Adalberto. (2020). *Classes médias e política no Brasil. 1922-2016.* Rio de Janeiro, FGV.

Cardoso, Adalberto; Azaïs, Christian. (2019). Reformas trabalhistas e seus mercados: uma comparação Brasil-França. *Caderno CRH*, Vol. 32, No. 86, pp. 307-324. https://dx.doi.org/10.9771/ccrh.v32i86.30696.

Cardoso, Adalberto; Préteceille, Edmond. (2017). Classes médias no Brasil. Do que se trata? Qual o seu tamanho? Como vem mudando? *Dados, Revista de Ciências Sociais*, Vol. 60, No. 4, pp. 977-1023.

Cardoso, Adalberto; Préteceille, Edmond. (2020). *Classes médias no Brasil: estrutura, perfil, oportunidades de vida, mobilidade social e ação política*. Rio de Janeiro, Editora da UFRJ.

Carvalho, Eleonora M. (2018), *Polarização política, fake news e jornalismo: dois lados de uma mesma moeda.* Disponível em http://iespnaseleicoes.com.br/polarizacao-politica-fake-news-e-jornalismo-dois-lados-de-uma-mesma-moeda/ (acessado em janeiro de 2020).

Carvalho, Olavo de. (2013). *O mínimo que você precisa saber para não ser um idiota*. Rio de Janeiro e São Paulo, Record.

Carvalho, Paulo de B. (2005). *Curso de direito tributário*. São Paulo, Saraiva (17ª edição).

Cepêda, Vera A. (2018). A Nova Direita no Brasil: contexto e matrizes conceituais. *Mediações*, Vol. 23, No. 2, pp. 75-122. https://doi.org/10.5433/2176-6665.2018.2v23n2p40.

Chauvel, Louis. (2006). *Les classes moyennes à la dérive*. Paris, Le Seuil.

Coggiola, Osvaldo. (2016). *Impeachment, crise e golpe. O Brasil no palco da tormenta mundial.* Disponível em https://blogdaboitempo.com.br/2016/05/31/impeachment-crise-e-golpe-o-brasil-no-palco-da-tormenta-mundial/ (acessado em dezembro de 2019).

Cohn, Gabriel. (1969). *Petróleo e nacionalismo*. São Paulo, Difusão Europeia do Livro.

Costa, Alexandre A. (2017). "Entre fatos e convicções: análise da sentença do juiz Sérgio Moro que condena o ex-presidente Lula", *in* Carol Proner, Gisele Cittadino, Gisele Ricobom, e João C. Dornelles (orgs.). (2017). *Comentários a uma sentença anunciada: o caso Lula*. Curitiba, Editorial Práxis.

Coutinho, João P.; Pondé, Luiz F.; Rosenfield, Denis. (2012). *Por que virei à direita: três intelectuais explicam sua opção pelo conservadorismo*. São Paulo, Três Estrelas.

Crouch, Colin. (2000). *Coping with post-democracy*. Fabian Pamphlets No. 598, London, The Fabian Society. (versão de 2004 é *Post Democracy*, Cambridge, Polity Press).

Da Empoli, Giuliano. (2019). *Engenheiros do caos*. São Paulo, Vestígio.

Dardot, Pierre; Laval, Christian. (2016). *A nova razão do mundo. Ensaio sobre a sociedade neoliberal*. São Paulo, Boitempo.

Davis, Stuart; Straubhaar, Joe. (2019). Producing Antipetismo: Media activism and the rise of the radical, nationalist right in contemporary Brazil. *International Communication Gazette*, Vol. 82, No. 1, pp. 82–100. https://doi.org/10.1177/1748048519880731.

De Paula, Luiz Fernando; Moura, Rafael. (2019). A Lava Jato e a crise econômica brasileira, *Jornal dos Economistas*, No. 360, agosto. Disponível em https://www.corecon-rj.org.br/anexos/C1D017FCEE732F4E1B9B4E13C46AD36E.pdf (acessado em dezembro de 2019).

Deák, Csaba. (2015). "Elementos de uma política de transportes para São Paulo", *in* Csaba Deák e Sueli R. Schiffer (orgs.). *O processo de urbanização no Brasil*. São Paulo, FUPAM/Edusp.

DIAP. (2014). *Radiografia do Novo Congresso: Legislatura 2015-2019*. Brasília, DIAP. Disponível em http://www.diap.org.br/index.php/publicacoes/finish/41-radiografia-do-novo-congresso/2883-radiografia-do-novo-congresso-legislatura-2015-2019-dezembro-de-2014 (acessado em dezembro de 2019).

Dias, José L. M.; Quaglino, Maria A. (1993). *A questão do petróleo no Brasil: uma história da Petrobras*. Rio de Janeiro, FGV /Petróleo Brasileiro S.A.

Diniz, Marli. (1998). Repensando a teoria da proletarização dos profissionais. *Tempo Social*, Revista de Sociologia da USP, Vol. 10, No. 1, p. 165-184.

Dip, Andrea. (2018). *Em nome de quem?: a bancada evangélica e seu projeto de poder*. Rio de Janeiro, Civilização Brasileira.

Domingos, Pedro. (2015). *The master algorithm. How the quest for the ultimate learning machine will remake our world*. Nova York, Basic Books.

Domingues, José Maurício. (2013). Las movilizaciones de junio de 2013: ¿explosión fugaz o nuevísima historia de Brasil? *Observatorio Social de América Latina*, Año XIV, Vol. 34, pp. 63-73.

Domingues, José Maurício. (2016). A esquerda no nevoeiro. Trajetórias, desafios e possibilidades. *Novos Estudos CEBRAP*, Vol. 35, No. 3, pp. 84-101.

Domingues, José Maurício. (2017). The republic in crisis and future possibilities. *Ciência & Saúde Coletiva*, Vol.22, No.6, pp.1747-1758. Disponível em http://dx.doi.org/10.1590/1413-81232017226.02472017 (acessado em dezembro de 2019).

Dworkin, Ronald. (1999). *O Império do Direito*. São Paulo, Martins Fontes.

Eco, Umberto. (2018). *O fascismo eterno*. Rio de Janeiro, Record.

Eder, Klaus. (2001). A classe social tem importância no estudo dos movimentos sociais? Uma teoria do radicalismo da classe média. *Revista Brasileira de Ciências Sociais*, Vol. 16, No. 46, pp. 5-27.

Ehrenreich, Barbara. (1994). *O medo da queda. Ascensão e crise da classe média*. São Paulo, Scritta.

Esping-Andersen, Gösta. (1985): *Politics against markets: the social-democratic road to power*. Princeton, Princeton University Press.

Esping-Andersen, Gösta. (1990): *The three worlds of welfare capitalism*. Cambridge, Polity Press.

Eugênio, Marcos N. de. (1995). Representações políticas no movimento Diretas-Já. *Revista Brasileira de História* Vol. 15, No. 29, pp. 207-219.

Evangelista, Rafael; Bruno, Fernanda. (2019). WhatsApp and political instability in Brazil: targeted messages and political radicalization. *Internet Policy Review*, Vol. 8, No. 4 (sem numeração de pgs.). DOI: 10.14763/2019.4.1434.

Feres Júnior, João; Candido, Marcia R.; Melo, Patrícia B.; Vieira, Lidiane. (2019). A cobertura jornalística das greves gerais de 2017: paradigma de protesto ou militância política. *Opinião Pública* Vol. 25, No. 3, pp. 495-530.

Feres Júnior, João; Daflon, Verônica T.; Campos, Luiz A. (2012). Ação afirmativa, raça e racismo: uma análise das ações de inclusão racial nos mandatos de Lula e Dilma. *Revista de Ciências Humanas*, Vol. 12, No. 2, pp. 399-414.

Feres Júnior, João; Sassara, Luna de O. (2018). Failed honeymoon: Dilma Rousseff's third election round. *Latin American Perspectives*, Vol. 45, No. 3, pp. 224-235.

Ferreira, Jorge; Gomes, Angela de C. (2014). *1964. O golpe que derrubou um presidente, pôs fim ao regime democrático e instituiu a ditadura no Brasil*. Rio de Janeiro, Civilização Brasileira.

Figueiredo, Juliana O. et al. (2018). Gastos público e privado com saúde no Brasil e países selecionados. *Saúde Debate*, Vol. 42, Número Especial 2, pp. 37-47.

FNSP. (2019). *Anuário Brasileiro de Segurança Pública*. São Paulo, FNSP.

Fontainha, Fernando; Lima, Amanda E. C. (2018). "Judiciário e crise política no Brasil de hoje: do mensalão à Lava Jato", *in* Fábio Kerche e João Feres Júnior (orgs.). *Operação Lava Jato e a democracia brasileira*. São Paulo, Contracorrente, pp. 53-68.

França, Fabrício O.; Goya, Denise H.; Penteado, Claudio L. (2018). Analysis of the twitter interactions during the impeachment of Brazilian president. *Proceedings of the 51st Hawaii International Conference on System Sciences.* Disponível em https://scholarspace.manoa.hawaii.edu/bitstream/10125/50140/1/paper0253.pdf (acessado em dezembro de 2019).

Franco, Maria Sylvia de C. (1976). *Homens Livres na Ordem Escravocrata.* São Paulo, Ática.

Giddens, Anthony. (1999), *As consequências da modernidade.* São Paulo, Companhia das Letras.

Gondim, Linda M. P. (2016). Social movements in contemporary Brazil: the invisible face of the June 2013 protests. Polis (Santiago), Vol. 15, No. 44, pp. 357-379. https://dx.doi.org/10.4067/S0718-65682016000200016.

Graham, Sandra L. (1980), The *vintém* riot and political culture: Rio de Janeiro, 1880. *Hispanic American Historical Review,* Vol. 60, No. 3.

Gramsci, Antonio. (2017). *Cadernos do cárcere.* Rio de Janeiro, Civilização Brasileira, Vol. III.

Grün, Roberto. (1994). O estreitamento das classes médias brasileiras. *Revista Brasileira de Ciências Sociais*, Vol.25, No.9, pp. 130-133.

Grün, Roberto. (1996). "O medo do desemprego e as mudanças no universo simbólico das classes médias brasileiras", *in* Elisa Reis, Maria Hermínia T. Almeida e Peter Fry (orgs.). *Política e cultura. Visões do passado e perspectivas contemporâneas.* São Paulo, HUCITEC/ANPOCS, pp. 127-141.

Grün, Roberto. (1998). A classe média no mundo do neoliberalismo. *Tempo Social*, Revista de Sociologia da USP, Vol. 10, No. 1, p. 143-163.

Grün, Roberto. (2016). *Da pizza ao impeachment. Uma sociologia dos escândalos no Brasil contemporâneo.* São Paulo, Alameda.

Hardin, Russell. (1999). *Liberalism, constitutionalism, and democracy.* Oxford, Oxford University Press.

Hoeveler, Rejane. (2016). "A direita transnacional em perspectiva histórica: o sentido da 'nova direita' brasileira", *in* Felipe Damier e Rejane Hoeveler (orgs.). *A onda conservadora. Ensaios sobre os atuais tempos sombrios no Brasil.* São Paulo, Mauad.

IPEA. (2019). *Atlas da violência 2019.* Brasília/Rio de Janeiro/São Paulo, IPEA e Fórum Brasil de Segurança Pública. Disponível em http://www.ipea.gov.br/atlasviolencia/download/19/atlas-da-violencia-2019 (acessado em janeiro de 2020).

Jaguaribe, Hélio. (1954). O moralismo e a alienação das classes médias. *Cadernos do Nosso Tempo*, Vol. 2, No. 2, pp. 150-159.

Kaiser, Brittany. (2019). *Manipulados. Como a Cambridge Analytica e o Facebook invadiram a privacidade de milhões e botaram a democracia em xeque.* Rio de Janeiro, Harper Collins.

Kaysel, André. (2015). "Regressando ao Regresso: elementos para uma genealogia das direitas brasileiras", *in* Sebastião V. e Cruz, André Kaysel e Gustavo Codas (orgs.). *Direita, volver! O retorno da direita ao ciclo político brasileiro.* São Paulo, Perseu Abramo.

Kaysel, André. (2018). *O Anticomunismo como significante vazio da 'nova direita' latino-americana,* comunicação apresentada no IV Simpósio Nacional sobre Democracia e Desigualdades. Brasília, março (a sair em livro).

Kerstenetzky, Celia L. (2009). Redistribuição e desenvolvimento? A economia política do Programa Bolsa Família. *Dados – Revista de Ciências Sociais.* Vol. 52, No. 1, pp. 53-83.

Kondlatsch, Rafael. (2016). *A mudança do algoritmo do Facebook e o silenciamento do jornalismo na rede.* Disponível em https://www.researchgate.net/publication/318708115_A_mudanca_do_algoritmo_do_Facebook_e_o_silenciamento_do_jornalismo_na_rede (acessado em outubro de 2019).

Korpi, Walter. (1983). *The democratic class struggle.* London, Routledge and Kegan Paul.

Kotscho, Ricardo. (1984). *Explode um novo Brasil. Diário da campanha das Diretas.* São Paulo, Brasiliense.

Kovarick, Lúcio. (1979). *A espoliação urbana.* São Paulo, Paz e Terra.

Krein, José Dari; Véras, Roberto; Filgueiras, Vitor (orgs.). (2019). *Reforma trabalhista no Brasil: promessas e realidade.* Campinas, Curt Nimuendajú.

Kreiss, Daniel; McGregor, Shannon. (2017). Technology firms shape political communication: The work of Microsoft, Facebook, Twitter, and Google with campaigns during the 2016 U.S. presidential cycle. *Political Communication,* 00, pp. 1-20. https://doi.org/10.1080/10584609.2017.1364814.

Kurlantzick, Joshua. (2013). *Democracy in retreat: The revolt of the middle class and the worldwide decline of representative government.* Council on Foreign Relations Books, Yale University Press.

Lacerda, Marina. (2019). *O novo conservadorismo brasileiro. De Regan a Bolsonaro.* Porto Alegre, Zouk.

Lannes, Ulisses Lisboa P. (2008). Revolução democrática de 31 de março de 1964. *A Defesa Nacional,* Ano XCIV, No. 810, jan/fev/mar/abr.

Lavitsky, Steven; Ziblatt, Daniel. (2018). *How democracies die.* Nova York, Crown.

Leal, Jana M. (2020). *Classes médias brasileiras: equidade, "desordem" e conflito no Brasil contemporâneo.* Tese de Doutorado em Sociologia, IESP-UERJ.

Lee, Yu-Hao; Hsieh, Daniel. (2013). Does slacktivism hurt activism? The effects of moral balancing and consistency in online activism. *Conference paper, disponível em https://www.researchgate.net/publication/259823361_Does_slacktivism_hurt_activism_The_effects_of_moral_balancing_and_consistency_in_online_activism (acessado em novembro de 2019).

Lefebvre, Henri. (1968). *Le droit à la ville*. Paris, Anthropos.

Lerner, Celina. (2019a). "Sobre o que falam os fãs de Olavo de Carvalho? Uma análise computacional de comentários no Facebook", *in* Beatriz Polivanov, William Araujo, Caio C. G. Oliveira e Tarcízio Silva (orgs.). *Fluxos em redes sociotécnicas: das micronarrativas ao big data*. São Paulo, INTERCOM.

Lerner, Celina. (2019b). *A mentalidade conservadora no Brasil: uma análise da interação política em redes sociais digitais (2012 - 2018)*. Tese (Doutorado). Programa de Pós-Graduação em Ciências Humanas e Sociais, Universidade Federal do ABC, São Bernardo do Campo.

Lima, Hélio I. (2004). O movimento cívico-militar de 31 de março de 1964. *A Defesa Nacional,* Ano XC, No. 798, jan/fev/mar/abr.

Limongi, Fernando. (2015). O passaporte de cunha e o impeachment. A crônica de uma tragédia anunciada. *Novos Estudos CEBRAP*, No. 103, pp. 99-112.

Lipset, Seymour M. (1960). *Political man. The social basis of politics*. New York, Doubleday and Company.

Lupia, Arthur. (2016). *Uninformed. Why people know so little about politics and what can we do about it*. Oxford, Oxford University Press.

Lynch, Christian E. C. (2017). Ascensão, fastígio e declínio da "Revolução Judiciária". *Insight Inteligência*, Vol. 79, pp. 58-80.

Machado, Caio; Konopacki, Marco. (2018). *Computational power: Automated use of WhatsApp in the elections*. Disponível em https://feed.itsrio.org/computational-power-automated-use-of-whatsapp-in-the-elections-59f62b857033 (acessado em janeiro de 2020).

Maciel, Natalia; Ventura, Tiago. (2017). O Partido dos Trabalhadores na Câmara dos Deputados: a evolução das bases socioeconômicas e territoriais (1994-2014). *Opinião Pública*, Vol. 23, No. 1, pp. 96-125.

Magalhães, Mario. (2019). *Sobre lutas e lágrimas. Uma biografia 2018, o ano em que o Brasil flertou com o apocalipse*. Rio de Janeiro e São Paulo, Record.

Mainwaring, Scott; Meneguello, Rachel; Power, Timothy. (2000). *Os partidos conservadores no Brasil: quem são e o que querem?* Rio de Janeiro, Paz e Terra.

Malini, Fábio. (2016). Um método perspectivista de análise de redes sociais: cartografando topologias e temporalidades em rede. Trabalho apresentado no 25º Encontro Nacional Compós. Goiânia. Disponível em file:///C:/Users/Adalberto%20Cardoso/Dropbox/LIVROS/Sociologia%20do%20Bolsonarismo/UM%20M%C3%89TODO%20PERSPECTIVIS-TA%20DE%20AN%C3%81LISE%20DE%20REDES%20sociais%20-%20Malini.pdf (acessado em dezembro de 2019).

Malini, Fabio; Ciarelli, Patrick; Medeiros, Jean. (2017). O sentimento político em rede sociais: big data, algoritmos e as emoções nos tweets sobre o impeachment de Dilma Rousseff. *Liinc em Revista*, Vol.13, No. 2, pp. 323-342.

Mariano, Ricardo; Pierucci, Antônio F. (1992). O envolvimento dos pentecostais na eleição de Collor. *Novos Estudos Cebrap*, Vol. 3, No. 34, pp. 92-106.

Maricato, Hermínia et al. (2013). *Cidades Rebeldes: passe livre e as manifestações que tomaram as ruas do Brasil*. São Paulo, Boitempo.

Martins Rodrigues, Leôncio. (1987). *Quem é quem na Constituinte: uma análise sócio-política dos partidos e deputados*. São Paulo, Maltese.

Martins, Cristiano Z.; Martins, Valeska T. Z; Valim, Rafael. (2019). *Lawfare. Uma introdução*. São Paulo, Contracorrente.

Marx, Karl. (s.d.p.). "O 18 de Brumário de Luís Bonaparte", *in* Karl Marx e Friedrich Engels, *Obras Escolhidas*. São Paulo, Alfa Ômega, Vol. 1, pp. 203-291.

Mbembe, Achille. (2018). *Necropolítica*. São Paulo, N-1 Edições (3ª edição).

McCarty, Nolan; Poole, Keith; Rosenthal, Howard. (2013). *Political bubbles. Financial crisis and the failure of American Democracy*. Princeton and Oxford, Princeton University Press.

McChesney, Robert. (2013). *Digital disconnect. How capitalism is turning the internet against democracy*. Nova York e Londres, The New Press.

Mead, George H. (1934). *Mind, self, and society*. Chicago, University of Chicago Press.

Medeiros, Jean Maicon R. (2016). *Um outro junho. O movimento #NaoVai-TerCopa, o diálogo no Twitter e as controvérsias sobre a Copa do Mundo de 2014*. Dissertação de Mestrado em Comunicação e Territorialidades, Centro de Artes da UFES.

Mello, Maria Tereza C. (2007), *A República consentida*. Rio de Janeiro, FGV/EDUR.

Mello, Nilson V. F. (2005). Reflexões sobre o 40º aniversário da revolução de 1964. *Revista do Exército Brasileiro*, Vol. 142, set/out/nov/dez.

Melo, Cristina Teixeira V.; Vaz, Paulo Roberto G. (2018). E a corrupção coube em 20 centavos. *Galáxia*, No.39, pp. 23-38. https://dx.doi.org/10.1590/1982-255434843.

Mendes, Conrado H. (2019). "A política do pânico e circo", *in* Sérgio Abranches et al., *Democracia em risco? 22 ensaios sobre o Brasil de hoje*. São Paulo, Companhia das Letras.

Mendonça, Ricardo F. (2017). Singularidade e identidade nas manifestações de 2013. *Revista do Instituto de Estudos Brasileiros* No. 66, pp. 130-159. https://doi.org/10.11606/issn.2316-901x.v0i66p130-159.

Mendonça, Ricardo F. (2018). Dimensões democráticas nas jornadas de junho: reflexões sobre a compreensão de democracia entre manifestantes de 2013. *Revista Brasileira de Ciências Sociais*, Vol. 33, No. 98. https://doi.org/10.1590/339707/2018.

Meneguelli, Gisella; Ferré-Pavia, Carme. (2016). Apología de la polémica como modalidad argumentativa: el conflicto público en Brasil en las protestas de 2015. *Cultura, Lenguaje y Representación*, Vol. XVI, pp. 57-84. Disponível em http://dx.doi.org/10.6035/clr.2016.16.4 (acessado em janeiro de 2019).

Menicucci, Telma. (2011). A Política de Saúde no Governo Lula. *Saúde e Sociedade,* Vol. 20, No. 2, pp. 522-532.

Merkel, Wolfgang. (2014). Is capitalism compatible with democracy? *Comparative Governance and Politics*, Vol. 8, No. 2, disponível em http://www.pte.pl/pliki/2/1/ZfVP2014Iscapital.pdf (acessado em dezembro de 2019).

Messemberg, Débora. (2017). A direita que saiu do armário: a cosmovisão dos formadores de opinião dos manifestantes de direita brasileiros. *Revista Sociedade e Estado*, Vol. 32, No. 3, pp. 621-647.

Miceli, Sergio. (1979). *Intelectuais e classe dirigente no Brasil (1920-1945)*. São Paulo e Rio de Janeiro, Difel.

Miguel, Luis Felipe. (2013). Limites da transformação social no Brasil. *Novos Estudos CEBRAP*, No. 95, pp. 157-162, http://dx.doi.org/10.1590/S0101-33002013000100009.

Miguel, Luis Felipe. (2017). Caminhos e descaminhos da experiência democrática no Brasil. *Sinais Sociais*, Vol. 11, No. 33, pp. 99-129.

Miguel, Luis Felipe. (2019). "Há solução sem uma revolução?", *in* Rosana Pinheiro-Machado e Adriano de Freixo (orgs.). *Brasil em transe: bolsonarismo, nova direita e desdemocratização*. Rio de Janeiro, Oficina Raquel.

Moisés, José Álvaro; Martinez, Verena (1977). Rebeliões no subúrbio. *Cadernos do CEAS*, Vol. 49, pp. 31-49.

Moisés, José, A.; Stolcke, Verena. (1980). Urban transport and popular violence: the case of Brazil. *Past and Present*, Vol. 86, No. 1, pp. 174–192. doi:10.1093/past/86.1.174.

Moraes, Alana et al. (orgs.). (2014). *Junho, potência das ruas e das redes*. São Paulo, Friedrich Ebert Stiftung.

Morais, José. (2014). *Uma história das explorações de petróleo em águas profundas e no pré-sal.* São Paulo, Elsevier.

Motta, Aricildes de M. (2005). A história e a Revolução de 31 de março de 1964. *Revista do Exército Brasileiro,* Vol. 142, set/out/nov/dez.

Motta, Rodrigo Patto S. (2002). *Em guarda contra o perigo vermelho: o anticomunismo no Brasil (1917-1964).* São Paulo, Perspectiva/FAPESP.

Mouffe, Chantal. (2013). *Agonistics: Thinking the world politically.* Londres E Nova York, Verso.

Moura, Maurício; Corbellini, Juliano. (2019). *A eleição disruptiva. Por que Bolsonaro venceu.* Rio de Janeiro e São Paulo, Record.

Moura, Maurício; Michelson, Melissa R. (2017). WhatsApp in Brazil: mobilising voters through door-to-door and personal messages. *Internet Policy Review,* Vol. 6, No. 4. DOI: 10.14763/2017.4.775.

Mundim, Luiz F. C. (2015). Juarez Távora e a organização do estado Brasileiro: racionalismo administrativo, sindicalismo-cooperativista e cristianismo social no pensamento militar pré-golpe de 1964. *Antíteses,* Vol. 4, No. 16, pp. 327-352. DOI: 10.5433/1984-3356.2015v8n16p327.

Nascimento, José; Maciel, Lício. (2012). *Orvil. Tentativas de tomada do poder.* Brasília, Schoba.

Neri, Marcelo C. (2010). *A nova classe média. O lado brilhante dos pobres.* Rio de Janeiro, FGV. Disponível em http://www.cps.fgv.br/ibrecps/ncm2010/NCM_Pesquisa_FORMATADA.pdf (acessado em novembro de 2019).

Nobre, Marcos. (2019). Contagem regressiva. *Revista Piauí,* No. 159. Disponível em https://piaui.folha.uol.com.br/materia/contagem-regressiva/ (acessado em dezembro de 2019).

Nunes, Felipe; Melo, Carlos R. (2017). Impeachment, political crisis and democracy in brazil. *Revista de Ciência Política,* Vol.37, No. 2, pp.281-305.

Nunes, Raul. (2018). *O TSE no labirinto da mentira.* Disponível em http://iespnaseleicoes.com.br/o-tse-no-labirinto-da-mentira/ (acessado em janeiro de 2020).

OECD (2014). *Education at a glance, 2014.* Disponível em http://www.oecd.org/education/Education-at-a-Glance-2014.pdf (acessado em novembro de 2019).

Oliveira Vianna, Francisco J. (1939). *O Idealismo da Constituição.* São Paulo, Companhia Editora Nacional (2ª ed. ampliada).

Oliveira, Francisco de. (2002). "Privatização do público, destituição da fala e anulação da política", *in* Francisco de Oliveira e Maria C. Paoli (orgs.). *Os sentidos da democracia. Política do Dissenso e hegemonia global.* Petrópolis/São Paulo, Vozes/FAPESP, pp. 55 81.

Oppenheimer, Danny; Edwards, Mike. (2012). *Democracy despite itself*. Oxford, MIT Press.

Ortellado, Pablo; Ribeiro, Márcio M. (2018). Mapping Brazil's political polarization online. Disponível em https://theconversation.com/mapping-brazils-political-polarization-online-96434 (acessado em novembro e 2018).

Paduan, Roberta. (2016). *Petrobras. Uma história de orgulho e vergonha*. São Paulo, Objetiva.

Pariser, Eli. (2011). *The filter bubble: How the new personalized web is changing what we read and how we think*. Londres, Penguin.

Pase, André F.; Goss, Bruna M. (2015). Jogos como provocações críticas, um estudo do jogo V de Vinagre e as revoltas de junho de 2013. Trabalho apresentado no GP Cibercultura, *XV Encontro dos Grupos de Pesquisas em Comunicação, evento componente do XXXVIII Congresso Brasileiro de Ciências da Comunicação*. Disponível em http://portalintercom.org.br/anais/nacional2015/resumos/R10-3360-1.pdf (acessado em dezembro de 2019).

Pavarin, Guilherme. (2017). O ostracismo do maior revoltado on line. *Revista Piauí*, 26/05/2017, disponível em https://piaui.folha.uol.com.br/o-ostracismo-do-maior-revoltado-online/# (acessado em outubro de 2019).

Pedrosa, José F. M. (2008). *O revisionismo histórico brasileiro: uma proposta para discussão*. Rio de Janeiro: Biblioteca do Exército.

Peixoto, Vitor; Renó, Lucio. (2011). Mobilidade social ascendente e voto: as eleições presidenciais de 2010no Brasil. *Opinião Pública*, Vol. 7, No. 2, pp. 304-332.

Penteado, Claudio L. C.; Lerner, Celina. (2018). A direita na rede: mobilização online no impeachment de Dilma Rousseff. *Em Debate*, Belo Horizonte, Vol. 10, No. 1, pp. 12-24.

Piaia, Victor; Santos Junior, Marcelo A. (2019). *Abrindo a caixa preta: análise exploratória da rede bolsonarista no WhatsApp*. Trabalho apresentado no Grupo de Trabalho Mídia e Eleições, VIII Congresso da Associação Brasileira de Pesquisadores em Comunicação e Política (VIII COMPOLÍTICA). Brasília, Universidade de Brasília (UnB), 15 a 17 de maio.

Pierucci, Antônio F. (1987). As bases da nova direita. *Novos Estudos CEBRAP*, No. 19, pp. 26-45.

Pierucci, Antônio F. (1989). "Representantes de Deus em Brasília: a bancada evangélica na Constituinte", *in* Vários autores, *Ciências Sociais Hoje, 1989*. São Paulo, Vértice e ANPOCS, pp. 104-132.

Pierucci, Antônio F. (1999). *Ciladas da diferença*. São Paulo, Editora 34.

Pierucci, Antônio F.; Prandi, Reginaldo. (1995). Religiões e voto: a eleição presidencial de 1994. *Opinião Pública*, Vol. III, No. 1, pp. 32-63.

Pinheiro-Machado, Rosana. (2018). #Elenão deixou de ser uma simples hashtag: é um movimento feminista e político que pode mudar o Brasil. *The Intercepo Brazil,* 28/09/2018 (disponível em https://theintercept.com/2018/09/28/elenao-movimento-feminista-politico/, acessado em março de 2020).

Pinheiro-Machado, Rosana. (2019). *Amanhã vai ser maior. O que aconteceu com o Brasil e possíveis rotas de fuga para a crise atual.* São Paulo, Planeta.

Pinto, Céli Regina. (2017). A trajetória discursiva das manifestações de rua no Brasil (2013-2015). *Lua Nova,* No. 100, pp. 119-155.

Pochmann, Marcio. (2012). *Nova classe média? O trabalho na base da pirâmide social brasileira.* São Paulo, Boitempo.

Polanyi, Karl. (1944). *The great transformation. The political origins of our time.* Boston Beacon Press.

Prandi, Reginaldo; Santos, Renan W. (2017). Quem tem medo da bancada evangélica? Posições sobre moralidade e política no eleitorado brasileiro, no Congresso Nacional e na Frente Parlamentar Evangélica. *Tempo Social* Vol. 29, No. 2, pp. 187-214.

Préteceille, Edmond; Cardoso, Adalberto. (2008). Río de Janeiro y São Paulo: ciudades duales? Comparación con Paris. *Ciudad y Territorio, Estudios Territoriales,* Vol. XL, pp. 617 – 640.

Pries, Ludger. (2003). "Volkswagen: accelerating from a multinational to a transnational automobile company", *in* Michel Freyssenet et al. (eds.). *Globalization or regionalization of the European car industry?* Basingstoke, Hampshire, Palgrave Macmillan, pp. 51-72.

Proner, Carol; Cittadino, Gisele; Ricobom, Gisele; Dornelles, João C. (orgs.). (2017). *Comentários a uma sentença anunciada: o caso Lula.* Curitiba, Editorial Práxis.

Proner, Carol; Cittadino, Gisele; Ricobom, Gisele; Dornelles, João C. (orgs.). (2018). *Comentários a um acórdão anunciado. O processo Lula no TRF4.* São Paulo, Outras Expressões.

Prudencio, Kelly; Kleina, Nilton. (2017). Não vai ter copa: enquadramentos da mobilização no facebook. *Contemporânea / Comunicação e Cultura,* Vol. 15, No. 2, pp. 417-445.

Przeworski, Adam. (1989). *Capitalismo e social democracia.* São Paulo, Companhia das Letras.

Quadros, Marcos Paulo R.; Madeira, Rafael M. (2018). Fim da direita envergonhada? Atuação da bancada evangélica e da bancada da bala e os caminhos da representação do conservadorismo no Brasil. *Opinião Pública,* Vol. 24, No. 3, pp. 486-522, http://dx.doi.org/10.1590/1807-01912018243486.

Reis Filho, Daniel A. (1989). *A revolução faltou ao encontro.* São Paulo, Brasiliense.

Ribeiro, Márcio M. (2018). "Antipetismo e conservadorismo no Facebook", *in* Esther Solano Gallego (org.). *O ódio como política. A reinvenção das direitas no Brasil.* São Paulo, Boitempo, pp. 85-90.

Ribeiro, Márcio M.; Chalom, André; Almeida, Luiz H.; Ortellado, Pablo. (2016), *Perfil digital dos manifestantes de 13 e 18 de março.* Disponível em http://gpopai.usp.br/polarizacao.pdf (acessado em janeiro de 2019).

Ricci, Rudá. (2013). *Lulismo. Da era dos movimentos sociais à ascensão da nova classe média.* Brasília, Astrogildo Pereira; Rio, Contraponto.

Ricúpero, Bernardo. (2020). *Os antepassados de Bolsonaro.* Disponível em https://jornalggn.com.br/artigos/os-antepassados-de-bolsonaro-por-bernardo-ricupero/ (acessado em fevereiro de 2020).

Ridenti, Marcelo. (2010). *O fantasma da revolução brasileira.* São Paulo, Unesp (Edição revista e ampliada).

Rocha, Camila. (2019). "Imposto é Roubo!" A formação de um contrapúblico ultraliberal e os protestos pró-impeachment de Dilma Rousseff. *Dados, Revista de Ciências Sociais*, Vol. 62, No. 3, pp. 1-42.

Roitman R., Marcos. (2012). *Los indignados. El rescate de la política.* Madrid, Ediciones Akal.

Runciman, Walter G. (1966), *Relative Deprivation and Social Justice. A Study of Attitudes to Social Inequality in Twentieth-Century.* England. London, Routledge and Kegan Paul.

Salem, Tania. (1986). Família em camadas médias: Uma perspectiva antropológica. *Boletim Informativo Bibliográfico – Bib,* No. 21, pp. 25-39.

Samuels, David; Zucco, Cesar. (2018). *Partisans, antipartisans, and nonpartisans. Voting behavior in Brazil.* Cambridge, Cambridge University Press.

Santos Júnior, Marcelo A. (2019). *Desarranjo da visibilidade, desordem informacional e polarização no Brasil entre 2013 e 2018.* Tese de Doutorado em Comunicação, UFF.

Santos, Fabiano; Tanscheit, Talita. (2019). Quando velhos atores saem de cena: a ascensão da nova direita política no Brasil. *Colombia Internacional,* No. 99, pp. 151-186. https://dx.doi.org/10.7440/colombiaint99.2019.06.

Santos, Wanderley G. (2017). *A democracia impedida. O Brasil no século XXI.* Rio de Janeiro, FGV.

Schwarcz, Lilia M. (2019). *Sobre o autoritarismo brasileiro.* São Paulo, Companhia das Letras.

Schwartzman, Simon. (2005). "Comentário", *in* Sergei Soares et al. (orgs.). *Os mecanismos de discriminação racial nas escolas brasileiras.* Rio de Janeiro, IPEA, pp. 186-188.

Sepulveda, Denise V. (2016). *A violência retratada: a banalização das imagens violentas no jornalismo contemporâneo.* Dissertação de Mestrado em Comunicação, Faculdade Casper Líbero, São Paulo.

Shultziner, Doron; Goldberg, Sarah. (2019). The stages of mass mobilization: separate phenomena and distinct causal mechanisms. *Journal for the Theory of Social Behaviour,* No. 49, pp. 2–23. https://doi.org/10.1111/jtsb.12187.

Silveira, Sergio A. (2015). "Direita nas redes sociais online", *in* Sebastião Velasco e Cruz et al. (orgs.). *Direita volver! O retorno da direita ao ciclo político brasileiro.* São Paulo, Fundação Perseu Abramo.

Simmel, Georg. (2006). *Questões fundamentais da sociologia. Indivíduo e sociedade.* Rio de Janeiro, Zahar.

Singer, André. (2009). Raízes sociais e ideológicas do lulismo. *Novos estudos CEBRAP,* No. 85, p. 83-102.

Singer, André. (2012). *Os sentidos do lulismo. Reforma gradual e pacto conservador.* São Paulo, Companhia das Letras.

Singer, André. (2013). Brasil, junho de 2013, classes e ideologias cruzadas. *Novos Estudos CEBRAP,* No. 97, pp. 23-40.

Singer, André. (2016). "A (falta de) base política para o ensaio desenvolvimentista", *in* André Singer e Isabel Loureiro (orgs.). *As contradições do lulismo. A que ponto chegamos.* São Paulo, Boitempo.

Singer, André; Venturi, Gustavo. (2018). "Sismografia de um terremoto eleitoral", *in* Sergio Abranches et al., *Democracia em risco?* São Paulo, Companhia das Letras (posição inicial do Kindle 4684).

Smith, Evann. (2016). Mass mobilization in the Middle East: Form, perception, and language. Doctoral dissertation, Harvard University, Graduate School of Arts & Sciences. Disponível em http://nrs.harvard.edu/urn-3:HUL.InstRepos:33493280 (acessado em outubro de 2019).

Snow, David. (2013). "Identity dilemmas, discursive fields, identity work, and mobilization: clarifying the identity-movement nexus", *in* Jacquelien van Stekelenburg, Conny Roggeband e Bert Klandermans (orgs). *The future of social movement research: dynamics, mechanisms, and processes.* University of Minnesota Press, pp. 263-280.

Solano, Esther (org.). (2018). *O ódio como política. A reinvenção das direitas no Brasil.* São Paulo, Boitempo.

Solano, Esther. (2019). "Quem é o inimigo? Retóricas de inimizade nas redes sociais no período 2014-2017", *in* Rosana Pinheiro-Machado e Adriano de Freixo (orgs.). *Brasil em transe: bolsonarismo, nova direita e desdemocratização.* Rio de Janeiro, Oficina Raquel.

Solano, Esther; Ortellado, Pablo. (2015). *Pesquisa com os participantes da manifestação do dia 12 de abril de 2015 sobre confiança no sistema político e fontes de informação.* Disponível em https://rawgit.com/pesquisaR/resultados/master/pesquisa1.html (acessado em dezembro de 2019).

Solano, Esther; Ortellado, Pablo; Moretto, Marcio. (2017). 2016: o ano da polarização? *Análise*, No. 27, Friedrich Ebert Stiftung Brasil. Disponível em http://library.fes.de/pdf-files/bueros/brasilien/13249.pdf (acessado em dezembro de 2019).

Souza, Amaury; Lamounier, Bolivar. (2010). *A Classe média brasileira. Ambições, valores e projetos de sociedade*. Rio de Janeiro, Elsevier; Brasília, CNI.

Stangl, André F. (2016). Estratégias para uma cartografia de controvérsias "culturais": o caso dos rolezinhos nos jornais e redes digitais. *Fronteiras*, Vol. 18 No. 1, pp.180-193.

Streeck, Wolfgang. (2014). *Buying Time. The delayed crisis of democratic capitalism*. Londres, Verso Books.

Svampa, Maristella. (2001). *Los que ganaran: la vida en los countries y barrios privados*. Buenos Aires, Biblos.

Tarrow, Sidney. (1998). *Power in Movement: Social Movements and Contentious Politics*. Cambridge, Cambridge University Press.

Tatagiba, Luciana. (2017). Os protestos e a crise brasileira. Um inventário inicial das direitas em movimento (2011-2016). *Sinais Sociais*, No. 33, pp. 71-98.

Tatagiba, Luciana; Galvão, Andréia. (2019). Os protestos no Brasil em tempos de crise (2011-2016). *Opinião Pública*, Vol. 25, No. 1, pp. 63-96.

Tavares, Francisco M. M.; Roriz, João H. R.; Oliveira, Ian C. (2016). As jornadas de maio em Goiânia: para além de uma visão sudestecêntrica do junho brasileiro em 2013. *Opinião Pública*, Vol. 22, No. 1, pp. 140-166. https://doi.org/10.1590/1807-01912016221140.

Telles, Helcimara. (2015). Corrupção, legitimidade democrática e protestos: o boom da direita na política nacional? *Revista Interesse Nacional*, Vol. 8, pág. 28-46. Disponível em: http://interessenacional.com.br/2015/07/05/corrupcao-legitimidade-democratica-e-protestos-o-boom-da-direita-na-politica-nacional/ (acessado em novembro de 2019).

Thomas, William I.; Thomas, Dorothy S. (1928). *The Child in America: behavior problems and programs*. Nova York, A. A. Knopf.

Thompson, Edward. P. (1987). *A formação da classe operária inglesa*. Rio de Janeiro, Paz e Terra, 1987, 3 Vols.

Thorson, Kjerstin; Cotter, Kelley; Medeiros, Mel; Pak, Chankyung. (2019). Algorithmic inference, political interest, and exposure to news and politics on Facebook. *Information, Communication and Society* (sem número). https://doi.org/10.1080/1369118X.2019.1642934.

Tilly, Charles. (1986). *The contentious French: four centuries of popular struggle*. Cambridge, The Belknap Press of Harvard University Press.

Tocqueville, Alexis de. (2005). *A democracia na América*. São Paulo, Martins Fontes.

Tocqueville, Alexis de. (2009). *O Antigo Regime e a Revolução*. São Paulo, Companhia das Letras.

Trotta, Felipe C. (2016). O funk no Brasil contemporâneo. *Latin American Research Review*, Vol. 51, No. 4, pp. 86 -102.

Ustra, Carlos A. B. (2007). *A verdade sufocada. A história que a esquerda não quer que o Brasil conheça*. Brasília, Ed. Ser (3ª ed. revista e ampliada).

Vainer, Carlos. (2016). "Megaeventos, cidade de exceção e democracia direta do Capital: reflexões a partir do Rio de Janeiro", *in* Carlos Vainer et al. (orgs.). *Os megaeventos e a cidade: perspectivas críticas*. Rio de Janeiro, Letra Capital, pp. 19-46.

Valente, Jonas; Pita, Marina. (2018). *Monopólios digitais. Concentração e diversidade na internet*. São Paulo, Intervozes.

Van Dijk, Teun A. (2017). How Globo media manipulated the impeachment of Brazilian President Dilma Rousseff. *Discourse & Communication*, Vol. 11, No. 2, pp. 199-229.

Vargas, João H. C. (2014). Black disidentification: The 2013 protests, rolezinhos, and racial antagonism in post-Lula Brazil. *Critical Sociology*, Vol. 42, No. 4-5, pp. 551–565.

Velasco e Cruz, Sebastião; Kaysel, André; Codas, Gustavo (orgs.). (2015). *Direita, volver! O retorno da direita ao ciclo político brasileiro*. São Paulo, Perseu Abramo.

Velho, Gilberto. (1973). *A Utopia Urbana*. Rio de Janeiro, Zahar.

Vítor, Mário. (1970). *A batalha do petróleo brasileiro*. Rio de Janeiro, Civilização Brasileira.

Werneck Vianna, Luiz; Carvalho, Maria A. R.; Melo, Marcelo P. C.; Burgos, Marcelo B. (orgs.). (1999). *A Judicialização da Política e das Relações Sociais no Brasil*. Rio de Janeiro, Revan.

World Health Organization (WHO). (2018). *Global status report of road safety 2018*. Disponível em https://www.who.int/violence_injury_prevention/road_safety_status/2018/en/ (acessado em janeiro de 2020).

Wright Mills, Charles. (1976[1951]). *White collar. The American middle classes*. Nova York, Oxford University Press.

Zuboff, Shoshana. (2019). *The age of surveillance capitalism. The fight for a human future at the new frontier of power*. Nova York, Public Affairs.

Zucco Júnior, Cesar. (2011). Ideology or what? Legislative behavior in multi-party presidential settings. *Journal of Politics*, Vol. 3, No. 71, pp. 1076-1092.

Zuckerman, Ethan. (2013). *Digital cosmopolitans: Why we think the internet connects us, why it doesn't, and how to rewire it*. New York and London, W. W. Norton & Company.